高等学校"十二五"规划教材·经济管理系列

财务管理——理论与应用

（第2版修订本）

徐光华　柳世平　主编

清华大学出版社
北京交通大学出版社
·北京·

内容简介

本书主要介绍现代财务管理基本原理及其应用的相关内容,包括财务管理的基本知识、基本理论与方法、财务分析的基本方法与应用、财务预测与财务预算、项目投资决策、金融投资决策、营运资本投资决策、融资决策、资本结构决策、收益分配决策等内容。

本书吸收了财务管理理论和实践的最新成果,总结、解析了当今中外成功企业的财务管理经验和失败企业的财务管理教训,达到了趣味性与科学性相结合、理论性与实践性相统一。每章由"学习目标"、"引言"、"正文"(穿插相关链接)、"本章小结"、"推荐阅读"、"拓展练习"、"思考讨论"和"案例分析"构成,其中"复习与练习"包括"业务题"和"讨论题",为学习者设计了一个较为科学的知识体系,以帮助其更轻松、更有效地学习财务管理。在书后还附有业务题参考答案。

本书可以作为高等学校经济与管理类专业学生的教学用书,包括本专科生、MBA和工程硕士等专业学位学生的教学用书。

本书封面贴有清华大学出版社防伪标签,无标签者不得销售。
版权所有,翻印必究。侵权举报电话:010-62782989　13501256678　13801310933

图书在版编目(CIP)数据

财务管理:理论与应用/徐光华,柳世平主编. —2版. —北京:北京交通大学出版社:清华大学出版社,2013.6(2019.7重印)
(高等学校"十二五"规划教材·经济管理系列)
ISBN 978-7-5121-1495-1

Ⅰ.① 财…　Ⅱ.① 徐…　② 柳…　Ⅲ.① 财务管理-高等学校-教材　Ⅳ.① F275

中国版本图书馆 CIP 数据核字(2013)第 129198 号

责任编辑:赵彩云　　特邀编辑:张奉格
出版发行:清 华 大 学 出 版 社　邮编:100084　电话:010-62776969
　　　　　北京交通大学出版社　　邮编:100044　电话:010-51686414
印 刷 者:北京鑫海金澳胶印有限公司
经　　销:全国新华书店
开　　本:185×260　印张:21　字数:537 千字
版　　次:2019 年 7 月第 2 版第 1 次修订　2019 年 7 月第 10 次印刷
书　　号:ISBN 978-7-5121-1495-1/F·1193
印　　数:1~2 000 册　定价:55.00 元

本书如有质量问题,请向北京交通大学出版社质监组反映。对您的意见和批评,我们表示欢迎和感谢。
投诉电话:010-51686043,51686008;传真:010-62225406;E-mail:press@bjtu.edu.cn。

代 序

经济与社会的不断发展为理论工作者的研究提供了肥沃的土壤，他们一方面从中吸取有益成分，另一方面进一步推动理论的完善和发展。

近年来，我国高等教育的各个领域和学科都发生着日新月异的变化，在教育思想和观念、教育方法和手段等方面都有了较大的进步，取得了丰硕成果。课程教学改革的推进、大学教育国际化进程的加快，双语教学的展开，案例教学的引用，教学方法、方式的灵活多样，对教材内容也提出了更新更高的要求。

北京交通大学出版社长期以来致力于高等教育所需教材的建设和出版，特别是在经济管理学科领域，优秀品种数量多、销量大，在业界具有良好的声誉。此次出版社根据当前高等教育的实际需求，结合社会发展的需要，对已有产品进一步优化、整合、完善、再版，形成一套紧跟国际发展步伐又适合我国国情的"高等学校'十二五'规划教材·经济管理系列"教材。

该系列教材涉及市场营销、财会、人力资源等专业，具体包括约20种。参编者都是多年来一直从事一线教学的专职教师，具有丰富的教学经验和写作经验。

该系列教材具有以下特点。

1. 在内容选取上，进一步优化阅读材料，精选案例分析，合理安排课后练习，从而使其更加充实和完善。该系列教材多数是以往深受广大一线教师所喜欢的长销书的再版，单本书最高销量已经超过8万册。

2. 在编写风格上，突出基础性和先进性，反映时代特征，强调核心知识，结合实际应用，理论与实践相结合。

3. 在内容阐述上，强调基本概念、原理及应用，层次分明，突出重点，注重学生知识运用能力和创新意识的培养。

4. 配套教学资源丰富，出版社为编者、读者、发行者提供了一个及时、方便的交流平台。

该系列教材的出版不仅进一步适应了高等学校经济与管理类专业的本科教学需要，也为广大从事经济、贸易、财会等工作的人员提供了更新更好的参考读物，相信一定会得到广大读者的认同。

中国工程院院士
技术经济专家
北京交通大学教授

2013.4.2

再版前言

自20世纪80年代，西方财务管理理论被逐步引入国内，使我国传统的财务管理理论和实践都发生了脱胎换骨的变化，财务管理已成为现代企业管理的核心内容之一。随着资本市场的日益发达和企业管理的不断完善，财务管理的地位日显重要，甚至在一定程度上决定着企业的生死存亡。因此，当你翻开那些成功企业的发展史，你会发现它们都具有一套高效运转的财务管理体系。

本书第1版自2007年出版以来，深受广大学生和老师欢迎，为了及时跟踪当今财务管理最新动态和吸收最新研究成果，我们从去年开始着手教材的修订完善工作，从结构到内容，都力求比原有财务管理教材有所突破、有所创新，其特色主要体现在以下几个方面。

1. 逻辑严密，体系新颖。在研究和借鉴以西方财务管理体系与内容的基础上，同时吸收现代企业管理相关理论，结合我国企业财务管理实际，设计了"财务管理基础"和"财务管理实务"上、下两篇的财务管理体系。

2. 内容务实，案例丰富。全书内容分为上、下两篇，其中上篇为财务管理理论基础，下篇为财务管理实务。在教材内容的安排上也尽量为部分学生准备注册会计师考试提供支持。各部分均融入相关案例，总结、解析当今中外成功企业的财务管理经验和失败企业的财务管理教训，达到理论阐述与案例解剖融为一体。

3. 深入浅出，循序渐进。在教材内容的组织安排和编写过程中，力求趣味性与科学性相结合，理论性与实践性相统一，从财务管理学科特点出发，有效激发学生学习兴趣。无论是整体内容还是局部章节，都尽可能做到深入浅出、循序渐进，以达到理想的教学效果。

4. 格物致知，吐故纳新。《礼记·大学》云："致知在格物，物格而后知至。"意即穷究事物原理以获得知识。面对经济发展突飞猛进、金融市场瞬息万变、财务信息急剧膨胀的当今社会，我们密切关注经济、管理理论与实践的最新发展，深入探究企业财务活动变化的脉络和缘由，同时吸收国内外新的研究成果，以树立精品意识，提升教材品质。

5. 体例独特，形式灵活。每章由"学习目标"、"引言"、"正文"（穿插"相关链接"）、"本章小结"、"推荐阅读"、"拓展练习"、"思考讨论"和"案例分析"构成，且均配有相应参考答案及解析，为广大读者提供了尽可能的方便与帮助。

本书各章节内容的撰写者分别为：第1章，徐光华、刘义鹃；第2、3章，柳世平；

第4、7章,徐光华;第5、6章,温素彬;第8章,唐婉虹;第9章和拓展练习,谢华。最后由徐光华总纂定稿。

本书可以作为高等学校经济与管理类专业学生的教学用书,包括本、专科生以及MBA、EMBA和工程硕士等专业学位学生的教学用书,教学中可根据不同教学对象有针对性地选择教学内容。

由于财务管理学理论和实践都处在不断发展的过程中,加之我们仓促走笔,书中缺点乃至错误,恐难避免,恳请大家不吝指正,以使本书渐臻完善。联系邮箱:xgh9007286@163.com。

2013年6月于南京白水轩

目 录

上 篇

第1章 总论 (3)
- ◇ 学习目标 (3)
- ◇ 引言 (3)
- 1.1 财务管理概述 (4)
  - 1.1.1 企业财务活动 (4)
  - 1.1.2 企业财务关系 (5)
  - 1.1.3 企业财务管理的特点 (6)
- 1.2 财务管理的内容和目标 (7)
  - 1.2.1 财务管理内容 (7)
  - 1.2.2 财务管理目标 (9)
  - 1.2.3 公司治理与企业目标 (11)
- 1.3 财务管理的环境 (15)
  - 1.3.1 法律环境 (15)
  - 1.3.2 金融市场环境 (16)
  - 1.3.3 经济环境 (19)
  - 1.3.4 企业内部理财环境 (20)
- 1.4 非财务人员与财务管理 (20)
- ◇ 本章小结 (22)
- ◇ 拓展练习 (23)
- ◇ 思考讨论 (26)
- ◇ 案例分析 米勒啤酒公司向黑人奖学金基金的捐赠 (26)

第2章 财务分析 (28)
- ◇ 学习目标 (28)
- ◇ 引言 (28)
- 2.1 财务分析概述 (28)

I

    2.1.1 财务分析的定义 ……………………………………………… (28)
    2.1.2 财务分析的主体 ……………………………………………… (29)
    2.1.3 财务分析的方法 ……………………………………………… (30)
    2.1.4 财务分析的局限性 …………………………………………… (32)
  2.2 财务比率分析 ……………………………………………………… (34)
    2.2.1 偿债能力分析 ………………………………………………… (37)
    2.2.2 资产管理能力分析 …………………………………………… (45)
    2.2.3 盈利能力分析 ………………………………………………… (48)
    2.2.4 上市公司其他财务指标分析 ………………………………… (51)
  2.3 财务综合分析 ……………………………………………………… (54)
    2.3.1 杜邦财务分析体系 …………………………………………… (54)
    2.3.2 沃尔评分法 …………………………………………………… (56)
    2.3.3 沃尔评分法在我国的应用 …………………………………… (57)
  ◇ 本章小结 ……………………………………………………………… (59)
  ◇ 拓展练习 ……………………………………………………………… (59)
  ◇ 思考讨论 ……………………………………………………………… (65)
  ◇ 案例分析 巨龙公司报表数据分析 …………………………………… (65)
第3章 财务预测与预算 …………………………………………………… (67)
  ◇ 学习目标 ……………………………………………………………… (67)
  ◇ 引言 …………………………………………………………………… (67)
  3.1 财务预测 …………………………………………………………… (68)
    3.1.1 财务预测的意义 ……………………………………………… (68)
    3.1.2 财务预测的一般方法 ………………………………………… (68)
    3.1.3 财务预测的步骤 ……………………………………………… (70)
    3.1.4 销售百分比法 ………………………………………………… (71)
    3.1.5 增长模型 ……………………………………………………… (73)
  3.2 利润规划——本量利分析及其应用 …………………………… (76)
    3.2.1 本量利的基本原理 …………………………………………… (76)
    3.2.2 保本点的预测分析 …………………………………………… (78)
    3.2.3 安全边际和安全边际率 ……………………………………… (81)
  3.3 财务预算 …………………………………………………………… (82)
    3.3.1 全面预算的意义和作用 ……………………………………… (82)
    3.3.2 全面预算的体系 ……………………………………………… (83)
    3.3.3 财务预算的编制方法 ………………………………………… (84)
    3.3.4 财务预算的编制 ……………………………………………… (86)

3.3.5 预算管理的创新 ……………………………………………………………… (93)
    ◇ 本章小结 ………………………………………………………………………………… (94)
    ◇ 拓展练习 ………………………………………………………………………………… (95)
    ◇ 思考讨论 ………………………………………………………………………………… (99)
    ◇ 案例分析　武钢动态预算管理 ………………………………………………………… (99)

下　篇

第4章　项目投资决策 ……………………………………………………………………… (103)
    ◇ 学习目标 ………………………………………………………………………………… (103)
    ◇ 引言 ……………………………………………………………………………………… (103)
    4.1 时间价值与风险价值 …………………………………………………………………… (104)
        4.1.1 货币时间价值 …………………………………………………………………… (104)
        4.1.2 风险价值 ………………………………………………………………………… (109)
    4.2 投资项目现金流量预计 ………………………………………………………………… (112)
        4.2.1 现金流量的预计 ………………………………………………………………… (112)
        4.2.2 现金流量预计中应注意的问题 ………………………………………………… (114)
        4.2.3 现金流量案例分析 ……………………………………………………………… (115)
    4.3 项目投资决策方法 ……………………………………………………………………… (116)
        4.3.1 净现值法 ………………………………………………………………………… (116)
        4.3.2 现值指数法 ……………………………………………………………………… (118)
        4.3.3 内部收益率法 …………………………………………………………………… (118)
        4.3.4 投资回收期法 …………………………………………………………………… (120)
        4.3.5 会计收益率法 …………………………………………………………………… (120)
        4.3.6 项目评价标准的比较与选择 …………………………………………………… (121)
    4.4 项目投资决策方法的运用 ……………………………………………………………… (123)
        4.4.1 独立项目投资决策 ……………………………………………………………… (123)
        4.4.2 互斥项目投资决策 ……………………………………………………………… (124)
        4.4.3 资本限额决策 …………………………………………………………………… (127)
    ◇ 本章小结 ………………………………………………………………………………… (130)
    ◇ 拓展练习 ………………………………………………………………………………… (131)
    ◇ 思考讨论 ………………………………………………………………………………… (136)
    ◇ 案例分析　固特异轮胎公司投资项目的可行性分析 ………………………………… (136)

第5章　金融投资决策 ……………………………………………………………………… (138)
    ◇ 学习目标 ………………………………………………………………………………… (138)

◇ 引言 ··· (138)
5.1 股票投资 ··· (139)
 5.1.1 股票的含义与特征 ·· (139)
 5.1.2 股票的分类 ·· (139)
 5.1.3 股票的价值与价格 ·· (141)
 5.1.4 股票投资的价值评估 ····································· (142)
 5.1.5 股票价格指数 ·· (144)
5.2 债券投资 ··· (148)
 5.2.1 债券投资的特征 ··· (148)
 5.2.2 债券的分类 ·· (148)
 5.2.3 债券投资的价值和收益率评估 ························· (149)
 5.2.4 债券投资的信用评级 ····································· (151)
 5.2.5 债券投资的风险分析 ····································· (152)
5.3 基金投资 ··· (154)
 5.3.1 投资基金的起源与发展 ·································· (154)
 5.3.2 投资基金的特点 ··· (154)
 5.3.3 投资基金的分类 ··· (156)
 5.3.4 投资基金的价值分析 ····································· (158)
5.4 金融期货与金融期权投资 ····································· (160)
 5.4.1 金融期货投资 ·· (160)
 5.4.2 金融期权投资 ·· (162)
5.5 证券组合投资 ·· (163)
 5.5.1 证券投资组合的风险与收益 ···························· (163)
 5.5.2 资本资产定价模型 ·· (165)
◇ 本章小结 ·· (166)
◇ 拓展练习 ·· (167)
◇ 思考讨论 ·· (172)
◇ 案例分析 YD公司股票投资案例 ································ (173)

第6章 营运资本投资决策 ·· (175)
◇ 学习目标 ·· (175)
◇ 引言 ··· (175)
6.1 营运资本投资概述 ·· (176)
 6.1.1 营运资本的概念与特征 ·································· (176)
 6.1.2 营运资本需求与匹配战略 ······························· (177)
6.2 现金管理 ··· (179)

6.2.1　现金概念、现金持有的原因 ·· (179)
　　6.2.2　最佳现金余额的确定模型 ··· (181)
　　6.2.3　现金收支管理 ··· (184)
6.3　存货管理 ··· (187)
　　6.3.1　存货管理的要求和目的 ··· (187)
　　6.3.2　存货管理的有关成本 ·· (188)
　　6.3.3　存货决策 ··· (189)
　　6.3.4　ABC存货控制 ··· (193)
6.4　应收账款管理 ··· (194)
　　6.4.1　信用政策 ··· (194)
　　6.4.2　收款政策 ··· (197)
　　6.4.3　信用分析 ··· (199)
◇ 本章小结 ·· (200)
◇ 拓展练习 ·· (200)
◇ 思考讨论 ·· (203)
◇ 案例分析　四川长虹的营运资金管理 ·· (204)

第7章　融资决策 ··· (206)
◇ 学习目标 ·· (206)
◇ 引言 ·· (206)
7.1　融资决策概述 ··· (207)
　　7.1.1　企业融资的动机 ·· (207)
　　7.1.2　企业融资的渠道与方式 ·· (207)
　　7.1.3　证券发行方式 ··· (208)
7.2　短期债务融资 ··· (210)
　　7.2.1　短期债务融资及其特点 ·· (210)
　　7.2.2　企业短期信用融资 ··· (211)
　　7.2.3　短期银行贷款 ··· (212)
　　7.2.4　商业票据 ··· (214)
　　7.2.5　短期抵押融资 ··· (215)
　　7.2.6　短期债务融资策略 ··· (217)
7.3　长期债务融资 ··· (221)
　　7.3.1　长期借款融资 ··· (221)
　　7.3.2　企业债券融资 ··· (225)
　　7.3.3　租赁融资 ··· (228)
7.4　权益融资 ··· (233)

v

7.4.1　普通股融资 …………………………………… (233)
　　7.4.2　优先股融资 …………………………………… (239)
　　7.4.3　吸收直接投资 ………………………………… (240)
◇ 本章小结 ……………………………………………… (243)
◇ 拓展练习 ……………………………………………… (244)
◇ 思考讨论 ……………………………………………… (247)
◇ 案例分析　迪斯尼公司的债券发行 ………………… (248)

第8章　资本结构决策 ……………………………………… (250)
◇ 学习目标 ……………………………………………… (250)
◇ 引言 …………………………………………………… (250)
8.1　资本成本 …………………………………………… (251)
　　8.1.1　资本成本概述 …………………………………… (251)
　　8.1.2　个别资本成本的测算 …………………………… (253)
　　8.1.3　加权平均资本成本 ……………………………… (257)
　　8.1.4　边际资本成本 …………………………………… (260)
8.2　杠杆原理 …………………………………………… (262)
　　8.2.1　经营风险与经营杠杆 …………………………… (262)
　　8.2.2　财务风险与财务杠杆 …………………………… (265)
　　8.2.3　复合杠杆 ………………………………………… (268)
8.3　资本结构 …………………………………………… (271)
　　8.3.1　资本结构概述 …………………………………… (271)
　　8.3.2　最优资本结构 …………………………………… (272)
　　8.3.3　资本结构理论 …………………………………… (278)
◇ 本章小结 ……………………………………………… (280)
◇ 拓展练习 ……………………………………………… (281)
◇ 思考讨论 ……………………………………………… (286)
◇ 案例分析　大宇资本结构的神话 …………………… (286)

第9章　收益分配决策 ……………………………………… (288)
◇ 学习目标 ……………………………………………… (288)
◇ 引言 …………………………………………………… (288)
9.1　收益分配概述 ……………………………………… (288)
　　9.1.1　收益分配的基本原则 …………………………… (289)
　　9.1.2　收益分配的程序 ………………………………… (289)
9.2　收益分配的政策 …………………………………… (290)
　　9.2.1　影响股利政策的因素 …………………………… (290)

  9.2.2 股利政策理论 …………………………………………………（292）
  9.2.3 股利政策的种类 …………………………………………………（296）
  9.2.4 股票股利与股票分割 ……………………………………………（299）
  9.2.5 股利分配的程序 …………………………………………………（303）
 ◇ 本章小结 ………………………………………………………………（306）
 ◇ 拓展练习 ………………………………………………………………（306）
 ◇ 思考讨论 ………………………………………………………………（309）
 ◇ 案例分析　佛山照明公司的高派现分析 ……………………………（309）
附录 A　现值、终值表 ……………………………………………………（313）
参考文献 ……………………………………………………………………（321）

上 篇

上篇

第1章

总　论

> 一个企业所做的每一个决定都有其财务上的含义，而任何一个对企业财务状况产生影响的决定就是该企业的财务决策。因此，从广义上讲，一个企业所做的任何事情都属于公司理财的范畴。
>
> ——阿斯瓦斯·达摩达兰

 学习目标

1. 掌握现金流转的概念，理解财务管理的主要研究内容；
2. 了解企业的各种财务关系；
3. 深入理解企业财务管理目标的各种观点；
4. 了解企业财务治理结构；
5. 理解影响企业财务管理活动的环境因素；
6. 了解利率的基本决定因素。

 引　言

2008年9月15日，拥有158年悠久历史的美国第四大投资银行——雷曼兄弟（Lehman Brothers）公司正式申请依据以重建为前提的美国联邦破产法第11章所规定的程序破产，即所谓破产保护。它拥有6 390亿美元的资产和6 130亿美元的债务，成为美国历史上最大的金融破产案。雷曼兄弟公司的破产，不仅与过度的金融创新和乏力的金融监管等外部环境有关，也与雷曼公司本身的财务管理目标定位及高杠杆带来的金融风险有关。

以股东财富最大化为目标忽视了对经营风险进行有效控制的结果。由于对合成CDO（担保债务凭证）和CDS（信用违约互换）市场的深度参与，而忽视了CDS市场相当于4倍美国GDP的巨大风险，是雷曼轰然倒塌的直接原因。同时高杠杆金融是一把双刃剑，一旦金融环境发生变化将带来巨大的风险，以雷曼公司为例，自2007年7月次贷危机开始，其财务杠杆率（总资产/总股东权益）仍然在20倍以上，2007年8月31日其杠杆率为30.3倍，在2008年2月底达到了31.7倍的高峰，直到2008年8月31日，这一比率才降至21.1倍。以30倍的财务杠杆率为例，在资产价格上涨情况下，只要赚1%就相当于赚到股本30%的收益，而一旦价格下跌导致亏损3.3%，即意味着破产。过多关注股东利益以及高杠

杆的运用必将使公司在实务经营上的精力投入不足,经营重心发生偏移,使企业失去高位运行的经济基础。

1.1 财务管理概述

财务管理是企业管理的重要组成部分,财力资源的取得和管理是企业成功经营的最重要的条件之一,它直接关系到企业的兴衰成败。市场经济特别是资本市场的不断发展,使财务管理在现代企业管理中扮演了越来越重要的角色。

为此,要了解什么是财务管理,必须先分析企业的财务活动和财务关系。

1.1.1 企业财务活动

企业财务活动是以现金收支为主的企业资金收支活动的总称。在社会主义市场经济条件下,一切物资都具有一定量的价值,它体现着耗费与物资中的社会必要劳动量,社会再生产过程中物资价值的货币表现,其货币表现就是资金。在市场经济条件下,拥有一定数额的资金,是进行生产经营活动的必要条件。企业生产经营过程,一方面表现为物资的不断购进和售出;另一方面则表现为资金的支出和收回,企业的经营活动不断进行,也就会不断产生资金的收支。企业资金的收支,构成了企业经济活动的一个独立方面,这便是企业的财务活动。因此,企业的财务活动可以分为融资活动、投资活动、经营活动、利润及其分配活动这4个方面。

1. 企业融资引起的财务活动

在商品经济条件下,企业要想从事经营,首先必须筹集一定数量的资金,企业通过发行股票、发行债券、吸收直接投资等方式筹集资金,表现为企业资金的收入。企业偿还借款、支付利息、股利及付出各种费用等,则表现为企业资金的支出。这种因为资金筹集而产生的资金收支,便是由企业融资而引起的财务活动。

2. 企业投资引起的财务活动

企业筹集资金的目的是为了把资金用于生产经营活动,以便取得盈利,不断增加企业价值。企业把筹集到的资金投资于企业内部,用于购置固定资产、无形资产等,便形成企业的对内投资;企业把筹集到的资金投资于购买其他企业的股票、债券或与其他企业联营进行投资,便形成企业的对外投资。无论是企业购买内部所需各种资产,还是购买各种证券,都需要支出资金。而当企业变卖其对内投资的各种资产或收回其对外投资时,则会产生资金的收入。这种因企业投资而产生的资金的收支,便是由投资而引起的财务活动。

3. 企业经营引起的财务活动

企业在正常的生产经营活动中,会发生一系列的资金收支。首先,企业要采购材料或商品,以便从事生产和销售活动,同时,还要支付工资和其他营业费用;其次,当企业把产品或商品售出后,便可取得收入,收回资金;再次,如果企业现有资金不能满足企业经营的需要,还要采取短期借款方式来筹集所需资金。上述各方面都会产生企业资金的收支,此即属于企业经营引起的财务活动,也可以视为广义的投资引起的财务活动。

4. 企业利润及其分配引起的财务活动

企业在经营过程中会产生利润,也可能会因对外投资而分得利润,这表明企业有了资金的增值或取得了投资报酬。企业的利润要按规定的程序进行分配。首先，要依法纳税；其次，要用来弥补亏损，提取公积金、公益金；最后要向投资者分配利润。这种因利润分配而产生的资金收支便属于由利润分配而引起的财务活动。

因此，企业财务活动的4个方面，它们不是相互割裂、互不相关的，而是相互联系、相互依存的。正是上述互相联系又有一定区别的4个方面，构成了完整的财务管理活动，这4个方面也就是财务管理的基本内容：企业融资管理、企业投资管理、营运资金管理、利润及其分配管理。

1.1.2 企业财务关系

企业财务关系是指企业在组织财务活动过程中与各有关方面发生的经济关系。财务关系的内容和本质特征是由经济体制决定的，是企业在资金运动中与其他企业、社会各方面及其内部各单位形成的经济利益关系。企业的财务关系可概括为以下几个方面。

1. 企业与投资者之间的财务关系

企业与其投资者之间的财务关系是各种财务关系中最根本的财务关系。这主要指企业的投资者向企业投入资金，企业向其投资者支付投资报酬所形成的经济关系。企业投资者主要有以下4类：① 国家；② 法人单位；③ 个人；④ 外商。企业同其投资者之间的财务关系，是一种委托代理关系。企业管理者受股东的委托，运用股东赋予的经营权从事符合股东利益和其自身利益的经营活动。企业的投资者要按照投资合同、协议、章程的约定履行出资义务，以便及时形成企业的资本金。企业利用资本金进行经营，实现利润后，应按出资比例或合同、章程的规定，向其所有者分配利润。一般而言，所有者的出资不同，他们各自对企业承担的责任也不同。

2. 企业与债权人之间的财务关系

这主要指企业向债权人借入资金，并按借款合同的规定按时支付利息和归还本金所形成的经济关系。企业除利用资本金进行经营活动外，还要借入一定数量的资金，以便降低企业资金成本，扩大企业经营规模。企业的债权人主要有：① 债券持有人；② 贷款机构；③ 商业信用提供者；④ 其他出借资金给企业的单位或个人。企业利用债权人的资金，要按约定的利息率，及时向债权人支付利息；债务到期时，要合理调度资金，按时向债权人归还本金。企业同其债权人的关系体现的是债务与债权关系。

3. 企业与被投资单位之间的财务关系

这主要是指企业将其闲置资金以购买股票或直接投资的形式向其他企业投资所形成的经济关系。随着经济体制改革的深化和横向经济联合的开展，这种关系将会越来越广泛。企业向其他单位投资，应按约定履行出资义务，参与被投资单位的利润分配。企业与被投资单位的关系是体现所有权性质的投资与受资的关系。

4. 企业与债务人之间的财务关系

这主要是指企业将其资金以购买债券、提供借款或商业信用等形式出借给其他单位所形成的经济关系。企业将资金借出后，有权要求其债务人按约定的条件支付利息和归还本金。企业与债务人之间的关系体现的是债权与债务关系。

5. 企业内部各单位之间的财务关系

这主要是指企业内部各单位之间在生产经营各环节中相互提供产品或劳务所形成的经济

关系。企业在实行内部经济核算制的条件下，企业供、产、销各部门及各生产单位之间，相互提供产品和劳务要进行计价结算。这种在企业内部形成的资金结算关系，体现了企业内部各单位之间的利益关系。

6. 企业与职工之间的财务关系

这主要是指企业向职工支付劳动报酬的过程中所形成的经济关系。企业要用自身的产品销售收入，向职工支付工资、津贴、奖金等，按照提供的劳动数量和质量支付职工的劳动报酬。这种企业与职工之间的财务关系，体现了职工和企业在劳动成果上的分配关系。

7. 企业与税务机关之间的财务关系

这主要是指企业要按照税法的规定依法纳税而与国家税务机关所形成的经济关系。任何企业，都要按照国家税法的规定缴纳各种税款，以保证国家财政收入的实现，满足社会各方面的需要。及时、足额的纳税是企业对国家的贡献，也是对社会应尽的义务。因此，企业与税务机关的关系反映的是依法纳税和依法征税的权利义务关系。

1.1.3 企业财务管理的特点

企业生产经营活动的复杂性，决定了企业管理必须包括多方面的内容，如生产管理、技术管理、劳动人事管理、设备管理、销售管理及财务管理等。各项工作既互相联系、紧密配合，同时又有科学的分工，具有各自的特点。其中财务管理的特点如下。

1. 财务管理是一项综合性的管理工作

企业管理在实行分工、分权的过程中形成了一系列专业管理，有的侧重于实用价值的管理，有的侧重于价值的管理，有的侧重于劳动要素的管理，有的侧重于信息的管理。社会经济的发展，要求财务管理主要是运用价值形式对经营活动实施管理。通过价值形式，把企业的一切物质条件、经营过程和经营结果都合理地加以规划和控制，达到企业效益不断提高、财富不断增加的目的。因此，财务管理既是企业管理的一个独立方面，又是一项综合性的管理工作。

2. 财务管理与企业各方面具有广泛的联系

在企业中，一切涉及资金的收支活动，都与财务管理有关。事实上，企业内部各部门与资金不发生联系的现象是很少见的。因此，财务管理的触角，常常伸向企业经营的各个角落。每一个部门都会通过资金的使用与财务部门发生联系。每一个部门也都要在合理使用资金、节约资金支出等方面接受财务部门的指导，受到财务制度的约束，以此来保证企业经济效益的提高。

3. 财务管理能迅速反映企业的生产经营状况

在企业管理中，决策是否得当，经营是否合理，技术是否先进，产销是否顺畅，都可迅速地在企业财务指标中得到反映。例如，如果企业生产的产品适销对路，质量优良可靠，则可带动生产发展，实现产销两旺，资金周转加快，盈利能力增强，这一切都可以通过各种财务指标迅速地反映出来。这也说明，财务管理工作既有独立性，又受整个企业管理工作的制约。财务部门应通过自己的工作，向企业领导及时通报有关财务指标的变化情况，以便把各部门的工作都纳入到提高经济效益的轨道，努力实现财务管理的目标。

综上所述，可以把财务管理的概念概括为：企业财务管理是企业管理的一个组成部分，它是根据财经法规制度，按照财务管理的原则，组织企业财务活动，处理财务关系的一项经济管理工作。

1.2 财务管理的内容和目标

1.2.1 财务管理内容

财务管理是有关资金的筹集、投放和分配的工作。财务管理的对象是现金（或者资金）的循环和周转，主要内容是融资、投资和股利分配，主要职能是决策、计划和控制。

1. 财务管理的对象

财务管理主要是资金管理，其对象是资金及其流转。资金流转的起点和终点是现金，其他资产都是现金在流转中的转化形式，因此，财务管理的对象也可以说是现金及其流转。财务管理也会涉及成本、收入和利润问题。从财务的观点来看，成本和费用是现金的耗费，收入和利润是现金的来源。财务管理主要在这种意义上研究成本和收入，而不同于一般意义上的成本管理和销售管理，也不同于计量收入、成本和利润的会计工作。

（1）现金流转的概念

在建立一个新企业时，必须先要解决两个问题：一是制定规划，明确经营的内容和规模；二是筹集若干现金，作为最初的资本。没有现金，企业的规划无法实现，不能开始运营。企业建立后，现金变为经营用的各种资产，在运营中又陆续变为现金。

在生产经营中，现金（cash）变为非现金资产，非现金资产又变为现金，这种周而复始的流转过程称为现金流转（the cycle of cash）。这种流转无始无终，不断循环，又称为现金的循环或资金循环。所需时间不超过一年的流转，称为现金的短期循环。短期循环中的资产是流动资产，包括现金本身和企业正常经营周期内可以完全转变为现金的存货、应收账款、短期投资等。现金变为非现金资产，然后又回到现金，所需时间在一年以上的流转，称为现金的长期循环。长期循环中的非现金资产是长期资产，包括固定资产、长期投资、无形资产和其他资产等。

（2）现金流转不平衡

如果企业的现金流出量与流入量相等，财务管理工作将大大简化。实际上这种情况极少出现，不是收大于支，就是支大于收，绝大多数企业一年中会多次遇到现金流出大于现金流入的情况。

现金流转不平衡的原因有企业内部的，如盈利、亏损或扩充等；也有企业外部的，如市场变化、经济兴衰、企业间竞争等。

2. 财务管理的内容

企业财务管理的最终目标是企业价值最大化，提高企业价值的主要途径是提高收益率和减少风险。企业收益率的高低和风险的大小又决定于投资项目、资本结构和股利分配政策。因此，企业财务管理的主要内容是投资管理、融资管理、营运资金管理和股利分配管理。然而税收与企业的经营管理、财务管理、成本核算的各个方面都有密切联系，因此，企业税收筹划也成为企业理财活动的重要内容。

（1）投资管理

投资是指企业资金的运用，是为获取未来收益或避免风险而进行的资金投放活动。投资管理主要研究和解决企业应在什么资产上投资，需要多少投资，并在权衡投资的风险和收益的基础上做出选择。例如，购买政府公债、购买企业股票和债券、购置设备、兴建工厂、开办商店、增加一种新产品等，企业都要发生货币性流出，并期望取得更多的现金流入。

企业在正常的经营过程中，发生的一系列的资金收支同样也可以视为投资。包括企业采购材料或商品、支付工资和其他营业费用、销售产品或商品等。

(2) 融资管理

融资是指企业资金的筹集。例如，企业发行股票、发行债券、取得借款、赊购、租赁等都属于融资。它主要解决的问题是如何取得企业所需要的资金，包括向谁、在什么时候、筹集多少资金。企业的资金来源按产权关系，可以分为权益融资和债务融资。决策的关键是决定各种资金来源在总资金中所占的比重，即确定最佳融资组合或资本结构，以使融资风险和融资成本相配合。

(3) 股利分配管理

利润分配是指决定在企业获取的税后利润中，有多少作为股利分配给股东，有多少留在企业作为再投资。过高的股利支付率，影响企业再投资的能力，会使未来收益减少，造成股价下跌；过低的股利支付率，可能引起股东不满，股价也会下跌。

3. 财务管理的方法

财务管理的方法是为了实现财务管理目标，完成财务管理任务，在进行理财活动时所采用的各种技术和手段。财务管理的方法有很多，可按多种标准进行分类：① 根据财务管理的具体内容，可以分为资金筹集管理方法、投资管理方法、营运资金管理方法、股利管理方法；② 根据财务管理的环节，可以分为财务预测方法、财务决策方法、财务计划方法、财务控制方法、财务分析方法；③ 根据财务管理方法的特点，可分为定性财务管理方法和定量财务管理方法。现以财务管理环节为标准，对财务管理方法进行说明。

(1) 财务预测方法

财务预测是财务人员根据历史资料，依据现实条件，运用特定的方法对企业未来的财务活动和财务成果所作出的科学预计和测算。其作用表现在以下几个方面：① 财务预测是财务决策的基础；② 财务预测是编制财务计划的前提；③ 财务预测是组织日常财务活动的必要条件。

预测的工作过程一般包括以下几个方面：① 明确预测的对象和目的；② 搜集和整理有关信息资料；③ 选用特定的预测方法进行预测。

近年来，由于预测越来越受到重视，预测方法的发展也很快，据国外统计，已达130种。显然，在预测时应根据具体情况有选择地利用这些方法。

(2) 财务决策方法

财务决策是指财务人员在财务目标的总体要求下，从若干个可以选择的财务活动方案中选择最优方案的过程。在市场经济条件下，财务管理的核心是财务决策，财务预测是为财务决策服务的，财务计划是财务决策的具体化。现代管理理论认为，企业管理的重心在经营，经营的重心在决策，因为决策关系到企业的兴衰成败。

财务决策一般包括以下一些步骤：① 根据财务预测的信息提出问题；② 确定解决问题的备选方案；③ 分析、评价、对比各种方案；④ 拟定择优标准，选择最佳方案。

(3) 财务计划方法

财务计划是在一定的计划期内以货币形式反映生产经营活动所需要的资金及其来源、财务收入和支出、财务成果及其分配的计划。财务计划是以财务决策确立的方案和财务预测提供的信息为基础编制的，是财务预测和财务决策的具体化，是控制财务活动的依据。

财务计划一般包括以下一些内容：① 根据财务决策的要求，分析主、客观条件，全面安排计划指标；② 对需要与可能进行协调，实现综合平衡；③ 调整各种指标，编制出计划表格。财务计划的编制过程，实际上就是确定计划指标，并对其进行平衡的过程。

(4) 财务控制方法

财务控制是指在财务管理过程中，利用有关信息和特定手段，对企业的财务活动施加影响或调节，以便实现计划所规定的财务目标。在管理活动中，如果不为达到一定目标，根本就不需要管理；如果不能有效地施加影响或调节，也就无法管理。

(5) 财务分析方法

财务分析是根据有关信息资料，运用特定方法，对企业财务活动过程及其成果进行分析和评价的一项工作。通过财务分析，可以掌握各项财务计划指标的完成情况，评价财务状况，研究和掌握企业财务活动的规律性，改善财务预测、决策、计划和控制，提高企业经济效益，改善企业管理水平。财务分析的一般程序是：① 确立题目，明确目标；② 收集资料，掌握情况；③ 运用方法，揭示问题；④ 提出措施，改进工作。

1.2.2 财务管理目标

财务管理的目标就是企业财务活动所希望实现的结果，是评价企业财务活动是否合理的基本标准。关于企业的财务管理目标，目前流行的说法有利润最大化、每股盈余最大化、股东财富最大化等。

1. 利润最大化

利润最大化是西方微观经济学的理论基础。西方经济学家以往都是以利润最大化这一概念来分析和评价企业行为和业绩的。这种观点认为，利润代表了企业新创造的财富，利润越多，则企业的财富增长得越多，越接近企业生存、发展和盈利的目标。

以利润最大化作为财务管理的目标，有其合理的一面。企业追求利润最大化，就必须讲求经济核算，加强管理，改进技术，提高劳动生产率，降低产品成本。这些措施都有利于资源的合理配置，有利于经济效益的提高。

但是，以利润最大化作为财务管理目标存在以下缺点。

① 利润最大化没有考虑利润实现的时间，没有考虑资金时间价值。

② 利润最大化没有考虑取得的利润与投入资本的关系，利润最大化不等于利润率最大化。实现的高额利润可能是牺牲了大量的经济资源而获得的。

③ 利润最大化没有考虑获取的利润同其承担风险的关系。在项目和投资的选择上，收益固然重要，但忽视了项目和投资的风险，一旦出现不利的事实，企业将陷入困境，甚至破产。在利润最大化目标下，财务决策仅仅局限于比较不同项目收益的大小作为决策的依据，显然是很不可取的。

④ 利润最大化难以协调企业同经营者之间的利益。当企业的利润目标与经营者的利益一致时，才会促进经营者努力达到利润最大化目标。经营者获取利润的多少往往通过考核其经营业绩的方式进行度量，而考核其经营业绩的指标主要是销售额和利润额指标。为了追求经营绩效，他们往往会将收益放在第一位，而忽视了经营和投资的风险。在目标不能达到的

情况下，他们往往又会挖空心思在账面上做手脚，虚增收入和利润，蒙骗广大社会公众，不利于企业的长远发展。

⑤ 利润最大化没有考虑企业的可持续发展。利润最大化目标只是一种短期性目标，只顾眼前利益，不顾企业的长远发展，导致企业短期虽然实现了利润最大化，却削弱了其长期发展能力。

因此，现代财务理论认为，利润最大化并不是企业财务管理的最佳目标。

> **相关链接**

利润最大化的美国企业

利润最大化曾是美国企业的基本目标，过度追求利润使许多企业丧失了现实的和潜在的市场。如美国钢铁业和造船业不能利用第二次世界大战后的有利时机及时更新技术和设备，终被一无能源、二无资源的日本同业所淘汰。其根本原因在于过度追求利润。IBM公司在大型计算机利润很高时放弃了潜在的PC市场，终于使自己缺乏发展后劲。20世纪80年代美元升值，出口锐减，美国出口商用提高价格的方法来保护利润最大化，结果仅仅两年时间，他们就分文无获；4年后日元升值时，日本人宁愿丧失50%的利润，而保持在美国市场的占有率，结果两年后，取得了"利润最大化"。

2. 每股盈余最大化

每股盈余最大化即每股收益最大化，每股收益是净利与发行在外普通股股数的比率，这种观点是把企业实现的净利同企业的投入进行对比。

但是，以每股盈余最大化作为企业财务管理的目标也有一些缺陷，仍然没有考虑资金的时间价值，也没有考虑风险因素。

3. 股东财富最大化

股东财富最大化是指通过财务上的合理经营，为股东带来最多的财富。在股份公司中，股东财富有其所拥有的股票数量和股票市场价格两方面来决定。在股票数量一定，当股票价格达到最高时，则股东财富也达到最大。所以，股东财富最大化又演变为股票价格最大化。在运行良好的资本市场里，股东财富最大化目标可以理解为最大限度地提高现在的股票价格。企业财务管理的最佳目标就是使每股股票的目前价值最大化。

与利润最大化目标相比，股东财富最大化目标有其积极的方面，这是因为：

① 考虑了货币的时间价值和投资的风险价值，有利于选择投资方案，统筹安排长短期规划、有效筹集资金、合理制定股利政策因素；

② 反映了资产保值增值的要求，股东财富越多，企业资产的市场价值越大；

③ 有利于克服管理上的片面性和短期行为；

④ 有利于社会资源合理配置，社会资本通常流向企业价值最大化或股东财富最大化的企业或公司，从而实现社会效益最大化。

但应该看到，股东财富最大化目标也存在以下一些缺点。

① 它只适用于上市公司，对非上市公司则很难适用。

② 它只强调股东的利益，而对企业其他关系人的利益重视不够。

③ 股票价格受多种因素影响，并非都是公司所能控制的，把不可控因素引入理财目标是不合理的。

④ 对于非上市公司，只有对企业进行专门评估，才能真正确定其价值。而在评估这些企业的资产时，又受到评估标准和评估方式的影响，不易做到客观、准确，也导致企业价值确定困难。

尽管股东财富最大化存在上述缺点，但如果一个国家的证券市场高度发达，市场效率极高，上市公司也可以把股东财富最大化作为企业财务管理的最佳目标。

相关链接

理论界与实务界对企业财务管理目标选择的差异*

在财务管理学中，财务管理目标并不存在一致的看法。最具代表性的财务管理目标主要有几种提法：利润最大化；每股盈余最大化；股东财富最大化或企业价值最大化。大多数学者都以实现市场价值与所有者最大化为企业财务管理的基本目标。

据西方财务学家对"《幸福》500家"高级财务管理人员的一项系统调查，结果表明，大多数实务工作者将财务管理目标按其重要程度排序为：第一，总资产报酬率最大化；第二，达到每股收益的预期增长率；第三，公司当期总利润的最大化；第四，股票价格的最大化。可见，上述四项目标中，第一、第三项其实就是利润最大化；第二、四项目标，也直接决定于利润最大化的实现程度。而在中国，大约有55%的企业将其作为财务管理的基本目标。

1.2.3 公司治理与企业目标

1. 公司治理的基础

公司作为一种法人组织，虽然也像自然人那样享有权利主体资格，但是，公司具有不同于自然人的独特性质，因此，公司的权力不能由公司本身来行使，而必须由公司的某些自然人来行使。这些自然人包括公司股东、董事和总经理。可见，现代公司在产权结构上所有权与控制权的分离，出现了委托代理关系。从委托代理理论角度说，委托代理关系是一种契约关系，怎样处理好这一关系，使所有者不干预公司的日常经营，同时又使公司经理层能以股东的利益和公司的利润最大化为目标，是公司治理问题的根源。因此，所谓公司治理结构，就是公司的权力如何在这些自然人之间进行分配，究竟哪些权力由公司股东所享有，哪些权力由公司董事、总经理等高级官员所行使。关于这些问题，各个国家的法律大都做了明确的规定。

---

* 资料来源：欧阳能. 中国市场，第15期。

- 股东治理。公司股东是公司的所有权人，他们可以通过所享有的各种权利，诸如表决权、诉讼提起权和公司剩余财产的索取权，以确保自己对公司事务的最终控制：通过表决权的行使，公司股东可以就公司董事的选任和解任等事项加以控制，可以对公司的某些结构变更加以控制；通过诉讼提起权的行使，股东可以对滥用职权的董事和高级官员的行为加以监督，抑制他们的不适当行为，追究他们的法律责任；而通过剩余财产索取权的行使，股东可以保障自己的财产利益在公司清算中的实现。这三种权力的享有和行使，尤其是表决权的行使，使股东通过股东会对公司事务享有最终的控制权。

- 董事治理。公司董事享有公司政策的制定权、公司重大结构变更的建议权和公司事务的管理权，以及委托公司高级官员来具体处理公司日常事务管理的权力。这些权力因为派生于公司股东，因此，它们的行使要受公司股东的约束。

- 管理人员治理。公司的高级管理人员受公司董事会的委托，对公司的具体事务进行管理，他们就自己的日常管理行为对公司董事会承担法律责任。

（1）代理关系

当一个或多人（委托人）聘请另外一个人（代理人）进行服务并授予其决策权时，代理关系就产生了。

① 股东和管理层的冲突和协调。

只要公司的管理层不完全持有公司的普通股，就会发生潜在的代理问题。如果是一个由所有者自行管理的私有公司，公司的所有者兼经理自然会以其利益最大化为经营目标，如不断增加个人财富，更多的闲暇或津贴。但是，如果所有者兼经理出售一部分所有权，潜在利益冲突就立即产生了。例如，由于不拥有全部的股东财富，经理就有可能不再以股东财富最大化为目标；同样，其也有可能会给自己制定高工资，这部分成本因此而分摊在所有股东的身上。因而委托人（外部股东）和代理人（经理）之间的潜在冲突就称为代理问题。

那么，在存在代理问题时，如何确保管理层公正地对待外部股东？可以采取以下几种激励措施：解雇、收购和建立管理者激励制度。

② 股东和债权人的冲突和协调。

代理问题的第二点就是股东和债权人之间的利益冲突。债务资金利息取决于以下几个因素：公司现有资产的风险程度；未来资产增量的预期风险度；公司的现有资本结构（即债务融资额）；公司未来资本结构的预期变化。这些因素决定着公司债务的风险度，也是债权人据以确定债务利息率的因素。

从限制的角度看，追求股东财富最大化离不开与债权人之间的公平交易；股东的财富依赖于资金的持续可获得性，而后者则又依赖于交易的公平性，以及对借贷协议的绝对忠诚。

债权人为了防止其利益被伤害，除了寻求立法保护，如破产时优先接管、优先于股东分配剩余财产等外，通常采取如下措施：

- 在借款合同中加入限制性条款，如规定资金的用途、规定不得发行新债或限制发行新债的数额等；

- 发现公司有剥夺其财产意图时，拒绝进一步合作，不再提供新的借款或提前收回借款。

管理层作为股东和债权人的共同代理人，必须妥善处理这两种证券持有人之间的利益均衡。同样，由于限制和惩罚措施的存在，管理者任何试图侵害公司任何利益相关方的行为，都将最终导致其利益受损。

不同的社会环境、价值观念同样会导致不同利益相关者在企业目标中所占的不同地位。美国《长期计划》（Long Range Planning）杂志 1995 年的调查证实了这个差异，该调查结果显示，在英国和美国，70% 以上的企业经理认为股东的利益是第一位的，而在法国、德国和日本，80% 以上的经理认为企业存在的价值是为所有的利益集团服务的。

（2）公司治理结构

公司治理结构实质上要解决的是因所有权和经营权相分离后产生的委托代理问题，它是规范委托代理各方之间关系的一种制度安排，并由此而形成的具有分权制衡关系的企业组织体制和企业运行机制。狭义的公司治理结构主要是关于企业的所有者与经营者之间的关系和利益，以及为维护这种关系和利益在体制或制度方面所做出的安排；而广义的公司治理结构涉及不同利益相关者（股东、贷款人、管理人员、职工、客户、供应商、社会公众等）之间的关系，并通过一整套制度安排来实现各自的经济目标。

企业在追求利益的过程中，应当透过形式上的治理结构安排和切实的运作行为，让所有人看得到企业的社会责任和道德伦理之所在。不同的公司治理模式有不同的效率，究竟哪种公司治理模式最为有效？公司治理的关键在于明晰股东、董事会、管理层及其他利益相关者的权利和责任，形成一种相互制衡关系。理想的公司治理模式应该具有这样的效用，即管理层能充分发挥自己的才智去管理企业，股东又能对管理层的行为进行有效的监督。我们认为这种能够在企业的监督约束机制与激励机制之间取得平衡的公司治理结构才是最有效的。

2. 企业目标和社会责任

企业目标和社会责任在许多方面是一致的。企业在追求自己的目标时，自认为会使社会受益。例如，企业为了生存，必须要生产出符合顾客需要的产品，满足社会的需求；企业为了发展，要扩大规模，自然会增加职工人数，解决社会的就业问题；企业为了获利，必须提高劳动生产率，改进产品质量，改善服务，从而提高社会生产效率和公众的生活质量。

企业目标和社会责任也有不一致的地方。例如，企业为了获得利益，可能产生伪劣产品，可能不顾及工人的健康和利益，可能造成环境污染，可能损害其他企业的利益等。

股东只是社会的一部分人，他们在谋求自己利益的时候，不应当损害他人的利益。政府要保证所有公民的正当权益。为此，政府颁布了一系列保护公众利益的法律，如公司法、反暴利法、防止不正当竞争法、环境保护法、合同法、保护消费者权益法和有关产品质量的法规等。通过这些法律调节股东和社会公众的利益。一般来说，企业只要遵守这些法规，企业在谋求自己利益的同时就会使公众受益。但是，法律不可能解决所有的问题，况且目前我国法制尚不够健全；企业有可能在合法的情况下从事不利于社会的事情。因此，企业还要受到商业道德的约束，要接受政府有关部门的行政监督，以及社会公众的舆论监督，进一步协调企业和社会的矛盾。

社会责任是一个在美国法学界已经讨论了 70 多年的话题：早在 20 世纪 30 年代，多德教授就率先指出：公司对雇员、消费者和公众负有社会责任，尽管这些社会责任未必见诸法律而成为公司的法定义务，但应成为公司管理人恪守的职业道德。

从 20 世纪 80 年代开始，又出现了形形色色的强调公司社会责任的"利益相关者"学说，"利益相关者"学说认为：承担最终风险的不只是股东、雇员、债权人、客户，甚至社区居民都可能在一定程度上承担最终风险。公司"利益相关者"理论是美国许多学者近年来用以支持公司社会责任理论的主要依据。公司作为法律承认的具有独立人格的法人，以盈利为目的；公司作为社会人，占据了社会资源，也应当承担相应的社会责任。

企业履行社会责任，首先一定要把一些重要的问题制度化，建立一个非常好的法律框架。这法律框架和制度必须要深深植根于一个观点：公司一定要有自己明确的经营目的，一定要在履行很多社会功能和经济功能以后，再追求利润。因为企业长盛不衰的根本并不在于以谋取股东眼前最大利润为目的，只有把员工队伍看成是受尊重的一个群体而不是以权牟取经济利益的工具，才能充分发挥他们的生产效率和创造力，企业组织也才能从当地的社会和公众基础设施中受益。只有一个国家的公共利益越受尊重，其商业群体的力量才能越强大。

相关链接

诺基亚的公司治理体系：利益相关者与公司责任

作为市场的领先者和世界知名品牌，诺基亚尤其重视其对社会产生的影响，除了向社会提供安全、有效、高质量的产品外，它还致力于增强人与人之间的关系，促进人与人之间的沟通，使信息更容易传递，通过电子交易、现代物流等方式刺激经济的增长及保护现有的自然环境等。

从具体执行情况来看，诺基亚社会责任的履行主要体现在对员工的责任和对公众的责任这两方面。

诺基亚以"尊重、创新、成就和顾客满意度"为前提，把"为员工创造一个能够充分发掘他们潜力的工作环境"作为目标。公司认为以下几点对员工计划是非常有益的，包括差异与多样性、均等的机会、职业的健康与安全（OHS）、工作与生活间的平衡、职业成长与个人成长的潜力。为实现公司未来的成功，诺基亚必须努力达到上述几点，公司的部分管理层和人力资源管理者也要把对关键人员的管理战略的执行作为个人责任来承担。目前诺基亚在这些方面已经做出了很多努力。

诺基亚与许多大学和科研机构也有着广泛的联系。例如，它支持美国新泽西大学的研究者进行一项关于诺基亚公司内女性职业发展的研究，这个研究对于内部行动计划的制定很有帮助；它与剑桥大学的研究者们合作开发能够提高横向文化交流的工具与方法；聘请外部专家来设计关于领导力的培训和其他人员的管理等此类问题的学习方案。

诺基亚重视与当地雇用者协会和工作协会的交流，以确保在每个国家都能遵守当地的雇佣法律。它与雇用者间的联系包括欧洲论坛式讨论，公司会接见来自欧洲的协会和雇用者代表；在中国，诺基亚成立了工会来鼓励关于雇用问题的讨论。诺基亚也是DFW美国本土商会的创建者之一，以及西南妇女商会的协助赞助者。

对公共活动的参与是诺基亚公司社会责任、商业战略及日常运营中重要的一部分，这些活动可以为公众和个人的生活带来明显且积极的影响。诺基亚公司重视其与私人企业、公共机构和非政府组织及强大的当地相关者间的合作。他们的活动主要指向青年和教育，并强调长期而非暂时的影响。有诺基亚的高级管理层来全权负责公共活动的参与，并负责计划目标和政策的确定、国家的选择和项目的发起。

1.3 财务管理的环境

在市场经济条件下，企业是市场的一个独立主体，处于各种要素网络之中。这些要素构成网络财务管理的环境。了解企业财务管理的环境，有助于了解企业财务问题形成的原因，从而对症下药。从系统论的观点来看，所谓环境，就是存在于研究系统之外的、对研究系统有影响作用的一切系统的总和。如果把财务管理作为一个系统，那么，财务管理以外的、对财务管理系统有影响作用的一切系统的总和，便构成了财务管理的环境，即理财环境。财务管理环境是指对企业财务活动产生影响作用的企业内外的各种条件。

企业财务活动的运作受理财环境制约，企业内外条件如技术、市场、物价、金融、税收等因素，对企业财务活动都有重大影响。也就是说，企业只有在理财环境的各种因素作用下实现财务活动的协调平衡，才能生存和发展。

1.3.1 法律环境

财务管理的法律环境是指企业和外部发生经济关系时所应遵守的各种法律、法规和规章。市场经济的重要特征在于它是以法律规范和市场规则为特征的制度经济。法律为企业经营活动规定了活动空间，也为企业在相应空间内自由经营提供了法律上的保证。因此，已出台的各种法律、法规，对企业的财务管理有重大的影响。

1. 企业组织法律规范

企业是市场经济的主体，不同类型的企业在所适用的法律方面有所不同，了解企业的组织法规，有助于企业财务管理的开展。企业组织法规包括《中华人民共和国公司法》、《中华人民共和国全民所有制工业企业法》、《中华人民共和国外资企业法》、《中华人民共和国中外合资经营企业法》、《中华人民共和国个人独资企业法》、《中华人民共和国合伙企业法》等。这些法律规范既是企业的组织法，又是企业的行为法。

例如，《公司法》对公司企业的设立条件、设立程序、组织机构、组织变更和终止的条件和程序等都作了规定，包括股东人数、法定资本的最低限额、资本的筹集方式等。只有按其规定的条件和程序建立的企业，才能成为"公司"。《公司法》还对公司生产经营的主要方面作出了规定，包括股票的发行和交易、债券的发行和转让、利润的分配等。公司一旦成立，其主要的活动，包括财务管理活动，都要按照《公司法》的规定来进行。因此，《公司法》是公司企业财务管理最重要的强制性规范，公司的理财活动不能违反该法律，公司的自主权不能超出该法律的限制。

其他企业也要按照相应的企业法来进行其理财活动。

从财务管理来看，非公司企业与公司企业有很大不同。非公司企业的所有者，包括独资企业的业主和合伙企业的合伙人，要承担无限责任，他们占有企业的盈利（或承担损失），一旦经营失败，无法偿还债务时必须连带其个人的财产，以满足债权人的要求。

我国《公司法》中规定的公司，仅指"有限责任公司"与"股份有限公司"。只是有限责任公司的股东才承担有限责任，当公司经营失败，无法偿还债务时，公司股东的经济责任以出资额为限。

2. 税务法律规范

国家税收制度,特别是工商税收制度,是企业财务管理的重要外部条件。任何企业都有法定的纳税义务。税负是企业的一种费用,会增加企业的现金流出,对企业理财有重要的影响。企业无不希望在不违反税法的前提下减少税务负担。我国从1994年1月开始实行一系列新的税收法律法规,作为财务管理人员,必须熟悉税收的计征范围、税率,而且要了解差别税率的制定精神及减免税的原则规定,并能对企业的经营活动进行税务筹划。

3. 财务法律规范

企业应按照《会计法》、《企业会计准则》、《企业会计制度》、《企业财务通则》、《企业财务会计报告条例》及《企业财务管理规定》等进行本企业会计制度设计,建立完善的内部控制制度和会计、财务管理制度。

《企业财务通则》是各类企业进行财务活动、实施财务管理的基本规范。经国务院批准,由财政部发布的《企业财务通则》,于1994年7月1日起施行。它对建立资本金制度、固定资产折旧、成本的开支范围、利润的分配等问题作出了规定。

行业会计制度是财政部为适应不同行业特点与管理要求,根据《企业财务通则》的规定制定的行业规范。

除上述法律规范外,与企业财务管理有关的其他经济法律规范还有许多,包括各种证券法律规范、结算法律规范、合同法律规范等。财务人员要熟悉这些法律规范,在守法的前提下提前完成财务管理的职能,实现企业的财务目标。

1.3.2 金融市场环境

影响财务管理的金融环境主要有:金融市场、金融机构和利息率。金融环境的结构框架如图1-1所示。

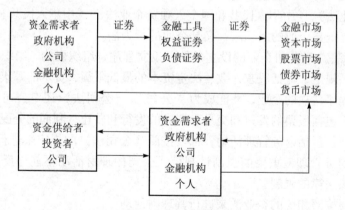

图1-1 金融环境

企业总是需要资金从事投资和经营活动,而资金的取得,除了自有资金外,主要从金融机构和金融市场取得。金融市场不仅为企业融资提供了渠道和手段,同时,也是企业投资的重要场所。因此,金融市场的发达程度、金融机构的组织体制及运作方式,金融工具的丰富程度、金融市场参与者对报酬率的要求等都会对企业财务管理产生重大的影响。可以说,金融市场是财务管理的诸多环境中最为直接和最为特殊的一个方面。

1. 金融市场相关概念

金融市场是指资金供应者和资金需求者双方通过信用工具进行交易而融通资金的市场，广而言之，是实现货币信贷和资金融通、办理各种票据和进行有价证券交易活动的市场。可以是有形的市场，也可以是无形的市场。

广义的金融市场是指资金融通的场所，是以金融资产为交易对象而形成的供求关系的总和。广义的金融市场的交易对象，包括货币借贷、票据承兑与贴现、有价证券、期货、期权、黄金与外汇的买卖、保险及生产资料的产权交易等；狭义的金融市场是指有价证券市场，即股票、债券与基金的发行与流通市场。

具体来说，金融市场的种类还有很多，如图 1-2 所示。

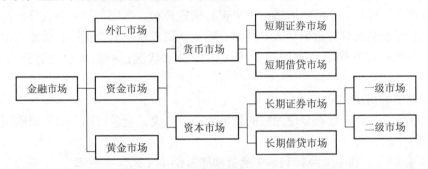

图 1-2 金融市场分类图

金融市场由主体、客体与参加人组成。其中主体是指金融市场的中介机构，是融资人与投资人的桥梁；客体是指金融市场中的买卖对象，即金融资产。例如，股票、基金与债券等；参加人是指客体的供给者与需求者。

2. 金融机构

社会资金从资金供应者手中转到资金需求者手中，大多要通过金融机构。金融机构主要包括：银行和非银行金融机构。

(1) 银行

银行是指经营存款、放款、汇兑、储蓄等金融业务，承担信用中介的金融机构。银行的主要职能是充当信用中介、提供信用工具、充当投资手段和充当国民经济的宏观调节手段。我国银行主要包括：

① 中央银行，即中国人民银行；
② 国家专业银行，如中国工商银行、中国农业银行、中国银行和中国建设银行；
③ 国家政策性银行，如中国进出口银行、国家开发银行；
④ 其他银行，如交通银行、中信实业银行、广东发展银行、招商银行、光大银行等。

(2) 非银行金融机构

非银行金融机构主要包括信托投资公司、租赁公司等。信托投资公司，主要办理信托存款和信托投资业务，在国外发行债券和股票，办理国际租赁等，如中国国际信托投资公司。租赁公司则介于金融机构与企业之间，它先筹集资金购买各种租赁物，然后出租给企业。租赁公司的经营租赁等于向企业提供了短期资金，融资租赁向企业提供了中长期资金。

3. 金融资产

金融资产是指以价值形态存在的资产，是可以进入金融市场交易的资产。包括中央银行发行的钞票、银行存款凭证、股票、基金、债券、保险凭证、票据及期货或期权等。这是与实物形态的资产相对而言的。

金融资产有三个属性：第一，流动性。金融资产比较容易兑现，兑现时损失较小。第二，收益性。持有诸如股票、基金、债券、存款凭证、期货和期权等这样的金融资产，常常会有所收益。第三，风险性。相应地，持有金融资产，还存在风险，其中包括违约风险与市场风险。

4. 金融市场上的利息率

（1）利息率的含义

从资金的借贷关系看，利率是一定时期运用资金资源的交易价格。我国的利率分为官方利率和市场利率。官方利率由政府通过中央银行确定公布，各银行都必须执行；而市场利率是金融市场上资金供求双方竞争形成的利率，随资金供求状况而变化。一般地，市场利率受官方利率的影响；官方确定利率时也要考虑市场供求状况；一般来说两者并无显著脱节现象。

（2）利息率的构成

在金融市场上，利率是资金使用权的价格。一般来说，金融市场上资金的购买价格，可用公式表示：

$$利率 = 纯粹利率 + 通货膨胀补偿率 + 风险报酬率$$

纯粹利率也称实际利率（Real Interest Rate）。纯粹利率是指无通货膨胀、无风险情况下的社会平均资金利润率。例如，在没有通货膨胀的国库券的利率可以视为纯粹利率。纯粹利率的高低，受平均利润率、资金供求关系和国家调节的影响。

通货膨胀补偿率也称通货膨胀溢酬（Inflation Premium，IP），是指为弥补因通货膨胀造成货币贬值而要求的报酬率。因此，每次发行国库券的利息率随其通货膨胀率变化，它等于纯粹利率加预期通货膨胀率。

（3）风险报酬率

投资者除了关心通货膨胀率外，还要关心资金使用者能否保证他们收回本金并取得一定的收益。这种风险越大，投资人要求的收益率越高。实证研究表明，公司长期债券的风险大于国库券，要求的收益率也高于国库券；普通股票的风险大于公司债券，要求的收益率也高于公司债券；小公司普通股票的风险大于大公司普通股票，要求的收益率大于大公司普通股票。风险越大，要求的收益率也越高，风险与收益之间存在着对应关系。风险报酬率是投资者要求的除纯粹利率和通货膨胀之外的风险补偿。

① 违约风险报酬率，也称违约风险溢酬（Default Risk Premium，DP）。违约风险是指借款人无法按时支付利息或偿还本金而给投资人带来的风险，反映着借款人按期支付本金、利息的信用程度。借款人如经常不能按期支付本利，说明这个借款人的违约风险高。为了弥补违约风险，必须提高利率，否则借款人无法借到资金，投资人也不会进行投资。企业债券的违约风险由企业信用程度决定，企业的信用程度可分若干等级，等级越高，信用越好，违约风险越低，利率水平也越低；信誉不好，违约风险高，利率水平自然高。一般将国债与拥有相同到期日、变现力和其他特性的公司债券两者之间的利率差距称为违约风险溢酬。

② 流动性风险报酬率也称为变现力溢酬（Liquidity Premium，LP）。指某项资产迅速转化为现金的可能性。如果一项资产能够迅速转化为现金，说明其变现力强，流动性好，流动

性风险小；反之则说明流动性风险大。政府债券、大公司的股票与债券，由于信用好，变现力强，所以流动性风险小，而一些不知名的中小企业发行的证券，流动性风险则较大。一般来说，在其他因素相同的情况下，流动性风险影响证券利率的差距介于1%～2%。即流动性风险报酬。

③ 期限性风险报酬率，也称为期限风险溢酬（Maturity Risk Premium，MP）。一项负债，到期日越长，债权人承受的不确定因素就越多，承担的风险也就越大。为弥补这种风险而增加的利率水平，就叫作期限风险报酬。例如，同时发行的国库券，5年期的利率就比3年期的利率高，银行贷款利率也一样。因此长期利率一般要高于短期利率，这便是期限风险报酬。当然，在利率剧烈波动的情况下，也会出现短期利率高于长期利率的情况，但这种偶然情况并不影响上述结论。

1.3.3 经济环境

这里所说的经济环境是指企业进行财务活动的宏观经济状况。

1. 经济发展状况

经济发展的速度，对企业理财有重大影响。近几年，我国经济增长比较快，企业为了跟上这种发展并在其行业中维持它的地位，至少要有同样的增长速度。企业要相应增加厂房、机器、存货、工人、专业人员等。这种增长，需要大规模的筹集资金，需要财务人员借入巨额款项或增发股票。

经济发展的波动，即有时繁荣有时衰退，对企业理财有极大影响。这种波动，首先影响的是企业销售额，销售额下降会阻碍企业现金的流转，例如，成品积压不能变现，需要融资以维持运营。销售增加会引起企业经营失调，例如，存货枯竭，需融资以扩大经营规模。尽管政府试图减少不利的经济波动，但事实上经济有时"过热"，有时需要"调整"。财务人员对这种波动要有所准备，筹措并分配足够的现金，用以调整生产经营。

2. 经济政策

由于我国政府具有较强的调控宏观经济的职能，因此其制定的国民经济的规划、国家的产业政策、经济体制改革的措施、政府的行政法规等都对企业的财务活动有重大影响。国家对某些地区、某些行业、某些经济行为的优惠、鼓励和有力倾斜构成了政府政策的主要内容。从反面来看，政府政策也是对另外一些地区、行业和经济行为的限制。这就要求企业在财务决策时，要认真研究政府政策，按照政府导向行事，才能趋利避害。

问题的复杂性在于政府政策会因经济状况的变化而调整。企业在财务决策时为这种变化留有余地，甚至预见其变化的趋势，对企业理财大有好处。

3. 通货膨胀

通货膨胀不仅对消费者不利，给企业理财也带来很大困难。企业对通货膨胀本身无能为力，只有政府才能控制。企业为了实现期望的报酬率，必须调整收入和成本。同时，使用套期保值等办法减少损失，如提前购买设备和存货，以及买进现货、卖出期货等，或者相反。

4. 利息率波动

银行贷款利率的波动，意味着与此相关的股票和债券价格的波动，既给企业以机会，也是对企业的挑战。

在为过剩资金选择投资方案时，利用这种机会可以获得营业以外的额外收益。例如，在购入长期债券后，由于市场利率下降，按固定利率计息的债券价格上涨，企业可以出售债券获得较预期更多的现金流入。当然，如果出现相反的情况，企业会蒙受损失。

当选择融资来源时，情况与此类似。在预期利率将持续上升时，以当前较低的利率发行长期债券，可以节省资金成本。当然，如果后来事实上利率下降了，企业要承担比市场利率更高的资金成本。

5. 竞争

竞争广泛存在于市场经济之中，任何企业都不能回避。企业之间、各产品之间、现有产品和新产品之间的竞争，涉及设备、技术、人才、推销、管理各个方面。竞争能促使企业用更好的方法来生产更好的产品，对经济发展起推动作用。但对企业来说，竞争既是机会，也是威胁。为了改善竞争地位，企业往往需要大规模投资，成功之后企业盈利增加，但若投资失败，则竞争地位更为不利。

竞争是"商业战争"，综合体现了企业的全部实力和智慧，经济增长、通货膨胀、利率波动带来的财务问题，以及企业的对策都会在竞争中体现出来。

1.3.4 企业内部理财环境

企业理财不仅受经济、法律金融环境的影响，还会受企业内部理财环境的约束。

1. 企业类型及其组织形式

由于公司制的企业所有权与经营权分离，经营者目标与所有者目标通常并非一致，经营者的经营目标和理念影响其理财的方式、方法。

企业的内部组织形式也是影响理财环境的一个方面，企业管理组织结构的建立，应有利于形成企业内部良好的理财环境，有利于企业各职能部门相辅相成地开展工作，有利于企业经营管理和理财决策的实施。

2. 企业的理财能力

企业的理财能力包括筹财、用财和生财的能力。筹财方面，就是如何选择资金筹措方式、渠道、数量和资金成本水平，企业的信用状况，财务风险的评估等；用财方面，就是如何投放资金，合理确定资金占有结构及水平，加快资金周转、费用回收，偿还债务等；生财方面，就是如何保证资产保值、增值，提高利润水平等。这些能力的大小，直接影响着企业的理财活动。

3. 企业文化

企业文化是指企业在长期的经营活动中所形成的并为企业成员普遍认可和遵循的具有本企业特点的价值观念、团体意识、行为规范和思维模式的总和。企业文化对企业理财活动及企业的具体工作都有着十分重要的影响。

1.4 非财务人员与财务管理

财务的终极目标是创造价值。对业务人员来说，运用财务工具分析企业的历史经营表现，预测未来经营策略，制定具有竞争优势的商业决策，继而创造价值，意义重大。从社会经济发展的趋势来看，不懂财务管理的职业经理人将很难把握企业发展的脉搏，不能成为一个真正的成功管理者。要搞好企业财务管理，高级管理人员必须充分认识和运用企业资金运动中的规律，掌握公司财务基本知识和基本的理财技能。

每一位管理者都清楚地懂得，单纯从非财务角度衡量为合算的方案，也许是一个财务陷阱，表面盈利而暗地里亏损。如何将技术手段与财务运作相结合，使每位管理者和技术人员都从老板的角度进行全面思考，有效地规避财务陷阱，实现管理决策与经营目标的一致性，是高层管理者必须考虑的问题。

早期，营销经理的职责是预测销售额、工程师和生产人员确定达到销售额所需要的资产量，而财务经理的职责只是负责筹措购买厂房、设备和存货所需要的资金。而现在的决策过程以一种更协调的方式进行，了解财务知识对从事营销、人事、生产和其他领域工作的人也变得越来越重要。如营销人员必须了解营销决策与资金可得性，以及存货水平和生产能力之间如何相互影响。实际上，今天的财务是一个"大财务"的概念，涉及公司上上下下，公司的非财务高级管理人员如能掌握一定的现代财务管理技能，利用财务信息提高企业经营管理决策水平，用财务的手段改善公司内部控制，则可以更好地提高公司的价值，提升管理绩效。同时，非财务人员掌握一定的财务知识后，可以换位思维，更好与财务人员沟通与交流，减少部门间的摩擦，增强团队合作精神。

因此，所有商务部门都要运用到财务知识，而非财务管理人员只需要了解如何将这些财务知识运用到其专业领域。以下介绍各部门管理人员具有成本意识的重要性。

为了提高企业的盈利能力，很多企业开始采用全面预算管理的办法，对部门的成本、费用进行严格的控制；同时制定有关付款、收款、信用控制等管理制度。但是各部门在实际执行过程中，常常还会发生成本、费用超标及结算方式不利等情况。主要原因在于绝大多数非财务管理人员的财务知识贫乏，成本意识薄弱，没有努力采取降本措施，有时也不知道如何才能有效地降低成本费用，似乎控制成本和完成公司盈利计划只是财务部门的事情。这就需要企业关注对非财务人员进行财务知识培训，提高成本意识，并转化为日常工作中控制成本费用的自觉行动。

在企业中一般存在研究开发、采购、生产和营销部门。由于工作性质不同，控制成本的关键因素也不同。

在研究开发部门，企业应该关注两种成本：一种是临时成本，即研究开发过程的成本，它反映在研究开发部门；另一种是未来成本或称之为长期成本，即开发出的产品的原材料成本、加工成本或设计出的工艺流程的运行成本，它将体现在未来的生产过程中。在按部门进行指标控制和考核的情况下，临时成本和长期成本会是一对矛盾。研究部门要降低未来的产品生产成本或工艺运行成本，必然要反复进行优化设计，这必然会增加设计成本。企业应该制定相关制度，鼓励研究开发部门关注未来成本。

采购成本是产品成本的主体。选择供应商的原则是在保证满足性能要求的前提下，货比三家，降低成本。采购招标被认为是行之有效的办法。采购人员还应该清楚地认识到，付款条件和结算方式会影响企业的财务风险和资金成本。坚持货到验收合格后付款和分期付款对企业是有利的。另外，采购部门的管理人员要权衡采购费用和库存发生的费用，从而优化采购批量和采购周期。

生产过程中主要涉及水电气、设备折旧、设备维护、产品转换、废品和库存等所带来的成本费用。作为生产部门要做到以下几点：① 合理安排产品品种、生产批量和维修周期，降低产品转换过程中发生的成本，提高规模经济性；② 提高操作人员的操作技能和设备维护技能，降低设备的维修费用，提高设备利用率和产品合格率；③ 根据市场需求数据，合理安排生产，在满足市场需要的前提下，尽量减少库存。

营销过程中主要涉及广告、营业推广、差旅、运输和应收账款等带来的费用或财务风险。营销部门应根据企业的营销费用预算，对各项营销工作进行统筹规划和预算，并逐级分解到各业务部门、各业务人员。同时，还要注意到信用风险，对客户进行信用评估，按信用等级分类，给予不同的信用政策，并严格执行审批程序。业务人员应严格控制客户的账款总额和账龄，无权放宽信用条件。另外，采用折扣等办法，鼓励一般客户现款结算，鼓励重点客户及时结算。

要让非财务人员自觉地降低成本费用，必须让他们具备相应的财务知识和财务管理的技能。因此，需要针对不同部门的人员进行相关培训。如对各部门管理人员进行全面预算管理办法、成本核算方法培训；对采购、营销人员进行合同签订程序、结算方式、付款方式、客户信用评估和信用管理、招标管理规定、经济合同法等培训。

要提升企业核心竞争力，除了具有成本意识，企业非财务管理人员还需具有财务意识，去解读财务报表，在增进与财务部门沟通的基础上，一方面了解个人或部门行动对公司财务状况的影响情况，另一方面全方位透视企业的整体运作，提高企业的市场敏锐度与应变能力，制定与控制预算的能力，贯彻成本控制等策略，实施有效内部控制和对外投资。

本章小结

本章首先阐述了财务管理的概念、企业财务活动和财务关系；接着介绍了企业财务管理的内容、方法和目标；企业财务管理的内外环境；财务管理对非财务人员的重要性。

企业财务管理是企业管理的一个组成部分，它是根据财经法规制度，按照财务管理的原则，组织企业财务活动，处理财务关系的一项经济管理工作。企业财务活动是以现金收支为主的企业资金收支活动的总称，具体可以分为投资活动、融资活动、经营活动、利润及其分配活动4个方面，这互相联系又有一定区别的4个方面，构成了完整的财务管理活动，这4个方面也就是财务管理的基本内容：企业投资管理、企业融资管理和利润及其分配管理。

企业财务关系是指企业在组织财务活动过程中与各有关方面发生的经济关系，包括企业与投资者之间、企业与债权人之间、企业与被投资单位之间、企业与债务人之间、企业内部各单位之间、企业与职工之间，以及企业与税务机关之间的财务关系。

财务管理的方法是为了实现财务管理目标，完成财务管理任务，在进行理财活动时所采用的各种技术和手段。

财务管理的目标就是企业财务活动所希望实现的结果，是评价企业财务活动是否合理的基本标准。关于企业的财务管理目标，目前流行的说法有利润最大化、每股盈余最大化、股东财富最大化等。

现代公司在产权结构上所有权与控制权的分离，出现了委托代理关系。怎样处理好这一关系，使所有者不干预公司日常经营，同时又使公司经理层能以股东的利益和公司的利润最大化为目标，是公司治理问题的根源。因此，所谓公司治理结构，就是公司的权力如何在这些自然人之间进行分配，各个国家的法律大都对哪些权力由公司股东所享有，哪些权力由公司董事、总经理等高级官员所行使作了明确的规定。

企业财务活动的运作受理财环境的制约，也就是说，企业只有在理财环境的各种因素作用下实现财务活动的协调平衡，才能生存和发展。按照财务管理环境的范围，可将其分为宏观理财环境和微观理财环境。按照理财环境的稳定性，可将其分为相对稳定的理财环境和显著变动的理财环境。

宏观理财环境是指在宏观范围内普遍作用于各个部门、地区的各类企业的财务管理的各种条件，通常存在于企业的外部，包括经济、政治、社会、自然等各种因素。从经济角度来看，主要包括国家经济发展水平、产业政策、金融市场状况等。微观理财环境是指在某以特定范围内的对某种财务活动产生重要影响的各种条件，如企业的组织结构、生产经营活动、管理工作等。

要提升企业核心竞争力，企业非财务管理人员需具备财务意识，去解读财务报表，增进与财务部门的沟通，全方位透视企业的整体运作，提高企业的市场敏锐度与应变能力，制定与控制预算的能力，贯彻成本控制等策略，实施有效内部控制和对外投资。

拓展练习

◆ 单项选择题

1. 在没有通货膨胀时，（　　）的利率可以视为纯粹利率。
   A. 短期借款　　　　B. 金融债券　　　　C. 国库券　　　　D. 商业汇票贴现
2. 影响财务管理目标实现的两个最基本因素是（　　）。
   A. 时间价值和投资风险　　　　　　B. 经营现金流量和资本成本
   C. 投资项目和资本结构　　　　　　D. 资本成本和折现率
3. 每股利润最大化相对于利润最大化作为财务管理目标，其优点是（　　）。
   A. 考虑了资金的时间价值
   B. 考虑了投资的风险价值
   C. 有利于企业提高投资效率，降低投资风险
   D. 反映投入资本与收益的对比关系
4. 企业财务关系中最为重要的关系是（　　）。
   A. 股东与经营者之间的关系
   B. 股东与债权人之间的关系
   C. 股东、经营者、债权人之间的关系
   D. 企业与作为社会管理者的政府有关部门、社会公众之间的关系
5. 下列说法错误的是（　　）。
   A. 纯粹利率是指无风险情况下的平均利率
   B. 在没有通货膨胀时，国库券的利率可以视为纯粹利率
   C. 利息率依存于利润率，并受平均利润率制约
   D. 利息率最高限不能超过平均利润率
6. 企业财务关系中最为重要的关系是（　　）
   A. 股东与经营者之间的关系

B. 股东与债权人之间的关系
C. 股东、经营者、债权人之间的关系
D. 企业与作为社会管理者的政府有关部门、社会与公众之间的关系

7. 下列说法不正确的是（　　）。
A. 盈利企业不可能发生资金流转困难
B. 损额小于折旧额，支付日常的开支通常并不困难
C. 任何要迅速扩大经营规模的企业，都会遇到相当严重的现金短缺情况
D. 亏损大于折旧的企业往往连被其他企业兼并，连减低盘进企业税负价值也没有

8. 下列不属于利率组成部分的是（　　）。
A. 平均利润率　　B. 纯粹利率　　C. 通货膨胀补偿率　　D. 风险报酬率

9. 准确的财务管理目标定位是股东财富最大化，即等同于（　　）
A. 股东权益的市场增加值最大化　　B. 企业的市场增加值最大化
C. 企业市场价值最大化　　D. 权益市场价值最大化

10. 下列各项中，属于企业筹资引起的财务活动有（　　）。
A. 偿还借款　　B. 购买国库券　　C. 支付利息　　D. 利用商业信用

11. 股东和经营者发生冲突的根本原因在于（　　）
A. 具体行为目标不一致　　B. 利益动机不同
C. 掌握的信息不一致　　D. 在企业中的地位不同

12. 财务管理的核心工作环节为（　　）。
A. 财务规划和预测　　B. 财务决策
C. 财务预算　　D. 财务分析、业绩评价与激励

13. 在下列各项中，属于企业财务管理的金融环境的内容有（　　）。
A. 利息率　　B. 公司法　　C. 金融工具　　D. 税收法规

14. 相对于每股利润最大化目标而言，企业价值最大化目标的不足之处是（　　）。
A. 没有考虑资金的时间价值　　B. 没有考虑投资的风险价值
C. 不能反映企业潜在的获利能力　　D. 不能直接反映企业当前的获利水平

15. 经营者对股东目标的背离表现在道德风险和逆向选择，属于道德风险的是（　　）。
A. 认为没有必要为提高股价而冒险
B. 装修豪华的办公室
C. 借口工作需要乱花股东的钱
D. 蓄意压低股票价格，以自己的名义借款买回

多项选择题

1. 以下关于现金流转的表述中，正确的有（　　）。
A. 任何企业要迅速扩大经营规模，都会遇到现金短缺问题
B. 亏损额小于折旧额的企业，只要能在固定资产重置时从外部借到现金，就可以维持现有局面
C. 亏损额大于折旧额的企业，如不能在短期内扭亏为盈，应尽快关闭
D. 企业可以通过短期借款解决通货膨胀造成的现金流转不平衡问题

2. 下列各项因素中，能够影响无风险报酬率的有（　　）。
   A. 平均资金利润率　　　　　　　B. 资金供求关系
   C. 国家宏观调控　　　　　　　　D. 预期通货膨胀率
3. 经营活动产生的现金对于价值创造有决定意义，经营活动产生的现金取决于下列哪些因素（　　）。
   A. 资本结构　　　B. 股利政策　　　C. 销售收入　　　D. 成本费用
4. 以利润最大化作为财务管理的目标，其缺陷是（　　）。
   A. 没有考虑资金时间价值
   B. 没有考虑风险因素
   C. 只考虑近期收益而没有考虑远期收益
   D. 没有考虑投入资本和获利之间的关系
5. 财务管理十分重视股价的高低，其原因是（　　）
   A. 代表了投资大众对公司股权价值的客观评价
   B. 反映情况了资本和获利之间的关系
   C. 反映了每股盈余大小和取得的时间
   D. 它受企业风险大小的影响，反映每股盈余的风险
6. 为确保企业财务目标实现，下列可用于协调所有者与经营者矛盾的措施有（　　）。
   A. 所有者解聘经营者　　　　　　B. 所有者向企业派遣财务总监
   C. 所有者向企业派遣审计人员　　D. 所有者给经营者以"股票选择权"
7. 下列说法正确的是（　　）
   A. 股东财富可以股东权益的市场价值来衡量
   B. 股东财富的增加可以用权益的市场增加值来衡量
   C. 股东财富的创造，主要靠提高经营现金流量和降低资本成本来实现
   D. 在股东投资资本不变的情况下，股价可以衡量企业财务目标的实现程度
8. 在不存在通货膨胀的情况下，利率的组成因素包括（　　）。
   A. 纯粹利率　　　　　　　　　　B. 违约风险附加率
   C. 流动性风险附加率　　　　　　D. 期限风险附加率
9. 纯粹利率的高低受下列哪些因素的影响（　　）。
   A. 通货膨胀　　　B. 资金供求关系　　　C. 平均利润率　　　D. 国家调节
10. 关于金融市场的说法正确的是（　　）。
    A. 金融市场是指资金筹集的场所
    B. 广义金融市场包括实物资本和货币资本流动
    C. 狭义金融市场一般指有价证券市场
    D. 金融市场利率变动，反映资金供求状况

判断题

1. 筹集资金的成本率就是投资的最低要求收益率。　　　　　　　　　　　　　　（　　）
2. 金融市场按照交割的时间划分为短期资金市场和长期资金市场。　　　　　　（　　）
3. 非公司企业的所有者，包括独资企业的业主和合伙企业的合伙人，要承担无限责任，

他们占有企业的盈利（或承担损失），一旦经营失败、无法偿还债务时必须连带其个人的财产，以满足债权人的要求。（　）

4. 从财务管理的角度来看，资产的价值既不是其成本价值，也不是其产生的会计收益。（　）
5. 股东财富的大小要看盈利总额，而不是投资报酬率。（　）
6. 对于股份有限公司而言，其股票价格代表了企业的价值。（　）
7. 股东创办企业的目的是扩大财富，企业价值最大化就是股东财富最大化。（　）
8. 企业的目标决定了财务管理的内容和职能，以及它所使用的概念和方法。（　）
9. 由于未来金融市场的利率难以准确预测，因此，财务管理人员不得不合理搭配长短期资金来源，以使企业适应任何利率环境。（　）
10. 近些年我国金融市场利率波动与通货膨胀有关，后者起伏不定，利率也随之起落。（　）
11. 如果资本市场是有效的，购买或出售金融工具交易的净现值就为零。（　）
12. 增加营运资本投资有利于增加股东财富。（　）
13. 筹资决策的关键问题是确定资本结构，至于融资总量则主要取决于投资的需要。（　）
14. 盈利企业给股东创造了价值，而亏损企业摧毁了股东财富。（　）
15. 金融性资产的流动性越强，风险性就越大。（　）

▶ 思考讨论

1. 将利润最大化作为公司的目标有哪些问题？股东财富最大化目标如何解决这些问题？如何协调财务管理的目标？
2. 什么是财务关系？企业中有哪些财务关系？
3. 什么是现金流转？现金的长期循环与短期循环的关系是什么？
4. 影响企业财务管理的环境因素有哪些？
5. 公司有时候会投资一些不能直接为公司产生利润的项目，例如，IBM 和美孚石油经常赞助一些电视公共广播事业。这些项目与股东财富最大化的目标相悖么？为什么？
6. 什么是金融市场？它具有什么功能？
7. 公司的运营是严格地遵从股东利益最大化这一原则，还是说同时也要考虑其员工、顾客和所在社区的福利？

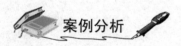

案例分析

米勒啤酒公司向黑人奖学金基金的捐赠

《哈伯杂志》刊载了一则消息但是未做任何评论：米勒啤酒公司（Miller Brewing）每年向黑人奖学金基金捐赠15万美元，但该公司却花两倍的钱用于宣传这一做法。米勒公司拒绝对这一数字作出评价，但却指出瑟固德·马歇尔（Thurgood Marshall）奖学金使87名黑人学生有机会进大学读书。

菲利浦·莫里斯公司（Philip Morris）公关总监诺埃尔·汉金（Noel Hankin）说米勒公司的大部分促销开支用在了通过电视宣传该公司对奖学金的赞助。此外，米勒公司还在倡导黑人教育的杂志上做广告，广告中登出了米勒公司和奖学金基金的商标标识和800个电话号码。

汉金说，这支小基金希望走出著名的"美国黑人大学基金"（UNCF）的影子。UNCF吸收了大量的捐赠，主要救济黑人私立学校。而瑟固德·马歇尔基金赞助的是为数更多的、吸收了70%黑人学生的黑人公立学校。

公司在宣传上的投入多于所谓捐赠的数额并不是新鲜事。据企业公民（Corporate Citizen）（西雅图一家研究公司捐赠的机构）总裁克莱格史密斯先生说，2:1或者3:1的数额比例是很正常的。

问题：
宣传开支超过了捐赠数额，公司慈善业能否增加股东财富？

第 2 章

财务分析

> 财务报表犹如名贵香水，只能细细地品鉴，而不能生硬吞咽。
> ——亚伯拉罕·比尔拉夫

 学习目标

1. 了解财务分析的定义、分析的主体及其目的；
2. 了解财务分析方法、理解财务分析的局限性；
3. 掌握财务比率的分析方法；
4. 掌握综合分析的方法。

20 世纪 80 年代以来，企业生产经营环境的重大变化、信息技术的飞速发展、金融工具的不断创新、知识经济的初露端倪、利益相关者理论的兴起等诸多新变化，都使得以反映历史状况为主、"股东至上"的现行财务报告体系的不足被充分显现。2008 年 IASB 和 FASB 有关财务报告列报的改革，不仅从财务报表的表内分类、再分类及其排列组合等报表内容列报做出改进，也为人们从财务分析的视角来研究财务报告的改革问题提供重要启示。财务报告和财务分析均基于一定的会计环境，都是以满足信息使用者的需求为目标的，会计环境的变化会从客观方面影响财务报告和财务分析，信息使用者需求的变化会从主观方面对财务分析和财务报告提出新的要求。因此，无论是会计客观环境的变化还是信息使用者主观需求的变化都会导致财务报告改革与财务分析体系重构以及两者之间的互动，这让财务报表分析显得更加重要。

2.1 财务分析概述

2.1.1 财务分析的定义

财务分析是以财务报表等资料为依据，运用一定的分析方法和技术，对企业的经营和财务状况进行分析，评价企业以往的经营业绩，衡量企业现在的财务状况，预测企业未来的发展趋势，为企业正确地经营和财务决策提供依据的过程。例如，为什么有时企业销售情况良好，但利润增长却十分缓慢；为什么有时企业利润状况不错，但现金流量却不理想；什么原因造成企业的成本费用急剧上升，或负债比例持续居高不下，都要通过财务分析来进行解答。

财务分析中最重要的分析资料就是财务会计报表。财务会计报表是综合反映企业一定时期财务状况、经营成果及现金流量情况的书面报告文件。财务报表至少应当包括下列组成部分：资产负债表；利润表；现金流量表；股东权益增减变动表；附注。

财务分析是企业财务管理的一个重要组成部分，它能够帮助企业管理当局作出正确的投资决策、资金营运和融资规划，能帮助企业有效控制成本和制定合理的营销战略，同时，也能帮助企业内外部财务信息使用者对企业作出综合的考核和评价。它是现代企业必不可少的重要管理手段。

2.1.2 财务分析的主体

财务分析的主体就是与企业存在现实或潜在的利益关系，为了特定的目的，对企业的财务状况、经营成果、现金流量状况等进行分析和评价的组织或个人。财务分析的主体分为内部主体和外部主体，内部主体主要是指企业管理当局及相关人员，具体包括董事会成员、经理人员及企业单位内部有关职能部门的管理人员。外部主体是指与企业有着利害关系的企业外部的个人或组织，具体包括：① 有着直接利害关系的外部用户，如投资者、债权人（现有的、潜在的）等；② 有着间接利害关系的外部用户，如税务机关、政府经济管理部门、证监部门等。

财务分析的目的受财务分析主体的制约，不同的财务分析主体进行财务分析的目的是不同的。

1. 企业经营者

企业经营者进行财务分析的主要目的是全面评价企业的经营业绩、偿债能力和资产运营效率，并从中找出问题，充分挖掘内部潜力，改善经营管理，提高经济效益。在市场经济条件下，每个企业都面临着激烈的市场竞争，为了在竞争中谋求生存和发展，必须及时了解自身的状况。通过财务分析，不仅能对现有的财务状况和财务成果进行评价，更为重要的是，通过分析找到企业管理中的薄弱环节，找出影响企业财务成果的有利因素和不利因素，挖掘潜力，改变不利因素的影响，促使企业经济效益的提高。企业经营者为了了解本企业财务状况、经营成果，以及在现有条件下可能达到的各种目标，必须及时获取有用的信息，以便采取必需的措施和对策，才能应付可能出现的不同情况，财务分析就是取得这些信息最有效的途径。

2. 债权人

债权人作为企业资金的供给者，最为关心资金的安全完整，债权相对于所有权而言，债权人承担的风险较小，在清偿顺序上债权优先于所有权，但债权人不具有表决权，不能参与企业的重大投资决策。企业财务状况的好坏，尤其是偿债能力的强弱，极大地影响着债权人的资金安全和本息的收回。债权人对财务报表分析的首要目的是评估企业的长、短期偿债能力，分析重点是企业的负债结构及债务的保证程度。企业的偿债能力受多种因素的影响，如企业资产的运营状况、盈利能力及未来的发展潜力等，所以进行分析时也应充分考虑这些因素。债权人分析会计报表的目的，在于了解借款企业有无偿债能力。若借款企业的经营业绩好、财务状况佳,债权的收回就不成问题;若借款企业经营不佳或发生意外,收回债权就可能很困难。因此,债权人在决定是否同某一企业发生经济关系之前,必须仔细分析债务企业的财务报表。

3. 投资者

投资者又称股东,是提供资金给公司的出资人,而且也是公司风险的最终承担者。由于普通股股东权益受多种因素的影响,投资者进行财务分析主要是从出资者的角度,关注企业的盈利能力和风险水平。因投资者一般不直接参与企业的经营管理,对企业盈利水平和风险状况的了解只能通过真实完整的会计资料,利用科学的分析方法来进行。对企业的资产结构、盈利能力、支付能力及信用状况等进行全面了解,进而作出是否继续投资的决策,并维护自身的合法权益。企业的股东(投资者)分析会计报表的目的,主要在于了解企业的获利能力,以期投资能有高的回报。

4. 政府监管部门、税务机关、政府经济管理

他们通过财务分析,了解企业遵守政府法规情况、纳税情况和市场秩序的情况、职工收入和就业状况等,以维护正常的市场经济秩序、保障国家和社会的利益。

5. 其他企业的利益相关者

除上述财务分析主体之外,企业的供应商、客户、员工、竞争对手及社会公众,都可能需要通过财务分析了解企业的相关情况,从而成为企业财务分析的主体。供应商希望与企业保持稳定的合作关系,因此希望通过财务分析了解企业的持续购买能力,在赊购的情况下,供应商又是企业的债权人,对企业的短期偿债能力十分关注;客户是企业产品的购买者,客户会关注企业能否长期持续经营下去,能否与之建立并维持长期的业务关系,能否为其提供稳定的货源;员工通常与企业存在长久、持续的关系,他们对企业的盈利能力和偿债能力比率都会予以关注;竞争对手通过对双方企业的财务进行分析,可以判断双方的相对效率与效益,找到自己的竞争优势与劣势,为提高竞争能力打下基础。

尽管企业会计信息的使用者决策目的各不相同,但进行财务分析的基本目的主要是评价企业过去的经营成果,判断企业的抗风险能力,衡量企业目前的财务状况和预测企业未来的发展趋势。他们所需要的会计信息主要涉及企业的偿债能力、抗风险能力和获利能力,而这三者又是相互联系、相互依存的。如果企业的获利能力较低,就会影响到未来的现金净流入;而现金净流入不多,就会影响到企业的偿债能力;企业的偿债能力不足,也就意味着其抗风险能力差;企业的抗风险能力差,其短期偿债能力就低,就必然会影响到投资者的投资信心,也就面临企业的融资(吸引保证金)困难,经营情况和获利能力也就无法得到改善,企业将面临清理破产的危险。反之,抗风险能力和获利能力强的企业,在投资者心目中有较好的信誉,也就更容易吸引投资者,会有充裕的现金净流入,按时偿还债务的能力也不成问题。还可以进一步扩大经营规模,形成更强的获利能力,最终达到经营的良性循环。

2.1.3 财务分析的方法

财务报表的分析可以结合企业的经营环境,从不同的角度、根据不同的目的进行分析,虽然财务报表分析的形式多种多样,但其中都贯穿着比较分析的原理,基本的分析方法主要有5种:比率分析法、比较分析法、因素分析法、趋势分析法、图表分析法等。

1. 比率分析法

比率分析法是把某些彼此存在关联的项目加以对比，计算出比率，揭示企业财务状况和经营成果的一种分析方法。在财务分析中，比率分析法应用得比较广泛，因为采用相对数指标能够把某些条件下的不可比指标变成可以比较的指标。

比率指标有相关比率、结构比率、效率比率和动态比率4种。

相关比率是指同一时期财务报表中两项相关数值的比率。这一类比率包括：① 反映偿债能力的比率，如资产负债率、流动比率等；② 反映营运能力的比率，如存货周转率、应收账款周转率等；③ 反映盈利能力的比率，如净资产收益率、总资产报酬率等。

结构比率是指财务报表中个别项目数值与全部项目总和的比率。这类比率揭示了部分与整体的关系，通过不同时期结构比率的比较，还可以揭示其变化趋势。如存货与流动资产的比率、流动资产与全部资产的比率就属于这一类比率。

效率比率是反映投入与产出关系的财务比率，效率比率的分子代表产出的项目，通常是各种利润数据，分母则是代表某种投入的数据，通常是资产、股东权益、成本费用等。如净利润与资产的比率、净利润与股东权益的比率、利润总额与成本费用的比率等。

动态比率是指财务报表中某个项目不同时期的两项数值的比率。这类比率又分为定基比率和环比比率，分别以不同时期的数值为基础揭示某项财务指标的变化趋势和发展速度。

在财务分析中，比率分析法往往要与下面将要讲到的其他方法结合起来，这样才能更加全面、深入地揭示企业的财务状况、经营成果及其变动趋势。

2. 比较分析法

比较分析法是将两个或两个以上的可比数据进行对比，计算出比率或差额，揭示差异并寻找差异原因的分析方法。比较分析法是最基本的分析方法，在实际使用中十分常见。按对比的方式分，有两种：一是绝对比较，通过计算，确定其增减变动数量；二是相对比较，通过计算比率，确定其变动程度，可以是结构分析中的结构百分比，还可以是各种财务比率。因此，严格地说，比较分析法并不是一个独立的分析方法，而是与其他分析方法相结合的一种辅助技术。

比较分析法必须要有比较的标准，比较的标准也就是跟什么比。常见的比较标准由历史标准、行业标准、预算标准、经验标准等。

3. 因素分析法

因素分析法又称因素替换法、连环替代法，是利用指数体系，从数量上确定各因素的变动对总指标的影响程度和影响额。采用这种方法的出发点在于，当有若干因素对分析对象发生影响作用时，假定其他各个因素都无变化，顺序确定每个因素单独变化所产生的影响。

因素分析法既可以全面分析各因素对某一经济指标的影响，又可以单独分析某个因素对某一经济指标的影响，在财务分析中应用颇为广泛。

差额计算法是因素分析法的一种简化形式，它是利用各个因素的实际数与计划数之间的差额，来计算各个因素对某一经济指标的影响程度。

4. 趋势分析法

趋势分析法是将企业连续数年的财务报表，以第一年或某一年为基础，计算每一期对基期同指标的百分比，使之成为一系列具有比较性的百分比，借以显示该项目的各期上升或下降的变动趋势。这种方法所计算的结果可以提供一个明确的趋势概念，而且可以通过对过去的研究和观察，显示企业未来的发展趋势。

5. 图表分析法

图表分析法是以各种图表或表格表示企业在同一年度或不同年度内有关财务状况、经营成果及财务状况的各种关系与趋势。以图表方式进行表达，有利于信息使用者一目了然，能够迅速掌握有关财务状况和经营成果的相互关系和变动趋势。

6. 其他分析法

除了就一般目的的财务报表进行分析外，财务报表使用者还针对特殊的需要，对财务报表进行特殊分析。例如，企业为了确定最佳存货水平，要根据每次订货成本、单位存储成本、存货需求量等资料进行经济订购批量分析。

2.1.4 财务分析的局限性

财务分析的起点是财务报表，分析使用的数据大部分来源于企业公开发布的财务报表。因此，正确理解财务报表是财务分析的前提。然而，也应该清醒地认识到，财务分析的结果并非绝对准确。由于各种因素的限制——企业财务报表、财务分析指标和财务分析方法存在一定的局限性，从而对财务报表分析产生不利影响，致使它的作用并没有完全地发挥出来，分析的结果与预期往往存在着差距。其具体表现如下。

1. 会计政策与会计处理方法的多种选择，使不同企业同类的报表数据缺乏可比性

根据《企业会计准则》规定，企业存货发出计价方法、固定资产折旧方法、坏账的计提方法、对外投资的核算法、所得税会计的核算方法，外币报表折算汇率等，都可以有不同的选择。即使是两个企业实际经营情况完全相同，不同的方法对期末存货及销售成本水平有不同的影响，因此，财务报表中的有关数据会有所不同，使得两个企业的财务分析发生歪曲。

2. 会计估计的存在对财务报表的影响也较大

会计报表中的某些数据并不是十分精确的，有些项目数据是会计人员根据经验和实际情况加以估计计量的，如固定资产的折旧年限、无形资产的摊销年限的确定等都不同程度地含有主观估计因素，再如坏账准备的计提比例可以由企业自行掌握；固定资产的净残值率允许在3%～5%之间估计，确需超出此范围也是允许的，只是报经税务部门批准即可。因此，会计报表所提供的数据的质量必然受到这些人为估计准确程度的影响。企业的每一会计估计与企业利润都有直接关系，利润往往又是财务分析中最为关注的一个指标。

3. 会计假设与会计原则的限制

会计假设和会计原则虽然可以为会计工作提供规范和基础，但是它们也同样限制了财务报表的功能和表达。例如，在货币计量的假设下，财务报表所能表达的信息仅仅限于可以用货币表达的项目，而许多影响企业活动的因素，如企业职工的技术水平、企业产品的质量水平及市场上的竞争能力等，都无法用货币来进行衡量和表达。企业的某些重要资源，例如，人力资源、知识产权等，在技术含量较高的企业是企业的巨大财富，却没有在会计报表上得到充分的计量和反映。另外，会计的真实性在很大程度上依靠于货币的真实性，如果币值不稳定，财务报表所表达的信息就会显得毫无意义。在通货膨胀的情况下，在以历史成本为原则编制的财务报表中，企业的存货和长期资产的价值将被低估，折旧和销售成本将同时受到影响，这就严重歪曲了企业的财务状况和盈利能力。

4. 财务报表的粉饰限制

公司的管理当局有时为了自身的利益，往往采用粉饰技术蒙骗会计报表使用者。一般而言，财务分析的诸多指标中，凡是以时点指标为基础计算的大都可以乔装打扮。如：企业为表现良好的偿债能力和营运能力，可以在报表日前放宽信用条件，扩大销售，增加销售收入；抛售短期有价证券；提前办理大额增资并偿还部分流动负债；期末压缩或延缓进货等。使得公司的财务状况看上去更为乐观，这种修饰的目的只是在于取得财务报表使用者的好感。

相关链接

上市公司信息披露有待改善

前中国证监会副主席史美伦女士2006年说，中国上市公司信息披露制度尚存在一些问题，信息披露的真实性和有效性有待进一步提高。

现任香港特别行政区行政会议成员、汇丰亚洲投资有限公司主席史美伦在北京召开的"金融市场法治建设与媒体角色研讨会"上说，在证券市场中，透明度是解决公司经营者和股票持有人之间信息不对称状态、保证投资者利益的必要前提。信息披露制度是国际市场证券监管机构对市场进行监管的最主要的手段之一，是证券市场监管的基石。

她说，《证券法》和《公司法》修订后，中国证券市场对信息披露的监管要求显著强化。尽管如此，史美伦指出，中国的信息披露制度在实践中还存在不少问题。

她认为，中国证券市场作为新兴市场，上市公司信息披露的真实性还有待提高。在上市公司信息披露方面，则表现为上市公司信息披露的意识不够强，上市公司信息披露作假的情况仍然存在。

史美伦认为，目前中国上市公司信息披露的有效性还有所欠缺。尽管目前上市公司信息披露的数量和密度有所提高，但很多时候内容复杂，滥用专业术语和文字，以至于大量信息的披露并未真正增加透明度。

史美伦说，提高信息披露的质量是目前中国金融法制建设需要重点考虑的问题。解决这一问题，除了完善规则和加强监管，还依赖外部条件的约束，包括董事诚信义务、健全的法人治理结构、中介机构良好的职业道德及市场上强大的舆论监督力量等。

5. 财务分析方法的局限性

进行财务分析所使用的主要方法有比率分析法、比较分析法和趋势分析法，其固有的局限性也是显著的，比率分析法是一种事后分析方法，主要是针对已经发生的经济活动进行分析，在市场经济条件下，已表现出一定的滞后性。另外，比率分析是针对单个指标进行分析，综合程度较低，在某些情况下无法得出令人满意的结论；趋势分析法是指与本企业不同时期指标相比，一般是运用历年的财务报表和财务比率进行财务分析，趋势分析法也有其局限性：① 趋势分析以本企业历史数据作比较基础，历史数据代表过去，并不代表合理性经营的环境是变化的，今年比去年利润提高了，不一定说明已经达到了应该达到的水平，甚至不一定说明管理有了进步;② 由于通货膨胀或各种偶然因素的影响和会计核算方法的改变,使得不同时期的财务报表可能不具有可比性。比较分析法是指通过经济指标的对比分析,确定指标间差异与趋势的方法。财务分析极为注重比较,因此,比较分析法也是财务分析的最基本、最主要的方法之一。比较分析法在实际操作时,比较的双方必须具备可比性才有意义。然而数据是否可比则受众多条件的制约,如计算方法相同、计价标准一致、时间长度相等。

综上所述,财务分析固然非常重要,它可以为财务预测、决策、计划和控制提供较大的帮助,但我们绝不能盲目相信财务分析所得的各类指标,只有认清财务分析的局限性,谨慎地使用财务分析,并且在必要时做适当的调整,才有利于正确决策。

2.2 财务比率分析

财务比率是指财务报表上某些有关系的财务项目之间的数额之比。财务比率分析通过这些项目之间的计算分析和比较,判断企业的财务状况、盈利能力及经营管理效率等方面的情况。进行财务分析常用的比率有分析企业偿债能力的比率、分析资产管理效率的比率、评价企业盈利能力的比率及上市公司分析股票价格和股利分配等方面的比率。

为了便于说明财务比率的计算和分析方法,本章将使用××药业股份有限公司的财务报表数据作为举例,该公司的资产负债表、利润表和现金流量表分别如表 2-1、表 2-2 和表 2-3 所示。

表 2-1 资产负债表

编制单位:××药业股份有限公司　　　　2012 年 12 月 31 日　　　　　　　　　　会企 01 表

	期初数	期末数	负债及所有者权益	期初数	期末数
流动资产:			流动负债:		
货币资金	59 926 625	28 218 516	短期借款	115 350 000	115 025 113
交易性金融资产	0	0	交易性金融负债	0	0
应收票据	0	0	应付票据	11 800 000	774 887
应收账款	73 035 641	85 991 135	应付账款	27 251 470	47 946 597
预付账款	1 193 397	1 860 596	预收账款	15 324 063	1 575 819
应收股利	0	0	应付职工薪酬	2 856 970	3 586 474
应收利息	0	0	应交税费	9 200 469	6 696 407
其他应收款	44 007 066	16 922 588	应付利息	0	0
存货	32 802 084	39 595 533	应付股利	40 000	40 000
待摊费用	132 646	0	其他应付款	28 738 976	15 511 573
一年内到期的非流动资产	0	0	预提费用	3 600 000	0
其他流动资产	0	0	预计负债	0	0
流动资产合计	211 097 459	172 588 369	一年内到期的非流动负债	26 030 000	0
			其他流动负债	0	0
			流动负债合计	240 191 948	191 156 870
非流动资产			非流动负债:		
可供出售金融资产	0	0	长期借款	0	0
持有至到期投资	53 483	58 700	应付债券	0	0
长期股权投资	55 326 906	53 370 385	长期应付款	0	0

续表

	期初数	期末数	负债及所有者权益	期初数	期末数
长期应收款	0	0	专项应付款	0	100 000
固定资产	95 618 902	99 356 811	递延所得税负债	0	0
在建工程	3 509 314	181 143	其他长期负债	0	0
固定资产清理	0	0	非流动负债合计	0	100 000
无形资产	3 898 891	4 947 599	负债合计	240 191 948	191 256 870
开发支出	0	0	股东权益		
商誉	0	0	股本	120 000 000	120 000 000
长期待摊费用	0	0	资本公积	58 742 788	2 329 254
递延所得税资产	0	0	盈余公积	35 045 543	11 777 530
其他长期资产	0	0	未分配利润	-84 475 324	5 139 353
其他非流动资产	0	0	减：库藏股	0	0
非流动资产合计	158 407 496	157 914 638	股东权益合计	129 313 007	139 246 137
资产合计	369 504 955	330 503 007	负债及所有者权益合计	369 504 955	330 503 007

表2-2　利润表

编制单位：××药业股份有限公司　　　　2012年度　　　　　　　　　　　会企02表

项目	本年累计数
一、营业收入	156 025 778
减：营业成本	100 492 909
营业税金及附加	82 698
营业费用	23 651 392
管理费用	11 280 759
财务费用	7 597 792
资产减值损失	1 595 849
加：公允价值变动收益	0
投资收益	-2 151 812
二、营业利润（亏损以"-"号填列）	9 172 566
加：营业外收入	186 714
减：营业外支出	932 598
三、利润总额（亏损总额以"-"号填列）	8 426 682
减：所得税费用	-1 025 026
四、净利润（净亏损以"-"号填列）	9 451 708

表2-3　现金流量表

编制单位：××药业股份有限公司　　　　2012年度　　　　　　　　　　　会企03表

项目	金额
一、经营活动产生的现金流量	
销售商品、提供劳务收到的现金	148 887 998
收到的税费返还	0
收到的其他与经营活动有关的现金	34 608 546
经营活动现金流入小计	183 957 708

续表

项目	金额
购买商品、接受劳务支付的现金	97 482 982
支付给职工及为职工支付的现金	14 823 153
支付的各项税费	12 626 180
支付的其他与经营活动有关的现金	37 748 891
经营活动现金流出小计	162 681 205
经营活动产生的现金流量净额	21 276 502
二、投资活动产生的现金流量	
收回投资所收到的现金	252 700
取得投资收益所收到的现金	0
处置固定资产、无形资产和其他资产所收回的现金净额	0
处置子公司及其他营业单位收到的现金净额	0
收到的其他与投资活动有关的现金	0
投资活动现金流入小计	252 700
购建固定资产、无形资产和其他资产所支付的现金	7 248 780
投资所支付的现金	570 400
支付的其他与投资活动有关的现金	0
投资活动现金流出小计	7 819 180
投资活动产生的现金流量净额	-7 566 480
三、融资活动产生的现金流量	
吸收投资所收到的现金	0
借款所收到的现金	115 025 113
收到的其他与融资活动有关的现金	0
现金流入小计	115 025 113
偿还债务所支付的现金	153 180 000
分配股利、利润及利息所支付的现金	0
支付的其他与融资活动有关的现金	2 340 000
现金流出小计	162 783 244
融资活动产生的现金流量净额	-47 758 131
四、汇率变动对现金的影响	0
五、现金及现金等价物净增加额	-34 048 109
补充资料：	
1. 将净利润调节为经营活动现金流量：	
净利润	9 451 708
加：计提的资产减值准备	1 595 849
固定资产折旧	6 238 975
无形资产摊销	151 292
长期待摊费用摊销	0
待摊费用减少（减：增加）	132 646
预提费用增加（减：减少）	-3 600 000
处置固定资产、无形资产和其他长期资产的损失（减：收益）	650 500
固定资产报废损失	0

续表

补充资料：	
财务费用	7 263 244
投资损失（减：收益）	1 151 812
递延税款贷项（减：借项）	0
存货的减少（减：增加）	-7 696 466
经营性应收项目的减少（减：增加）	8 684 559
经营性应付项目的增加（减：减少）	-2 734 657
其他	0
经营活动产生的现金流量净额	21 276 502
2. 不涉及现金收支的投资和融资活动	
债务转为资本	0
一年内到期的可转换公司债券	0
融资租入固定资产	0
3. 现金及现金等价物净增加情况：	
现金的期末余额	20 268 516
减：现金的期初余额	54 316 625
加：现金等价物的期末余额	—
减：现金等价物的期初余额	—
现金及现金等价物净增加额	-34 048 109

2.2.1 偿债能力分析

企业偿债能力是反映企业财务状况和经营能力的重要标志。企业偿债能力低，不仅说明企业资金紧张，难以支付日常经营支出，而且说明企业资金周转不灵，难以偿还到期应偿付的债务，甚至面临破产危险。企业的负债包括流动负债和长期负债。企业偿还流动负债的能力是由流动资产的变现能力所决定的，除货币资金以外，变现能力强的流动资产还有有价证券、应收票据及应收账款等。如果货币资金及变现能力强的流动资产的数额与流动负债的数额基本一致，或前者大于后者，说明企业是有偿债能力的；如果后者大于前者，则反映出企业的偿债能力差。企业偿还长期负债的能力一方面取决于负债与资产总额的比例，另一方面取决于企业的获利能力。获利能力强，且资产总额大于负债总额，为有偿债能力。否则，偿债能力差。

1. 短期偿债能力分析

企业对当前债务的清偿能力往往预示着企业的近期财务风险。短期偿债能力反映企业资产的流动性，是一个企业的支付能力、变现能力、信用评估及应变风险的能力。短期偿债能力的好坏，直接影响一个企业的短期存活能力，它是企业健康与否的重要指标。短期偿债能力的分析对透视企业的财务状况有重大的价值和影响，一个盈利不错的企业很可能仅仅因为不能偿还当前债务而陷入危机，甚至可能破产或被兼并。因为此项能力的评估直接影响分析者对企业生存及竞争能力的看法。如果一个企业缺乏短期偿债能力，不但无法获取有利的进货折扣的机会，公司的信用等级降低，融资能力减弱，而且由于无力支付其短期债务，势必会被迫出售长期资产，甚至因无力偿还债务而导致破产。短期偿债能力比率常把流动资产与流动负债联系起来,为债权人、管理当局分析企业的短期偿债能力提供简便快捷的衡量指标。

(1) 流动比率

流动比率指的是流动资产与负债的比率关系,也称营运资本比率,是分析企业流动状况、评价短期偿债能力最常用的指标。其公式如下:

$$流动比率 = \frac{流动资产}{流动负债}$$

$$\times\times 药业股份有限公司的流动比率 = \frac{172\,588\,369}{191\,156\,870} \approx 0.903$$

一般而言,企业的流动比率越高,表示其短期的偿债能力越强;从债权人的角度来看,流动比率越高,表明流动资产超过流动负债的营运资产也越多,一旦面临清算时,则具有巨额的营运资金作为缓冲,可以抵减资产变现的损失,从而确保债权得以足额清偿。长期以来,流动比率的标准值一直认为应在2左右。××药业的流动比率远低于2,因此,其短期偿债能力很弱。但由于流动比率受到若干因素的影响,实际上是无法为各行业确定一项共同的标准的。

单凭这种经验决断也并非可靠,有时流动比率较高,但其短期偿债能力也未必很强,因为可能是存货积压或滞销的结果,而且,企业也很容易伪造这个比率,以掩饰其偿债能力。如年终时故意将借款还清,下年初再借入,这样就可以人为地提高流动比率。假设海通公司拥有流动资产20万元、流动负债10万元,则流动比率为2:1;如果该公司在年终编制会计报表时,故意还清8万元短期借款,待下年初再借入,则该公司的流动资产就变成了12万元,流动负债变成了2万元,流动比率为6:1。这样,流动比率提高,粉饰了短期偿债能力。因此,利用流动比率来评价企业短期偿债能力存在一定的片面性。

一般来说,凡营业周期较短的企业,其流动比率也较低,因为营业周期较短,就意味着具备较高的应收账款周转率,而且无需储存大量存货,所以其流动比率可以相对降低。反之,如果营运周期较长,则其流动比率相应提高,计算出来的流动比率只有和同行业平均流动比率、本企业历史的流动比率进行比较,才能知道这个比率是高还是低。这种比较通常并不能说明流动比率为什么这么高或低,要找出过高或过低的原因,还必须分析流动资产和流动负债所包括的内容及经营上的因素。一般情况下,营业周期、流动资产中的应收账款数额和存货的周转速度是影响流动比率的主要因素。

由于流动资产由不同项目构成,不同项目的流动资产其变现能力不同,质量差别较大,过高的流动比率可能是由于过多的存货,或过多的资金占用用于流动资产,甚至存货成本的计算方法也会影响流动比率的计算,所以流动比率存在一定的局限性。

(2) 速动比率

流动比率虽然可以用来评价流动资产总体的变现能力,但由于流动比率有上述的局限性,人们(特别是短期债权人)还希望获得比流动比率更进一步的有关变现能力的比率指标,这个指标被称为速动比率,也被称为酸性测试比率。速动比率也是检测企业短期偿债能力的一个有效工具。它反映的是速动资产对流动负债的比例关系。所谓速动资产,是指现金、交易性金融资产及应收账款等各项可迅速变现支付流动负债的资产,在实务中经常以流动资产减去存货资产后的剩余资产来表示。

在企业的流动资产中，存货项目中作为安全库存的那一部分资产，几乎是一项长期投资，而原材料、在制品等存货的变现能力较低，部分存货可能还抵押给了特殊的债权人，而且当企业为偿债和清算等原因被迫出售库存品时，其价格也往往受到不利因素的影响，因此，通常把流动资产扣除存货以后的剩余部分视为速动资产。速动比率的计算，就是将那些变现能力较差的流动资产排除后，由剩下的现金、交易性金融资产和应收账款等可迅速变现的流动资产与流动负债相除后得到。速动比率的计算公式是：

$$速动比率 = \frac{速动资产}{流动负债} = \frac{流动资产 - 存货}{流动负债}$$

$$××药业的速动比率 = \frac{172\,588\,369 - 39\,595\,533}{191\,156\,870} \approx 0.696$$

由于速动比率剔除了变现能力较差且数额占流动资产比重较大的存货项目，因此更能反映企业的短期偿债能力。一般报表分析者认为，企业的速动比率，至少要维持在1以上，才算是具有良好的财务状况。××药业的速动比率为0.696，说明××药业偿还短期债务的能力较差。实际上，不同的行业有不同的速动比率要求，速动比率同样与行业差异有密切的关系，某些行业要求高于1，有些行业，该比率虽低于1，但其实已经足够，例如，只进行现金交易的杂货行业，通常没有应收账款，这类企业的速动比率低于1，仍然具有足够的流动性。影响速动比率可信性的重要因素是应收账款的变现能力。账面上的应收账款不一定都能变成现金，实际坏账可能比计提的准备要多；季节性的变化，可能使报表的应收账款数额不能反映平均水平。这些情况，外部使用人员不易了解，而财务人员却有可能作出估计。

由于各行业之间的差别，在计算速动比率时，除扣除存货以外，还可以从流动资产中去掉其他一些可能与当期现金流量无关的项目（如待摊费用等），因为待摊费用、预付款项根本不可能在短期内变现，因此，不应该将它们列为速动资产。

$$速动资产 = 流动资产 - 存货 - 待摊费用 - 预付费用$$

为计算更进一步的变现能力，可采用保守速动比率（或称超速动比率），其计算公式如下：

$$保守速动比率 = \frac{现金 + 交易性金融资产 + 应收账款净额}{流动负债}$$

$$××药业的保守速动比率 = \frac{28\,218\,516 + 0 + 85\,991\,135}{191\,156\,870} \approx 0.597$$

在分析速动比率时，应结合企业的性质和生产经营特点来分析，应和反映企业运营状况的其他比率相结合，综合各种因素，才能作出正确的评价。

(3) 现金比率

有时，需要从一个极端保守的角度检查企业的流动性，通常这样的要求会因为下面两种情况而产生：企业抵押了其应收款项和存货，或者有理由怀疑契约的应收款项和存货已经发生了严重的流动性问题。在这类情况下，考察企业短期偿债能力的最好指标是现金比率。这个比率可以克服用流动资产测试企业短期内变现能力的某些缺陷。

现金比率是指现金和交易性金融资产对企业流动负债的比例关系。现金是指一般流通的货币，可作为支付工具。由于这个比率的相当保守性，所以又被称为"绝对流动比率"，其计算公式是：

$$现金比率 = \frac{现金 + 交易性金融资产}{流动负债}$$

$$××药业的现金比率 = \frac{28\ 218\ 516 + 0}{191\ 156\ 870} \approx 0.15$$

现金比率越高，表示企业可用于偿付流动负债的现金数额越多，可变现损失的风险越小，而且变现的时间也越短。现金比率用以衡量即刻偿还债务的能力，可以衡量流动资产变现性的大小。但由于是基于极端保守的观点，该比率忽略了企业流动资产和流动负债间循环的性质。同时，现金比率高表示企业紧急应变能力高，但也相对显示了管理单位不善于应用现金，从而使相当数目的现金资源闲置。因此，除非已经到了周转不灵的情况，或者是由于企业的性质使得存货和应收款项的变现能力较弱，或者企业具有较高投机性目的，除此以外，现金比率的实用性不大。

（4）现金净流量比率

现金净流量比率是现金净流量与流动负债进行对比所确定的比率，反映企业用每年的现金净流量偿还到期债务的能力。现金净流量此处特指经营现金净流量，它是年度内经营现金流入量扣减现金流出量的余额，可通过企业的现金流量获得。

$$现金净流量比率 = \frac{现金净流量}{流动负债}$$

$$××药业的现金流量比率 = \frac{-34\ 048\ 109}{191\ 156\ 870} \approx -0.178$$

这一指标越高，说明企业偿付当期债务的能力越强，企业财务状况越好；反之，则说明企业偿付当期债务的能力较差。××药业的现金流量比率为负值，说明该公司偿付当期债务的能力已经很差，公司面临的财务风险很大。

以上四个指标是反映短期偿债能力的主要指标，在分析时要注意以下几个问题：① 上述指标各有侧重，在分析时要结合使用，以便全面、准确地作出判断；② 上述指标中分母均是流动负债，没有考虑长期负债问题，但如果有在一年内到期的长期负债，则应视为流动负债；③ 财务报表中没有列示的因素，如企业借款能力，准备出售长期资产等，也会影响企业短期偿债能力，在分析时，也应认真考虑。

2. 长期偿债能力分析

企业对一笔债务总是负两种责任：一是偿还债务本金的责任；二是支付债务利息的责任。评价企业的长期偿债能力时，不仅要分析企业偿还本金的能力，也要分析其支付利息的能力。对长期债务而言，债权人则关心企业的长期存续性，如果企业的盈利能力很强，日后就能从经营活动中获取足够的现金或从其他债权人及投资者那里筹到新的资金，这样就不用顾虑以后偿付本息的能力。负债对资产的比率和负债对所有者权益的比率通常用来评价企业的偿债能力。企业长期偿债能力主要利用以下指标来分析。

（1）资产负债率

资产负债率，又称负债比率，是企业的负债总额与资产总额间的比例关系。计算公式如下：

$$资产负债率 = \frac{负债总额}{资产总额} \times 100\%$$

$$\text{××药业的资产负债率} = \frac{191\,256\,870}{330\,503\,007} \approx 57.87\%$$

这个指标反映债权人所提供的资本占全部资本的比例,也被称为举债经营比率。公式中的负债总额不仅包括长期负债,还包括流动负债。因为流动负债作为一个整体,企业总是长期占用着,可以视同长期性资本来源的一部分。例如,一个企业的应付账款,可能是短期性的,但企业总是长期性地保持一个相对稳定的应付账款总额。这部分应付账款可以成为企业长期性资本来源的一部分。本着稳健原则,将短期债务包括在用于计算资产负债率的负债总额中也是合适的。

企业的资金是由负债和所有者权益构成的,因此,资产总额应该大于负债总额,资产负债率应该小于1。如果企业的资产负债率大于1,说明企业资不抵债;如果企业的资产负债率较低(50%以下),则说明企业有较好的偿债能力和负债经营能力。××药业的资产负债率为57.87%,说明其长期偿债能力尚可。

不同的主体对该指标的大小有不同的看法。

① 从债权人的立场看,他们最关心的是贷给企业的款项的安全程度,也就是能否按期收回本金和利息。如果股东提供的资本与企业资本总额相比,只占较小的比例,则企业的风险将主要由债权人负担,这对债权人来讲是不利的。因此,他们希望债务比例越低越好,这样企业偿债有保证,贷款不会有太大的风险。

② 从股东的角度看,由于企业通过举债筹措的资金与股东提供的资金在经营中发挥同样的作用,所以,股东所关心的是全部资本利润率(即总资产报酬率)是否超过借入款项的利率,即借入资本的代价,在企业所得的全部资本利润率超过因借款而支付的利息率时,股东所得到的利润就会加大。如果相反,运用全部资本所得的利润率低于借款利息率,则对股东不利,因为借入资本的多余的利息要用股东所得的利润份额来弥补。因此,从股东的立场看,在全部资本利润率高于借款利息率时,负债比例越大越好,否则越小越好。

③ 从经营者的立场看,如果举债很大,超出债权人的心理承受程度,则认为是不保险的,企业就借不到钱。如果企业不举债,或负债比例很小,说明企业畏缩不前,对前途信心不足,利用债权人资本进行经营活动的能力很差。借款比率越大(当然不是盲目地借款),越是显得企业活力充沛。从财务管理的角度来看,企业应当审时度势,全面考虑,在利用资产负债率制定借入资本决策时,必须充分估计预期的利润和增加的风险,在二者之间权衡利害得失,作出正确决策。

总之,总资产负债率是用来衡量企业总资产中由债权人提供的比率有多大。对债权人来说,负债对总资产的比例越小,表示股东权益的比率越大,则企业的自有资金力量越强,债权的保障越高。但对股东来说,则希望以较高的资产负债率,扩大企业获利的基础,并以较小的投资控制整个企业。如资产负债率很高,若企业状况良好,当然通过财务杠杆作用可以使股东获得较高的报酬率,但是当企业状况不好时,利息费用将使之不堪重负,得不偿失。

(2) 利息保障倍数

如前所述,企业举借债务,不仅要偿还本金,还要支付利息。利息保障倍数,表明了企业支付利息的能力,是指企业在一个会计期间内获得的息税前利润与固定利息费用的倍数关系。也叫已获利息倍数。其计算公式为:

$$利息保障倍数 = \frac{息税前利润}{利息费用} = \frac{净利润 + 所得税 + 利息费用}{利息费用}$$

$$××药业的利息保障倍数 = \frac{8\ 426\ 682 + 7\ 597\ 792}{7\ 597\ 792} \approx 2.11$$

计算利息保障倍数时，首先应确定企业息税前利润的数额。息税前利润是指损益表中未扣除利息费用和所得税之前的利润。它可以用"利润总额加利息费用"来计算。由于损益表中"利息费用"没有单列，而是放在"财务费用"中的，因此，外部使用者只好用"利润总额加财务费用"来计算。其次，计算利息保障倍数时，还要确定企业的固定利息支出。通常包括以下内容。

① 长期负债的利息费用。长期负债的利息费用，是企业在较长时期内比较固定的利息负担，是计算利息保障倍数的最直接、最明显的因素。

② 已资本化利息。企业负担的利息支出，一部分已作为费用计入当期损益；而可能还有一部分已被资本化计入资产的成本，这部分利息支出，应在计算利息保障倍数时作为利息费用。

③ 未资本化长期租赁负债的隐含利息。企业以融资租赁方式租入的固定资产，企业应付的租金与租入固定资产公允价值之间的差额，实际上是一种利息费用。

④ 其他。其他因长期负债或承诺而产生的具有固定性的利息费用，以及所有归属当期负担的已支付或未支付利息，均应包括在内。

利息保障倍数不仅反映了企业获利能力的大小，而且反映了获利能力对偿还到期债务的保证程度，它既是企业举债经营的前提依据，也是衡量企业长期偿债能力大小的重要标志。由此可以得出这样的启示：若要维持正常偿债能力，从长期看，利息保障倍数至少应当大于1，且比值越高，企业长期偿债能力一般也就越强。如果利息保障倍数过小，则企业将面临亏损、偿债的安全性与稳定性下降的风险。究竟企业利息保障倍数应是利息的多少倍，才算偿付能力强，这要根据往年的经验并结合行业特点来判断。真正好的非金融类公司，利息保障倍数一般在7倍以上。

（3）权益比率

权益比率又称为股东权益对总资产比率，或净值比率，是企业股东权益与总资产的比例关系。其计算公式如下：

$$权益比率 = \frac{股东权益总额}{资产总额} = 1 - 资产负债率$$

$$××药业的权益比率 = \frac{139\ 246\ 137}{330\ 503\ 007} \approx 0.42$$

可以看出，权益比率是负债比率的反面，两者表达相同的状况，在实际应用时，取其一即可。

（4）产权比率

产权比率是指负债总额与股东权益总额之间的比例关系，又称负债对股东权益的比率，计算公式如下：

$$产权比率 = \frac{负债总额}{股东权益总额}$$

$$\text{××药业的产权比率} = \frac{191\ 256\ 870}{139\ 246\ 137} \approx 1.37$$

负债对股东权益比率，表明了股东权益对债权人权益的保障程度。对债权人来说，此比率越低，则表明股东对债权人承担的责任越大，企业长期偿债能力越强，债权人的权益越安全。具体来说有以下两方面。

① 该项指标反映由债权人提供的资本与股东提供的资本的相对关系，反映企业基本财务结构是否稳定。一般来说，股东资本大于借入资本较好，但也不能一概而论。从股东来看，在通货膨胀加剧时期，企业多借债可以把损失和风险转嫁给债权人；在经济繁荣时期，多借债可以获得额外的利润；在经济萎缩时期，少借债可以减少利息负担和财务风险。产权比率高，是高风险、高报酬的财务结构；产权比率低，是低风险、低报酬的财务结构。

② 该指标同时也表明债权人投入的资本受到股东权益保障的程度，或者说是企业清算时对债权人利益的保障程度。法律规定债权人的索偿权在股东前面。

（5）权益乘数

权益乘数是以资产除以权益，也是权益比率的倒数。其计算公式为：

$$\text{权益乘数} = \frac{\text{资产}}{\text{股东权益}} = \frac{1}{1 - \text{资产负债率}}$$

$$\text{××药业的权益乘数} = \frac{1}{1 - 57.87\%} \approx 2.37$$

权益乘数表示企业的负债程度，乘数越大，企业负债程度越高。权益乘数主要受资产负债率的影响。负债越大，权益乘数就越高，说明企业有较高的负债程度，能给企业带来较大的杠杆利益，同时也给企业带来较大的风险。

（6）有形净值债务率

为了进一步分析股东权益对负债的保障程度，可以保守地认为无形资产不宜用来偿还债务，故将其从产权比率公式的分母中扣除，这样计算出来的财务比率称为有形净值债务率。其计算公式如下：

$$\text{有形净值债务率} = \frac{\text{负债总额}}{\text{股东权益总额} - \text{无形资产净值}}$$

$$\text{××药业的有形净值债务率} = \frac{191\ 256\ 870}{139\ 246\ 137 - 4\ 947\ 599} = 1.424$$

有形净值债务率实际上是产权比率的延伸和修正，它更为保守地反映了在企业清算时债权人投入的资本受到股东权益的保障程度。该比率越小，说明企业的财务风险越小。

（7）现金流量利息保障倍数

现金流量利息保障倍数是可用经营活动现金流量与现金利息支出的比值。其计算公式如下：

$$\text{现金流量利息保障倍数} = \frac{\text{经营活动现金流量}}{\text{现金利息支出}}$$

$$\text{××药业的现金流量利息保障倍数} = \frac{21\ 276\ 502}{7\ 597\ 792} \approx 2.8$$

现金流量利息保障倍数反映的是企业用当期经营活动带来的现金净流量支付当期利息的能力。现金基础的利息保障倍数表明，1元的利息费用有多少倍的经营现金流量做保障，它比收益基础的利息保障倍数更可靠，因为实际用以支付利息的是现金，而不是收益。

（8）偿债保障比率

偿债保障比率是负债总额与经营活动现金净流量的比值。其计算公式如下：

$$偿债保障比率 = \frac{负债总额}{经营活动现金流量}$$

$$\times\times药业的偿债保障比率 = \frac{191\ 256\ 870}{21\ 276\ 502} \approx 8.99$$

一般认为，经营活动产生的现金流量是企业长期资金的最主要的来源，而投资活动和融资活动所获得的现金流量虽然在必要时也可用于偿还债务，但不能将其视为经常性的现金流量来源。通常认为企业各年间经营活动产生的现金净流量具有一定的稳定性，因此可以用当年的经营活动现金净流量近似地代替企业今后每年的经营现金净流量。今后需要偿还的债务除以今后每年的经营活动现金净流量，反映的就是用企业经营活动产生的现金净流量偿还全部债务所需要的时间。因此偿债保障比率又被称为债务偿还期。如果经营活动现金净流量为负，则偿债保障比率没有意义，因为偿还期不可能为负。

偿债保障比率越低，说明企业的债务偿还期越短，企业偿还债务的能力越强，反之亦然。××药业的偿债保障比率为8.99，较高，债务的保障程度较低。当然，偿债保障比率并不是一味地越低越好，如果一个很低的偿债保障比率不是由于高额的经营活动现金净流量带来的，而是由于低负债导致的，则说明企业未能充分利用财务杠杆的作用。

相关链接

刘姝威：600字粉碎蓝田神话

中央财经大学研究所的学者刘姝威，在不经意中捅破了神秘的蓝田股份泡沫，也尝到了太岁头上动土的苦果。

2001年11月20日，中国蓝田（集团）总公司总裁瞿兆玉亲自来到中央财经大学研究所会议室大叫："因为你在《金融内参》的文章，全国银行都停了我们的贷款。我们的资金链断了，我们快死了。"

刘姝威家也开始收到一些莫名其妙的电话。直至2002年1月10日，4封匿名恐吓电子邮件的出现，使刘家陷入深深的恐惧之中。

作为陈岱孙和厉以宁的学生，刘姝威1986年北大硕士毕业后，一直从事银行信贷研究工作。2001年，刘姝威着手写《上市公司虚假会计报表识别技术》一书，她看到从蓝田的招股说明书到2001年中期财务报告，全部是公开资料。可经过分析，她却被吓呆了："这么多明白摆着的毛病，最基础、最简单的分析方法就能看穿的骗局，怎么早没人吱声呢？"

从蓝田的资产结构看，1997开始，其资产拼命上涨，与之相对应的是，流动资产却逐年下降。这说明，其整个资产规模是由固定资产来带动的，公司的产品占存货百分比和固定资产占资产百分比异常高于同业平均水平。这对银行给蓝田的20亿元贷款来说，并不是好事。她推理：蓝田股份的偿债能力越来越恶化；扣除各项成本和费用后，蓝田股份没有净收入来源；蓝田股份不能创造足够的现金流量以维持正常经营活动，也不能保证按时偿还贷款出于高度的职业责任感,刘姝威觉得应该提示一下银行。于是,她撰写了600字的短文——《应立即停止对蓝田股份发放贷款》。

（《中国青年报》2002.1.28）

(9) 影响长期偿债能力的其他因素

评价和分析企业的长期偿债能力,除了上述通过报表项目计算财务比率分析以外,还要关注一些表外项目,这些信息隐藏在报表之外,也会影响企业长期偿债能力,必须引起足够的重视。

① 长期租赁。当企业急需某种设备或资产而又缺乏必要的资金时,可以通过租赁的方式解决,企业租赁有两种形式:融资租赁和经营租赁。融资租赁引起的未来的一些固定性支出（租金）需要反映在资产负债表中,作为长期负债处理,在分析长期偿债能力时,已经包括在债务比率指标计算之中。但经营租赁引起的未来的一些固定性支出（租金）不反映在资产负债表中,当企业的经营租赁量比较大、期限比较长或具有经常性时,则构成了一种长期性融资,到期必须支付租金,会对企业的偿债能力产生影响。

② 担保责任。担保项目的时间长短不一,有的涉及企业的长期负债,有的涉及企业的短期负债,在分析企业长期偿债能力时,应根据有关资料判断担保责任带来的潜在长期负债问题。

③ 或有项目。或有项目是指在未来某个或几个事件发生或不发生的情况下,会带来收益或损失,但现在还无法肯定是否发生的项目,如未决诉讼、应收票据贴现等。或有事项的特点是现存条件的最终结果不确定,一旦发生便会影响企业的财务状况,从而影响企业的偿债能力。

2.2.2 资产管理能力分析

资产管理比率是用来衡量公司在资产管理方面效率的财务比率,也是反映企业资金周转状况的指标。主要包括营业周期、存货周转率及周转天数、应收账款周转率及周转天数、流动资产周转率、固定资产周转率和总资产周转率等指标。

1. 营业周期

营业周期是指从取得存货开始到销售存货并收回现金为止的这段时间。营业周期的长短取决于存货周转天数和应收账款周转天数。营业周期的计算公式如下:

$$营业周期 = 存货周转天数 + 应收账款周转天数$$

把存货周转天数和应收账款周转天数加在一起计算出来的营业周期,指的是需要多长时间能将期末存货全部变为现金。一般情况下,营业周期短,说明资金周转速度快;营业周期长,说明资金周转速度慢。由于营业周期的长短取决于存货周转天数和应收账款周转天数,所以决定企业资产流动性强弱的主要因素是存货周转天数和应收账款周转天数。

2. 存货周转率及周转天数

(1) 存货周转率

存货周转率是某一特定期间的营业成本与存货平均成本的比例关系,用以衡量企业存货通过销售实现周转的速度,并藉以测验存货的管理绩效。存货周转率的计算公式如下:

$$存货周转率 = \frac{营业成本}{平均存货}$$

其中:

$$平均存货 = (期初存货 + 期末存货)/2$$

$$××药业的存货周转率 = \frac{100\ 492\ 909}{\frac{(32\ 802\ 084 + 39\ 595\ 533)}{2}} \approx 2.78 (次)$$

存货周转率越高,表明存货的使用效率越高,存货囤积的风险相对降低。存货周转率过低,通常是企业库存管理不良、供产销配合不好、库存积压和资金积压的结果,这样导致企业库存成本上升、利息支出增加、资金流动性减弱,应及时加以改变。存货周转率是否合理,应以企业实际经营业绩好坏作为评判标准。存货周转率与行业差别也有密切的关系,诸如建筑行业、养殖业及木材业等的存货周转率较低,而出口贸易业、百货业及煤气供应业等的存货周转率较高。

(2) 存货周转天数

根据存货周转率及其相应的计算期,可以计算存货每周转一次平均所需的时间,称为存货周转天数,其计算公式如下:

$$存货周转天数 = \frac{360}{存货周转率}$$

$$××药业的存货周转天数 = \frac{360}{2.78} \approx 130 (天)$$

一般而言,存货周转天数较低,说明存货管理情况越好。存货周转率(存货周转天数)指标的好坏反映存货管理水平,它不仅影响企业的短期偿债能力,也是整个企业管理的重要内容。企业管理者和有条件的外部报表使用者,除了分析批量因素、季节性生产的变化等情况外,还应对存货的结构及影响存货周转速度的重要项目进行分析,如分别计算原材料周转率、在产品周转率或某种存货的周转率。其计算公式如下:

$$原材料周转率 = 耗用原材料成本 \div 平均原材料存货$$

$$在产品周转率 = 制造成本 \div 平均在产品存货$$

存货周转分析的目的是从不同的角度和环节上找出存货管理中的问题,使存货管理在保证生产经营连续性的同时,尽可能少占用经营资金,提高资金的使用效率,增强企业的短期偿债能力,促使企业管理水平的提高。

3. 应收账款周转率和周转天数

(1) 应收账款周转率

应收账款周转率是指营业收入同平均应收账款总额之间的比例关系,用以测定其特定期内企业收回赊销款项的速度和效率。应收账款周转率的计算公式是:

$$应收账款周转率 = \frac{营业收入}{平均应收账款}$$

$$××药业的应收账款周转率 = \frac{156\ 025\ 778}{\frac{(73\ 035\ 641 + 85\ 991\ 135)}{2}} \approx 1.96 (次)$$

公式中的"营业收入"数据来自损益表,"平均应收账款"是资产负债表中"期初应收账款余额"与"期末应收账款余额"的平均数。应收账款周转率反映了企业资金的周转和利用情况。周转率高,说明企业在短期内收回货款、利用营业产生的资金支付短期债务的能力强,这在一定程度上可以消除流动比率低的不利影响。如果应收账款周转率过低,则反映了企业资金利用率不高,或销售信用政策太松,影响了资金的正常运转。

(2) 应收账款周转天数

应收账款周转天数,也叫平均应收账款回收期或平均收现期,是用以测试企业收回账款时期的长短。其计算公式为:

$$应收账款周转天数 = \frac{360}{应收账款周转率}$$

$$\times\times 药业的应收账款周转天数 = \frac{360}{1.96} \approx 184（天）$$

一般而言,应收账款周转天数没有一定的标准,也很难树立一项理想的比较基础。企业应收账款收款期,需视企业的信用政策而定。同时,分析应收款周转天数要与企业以往年度同种指标、行业平均值及本行业里其他企业的同种指标进行比较。

根据上述计算,××药业的营业周期为:

$$\times\times 药业的营业周期 = 存货周转天数 + 应收账款周转天数$$
$$= 130 + 184 = 314（天）$$

可见××药业资产的运营效率较差。

4. 流动资产周转率

流动资产周转率是营业收入与全部流动资产的平均余额的比值。其计算公式为:

$$流动资产周转率 = \frac{营业收入}{平均流动资产}$$

其中:

$$平均流动资产 = （年初流动资产 + 年末流动资产）\div 2$$

$$流动资产周转天数 = \frac{360}{流动资产周转率}$$

$$\times\times 药业的流动资产周转率 = \frac{156\,025\,778}{\frac{(211\,097\,458 + 172\,588\,369)}{2}} = 0.82（次）$$

$$\times\times 药业的流动资产周转天数 = \frac{360}{0.82} = 439（天）$$

流动资产周转率反映流动资产的周转速度。周转速度快,会相对节约流动资产,等于相对扩大资产投入,增强企业盈利能力;而延缓周转速度,需要补充流动资产参加周转,造成资金浪费,降低企业盈利能力。

5. 固定资产周转率

固定资产周转率是指企业营业收入与固定资产的比率。它是反映企业固定资产周转情况,从而衡量固定资产利用效率的一项指标。其计算公式为:

$$固定资产周转率 = \frac{营业收入}{平均固定资产}$$

其中：

平均固定资产 = （年初固定资产 + 年末固定资产）÷ 2

$$\times \times 药业的固定资产周转率 = \frac{156\ 025\ 778}{\frac{(95\ 618\ 902 + 99\ 356\ 811)}{2}} \approx 1.60（次）$$

固定资产周转率高，表明企业固定资产利用充分，同时也能表明企业固定资产投资得当、结构合理，能够充分发挥效率。反之，如果固定资产周转率不高，则表明固定资产使用效率不高，提供的生产成果不多，企业的营运能力不强。

运用固定资产周转率时，需要考虑固定资产因计提折旧的影响其净值在不断地减少，以及因更新重置其净值突然增加的影响。同时，由于折旧方法的不同，可能影响其可比性。故在分析时，一定要剔除掉这些不可比因素。

6. 总资产周转率

总资产周转率是营业收入与平均资产总额的比值。其计算公式为：

$$总资产周转率 = \frac{营业收入}{平均资产总额}$$

其中：

平均资产总额 = （年初资产总额 + 年末资产总额）÷ 2

$$\times \times 药业的总资产周转率 = \frac{156\ 025\ 778}{\frac{(369\ 504\ 955 + 330\ 503\ 007)}{2}} \approx 0.45$$

该项指标反映资产总额的周转速度。周转越快，反映销售能力越强。企业可以通过薄利多销的办法，加速资产的周转，带来利润绝对额的增加。

总之，各项资产的周转指标用于衡量企业运用资产赚取收入的能力，经常和反映盈利能力的指标结合在一起使用，可全面评价企业的盈利能力。

2.2.3 盈利能力分析

盈利能力是企业赚取利润的能力。无论是投资人、债权人还是企业管理人员，都非常重视和关心企业的盈利能力。通过对企业盈利能力的分析，可以了解企业的投资是否都得到合理的回报，评价企业管理的业绩，帮助投资者作出相关决策。反映企业盈利能力的指标很多，主要包括净资产收益率、总资产报酬率、销售净利率、销售毛利率、资产净利率、成本费用利润率等。

1. 净资产收益率

净资产收益率又称权益净利率。净资产收益率是净利润与平均净资产的百分比，其计算公式为：

$$净资产收益率 = \frac{净利润}{平均净资产}$$

$$\times \times 药业的净资产收益率 = \frac{9\ 451\ 708}{\frac{(129\ 313\ 007 + 139\ 246\ 137)}{2}} \approx 7\%$$

净资产收益率反映了企业所有者权益的投资报酬率。由于债权的资金虽然在一定时期内使用，但期满后仍需偿还，并且债权人一般都有固定的利息收入，并不十分看重企业的投资报酬率。企业的投资报酬,无论多少,最终都要归所有者拥有,所以从投资者角度来说,净资产收益率具有很强的现实性。

该指标是衡量企业盈利能力的主要核心指标之一。

2. 总资产报酬率

总资产报酬率是企业的息税前利润同平均资产总额的比率,其计算公式如下:

$$总资产报酬率 = \frac{息税前利润}{平均资产总额} = \frac{净利润+所得税+利息费用}{(期初资产总额+期末资产总额)/2}$$

$$\times\times 药业的总资产报酬率 = \frac{8\ 426\ 682 + 7\ 597\ 792}{(369\ 504\ 955 + 330\ 503\ 007)/2} \approx 4.58\%$$

总资产报酬率反映的是企业投入的全部资金获取报酬的能力。总资产报酬率越高,说明企业的全部资金获得的报酬越高。总资产报酬也是企业衡量是否进一步增加负债的标准,如果总资产报酬率大于债务利率,那么企业负债将会带来财务杠杆的正效应,但如果总资产报酬率小于债务利率,负债将会带来财务杠杆的负效应。

3. 销售净利率

销售净利率是指净利润与营业收入的百分比,其计算公式为:

$$销售净利率 = \frac{净利润}{营业收入}$$

$$\times\times 药业的销售净利率 = \frac{9\ 451\ 708}{156\ 025\ 778} \approx 6.06\%$$

该指标反映每一元营业收入带来的净利润的多少,表示营业收入的收益水平。从销售净利率的指标关系看,净利额与销售净利率成正比关系,而营业收入额与销售净利率成反比。企业在增加营业收入额的同时,必须相应地获得更多的净利额,才能使销售净利率保持不变或有所提高。通过分析销售净利率的升降变动,可以促使企业在扩大销售的同时,注意改进经营管理,提高盈利水平。

4. 销售毛利率

销售毛利率是毛利占营业收入的百分比,其中毛利是营业收入与营业成本的差额。其计算公式如下:

$$销售毛利率 = \frac{营业收入 - 营业成本}{营业收入}$$

$$\times\times 药业的销售毛利率 = \frac{156\ 025\ 778 - 100\ 492\ 909}{156\ 025\ 778} \approx 36\%$$

销售毛利率,表示每一元营业收入扣除营业成本后,有多少可以用于支付各项期间费用和形成盈利。销售毛利率是企业销售净利率的最初基础,没有足够大的毛利率便不能盈利。

5. 资产净利率

资产净利率是企业净利润与平均资产总额的百分比。资产净利率计算公式为:

$$资产净利率 = \frac{净利润}{平均资产总额}$$

$$平均资产总额 = (期初资产总额+期末资产总额) \div 2$$

$$\times\times 药业的资产净利率 = \frac{9\ 451\ 708}{(369\ 504\ 955 + 330\ 503\ 007)/2} \approx 3\%$$

把企业一定期间的净利与企业的资产相比较,表明企业资产利用的综合效果。指标越高,表明资产的利用效率越高,说明企业在增加收入和节约资金使用等方面取得了良好的效果,否则相反。

资产净利率是一个综合指标,企业的资产是由投资人投入或举债形成的。净利的多少与企业资产的多少、资产的结构、经营管理水平有着密切的关系。为了正确评价企业经济效益的高低、挖掘提高利润水平的潜力,可以用该项指标与本企业前期、与计划、与本行业平均水平和本行业内先进企业进行对比,分析形成差异的原因。影响资产净利率高低的因素主要有:产品的价格、单位成本的高低、产品的产量和销售的数量、资金占用量的大小等。

相关链接

四川长虹:从年报巨亏到季报激增

2005年4月19日,四川长虹(600839)公布2005年一季度报告,公司实现主营业务收入40.20亿元,同比增长45.5%,实现净利润1.74亿元,同比增长431.89%,这样的增长幅度创造了长虹50年来的历史新高。就在两天前,长虹发布了2004年度财务报告,公司出现了上市以来的首次亏损,亏损额高达36.81亿元,每股亏损1.701元。四川长虹披露的年报爆出公司上市以来的首次亏损,2004年度公司实现主营业务收入115.39亿元,同比降低18.36%;全年亏损36.81亿元,每股收益-1.701元。漂亮的季报紧接着巨额亏损的年报出台,是否向投资者透露出了长虹转折的曙光?2001—2005年第一季度的相关对比分析如图2-1所示。

从图中可以看出,长虹的净资产收益率在2001至2004年间是基本稳定的,主要区间在

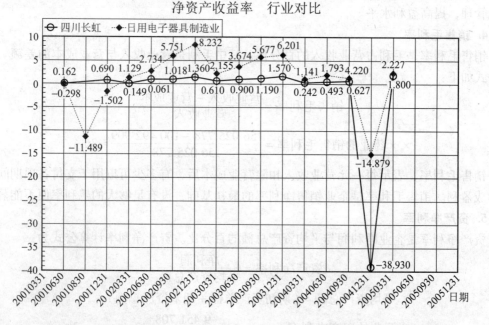

图2-1 四川长虹2001—2005年第一季度的净资产收益率与行业的对比分析

百分之零点几到一点几，这与行业的平均数据的走势相比还算是起伏较小。同期行业的净资产收益率变化很大，上下起伏。在2001年至2004年间最低到负 -11% 左右，最高超过 6%。不过，我们可以看出，从2002年一季度末开始，行业的平均值就超过长虹，并且往后一直在长虹的上方，由此可见虽然长虹的比值在这一期间较稳定，但企业盈利能力和行业相比，还是有相当差距的。2004年是长虹较为异常的一年，长虹首次出现了亏损，许多财务指标都受到了影响。净资产收益率则是出现了巨大的下降，一度跌至 -39% 左右，与2004年年底之前形成强烈反差，在2005年一季度又重返零值以上。2004年内大额计提资产减值准备是四川长虹巨亏的主要原因。由于对 APEX 公司应收账款、存货、委托理财投资进行计提，2004年度公司增提应收账款坏账准备约 25.06 亿元，补提存货跌价准备约 10.14 亿元，短期投资增提减值约 2.22 亿元，固定资产因处置转出减值准备约 1 383.20 万元。年报显示，公司对 APEX 公司所欠货款按个别认定法计提坏账准备的金额折合人民币约 25.97 亿元，该项会计估计变更对2004年的利润总额的影响数约为 22.36 亿元。同时，截至年报披露日，公司逾期未收回的理财本金和收益累计为 1.828 亿元。

2.2.4　上市公司其他财务指标分析

对于上市公司来说，可供计算分析的指标很多，但最常用的、重要的财务指标是每股收益、市盈率、每股账面价值和净资产收益率等。

1. 每股收益

每股收益是指本年净收益与年末普通股份总数的比例。如果公司发行了不可转换优先股，则计算时要扣除优先股数及其分享的股份，以使每股收益反映普通股的收益状况：

$$每股收益 = \frac{净利润 - 优先股股利}{年末普通股股数}$$

已作部分扣除的净利润，通常被称为盈余，扣除优先股股利后计算出的每股收益可称为每股盈余。

每股收益是证券市场当中应用最为广泛的一个盈利能力指标，反映了普通股的获利水平，平均每份股份享有的收益份额。该指标甚至是大多数普通投资者观看年度财务报告唯一关注的指标，市盈率定价方法的盛行更是推波助澜，进一步强化了每股收益在财务分析中的"王者地位"。每股收益越高，说明公司盈利能力越强，也就越能吸引投资者的眼球，从而使得股票价格上涨的概率上升。

在分析时，可以进行公司之间的比较，以评价该公司相对的盈利能力；也可以进行不同时期的比较，了解该公司的盈利能力变化趋势。但每股收益在使用中也存在局限性，它不能反映股票所包含的风险，同时，不同股票的每一股在经济上不等量，它们所包含的净资产不同，即每股收益的投入量不同，从而也就限制了公司之间的每股收益的比较。为了克服每股收益指标的局限性，可以延伸分析市盈率、每股股利、股利支付率、股利保障系数和留存收益比率等财务指标。

关于每股收益的计算，在2006年2月财政部出台了《每股收益》具体准则，准则的目标是规范每股收益的计算确定和列报，有助于同一期间不同企业之间及同一主体在不同会计期间的业绩比较。《每股收益》准则要求，既要计算和披露基本每股收益，又要考虑存在具有稀释性的潜在普通股的情况下，计算和披露稀释的每股收益。

基本每股收益是指企业应当按照归属于普通股股东的当期净利润，除以发行在外普通股的加权平均数，发行在外普通股加权平均数按下列公式计算：

发行在外普通股加权平均数 = 期初发行在外普通股股数 + 当期新发行普通股股数 × 已发行时间 ÷ 报告期时间 − 当期回购普通股股数 × 已回购时间 ÷ 报告期时间

只有当股东权益总额发生变动的时候，才需要按照加权平均法计算普通股平均股数，例如，增发新股、配股。但转赠新股、分配股票股利和股票面值分割，则没有影响股东权益总额，因此不需要按照时间进行调整。

稀释的每股收益主要是指可转换为普通股的优先股、可转换债券、期权及或有可发行股份等潜在普通股可能向普通股的转换而引起对基本每股收益的稀释效应。计算稀释每股收益，应当根据下列事项对归属于普通股股东的当期净利润进行调整：① 当期已确认为费用的稀释性潜在普通股的利息；② 稀释性潜在普通股转换时将产生的收益或费用。计算稀释每股收益时，当期发行在外普通股的加权平均数应当为计算基本每股收益时普通股的加权平均数与假定稀释性潜在普通股转换为已发行普通股而增加的普通股股数的加权平均数之和。计算稀释性潜在普通股转换为已发行普通股而增加的普通股股数的加权平均数时，以前期间发行的稀释性潜在普通股，应当假设在当期期初转换；当期发行的稀释性潜在普通股，应当假设在发行日转换。

2. 市盈率

市盈率又称本益比，是指普通股每股市价与每股收益之间的比例。其计算公式为：

$$市盈率 = \frac{每股市价}{每股收益}$$

市盈率反映投资人对每元净利润所愿意支付的价格，可以用来估计股票的投资报酬和风险。它是市场对公司的共同期望指标，市盈率越高，表明市场对公司的未来越看好。在市价确定的情况下，每股收益越高，市盈率越低，投资风险越小；反之亦然。在每股收益确定的情况下，市价越高，市盈率越高，风险越大；反之亦然。仅从市盈率高低的横向比较看，高市盈率说明公司能够获得社会信赖，具有良好的前景；反之亦然。

使用市盈率指标时应注意以下问题：该指标不能用于不同行业公司的比较，充满扩展机会的新兴行业市盈率普遍较高，而成熟工业的市盈率普遍较低，这并不说明后者的股票没有投资价值。在每股收益很小或亏损时，市价不会降至零。很高的市盈率往往不说明任何问题。市盈率高低受净利润的影响，而净利润受可选择的会计政策的影响，从而使得公司间比较受到限制。市盈率高低受市价的影响，市价变动的影响因素很多，包括投机炒作等，因此观察市盈率的长期趋势很重要。

市盈率的倒数是投资报酬率，如果市场上投资者的期望报酬率为 5%～10%，那么正常的市盈率为 20～10 倍。

3. 每股股利

每股股利是股利总额与普通股股数总额之比。其计算公式为：

$$每股股利 = \frac{股利总额}{普通股股数}$$

公式中的股利总额是指用于分配普通股现金股利的总额。该指标的大小受公司净利润、股利政策、普通股股数等因素的影响。

4. 股票获利率

股票获利率是指每股股利与每股市价的比率。其计算公式为：

$$股票获利率 = \frac{每股股利}{每股市价}$$

该指标反映了股票的市场价格和公司发放的股利之间的关系。股票的市价是投资者取得投资要付出的成本，股利是投资者持有投资所能获得的收益。通过该指标的计算可以显示：如果投资者购入股票并计划长期持有，那么需要多长时间才能收回投资成本，每次成本收回的比例又是多少。

5. 股利支付率

股利支付率是指净收益中股利所占比重，它反映了公司的股利分配政策和支付股利的能力。其计算公式为：

$$股利支付率 = \frac{每股股利}{每股收益} = \frac{股利总额}{净利润}$$

该指标很显然与市盈率和股票获利率存在密切的关系，即股利支付率 = 股票获利率 × 市盈率。

6. 股利保障倍数

股利保障倍数是股利支付率的倒数，其计算公式为：

$$股利保障倍数 = \frac{每股收益}{每股股利} = \frac{净利润}{股利总额}$$

股利保障倍数是一种安全性的指标，可以看出净利润减少到什么程度公司仍能按目前水平支付股利。该指标越大，支付股利的能力越强。

7. 留存收益比率

留存收益比率是留存收益与净利润的比率，其计算公式为：

$$留存收益比率 = \frac{净利润 - 全部股利}{净利润}$$

留存收益比率的高低反映了企业的理财策略。如果公司认为有必要和必须从内部积累资金，以扩大经营规模，经董事会同意可以采用较高的留存收益比率。如果企业不需要资金或者可以用其他方式融资，为满足股东取得现金股利的要求，可降低留存盈利的比率。显然，提高留存收益比率必然降低股利支付率。

8. 每股账面价值

每股账面价值又称每股净资产、每股权益，是年末净资产（股东权益）与年末普通股股数的比值。其计算公式为：

$$每股净资产 = \frac{年末股东权益}{年末普通股股数}$$

该指标反映发行在外的每股普通股所代表的净资产成本。从理论上来说，每股账面价值提供了股票的最低价值。对于投资者来说，每股账面价值是进行投资决策的重要参考依据。利用高指标进行横向和纵向对比，可以衡量公司发展状况的好坏和发展潜力的大小，估计其上市或拟上市股票的合理价值，判断股票投资风险的大小。如果股票的价格低于每股账面价值，投资者会认为该企业没有前景，从而失去对该公司股票的兴趣。

9. 市净率

市净率是反映每股市价和每股净资产关系的比率。

$$市净率(倍数) = \frac{每股市价}{每股净资产}$$

市净率是把每股账面价值和每股市价联系起来，说明市场对公司资产质量的评价，市净率表明公司股票价格按高于公司账面价值的几倍出售，一般来说，该项指标越高越好。

对于上市公司来说，最重要的财务指标是每股收益、每股净资产和净资产收益率。这三个指标用于判断上市公司的收益状况，一直受到证券市场参与各方的极大关注。证券咨询机构定期公布按照这三项指标高低排序的上市公司排行榜，可见其重要性。

2.3 财务综合分析

财务综合分析就是将营运能力、偿债能力和盈利能力等诸方面的分析纳入一个有机的整体之中，全面地对企业经营状况、财务状况进行解剖和分析，从而对企业经济效益的优劣作出准确的评价与判断。

综合分析将企业视为一个不可分割的整体，并通过各种分析方法对其进行全方位的考察和评判，对于把握不同财务指标之间的相互关联、找到企业要害、避免"头痛医头，脚痛医脚"的片面做法、正确评判企业的财务状况和经营成果，为未来发展指明方向，有着十分重要的意义。

财务状况综合分析的方法很多，主要有杜邦财务分析体系、沃尔比重评分法等。

2.3.1 杜邦财务分析体系

杜邦财务分析体系是利用各种财务比率指标之间的内在联系构建的一个综合指标体系，对公司财务状况和经济效益进行综合分析与评价的一种系统分析方法。它是由美国杜邦公司在 20 世纪 20 年代率先采用的一种财务分析方法，故称杜邦财务分析体系。其基本结构如图 2-2 所示。

杜邦财务分析体系中主要反映了以下几种财务比率的关系：

$$净资产收益率 = \frac{净利润}{平均净资产}$$

$$= \frac{净利润}{平均净资产} \times \frac{平均资产总额}{平均资产总额}$$

$$= 资产净利率 \times 平均权益乘数 \qquad (2-1)$$

$$资产净利率 = \frac{净利润}{平均资产总额}$$

$$= \frac{净利润}{平均资产总额} \times \frac{主营业务收入}{主营业务收入}$$

$$= 主营业务净利率 \times 总资产周转率 \qquad (2-2)$$

由式（2-1）和式（2-2）可得：

$$净资产收益率 = 主营业务净利率 \times 总资产周转率 \times 平均权益乘数 \qquad (2-3)$$

杜邦财务分析体系的基本原理是将财务指标作为一个系统，将财务分析与评价作为一个

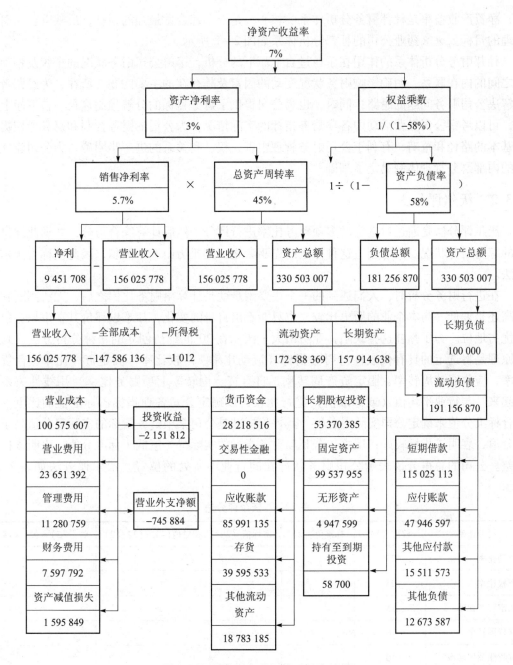

图2-2 杜邦财务分析体系基本结构

系统工程,全面地分析公司的偿债能力、营运能力、盈利能力及其相互之间的关系,在全面财务分析的基础上进行全面的财务评价,使分析者对公司的财务状况有深入而广泛的认识,有效地进行财务决策。其基本特点是系统、简洁、明晰。在杜邦财务分析体系的左边部分,主要分析公司的营运能力和盈利能力,并展示出公司的营运能力和盈利能力两者之间的内在联系;在杜邦财务分析体系的右边部分,主要分析公司的偿债能力、财务结构、资本结构和资产结构,亦展示出其内在的关系。其共同作用的结果是导致公司净资产收益率的变动。因此,净资产收益率是杜邦财务分析体系的核心,是一个综合性最强的指标,反映着公司财务管理的目标。××药业公司的杜邦分析体系如图 2-2 所示。

杜邦财务分析体系的作用在于通过自上而下的分析,了解公司财务状况的全貌及各项指标之间的内在联系,明确影响财务状况变动的因素及其存在的主要问题之所在,为经营者提供解决公司财务问题的思路;同时,也为公司提供了财务目标的分解控制途径。自下而上运用,可以考察公司经营活动中各项财务指标的实际情况,为公司的财务控制和财务考核提供了基本的路径和范畴,有利于公司财务管理中责、权、利关系的进一步明确,为公司建立有效的内部财务管理体制奠定了基础。

2.3.2 沃尔评分法

沃尔评分法是通过对选定的多项财务比率进行评分,然后计算综合得分,并据此评价企业的综合财务状况。由于创造这种方法的先驱者之一是亚历山大·沃尔,因此被称为沃尔评分法。

在进行财务分析时,人们遇到的一个主要困难就是计算出财务比率之后,无法判断它是偏高还是偏低。与本企业的历史比较,也只能看出自身的变化,却难以评价其在市场竞争中的优劣地位。为了弥补这些缺陷,亚历山大·沃尔在 20 世纪初创立的一种分析方法,其基本原理是将选定的具有代表性的财务指标(流动比率、产权比率、固定资产比率、存货周转率、应收账款周转率、固定资产周转率、自有资金周转率七项财务比率)用线性关系结合起来,与行业平均值(或标准值)进行比较,以确定公司各项指标占标准值的比重,并结合标准分值来确定公司实际得分值。其评价标准是公司某项财务指标的实际得分值高于标准分值,表明该指标较好;反之,若某项财务指标的实际得分值低于标准分值,表明该指标较差。公司的总得分值表示公司财务状况在同行业中所处的位置。沃尔评分法如表 2-4 所示。

表 2-4 沃尔评分法

财务比率	权重(1)	标准值(2)	实际值(3)	相对值(4)=(3)/(2)	评分(5)=(1)×(4)
流动比率	25				
产权比率	25				
固定资产比率	15				
存货周转率	10				
应收账款周转率	10				
固定资产周转率	10				
自有资金周转率	3				
合 计					

原始意义上的沃尔分析法存在缺陷:它未能说明为什么选择了这 7 个指标,而不是更多或者更少,或者选择其他财务比率;它未能证明各个财务比率所占权重的合理性;它也未能说明比率的标准值是如何确定的。

尽管沃尔评分法存在上述缺陷，但在实践中仍被广泛应用并得到不断的改进和发展。沃尔比重评分法解决了在分析公司各项财务指标时如何评价其指标的优良差，以及公司整体财务状况在同行业中的地位等问题。但在采用此方法进行财务状况综合分析和评价时，应注意以下几个方面的问题：① 同行业的标准值必须准确无误；② 标准分值的规定应根据指标的重要程度合理确定；③ 分析指标应尽可能全面，采用的指标越多，分析的结果越接近现实。

2.3.3 沃尔评分法在我国的应用

沃尔评分法在实践中有着非常广泛的应用。以我国为例，20世纪90年代以来，各部委颁布了一系列的综合评价体系，这些综合评价体系虽然财务比率不断创新，标准不断变化，结构不断调整，计分方法不断修正，考虑的因素也越来越多，但始终没有脱离沃尔评分法的基本思想。其中值得一提的是 1995 年财政部发布的经济效益评价指标体系和 1999 年发布并在 2002 年修订的国有资本金绩效评价规则。

1. 1995 年财政部发布的经济效益评价指标体系

从 1995 年财政部发布的指标体系看，评价企业财务状况的指标有：① 销售利润率；② 总资产报酬率；③ 资本收益率；④ 资本保值增值率；⑤ 资产负债率；⑥ 流动比率（或速动比率）；⑦ 应收账款周转率；⑧ 存货周转率；⑨ 社会贡献率；⑩ 社会积累率十大指标。上述企业经济效益评价指标主要是从企业投资者、债权人及企业对社会的贡献三个方面来考虑的，可以分成四类：①～④项为获利能力指标，⑤～⑥项为偿债能力指标，⑦～⑧项为营运能力指标，⑨～⑩项为社会贡献指标。

该套指标体系综合评分的一般方法如下：

① 以行业平均先进水平为标准值；② 标准值的重要性权数总计为 100 分，其中销售利润率 15 分、总资产报酬率 15 分、资本收益率 15 分、资本保值增值率 10 分、资产负债率 5 分、流动比率（或速动比率）5 分、应收账款周转率 5 分、存货周转率 5 分、社会贡献率 10 分、社会积累率 15 分；③ 根据企业财务报表，分项计算 10 项指标的实际值，然后加权平均计算 10 项指标的综合实际分数。

2. 国有资本金效绩评价规则

1999 年 6 月 1 日国家财政部、人事部、国家经贸委、国家计委联合颁布了《国有资本金效绩评价规则》和《国有资本金效绩评价操作细则》，2002 年 2 月 22 日，财政部、国家经贸委、中共中央企业工作委员会、劳动和社会保障部、国家计委对《国有资本金效绩评价操作细则》进行了重新修订，修改了某些指标，制定了《企业效绩评价操作细则（修订）》，标志着新型企业绩效评价体系和评价制度在我国的初步建立。这是目前我国最权威的国有企业绩效评价方法。

现行的国有企业绩效评价体系由三个子体系组成：① 绩效评价制度体系；② 绩效评价组织体系；③ 绩效评价指标体系。根据新修订的企业绩效评价操作细则，国有资本金绩效评价指标体系横向通过财务效益状况、资产营运状况、偿债能力状况和发展能力状况四个部分，纵向通过基本指标、修正指标和评议指标三个层次对企业绩效进行深入分析，以全面反映企业的生产经营状况和经营者的业绩（具体指标体系如表 2-5 所示）。

表 2-5 国有资本金绩效评价指标体系

评价内容	定量指标（权重80%）		定性指标（权重20%）
	基本指标	修正指标	评议指标
财务效益状况（38分）	净资产收益率（25分） 总资产报酬率（13分）	资本保值增值修正指标率（12分） 主营业务利润率（8分） 盈余现金保障倍数（10分） 成本费用利润率（8分）	经营者基本素质（18分） 产品市场占有能力（服务满意度）（16分） 基础管理水平（12分） 发展创新能力（14分） 经营发展战略（12分） 在岗员工素质（10分） 技术装备更新水平（服务硬环境）（10分） 综合社会贡献（8分）
资产营运状况（18分）	总资产周转率（9分） 流动资产周转率（9分）	存货周转率（5分） 应收账款周转率（5分） 不良资产比率（8分）	
偿债能力状况（20分）	资产负债率（12分） 已获利息倍数（8分）	现金流动负债比率（10分） 速动比率（10分）	
发展能力状况（24分）	销售（营业）增长率（12分） 资本积累率（12分）	三年资本平均增长率（9分） 三年销售平均增长率（8分） 技术投入比率（7分）	

① 评价指标。基本指标是评价企业绩效的核心指标，由反映企业财务效益状况、资产营运状况、偿债能力状况、发展能力状况的四类8项计量指标构成，评价结果反映绩效评价内容的基本情况，可以形成企业绩效评价的初步结论。

修正指标是指用以对基本指标进行校正的重要辅助指标。它依附于基本指标而发挥作用。其基本功能是依据企业有关实际情况对基本指标评价结构进行修正，以此形成企业绩效评价的基本定量分析结论，具体由13项计量指标构成。考虑到我国国有企业经营管理中存在着诸如经营者为完成任期目标虚增利润、企业管理不善、盲目投资等实际问题，为真实准确地评价企业绩效，通过设置修正指标，对初步评价指标结果进行修正。

评议指标是实施评论议定的指标，属于定性指标。基本功能是对影响企业经营效绩的非定量因素进行判断，用于对基本指标和修正指标评价形成的基本结果进行定性分析，具体由8项指标构成。为保证评议指标的评价客观公正，规定了8项评议指标的参考标准。

② 评价方法。绩效评价指标体系采用以定量分析为基础，以定性分析为辅助，实行定量分析与定性分析相互校正，以此形成企业绩效评价的综合结论。企业绩效评价结果的基本计算方法为功效系数法，辅以综合分析判断法，即"按照统一制定的多层次指标体系，以企业经营期间的各项指标实际水平，对照全国统一测算和颁布的绩效评价基准值，分步得出绩效评价的初步结论、基本结论和综合结论。"

国有资本金绩效评价指标体系总结了以往绩效评价工作中积累的经验，并注意借鉴国外企业绩效评价的做法，以投入产出分析作为评价的核心内容，采取多方面、多层次指标体系和多因素分析方法，坚持定量分析和定性分析相结合，运用较为客观的统一标准对企业经营成果进行对比。因此，它较为合理地反映了企业的经营业绩，初步形成了财务指标和非财务指标相结合的业绩评价指标体系。

该绩效评价体系也有些不足之处，体现在以下几个方面：它在权重设置方面采用了传统的固定权重法；该体系以效益指标作为评价体系的核心，这往往使企业更加注重眼前利益而忽视长远利益，容易使企业经营产生短期行为；该体系中的一些财务指标也不尽合理，例如"净利润"，现行的财务会计只确认和计量债务资本的成本，而对于权益资本成本则作为收益分配处理，因此净利润忽略了对权益资本成本的确认和计量。

2006年4月7日国务院国有资产监督管理委员会发布了《中央企业综合绩效评价管理暂行办法》，并自2006年5月7日起施行。评价指标分为两个方面，即财务绩效定量评价和管理绩效定性评价。其中财务绩效定量评价由四类指标组成，包括：盈利能力、资产质量、债务风险、经营增长。

本章小结

财务分析是以财务报表等资料为依据，运用一定的分析方法和技术，对企业的经营和财务状况进行分析，评价企业以往的经营业绩，衡量企业现在的财务状况，预测企业未来的发展趋势，为企业正确的经营和财务决策提供依据的过程。

财务分析的主体分为内部主体（指企业管理当局及相关人员）和外部主体（与企业有着利害关系的企业外部的个人或组织）。

财务分析的方法主要有比率分析法、比较分析法、因素分析法、趋势分析法、图表分析法等。

财务分析使用的数据大部分来源于企业公开发布的财务报表，由于各种因素的限制——企业财务报表、财务分析指标和财务分析方法存在一定的局限性，从而对财务报表分析产生不利影响，财务分析的结果并非绝对准确，财务报表分析存在一定的局限性。

财务分析常用的财务比率有企业偿债能力的比率，资产管理效率的比率、评价企业盈利能力的比率及上市公司分析股票价格和股利分配等方面的比率。偿债能力的比率又分为短期偿债能力比率和长期偿债能力比率，短期偿债能力比率包括流动比率、速动比率、现金比率等，长期偿债能力比率包括资产负债率、产权比率、利息保障倍数等；资产管理效率的比率包括营业周期、存货周转率、应收账款周转率、资产周转率等；盈利能力比率包括净资产收益率、总资产报酬率、销售净利率等；上市公司的财务比率包括每股收益、市盈率、每股账面价值、市净率等。

财务状况综合分析的方法主要有杜邦财务分析体系、沃尔比重评分法。杜邦财务分析体系是利用各种财务比率指标之间的内在联系构建的一个综合指标体系，净资产收益率是杜邦财务分析体系的核心，是一个综合性最强的指标；沃尔评分法通过对选定的多项财务比率进行评分，然后计算综合得分，并据此评价企业综合的财务状况。

单项选择题

1. 某公司2005年销售收入为180万元，销售成本100万元，年末流动负债60万元，流动比率为2.0，速动比率为1.2，年初存货为52万元，则2005年度存货周转次数为（　　）。

A. 3.6 次　　　　B. 2 次　　　　C. 2.2 次　　　　D. 1.5 次

2. 甲公司去年的销售净利率为 5%，资产周转率为 2.4 次；今年的销售净利率为 5.4%，资产周转率为 2.2 次，资产负债率没有发生变化，则今年的权益净利率比去年（　　）。

A. 升高　　　　B. 降低　　　　C. 相等　　　　D. 无法确定

3. A 公司只有普通股，按照去年年末普通股股数计算的每股盈余为 5 元，每股股利为 2 元，没有其他的普通股利，保留盈余在过去的一年中增加了 600 万元，年底每股账面价值为 30 元，资产总额为 10 000 万元，则该公司去年年末的资产负债率为（　　）。

A. 40%　　　　B. 60%　　　　C. 66.67%　　　　D. 30%

4. 如果股利支付率为 20%，留存盈利比率为 80%，则股利保障倍数为（　　）。

A. 2 倍　　　　B. 5 倍　　　　C. 4 倍　　　　D. 1.25 倍

5. 如果资产负债率为 60%，则产权比率为（　　）。

A. 160%　　　　B. 150%　　　　C. 140%　　　　D. 66.67%

6. 下列能反映企业基本财务结构是否稳定的指标是（　　）。

A. 资产负债率　　　　　　　　B. 产权比率
C. 长期债务与营运资金比率　　D. 已获利息倍数

7. 某公司年初负债总额为 800 万元（流动负债 220 万元，长期负债 580 万元），年末负债总额为 1 060 万元（流动负债 300 万元，长期负债 760 万元）。年初资产总额 1 680 万元，年末资产总额 2 000 万元，则权益乘数（按平均数计算）为（　　）。

A. 2.022　　　　B. 2.128　　　　C. 1.909　　　　D. 2.1

8. ABC 公司无优先股并且当年股数没有发生增减变动，年末每股净资产为 5 元，权益乘数为 4，资产净利率为 40%（资产按年末数计算），则该公司的每股收益为（　　）。

A. 6　　　　B. 2.5　　　　C. 4　　　　D. 8

9. W 公司无优先股，2003 年年末市盈率为 16，股票获利率为 5%，已知该公司 2003 年普通股股数没有发生变化，则该公司 2003 年的留存收益率为（　　）。

A. 30%　　　　B. 20%　　　　C. 40%　　　　D. 50%

10. 公司上年度和本年度的流动资产年均占用额分别为 100 万元和 120 万元，流动资产周转率分别为 6 次和 8 次，则本年比上年销售收入增加（　　）万元。

A. 180　　　　B. 360　　　　C. 320　　　　D. 80

11. 下列各项中，不会影响流动比率的业务是（　　）。

A. 用现金购买短期债券　　　　B. 现金购买固定资产
C. 用存货进行对外长期投资　　D. 从银行取得长期借款

12. 企业大量增加速动资产可能导致的结果是（　　）。

A. 减少财务风险　　　　　　　B. 增加资金的机会成本
C. 增加财务风险　　　　　　　D. 提高流动资产的收益率

13. 企业 2005 年流动资产平均余额为 100 万元，流动资产周转次数为 7 次。若企业 2005 年净利润为 210 万元，则 2005 年销售利润率为（　　）。

A. 30%　　　　B. 50%　　　　C. 40%　　　　D. 15%

14. （　　）反映普通股每股的盈利能力。

A. 市盈率　　　　　　　　　　B. 普通股每股收益

C. 资本保值增值率　　　　　　　D. 资产净利润率

15. 某公司普通股股票每股面值为1元，每股市价为3元，每股收益为0.2元，每股股利为0.15元，该公司无优先股，则该公司市盈率为（　　）。

A. 15%　　　　B. 20%　　　　C. 15　　　　D. 20

多项选择题

1. 流动比率为0.8，赊销一批货物，售价高于成本，则结果导致（　　）。

A. 流动比率提高　　　　　　　B. 速动比率提高
C. 流动比率不变　　　　　　　D. 流动比率降低

2. 已知甲公司2005年末负债总额为800万元，资产总额为2 000万元，无形资产净值为150万元，2005年利息费用为120万元，净利润为500万元，所得税为180万元，则（　　）。

A. 2005年末权益乘数为2.5　　　B. 2005年末产权比率为2/3
C. 2005年末有形净值债务率为76.19%　D. 2005年已获利息倍数为6.67

3. 下列各项中，不会导致企业资产负债率变化的是（　　）。

A. 收回应收账款　　　　　　　B. 用现金购买债券
C. 接受所有者投资转入的固定资产　D. 以固定资产对外投资（按账面价值作价）

4. 在企业速动比率小于1时，会引起该指标上升的经济业务是（　　）。

A. 借入短期借款　　　　　　　B. 赊销了一批产品
C. 支付应付账款　　　　　　　D. 收回应收账款

5. 以低于账面价值的价格出售固定资产，将会（　　）。

A. 对流动资产的影响大于对速动资产的影响
B. 增加营运资金
C. 减少当期损益
D. 降低资产负债率

6. 下列影响长期偿债能力的因素有（　　）。

A. 经营租赁　　B. 担保责任　　C. 或有项目　　D. 偿债能力的声誉

7. 流动比率为1.2，则赊购材料一批（不考虑增值税），将会导致（　　）。

A. 流动比率提高　　　　　　　B. 流动比率降低
C. 流动比率不变　　　　　　　D. 速动比率降低

8. 下列有关每股收益说法正确的有（　　）。

A. 每股收益，是衡量上市公司盈利能力主要的财务指标
B. 每股收益可以反映股票所含有的风险
C. 每股收益适宜公司的不同时期比较
D. 每股收益多，不一定意味着分红

9. 某公司当年经营利润很多，却不能偿还当年债务，为查清原因，应检查的财务比率有（　　）。

A. 资产负债率　　　　　　　　B. 流动比率
C. 存货周转率　　　　　　　　D. 应收账款周转率

E. 已获利息倍数

10. 关于财务分析有关指标的说法中，正确的有（　　）。

A. 因为速动比率比流动比率更能反映出流动负债偿还的安全性和稳定性，所以速动比率很低的企业不可能到期偿还其流动负债

B. 产权比率揭示了企业负债与资本的对应关系

C. 与资产负债率相比，产权比率侧重于提示财务结构的稳健程度以及权益资本对偿债风险的承受能力

D. 较之流动比率或速动比率，以现金流动负债比率来衡量企业短期债务的偿还能力更为保险

11. 下面能反映企业偿付长期债务能力方面的财务比率有（　　）。

A. 销售净利率　　　　　　　　B. 权益乘数
C. 已获利息倍数　　　　　　　D. 产权比率和资产负债率

12. 在其他条件不变的情况下，会引起总资产周转率指标上升的经济业务是（　　）。

A. 用现金偿还负债　　　　　　B. 借入一笔短期借款
C. 用银行存款购入一台设备　　D. 用银行存款支付一年的电话费

13. 资产负债率，对其正确的评价有（　　）。

A. 从债权人角度看，负债比率越大越好
B. 从债权人角度看，负债比率越小越好
C. 从股东角度看，负债比率越高越好
D. 从股东角度看，当全部资本利润率高于债务利息率时，负债比率越高越好

14. 若流动比率大于1，则下列结论不一定成立的是（　　）。

A. 速动比率大于1　　　　　　B. 营运资金大于零
C. 资产负债率大于1　　　　　D. 短期偿债能力绝对有保障

15. 下列指标中，属于反映企业盈利能力的指标是（　　）。

A. 资产净利润率　　　　　　　B. 市盈率
C. 总资产周转率　　　　　　　D. 存货周转率
E. 资本收益率

判断题

1. ABC 公司无优先股并且当年股数没有发生增减变动，平均每股净资产为 2 元，权益乘数为 4，资产净利率为 40%，则每股收益为 3.2 元。　　　　　　　　　　　（　　）

2. 已知 2012 年经营现金流入为 1 200 万元，经营现金流出 800 万元，2012 年末现金 100 万元，流动负债为 500 万元，则按照 2012 年末流动负债计算的现金流动负债比为 0.2。
（　　）

3. 股利支付率是指普通股净收益中股利所占的比重，它反映公司的股利分配政策和支付股利的能力，该比率越高，表明支付股利的能力越强。　　　　　　　　　（　　）

4. 某企业去年的销售净利率为 5.73%，资产周转率为 2.17；今年的销售净利率为 4.88%，资产周转率为 2.83。若两年的资产负债率相同，今年的权益净利率比去年的变化趋势为上升。　　　　　　　　　　　　　　　　　　　　　　　　　　　（　　）

5. 计算已获利息倍数时的利息费用，指的是计入财务费用的各项利息。　　（　）
6. 如果已获利息倍数低于1，则企业一定无法支付到期利息。　　（　）
7. 对于一个健康的、正在成长的公司来说，经营活动现金净流量应当是正数，投资活动现金净流量是正数，筹资活动现金净流量正、负数相同。　　（　）
8. 对于一个健康的、正在成长的公司来说，各项流入流出比都应当大于1。　　（　）
9. 每股营业现金流量指标可以反映出企业最大的分派股利能力。　　（　）
10. 一般情况下，长期债务与营运资金比率应大于1。　　（　）
11. 尽管流动比率可以反映企业的短期偿债能力，但有的企业流动比率较高，却没有能力支付到期的应付账款。　　（　）
12. 某公司原发行普通股300 000股，拟发放45 000股股票股利。已知原每股收益为3.68元，发放股票股利后的每股收益将为3.2元。　　（　）
13. 在资产净利率不变的情况下，资产负债率越高净资产收益率越低。　　（　）
14. 甲企业2005年全部资产现金回收率为0.3，现金债务总额比为1.2，资产负债率保持不变，资产净利率为7.5%，则权益净利率为10%。　　（　）
15. 某公司今年与上年相比，净利润增长8%，平均资产增加7%，平均负债增加9%。可以判断，该公司权益净利率比上年下降了。　　（　）

计算分析题

1. 已知：某企业上年主营业务收入净额为13 800万元，全部资产平均余额为5 520万元，流动资产平均余额为2 208万元；本年主营业务收入净额为15 876万元，全部资产平均余额为5 880万元，流动资产平均余额为2 646万元。试求：上年与本年的全部资产周转率（次）、流动资产周转率（次）和资产结构（流动资产占全部资产的百分比）。

2. 已知：某上市公司2011年底发行在外的普通股股数为1 000万股，2012年1月31日以2011年底总股数为基数，实施10送2股分红政策，红股于3月15日上市流通，2012年的净利润为300万元，试求该公司2012年的每股收益。

3. 某公司年初存货为60 000元，年初应收账款为50 800元；年末流动资产比率为2:1；速动比率为1.5:1，存货周转率为4次，流动资产合计为108 000元，试求：
（1）公司本年的销货成本。
（2）若公司本年销售净收入为624 400元，除应收账款外，其他速动资产忽略不计，则应收账款周转次数是多少？
（3）该公司的营业周期有多长？

4. 某企业年末速动比率为2，长期负债是短期投资的4倍，应收账款8 000元，是速动资产的50%，是流动资产的25%，并与固定资产相等，所有者权益总额等于运营资金，实收资本是未分配利润的2倍，要求：根据上述资料编制该企业资产负债表。

资　产	金　额	负债与所有者权益	金　额
货币资金		流动负债	
短期投资		长期负债	
应收账款		负债合计	

续表

资　产	金　额	负债与所有者权益	金　额
存货		实收资本	
流动资产合计		未分配利润	
固定资产		所有者权益合计	
合计		合计	

5. 某公司 2012 年末的有关数据如下：

单位：万元

项　目	金　额	项　目	金　额
货币资金	600	短期借款	600
短期投资	400	应付账款	400
应收票据	204（年初 336）	长期负债	1 950
应收账款	196（年初 164）	所有者权益	2 050（年初 1 550）
存货	1 000（年初 920）	主营业务收入	6 000
固定资产净值	2 572（年初 428）	主营业务成本	4 800
		财务费用	20
无形资产	28	税前利润	180
		税后利润	108

要求：

（1）根据以上资料，计算该公司 2012 年的流动比率、速动比率、存货周转率、应收账款周转天数、资产负债率、已获利息倍数、主营业务净利率、净资产收益率。

（2）假设该公司同行业的各项比率的平均水平如下所示，试根据（1）的计算结果，对该公司财务状况作出简要评价。

比率名称	同行业平均水平
流动比率	2.0
速动比率	1.0
存货周转率	6 次
应收账款周转天数	30
资产负债率	40%
已获利息倍数	8
销售净利率	9%
净资产收益率	10%

6. 某公司可以免交所得税，2013 年的销售额比 2012 年提高，有关的财务比率如下：

财务比率	2012年同业平均	2012年本公司	2013年本公司
平均收现期（天）	35	36	36
存货周转率	2.5	2.59	2.11
销售毛利率	38%	40%	40%
销售息税前利润率	10%	9.60%	10.63%
销售利息率	3.73%	2.40%	3.82%
销售净利率	6.27%	7.20%	6.81%
总资产周转率	1.14	1.11	1.07
固定资产周转率	1.4	2.02	1.82
资产负债率	58%	50%	61.30%
已获利息倍数	2.68	4	2.78

要求：

（1）运用杜邦财务分析原理，比较2012年公司与同业平均的净资产收益率，定性分析其差异的原因。

（2）运用杜邦财务分析原理，比较本公司2013年与2012年的净资产收益率，定性分析其变化的原因。

（3）按顺序分析2013年销售净利率、总资产周转率、资产负债率变动对权益净利率的影响。

思考讨论

1. 财务信息与决策有着密切的关系，我们进行财务报表分析的具体目标有哪些？试从不同的决策主体角度分别加以说明。
2. 上市公司财务报表体系的组成内容是什么？三张报表之间的关系如何？
3. 财务报表分析技术方法有哪些？它们各有什么特点？
4. 利用企业财务信息对企业财务状况进行分析有哪些局限性？
5. 试分析资产的流动性对企业短期偿债能力的影响。
6. 通过现金流量分析所揭示的信息有哪些方面的作用？
7. 利用财务信息对企业财务状况进行分析的基本方法有哪些？
8. 试述杜邦分析体系中各指标间的关系，该分析体系的主要作用是什么。

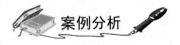

巨龙公司报表数据分析

巨龙公司2013年资产负债表和利润表的有关数据如下，根据巨龙公司的报表数据做相关分析。

资产负债表

单位：万元

资产	金额	负债和所有者权益	金额
货币资金	200	短期借款	280
短期投资	120	应付账款	320
应收账款净额	400	长期借款	400
存货	800	应付债款	600
长期投资	240	实收资本	1 200
固定资产净值	2 000	资本公积	280
无形资产	240	盈余公积	800
		未分配利润	120
合 计	4 000	合 计	4 000

利润表

单位：万元

项 目	上年数
一、营业收入	8 000
减：营务成本	4 000
营业税金及附加	1 000
二、营业利润	3 000
减：营业费用	400
管理费用	600
财务费用	200
四、利润总额	1 800
减：所得税（税率40%）	720
五、净利润	1 030

要求：

（1）计算巨龙公司的销售净利率、总资产周转率、权益乘数以及净资产收益率。

（2）与巨龙公司处于相同行业的巨虎公司的净资产收益率为45%，销售净利率为2%，权益乘数为2.5。试根据上述资料比较两家公司的理财策略和经营策略。

第 3 章

财务预测与预算

"经济社会最大的价值在未来。"

——汉弗莱·纳什

 学习目标

1. 了解财务预测的一般方法和步骤；
2. 掌握销售百分比法的财务预测方法；
3. 掌握两个增长模型：内在增长率和可持续增长率；
4. 了解本量利分析的前提假定，掌握本量利分析的基本原理；
5. 熟练掌握保本点的预测、安全边际的计算，掌握利润预测中的敏感性分析；
6. 熟悉并掌握生产经营全面预算的编制原理和编制方法。

引 言

韩颖，1998 年 6 月以财务总监身份加盟亚信公司，现任亚信科技（中国）有限公司高级副总裁兼财务总监。2001 年被《CFOASIA》杂志授予"CFO 亚洲最佳成就奖"、"亚洲最佳 CFO"，是此奖设立以来获奖的中国第一人，且在获奖的 6 位亚洲 CFO 中排名第一。

韩颖是亚信的"重磅人物"。有人说，如果不是她 1998 年来到亚信出任 CFO（首席财务官），很可能亚信就已经成为最早的网络经济泡沫，夭折在中国互联网高潮的前奏中了。

作为 2000 年度"亚洲最佳 CFO"称号的获得者，她对于企业对财务危机风险的防范有着自己的心得体会。

预测带来未来财务能见度。财务是企业运营的核心。在一名财务总监的眼里，财务危机对公司危害的严重性是最高的；但是只要懂得利用一定的方法防范它，就能把财务危机带来的风险降到最低。韩颖对付财务危机的法宝就是严格的预测系统和崇尚稳健的财务原则。

韩颖向记者介绍，亚信的所有经理人在每个新的财政年度开始前的三四个月就开始对之前的工作进行反省，总结企业一年来在战略决策上的成功和失误，对企业未来一年的增长情况和经营环境进行理性的预测，然后作出下一财年的财政。值得一提的是，亚信采用的预算周期是四季度滚动预算，即每个季度都要对下四个季度进行财政预算，根据近期市场的变化和事先无法预见的意外事件，根据未来一个时期的企业实际收入预测，随时地、更加合理地配置资源。由于资源的调配会根据市场随机应变,所以亚信一直有着稳定的现金流,强有力地支持着企业的运转。

中国会计师网(CCPAN. COM) 2005-11-14

3.1 财务预测

3.1.1 财务预测的意义

与一般的会计信息相比,财务预测信息更具决策相关性,更能体现企业的未来价值。准确的上市公司财务预测信息可以降低信息使用者与公司管理当局之间的信息不对称,能够预示与研判企业风险,降低社会交易费用,是公众公司与投资者和社会公众沟通的"桥梁"。

财务预测是管理人员以对未来经济状况和经济行为的假设为基础,对企业预期的经营成果、财务状况和现金流量所作的预测。财务预测的成果是预测性的财务报告,其表现形式可以是整套的财务报告预测,也可以是财务报告一部分或多部分的预测。

财务预测是财务计划过程中很重要的一个内容,财务预测是财务计划工作的基础,也是企业进行正确经营决策的前提和依据。

财务预测是融资计划的前提。企业要对外提供产品和服务,必须要有一定的资产。销售增加时,要相应增加流动资产,甚至还需增加固定资产。为取得扩大销售所需增加的资产,企业要筹措资金。这些资金,一部分来自保留盈余,另一部分通过外部融资取得。通常,销售增长率较高时保留盈余不能满足资金需要,即使获利良好的企业也需外部融资。对外融资,需要寻找提供资金的人,向他们作出还本付息的承诺或提供盈利前景,并使之相信其投资是安全的并且是可以获利的,这个过程往往需要较长时间。因此,企业需要预先知道自己的财务需求,提前安排融资计划,否则就可能发生现金周转问题。

财务预测有助于改善投资决策。根据销售前景估计出的融资需要不一定总能满足,因此,就需要根据可能筹措到的资金来安排销售增长,以及有关的投资项目,使投资决策建立在可行的基础上。

预测的真正目的是有助于应变。财务预测与其他预测一样都不可能很准确。从表面上看,不准确的预测只能导致不准确的计划,从而使预测和计划失去意义。其实并非如此,预测给人们展现了未来的各种可能的前景,促使人们制订出相应的应急计划。预测和计划是超前思考的过程,其结果并非仅仅是一个资金需要量数字,还包括对未来各种可能前景的认识和思考。预测可以提高企业对不确定事件的反应能力,从而减少不利事件出现带来的损失,增加利用有利机会带来的收益。

3.1.2 财务预测的一般方法

预测分析的方法有很多种,企业应根据不同的需要选择不同的预测方法。总的来说,预测分析方法可分为两大类:定量预测法和定性预测法。

1. 定量预测法

定量预测法是指在掌握与预测对象有关的各种要素的定量资料的基础上,运用现代数学方法进行数据处理,从而建立起能够反映有关变量之间关系的各类预测模型的方法。在财务预测中，经常使用的定量预测法主要有以下几种。

（1）移动平均法

移动平均法是一种改良的算术平均法，是一种最简单的预测模型。它根据近期数据对预测值影响较大，而远期数据对预测值影响较小的事实，把平均数逐期移动。移动期数的大小视具体情况而定，移动期数少，能快速地反映变化，但不能反映变化趋势；移动期数多，能反映变化趋势，但预测值带有明显的滞后偏差。

移动平均法一般用于近期预测，它又可以细分为简单移动平均法和加权移动平均法两种。

简单移动平均法，其计划公式如下：

$$\overline{X}_{t+1} = \frac{X_t + X_{t-1} + \cdots + X_{t-(n-1)}}{n}$$

式中：$\overline{X}_{t+1}$——下期的预测值；

t——本期；

$t+1$——下期；

$t-1$——上期；

n——项数。

加权移动平均法是在简单移动平均法的基础上，对各期的值由于时间先后而对预测值的影响程度不同所赋予的不同权数的一种预测方法。其公式如下：

$$\overline{X}_{t+1} = \frac{W_t \cdot X_t + W_{t-1} \cdot X_{t-1} + \cdots + W_{t-(n-1)} \cdot X_{t-(n-1)}}{W_t + W_{t-1} + \cdots + W_{t-(n-1)}}$$

式中：W——权数；

t——期数。

（2）指数平滑法

指数平滑法实际上也是一种加权平均法，是一种改良的加权平均法。它是根据本期的实际数和以前的预测数来确定下期预测数的一种预测方法。其计算公式如下：

$$\overline{X}_{t+1} = \alpha X_t + (1-\alpha)\overline{X}_t$$

式中：$\overline{X}_{t+1}$——下期预测数；

X_t——本期实际数；

$\overline{X}_t$——以往对本期预测数；

$(1-\alpha)$——对本期预测数的权数。

α 又称平滑系数，其取值范围是 $0 \leq \alpha \leq 1$，但一般在 0.3～0.7 之间取值。其值越小则本期实际数对预测值的影响越小，其值越大，则近期实际数对预测值的影响越大。由于加权因子的取值完全是凭经验选用的，因此主观随意性较大。

（3）回归分析预测法

回归分析预测法是通过研究两组或两组以上变量之间的关系，建立相应的回归预测模型，对变量进行预测的一种预测方法。

进行回归分析的步骤如下所述。① 收集有关资料。将各种可能的影响因素的有关数据尽可能多地收集起来。② 判断趋势。根据收集到的数据，判断其变化趋势，从而为建立相应的数学模型做准备。对于变量不多的问题，可以通过绘制散点图来判断变化趋势。③ 建立预测数学模型。根据历史数据的变化趋势，选择相应的描写该问题的数学模型，并采用相关的计算技术来估计数学模型的参数。④ 相关检验。对建立的预测数学模型，必须进行有关的检验，主要是通过计算预测模型的相关系数、方差（或标准差）及显著性等指标，来判断预测模型的准确性、是否需要修正、采用何种方法修正等。

回归分析中，当研究的因果关系只涉及因变量和一个自变量时，称为一元回归分析；当研究的因果关系涉及因变量和两个或两个以上自变量时，称为多元回归分析。此外，回归分析中，又依据描述自变量与因变量之间因果关系的函数表达式是线性的还是非线性的，分为线性回归分析和非线性回归分析。通常线性回归分析法是最基本的分析方法，遇到非线性回归问题可以借助数学手段化为线性回归问题处理。

（4）模拟法

在企业的实际经济活动中，各种经济参数往往并不是确定的，而是随机变化的，比如产品的销售量往往随市场的变化而变化，在这种情况下，就需要对这些参数的不确定性进行分析，而对其预测也就需要采用与传统的确定性分析不同的方法来进行。一般情况下，可以采用模拟法来解决不确定性情况下的财务预测问题，概率法、蒙特卡罗模拟方法就是较实用的方法。

2. 定性预测法

定性预测法是由有关方面的专业人员或专家根据自己的经验和知识，结合预测对象的特点进行综合分析，对事物的未来状况和发展趋势作出推测的预测方法。这种方法一般是在企业缺乏完备、准确的历史资料的情况下采用的。其预测过程是：首先由熟悉财务情况和生产经营情况的专家，根据过去所积累的经验进行分析判断，提出预测的初步意见；然后，通过召开座谈会或发出各种表格等形式，对上述预测的初步意见进行修正补充，这样经过一次或几次以后，得出预测的最终结果。定性预测法由于带有较多的个人主观性，因而在实践中最好作为一种补充的预测方法。

定量方法与定性方法都各有其适用性，但并不排斥，而是相互补充的。在实际进行预测时，应注意两类方法的结合。

3.1.3 财务预测的步骤

财务预测的基本步骤如下所述。

1. 销售预测

财务预测的起点是销售预测。一般情况下，财务预测把销售数据视为已知数，作为财务预测的起点。销售预测本身不是财务管理的职能，但它是财务预测的基础，销售预测完成后才能开始财务预测。

销售预测对财务预测的质量有重大影响。如果销售的实际状况超出预测很多，企业没有准备足够的资金添置设备或储备存货，则无法满足顾客需要，这不仅会失去盈利机会，并且会丧失原有的市场份额。相反，销售预测过高，筹集大量资金购买设备并储备存货，则会造成设备闲置和存货积压，使资产周转率下降，导致净资产收益率降低，股价下跌。采用计算机预测模型时，一般只要输入历史的销售数据和财务数据，就可同时完成销售预测和财务预测。

2. 估计需要的资产

通常，资产是销售量的函数，根据历史数据可以分析出该函数关系。根据预计销售量和资产销售函数，可以预测所需资产的总量。某些流动负债也是销售的函数，亦应预测负债的自发增长，这种增长可以减少企业外部融资的数额。

3. 估计收入、费用和保留盈余

假设收入和费用是销售的函数，则可以根据销售数据估计收入和费用，并确定净收益。净收益和股利支付率共同决定保留盈余所能提供的资金数额。

4. 估计所需融资

根据预计资产总量，减去已有的资金来源、负债的自发增长和内部提供的资金来源便可得出外部融资的需求。

3.1.4 销售百分比法

销售百分比法的使用始于销售预测，这是财务预测最为关键的一步，其准确率直接影响着预测财务报表的准确性，并进而影响到企业的方方面面。

销售百分比法是"假设资产、负债和费用与销售收入之间存在稳定的百分比关系，根据预计销售额和相应的百分比预计资产、负债和所有者权益，然后利用会计等式确定融资需求"的方法。

具体的计算方法有两种：一种是先根据销售总额预计资产、负债和所有者权益的总额，然后确定融资需求；另一种是根据销售增加额预计资产、负债和所有者权益的增加额，然后确定融资需求。

1. 根据销售总额确定融资需求

例 3-1 ABC 公司 2012 年 12 月 31 日的资产负债表如表 3-1 所示。

表 3-1 ABC 公司简要资产负债表

2012 年 12 月 31 日　　　　　　　　　　　　　　　　　　　单位：元

资　产	金　额	负债及所有者权益	金　额
现　金	4 000	应付费用	10 000
应收账款	56 000	应付账款	26 000
存　货	60 000	短期借款	24 000
固定资产净值	80 000	应付债券	40 000
		实收资本	80 000
		留存收益	20 000
合　计	200 000	合　计	200 000

ABC 公司 2012 年的销售收入为 200 000 元，销售净利率为 15%，现在还有剩余生产能力，即增加收入不需要进行固定资产的投资。如果 ABC 公司 2013 年的销售收入增长到 250 000元，销售净利率不变，公司的股利支付率为 60%，那么要筹集多少资金呢？

首先，将资产负债表中预计随销售变动而变动的项目分离出来。不同企业销售额变动引起资产、负债变化的项目及比率是不同的，需要根据历史数据逐项研究确定。在 ABC 公司的实例中，资产方除固定资产外都将随销售量的增加而增加，因为较多的销售量需要占用较多的存货，发生较多的应收账款，导致现金需求增加。在负债与所有者权益一方，应付账款和应付费用也会随销售的增加而增加，但实收资本、应付债券、短期借款等不会自动增加。公司的利润如果不全部分配出去，留存收益也会有适当增加（但要视股利分配情况而定）。预计2013年的融资需求如表3-2所示。

表3-2 ABC公司的融资需求

资产：	本年度	占销售收入	计划年度	增加额
现金	4 000	2%	5 000	1 000
应收账款	56 000	28%	70 000	14 000
存货	60 000	30%	75 000	15 000
固定资产净值	80 000	不变动	80 000	—
资产合计	200 000	60%	230 000	30 000
负债及所有者权益：				
应付费用	10 000	5%	12 500	2 500
应付账款	26 000	13%	32 500	6 500
短期借款	24 000	不变动	24 000	—
应付债券	40 000	不变动	40 000	—额
负债合计	100 000	18%	109 000	9 000
实收资本	80 000	不变动	80 000	—
留存收益	20 000		35 000	15 000
融资需求			6 000	6 000
总计	200 000		230 000	30 000

在表3-2中，首先，划分变动性项目与不变动性项目。不变动是指该项目不随销售的变化而变化。对于变动性项目求出其占销售收入的百分比。表中的百分率都用表中有关项目的数字除以销售收入求得。

其次，确定需要的资金。2013年的销售收入为250 000元，其预计的资金占用为230 000元，而通过负债（不增加借款的情况下）可取得资金来源109 000元。因此，预计有121 000元的资金需求。

最后，确定外部融资需求的数量。上述121 000元的资金需求有些可通过企业内部来筹集，2013年的净利润为37 500元（250 000×15%），公司的股利支付率为60%，则将有40%的利润即15 000元（37 500×40%）被留存下来，则ABC公司的所有者权益由原来的100 000元增加到115 000元，从融资需求121 000元中减去115 000元的自有资金，则还需有6 000元的资金必须向外界来融通。

2. 根据销售增加额确定融资需求

从表3-2中可以看出，每增加100元销售收入，必须增加60元的资金占用，但同时也增加18元的资金来源。从60%的资金需求中减去18%自动产生的资金来源，还剩下42%的资金需求。因此，每增加100元的销售收入，ABC公司必须取得42元的资金来源。在例3-1中，公司的销售收入从200 000元，增加到250 000元，增加了50 000元。按照42%的比率预测将增加 21 000 元（50 000 元×42%）的资金需求。

上述 21 000 元的资金需求有些可通过企业内部来筹集，2012 年的保留盈余为 15 000 元，从 21 000 元中减去 15 000 元，则还有 6 000 元的资金必须向外界来融通。

上述预测过程可用下列公式表示：

$$外部融资需求 = \frac{A}{S_0}(\Delta S) - \frac{B}{S_0}(\Delta S) - EP(S_1)$$

式中：A——随销售变化的资产（变动资产）；

B——随销售变化的负债（变动负债）；

S_0——基期销售额；

S_1——预测期销售额；

ΔS——销售的变动额；

P——销售净利率；

E——收益留存比率；

$\frac{A}{S_0}$——变动资产占基期销售额的百分比；

$\frac{B}{S_0}$——变动负债占基期销售额的百分比。

根据 ABC 公司的资料可求得对外界融资需求为

60% ×50 000 − 18% ×50 000 − 15% ×40% ×250 000 = 6 000（元）

3. 外部融资需求的敏感分析

续例 3 – 1，ABC 公司销售净利率为 15%，预计销售额仍为 250 000 元。股利支付率是 60%，则外部融资需求为 6 000 元。

① 若股利支付率改为 100%，则：

外部融资需求 = 60% ×50 000 − 18% ×50 000 = 21 000（元）

② 若股利支付率改为 44%，则：

外部融资需求 = 60% ×50 000 − 18% ×50 000 − 15% ×250 000 ×(1 − 44%) = 0（元）

仍续例 3 – 1，若将销售净利率改为 10%，预计销售额仍为 250 000 元。

① 股利支付率仍为 60%，则：

外部融资需求 = 60% ×50 000 − 18% ×50 000 − 10% ×40% ×150 000 = 15 000（元）

② 若股利支付率为 0，则：

外部融资需求 = 60% ×50 000 − 18% ×50 000 − 10% ×100% ×150 000 = 6 000（元）

可见，外部融资需求的多少，不仅取决于销售的增长，还要看股利支付率和销售利润率。股利支付率越高，外部融资需求越大；销售利润率越大，外部融资需求越少（图 3 – 1）。

3.1.5 增长模型

为保证企业的健康成长，必须做好销售目标与经营效率及财务资源等方面的平衡工作。否则，如果一味追求快速增长，可能会因财务资源的限制而失败。增长模型就是确定与公司实际和金融市场状况相适应的销售增长率。增长模型作为有效的计划工具，在美国惠普等许多著名的公司得到了广泛的应用。

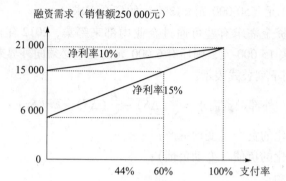

图 3-1 股利支付率、销售净利率与融资需求

1. 内在增长率

销售额增加引起的资金需求增长，有两种途径来满足：一是内部保留盈余的增加；二是外部融资（包括借款和股权融资，不包括负债的自然增长）。如果不能或不打算从外部融资，则只能靠内部积累，从而限制销售的增长。此时的销售增长率，称为内在增长率。

内在增长率模型假设销售增长的资金来源于新增加的保留盈余，企业的销售净利率、资产与销售之比、股利支付率均为常数。设：A/S 为资产与销售之比的目标值；P 为销售净利率目标值；d 为股利支付率目标值；S_0 为基期销售收入；g 为销售增长率。

根据内在增长率的定义，即销售增长的资金＝新增加的保留盈余，可以得到：

$$\frac{A}{S}S_0 g = S_0(1+g)P(1-d)$$

求出 g，可得：

$$g = \frac{P(1-d)}{\frac{A}{S} - P(1-d)}$$

从公式中可以看出：影响内在增长率的因素主要有销售净利率和股利支付率，内在增长率与销售净利率正相关，与股利支付率负相关。

如果公司的销售增长率总是持续大于内在增长率，就像人体心脏的供血功能满足不了快速长个的身体所需一样，公司的自我循环将无法得到维持，为此公司不得不求助于外部资本市场，这样就给公司的财务灵活性带来压力。相反，如果内在增长率持续超过销售增长率，公司将不断有新增的现金产生，公司应对财务风险的能力将得到显著改善。

例 3-2 某公司年销售收入 200 万元，资产与收入的比为 0.5，销售净利率为 15%，股利支付率为 60%，则该公司在不借入资金的情况下的最大销售增长率为：

$$g = \frac{P(1-d)}{\frac{A}{S} - P(1-d)} = \frac{0.15 \times (1-0.6)}{0.5 - 0.15 \times (1-0.6)} \approx 13.64\%$$

该公司内部资金能使其销售增长率维持在 13.64% 的水平上，超过了这一增长水平就必须追加外部资金。

2. 可持续增长率

它是指不增发新股并保持目前经营效率和财务政策条件下公司销售所能增长的最大比率。可持续增长是公司的平衡增长，就是保持目前的财务结构和与此有关的财务风险，按照股东权益的增长比例增加借款，以此支持销售增长。

可持续增长的假设条件：

① 公司目前的资本结构是一个目标结构，并打算继续维持下去，设 B/E 表示负债与股东权益之比的目标值；

② 公司目前的股利政策是一个目标股利政策（股利支付率 d 不变），并打算继续维持下去；

③ 不打算或不愿意发售新股，增加债务是其唯一的外部融资来源；

④ 公司的销售净利率 P 将维持当前水平，并且可以涵盖负债的利息；

⑤ 公司的资产周转率（S/A）将维持当前的水平。

根据可持续增长率的定义，即：

销售增长的资金 = 新增加的保留盈余 + 新增加的保留盈余 × B/E，可以得到：

$$\frac{A}{S}S_0 g = S_0(1+g)P(1-d) + S_0(1+g)P(1-d)\frac{B}{E}$$

求出 g，可得：

$$g = \frac{P(1-d)\left(1+\frac{B}{E}\right)}{\frac{A}{S} - P(1-d)\left(1+\frac{B}{E}\right)}$$

上式分子分母乘以 S/A，则在：

$$g = \frac{P(1-d)\left(1+\frac{B}{E}\right)\frac{S}{A}}{1 - P(1-d)\left(1+\frac{B}{E}\right)\frac{S}{A}}$$

即：

$$可持续增长率 = \frac{销售净利率 \times (1-股利支付率) \times 权益乘数 \times 资产周转率}{1 - 销售净利率 \times (1-股利支付率) \times 权益乘数 \times 资产周转率}$$

续例 3-2，若该公司的负债与股东权益之比的目标值是 60%，则公司的可持续增长率为：

$$g = \frac{0.15 \times (1-0.6) \times (1+0.6) \times 2}{1 - 0.15 \times (1-0.6) \times (1+0.6) \times 2} \approx 23.76\%$$

可持续增长率与实际增长率是两个不同的概念，可持续增长率是由企业当前经营效率和财务政策决定的内在的增长能力，而实际增长率是本年销售额比上年销售额的增长百分比。它们之间有一定的联系：可持续增长率的高低，取决于公式中的 4 项财务比率，如果某一年的经营效率和财务政策与上年相同，则本年实际增长率等于上年的可持续增长率；如果某一年的公式中的 4 个财务比率有一个或多个数值增加，则实际增长率就会超过上年的可持续增长率；如果某一年的公式中的 4 个财务比率有一个或多个数值比上年下降，则实际销售增长率就会低于上年的可持续增长率；销售净利率和资产周转率的乘积是资产净利率，它体现了企业运用资产获取收益的能力，决定于企业的综合能力。至于采用"薄利多销"还是"厚利少销"的方针，则是政策选择问题；留存收益率和权益乘数的高低是财务政策选择问题，取决于决策人对收益与风险的能力。

> **相关链接**

商业是一场游戏

李东生：你如何使 GE 保持多年持续的增长？通常这很难做到。

杰克·韦尔奇：不断实现收入增长，最重要的是要拥有伟大的企业、成功的员工，而且要保持足够的灵活性，因为我们当中没有任何一个人能够准确地预测未来。有一点是确定的：变革是永恒的。作为企业领导人，我们的工作不是要准确地为你的员工预测，你的责任是带领你的团队让每一次变革成为机遇。当有人在变革面前感到恐惧时，你就可以向前快速发展。

李东生：这些年来，我们一直推进变革和创新，在管理上向 GE 学习了很多东西。但是企业如何在五年、十年都保持持续的激情？你是怎么做到的？

杰克·韦尔奇：商业并不是严肃的、枯燥的、毫无乐趣的事，商业是一场游戏，是每天我们都想打赢的一场游戏。有人要在游戏中打败你，有人要把你的饭碗抢走——这就是我们为什么每天都要创新的原因。

——刘建强. 韦尔奇论剑中国. 中国企业家，2004（7）.

3.2 利润规划——本量利分析及其应用

利润规划是企业为实现目标利润而综合调整其经营活动的规模和水平的一种预测活动，它是企业编制期间预算的基础，本量利分析是其最重要的分析方法。

本量利分析（Cost-Volume-Profit Analysis）主要是对成本、销售量、单价和利润四个因素之间的相互依存关系所进行的综合分析。本量利分析在实际中的应用十分广泛，包括保本点的预测分析和确保目标利润实现的销售预测。

3.2.1 本量利的基本原理

1. 本量利分析的假定

本量利分析是建立在一定的假设基础上的，如果忽略了本量利分析的假设，就会造成本量利分析不当，最后导致错误决策。有了这些假设，就可以十分方便地使用简单的数学模型来揭示成本、业务量和利润之间的联系。本量利分析的假设如下：

① 成本按性态划分假定。所谓成本性态，是指成本总额对业务量的依存关系。在这里，业务量是指企业的生产经营活动水平的标志量（通常为产销量）。当业务量变化以后，各项成本有不同的性态，大体上可以分为三种：固定成本、变动成本和混合成本。固定成本是不受业务量影响的成本；变动成本是随业务量增长而正比例增长的成本；混合成本是随业务量增长而增长，但与业务量增长不成正比例的成本。

② 相关范围假定。假定在一定时期内，业务量总是在相关范围内变动，于是固定成本

总额、单位变动成本和产品的单价保持不变。

③ 一元线性假定。假定在相关范围内,总成本函数为线性方程,销售收入也表现为线性方程。

④ 产销平衡假定。假定在只生产一种产品的的条件下,生产出来的产品总是可以找到市场,可以实现产销平衡。

⑤ 产品品种结构稳定假定。假定在一个多品种生产的企业,产销总量发生变化时,原来各种产品的产销量在全部产品产销总量中,所占的比重不发生变化。

⑥ 变动成本法假定。假定产品成本是按变动成本法计算的。即产品成本只包括变动生产成本,固定生产成本作为期间成本处理。

2. 本量利分析的基本方程式

目前多数企业都使用损益法来计算利润,即首先确定一定期间的收入,然后计算与这些收入相配合的成本,两者之差为期间利润:利润 = 销售收入 – 总成本

由于:
$$总成本 = 变动成本 + 固定成本 = 单位变动成本 \times 产量 + 固定成本$$
$$销售收入 = 单价 \times 销量$$

假设产量和销量相同,则有:
$$利润 = 单价 \times 销量 - 单位变动成本 \times 销量 - 固定成本$$

这个方程式是明确表达本量利之间数量关系的基本方程式,它含有 5 个相互联系的变量,给定其中 4 个,便可求出另 1 个变量的值。

这个方程式是一种最基本的形式,它可以根据所需计算的问题变换成其他形式,或者根据企业具体情况增加一些变量,成为更复杂、更接近实际的方程式。损益方程式实际上是损益表的模型化表达,不同的损益表可以构造出不同的模型。

3. 边际贡献与边际贡献率

(1) 边际贡献

所谓边际贡献,是指产品销售收入减去变动成本后的余额,也称为边际利润、贡献边际或贡献毛益。边际贡献可分为单位产品的边际贡献和全部产品的边际贡献两种。

单位边际贡献的计算式为:
$$cm = p - b$$

式中:cm——单位产品的边际贡献;
p——单价;
b——单位变动成本。

全部产品边际贡献为全部产品的销售收入减全部产品的变动成本总额。即
$$Tcm = px - bx = (p - b) \cdot x = cm \cdot x$$

式中:Tcm——全部产品的边际贡献;
x——销售数量;

(2) 边际贡献率

所谓边际贡献率,是指边际贡献在销售收入中所占的百分比。
$$cmR = \frac{cm}{p} \times 100\% \quad 或 \quad cmR = \frac{Tcm}{px} \times 100\%$$

式中:cmR——边际贡献率。

与边际贡献率相关联的一个指标是产品的变动成本率。变动成本率是指变动成本在销售收入中所占的百分率。其计算公式如下：

$$bR = \frac{b}{p} \times 100\% \quad \text{或} \quad bR = \frac{bx}{px} \times 100\%$$

式中：bR——变动成本率。

结合前面边际贡献率的计算公式，可以得出如下等式：

$$cmR = 1 - bR$$

例 3 - 3 某公司年产销某产品 18 000 件，每件售价 180 元，每件零件耗用直接材料 40 元，直接人工成本 70 元，变动性制造费用 20 元，固定性制造费用 2 400 000 元，企业的固定性销售及管理费用每年计 300 000 元。求：产品的边际贡献总额、单位边际贡献及边际贡献率、变动成本率等指标。

解：产品的变动成本总额及单位变动成本计算如下：

$$b = 40 + 70 + 20 = 130 \text{（元）}$$
$$bx = 130 \times 18\,000 = 2\,340\,000 \text{（元）}$$

根据有关公式，各指标计算如下：

$$Tcm = px - bx = 180 \times 18\,000 - 2\,340\,000 = 900\,000 \text{（元）}$$
$$cm = p - b = 180 - 130 = 50 \text{（元）}$$
$$cmR = \frac{cm}{p} \times 100\% = \frac{50}{180} \times 100\% \approx 27.8\%$$
$$bR = 1 - cmR = 72.2\%$$

边际贡献及其相关指标可以很好地衡量产品的创利能力。从边际贡献中扣除企业的期间成本（固定成本），便可得到营业净利指标，其计算公式如下：

$$P = Tcm - a$$

式中：P——营业利润；

　　　a——固定成本。

接例 3 - 3，该产品的营业利润可以用边际贡献公式计算如下：

$$P = Tcm - a = 900\,000 - 240\,000 - 300\,000 = 360\,000 \text{（元）}$$

3.2.2 保本点的预测分析

当营业净利为零，即产品的销售收入等于全部成本时，我们得到"保本点"这个指标，"保本点"，又称"盈亏临界点"、"损益平衡点"，是指企业在这一点上正好处于不盈不亏的状态，即此时企业产品提供的边际贡献总额正好补偿固定成本，则此时的销售量或销售额即达到盈亏临界点的销售量或销售额，也叫保本销售量或保本销售额。保本点能帮助管理人员正确地把握产品销售量与企业盈利之间的关系。即企业要盈利，其销售量一定要超过其保本点。超过保本后的销售量所提供的边际贡献总额即为利润。这是因为，所有固定成本都已由保本点销售量提供的边际贡献所抵偿，超过保本点的销售量提供的边际贡献已无需抵偿任何费用，所以即为利润。

1. 单一品种保本点的计算

1) 公式法

就单一产品企业来说，本量利有如下依存关系，

$$P = px - bx - a = (p-b)x - a$$

如果 $P=0$，则 $(p-b)x = a$。进一步得：$x = \dfrac{a}{p-b} = \dfrac{\text{固定成本总额}}{\text{销售单价} - \text{单位变动成本}}$

由于上式中的 x 是在 $P=0$ 时，即保本状态下的产品销售量，所以 x 即为保本销售量。

则：保本销售额 = 保本销售量 × 单价 = $\dfrac{\text{固定成本总额}}{\text{单价} - \text{单位变动成本}}$ × 单价

上式中，$p-b$ 为单位边际贡献，据此得到保本点销售量（额）的计算公式又可以变化为：

$$\text{保本销售量} = \dfrac{\text{固定成本总额}}{\text{单位边际贡献}}$$

$$\text{保本销售额} = \text{保本销售量} \times \text{单价} = \dfrac{\text{固定成本总额}}{\text{单位边际贡献}} \times \text{单价} = \dfrac{\text{固定成本总额}}{\text{单位边际贡献率}}$$

例 3-4 某企业预计年产甲产品 30 000 套，每套售价 80 元，单位变动成本为 50 元，该企业年固定成本额为 600 000 元。求该企业的损益平衡点销售量和损益平衡点销售额。

解：
$$\text{保本点销售量} = \dfrac{600\,000}{80-50} = 20\,000 \text{（套）}$$

$$\text{保本销售额} = 20\,000 \times 80 = 1\,600\,000 \text{（元）}$$

2）图示法

将成本、产品销售量及利润的关系反映在直角坐标系中，即成为保本图，又称本量利图。用图示表达本量利的相互关系，形象直观，易于理解。根据资料的多少和目的的不同，保本图有多种形式。

（1）传统式损益平衡图

传统式损益平衡图是以本量利的基本关系公式为基础，其绘制步骤如下。

① 设定直角坐标系。以横轴代表企业的销售量，纵轴代表销售收入和成本金额。

② 作出固定成本线。在纵轴上，以固定成本总额为截距，画一水平线，代表企业的固定成本。

③ 以纵轴上固定成本点为起点，以单位变动成本为斜率，绘制总成本线。

④ 以坐标原点为起点，以销售单价为斜率，绘制销售收入线。根据例 3-4 的资料，可绘制出传统式损益平衡图，如图 3-2 所示。

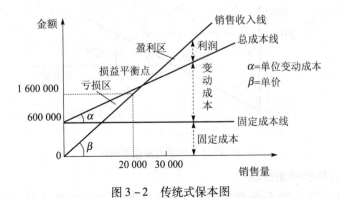

图 3-2 传统式保本图

(2) 贡献式保本图

贡献式保本图与传统式损益平衡图相比，不同之处在于总成本线的推导方式不同。贡献式损益平衡图是在变动成本线的基础上加上固定成本总额得到。在贡献式损益平衡图中，总成本线表现为一条与变动成本线平行的直线，销售收入线与变动成本线之间的垂直距离为产品的边际贡献，而在边际贡献与固定成本总额相等，即收入线与总成本线相等的一点为损益平衡点。

根据例3-4数据绘制出贡献式保本图，如图3-3所示。

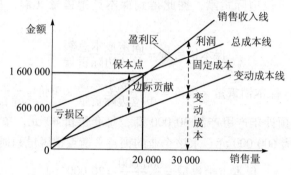

图 3-3　贡献式损益平衡图

图3-3中，可以直观地看到：业务量在损益平衡点以下，边际贡献先补偿固定成本，当业务量超出保本点后，产品创造的边际贡献才全部形成企业的利润。

(3) 利量式损益平衡图

利量式损益平衡图是一种着重分析利润与销售量之间关系的损益平衡图。在此类图中，并不反映成本情况。其绘制步骤如下。

① 设立直角坐标系。以纵轴代表企业的营业净利，横轴代表产品的销售收入，同时，横轴也将企业获利情况一分为二，第Ⅰ象限表明存在盈利，第Ⅱ象限表明存在亏损，因此横轴也是企业的损益两平线。

② 绘出利润线。先在横轴亏损区域确定固定成本总额，即此为当销售收入为0时企业的亏损额；另外，任意选择一销售收入水平，确定其利润，决定该点后，将该点与纵轴上代表固定成本的一点连接起来，成一条向右上方倾斜的直线，即为利润线。

根据例3-4数据绘制出利量式损益平衡图，如图3-4所示。

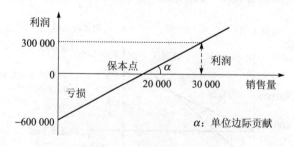

图 3-4　利量式损益平衡图

2. 多品种企业损益平衡分析

在现实生活中，大多数企业都生产几种、几十种甚至几百种产品。对于这种多品种企业，其保本分析可以使用以下方法。

（1）按主要产品的边际贡献率进行预测

如企业生产的多种产品中，只有一种是主要产品，其他产品的销售额比重极低，或其他产品的边际贡献率与主要产品的边际贡献率很接近，为了简化计算，可把它们视同单一产品，并按主要产品的边际贡献率进行测算。当然，采用这种方法进行预测，肯定会出现一些误差，但只要事先掌握误差的方向和大致的幅度，适当加以调整，那么该法还不失为是一种简便的方法。

（2）综合边际贡献率法（加权边际贡献率法）

它是指根据加权平均边际贡献率和固定成本计算得出损益平衡销售额的方法。此种方法适用于固定成本无法在各产品之间进行分配的企业。

首先，计算产品的加权平均边际贡献率，即产品边际贡献总额占产品销售收入总额的比重。

其次，根据固定成本和加权平均边际贡献率计算出整个企业的综合损益平衡点销售额。

最后，根据整个企业的综合损益平衡点销售额及各产品的销售比重计算出各产品的损益平衡点销售额与销售量。

（3）分算法

当固定成本能够分配到各产品中去时，可采用分别计算法计算各种产品的损益平衡点销售额及整个企业的损保本点销售额。

（4）损益平衡图法

多品种情况下的损益平衡图与单一品种情况下的利量式平衡图大体一致，只是横轴表示销售收入而不是销售量。虽然损益平衡图具有直观、简明的优点，但不是十分准确，通常应与其他方法结合使用。

3.2.3 安全边际和安全边际率

上述所分析的保本点能帮助管理人员正确把握产品销售量与企业盈利之间的关系。实际上，企业产品销售量必须超过损益平衡点才有盈利。实际（预计）销售量与损益平衡点之间的差额即为安全边际，它反映了产品盈利的安全幅度，即安全边际越大，盈利的安全性越高；安全边际越小，盈利的安全性越低。其计算公式如下：

$$X_S = X - X_B$$

式中：X_S——安全边际；

X——实际（预计）销售量；

X_B——保本销售量。

或

$$Q_S = Q - Q_B$$

式中：Q_S——安全边际额；

Q——实际（预计）销售额；

Q_B——保本销售额。

安全边际与预计销售量（或金额）之间的比率即为安全边际率，它反映了产品盈利的安全程度，即安全边际率越高，该产品盈利的安全系数越大。其计算公式如下：

$$r_S = \frac{X_S}{X} \text{ 或 } r_S = \frac{Q_S}{Q}$$

式中：r_S——安全边际率。

由安全边际定义可知，安全边际部分的销售减去自身变动成本后即为企业的营业利润，即安全边际的边际贡献等于企业的营业利润，计算公式如下：

$$P = X_S \times cm \text{ 或 } P = Q_S \times cmR$$

若将此式两端同除以销售收入：

$$\frac{P}{Q} = \frac{Q_S \times cmR}{Q}$$

即：营业利润率 = 安全边际率 × 边际贡献率。

例 3-5 某企业只生产一种产品，单位变动成本为 36 元，固定成本为 4 000 元，产品单位售价为 56 元，该企业正常销售量可达到 488 件。求：安全边际、安全边际额、安全边际率、营业利润、营业利润率。

解：产品的保本销售量、保本销售额计算如下：

$$X_B = \frac{\text{固定成本总额}}{\text{单位边际贡献}} = \frac{4\ 000}{56 - 36} = 200 \text{（件）}$$

$$Q_B = pX_B = 56 \times 200 = 11\ 200 \text{（元）}$$

产品的安全边际、安全边际额、安全边际率计算如下：

$$X_S = X - X_B = 488 - 200 = 288 \text{（件）}$$

$$Q_S = Q - Q_B = 56 \times 488 - 11\ 200 = 16\ 128 \text{（元）}$$

$$r_S = \frac{X_S}{X} = \frac{288}{488} \approx 59\% \text{ 或 } r_S = \frac{Q_S}{Q} = \frac{16\ 128}{56 \times 488} \approx 59\%$$

产品的营业利润、销售利润率计算如下：

营业利润 $P = X_S \times cm = 288 \times (56 - 36) = 5\ 760 \text{（元）}$

或 $P = Q_S \times cmR = 16\ 128 \times (56 - 36) \times 56 = 5\ 760 \text{（元）}$

营业利润率 $= \frac{P}{Q} = \frac{Q_S \times cmR}{Q} = r_S \times cmR = 59\% \times (56 - 36) \times 56 = 21.07\%$

3.3 财务预算

预算既是计划工作的成果，又是控制生产经营活动的依据。财务预算是企业全面预算的一部分，它和其他预算是联系在一起的，整个全面预算是一个数字相互衔接的整体。

3.3.1 全面预算的意义和作用

全面预算是企业治理结构下投资者与管理层之间的"游戏规则"。企业通过编制、落实全面预算使各个职能部门和管理人员明确在经营期内应该干什么及如何干，以保证各部门任务按计划完成，从而促使整个企业工作顺利进行。

全面预算是各级各部门工作的奋斗目标、协调工具、控制标准、考核依据，在经营管理中发挥着重大作用。

全面预算管理是企业战略实施的保障与支持系统，它是配置资源的基础，是监测业务运行过程，使其向现实长期战略目标推进的工具，以保证年度目标恰当合理，与长期目标一致并支持企业战略的实施。企业的目标是多重的，不能用唯一的数量指标来表达。西方企业的主要目标是盈利，但也要考虑社会的其他限制。因此，需要通过预算分门别类、有层次地表达企业的各种目标，包括销售、生产、成本和费用、收入和利润等。这些企业的总目标，通过预算被分解成各级各部门的具体目标。它们根据预算安排各自的活动，如果各级各部门都完成了自己的具体目标，企业的总目标也就有了保障。预算中规定了企业一定时期的总目标及各级各部门的子目标，可以动员全体职工为此而奋斗。

一个好的预算，不仅仅是企业内部信息简单地从上到下、从下到上的过程，还包括员工之间的交流，是综合企业内部所有信息的最优解。预算的编制使各部门的经理人员都能够了解到本部门与企业总体的关系、本部门与其他部门的关系。企业内部各级各部门必须协调一致，才能最大限度地实现企业的总目标。

全面预算是涉及全方位、全过程和全员的一种整合性管理系统，体现出经营者与其下属员工之间的权力、责任安排，即在为实现整体利益的目标下，明确各单位的权力与责任区间，具有全面控制和约束力。控制过程包括经济活动状态的计量、实际状态和标准的比较，两者差异的确定和分析，等等。通过预算编制，可以实现事前控制、事中控制、事后控制。

对各部门成绩的考核是企业管理体系的一项重要内容，既包括对整个企业经营业绩的评价，也包括对企业各部门、每一位员工的业绩评价。预算为考核提供了依据，定期或不定期检查考核各职能部门所承担的经济责任和工作任务的完成情况，确保企业总目标的实现是企业管理工作的重要组成部分。所以预算是考核评价各责任层次与单位的工作业绩和经营成果的重要"标杆"。

3.3.2 全面预算的体系

全面预算是所有以货币及其他数量形式反映的有关企业未来一段期间内全部经营活动各项目标的行动计划与相应措施的数量说明，是全方位的规划企业计划期的经济活动及其成果，为企业和职能部门明确目标和任务的预算体系。

一个完整的企业全面预算包括特种决策预算、日常业务预算与财务预算三大类内容。其中特种决策预算最能直接体现决策的结果，它实际是中选方案的进一步规划，如资本支出预算主要涉及长期投资的预算，是指企业不经常发生的、一次性业务的预算，如固定资产的购置、改建、更新，其编制依据可追溯到决策之前搜集到的有关资料，只不过预算比决策估算更细致、更精确一些。

日常业务预算是指与企业日常经营活动直接相关的经营业务的各种预算。具体包括销售预算、生产预算、直接材料消耗及采购预算、直接人工及其他直接支出预算、制造费用预算、产品生产成本及期末产成品存货预算、销售及管理费用预算等，这些预算前后衔接，相互勾稽，既有实物量指标，又有价值量和时间量指标。

财务预算是与企业现金收支、经营成果和财务状况有关的各种预算。它作为全面预算体系中的最后环节，可以从价值方面总结地反映经营期决策预算与业务预算的结果，亦称为总预算，具体包括现金预算、预计资产负债表和预计损益表。其余预算则相应称为辅助预算或分预算。显然，财务预算在全面预算体系中占有举足轻重的地位。

企业全面预算的各项内容前后衔接、相互勾稽，形成了一个完整的体系。如图 3-5 所示。

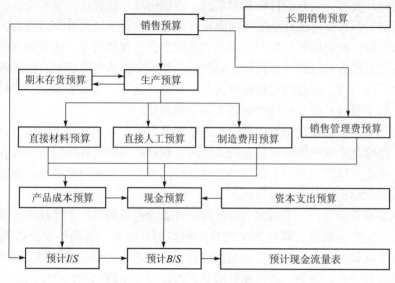

图 3-5　全面预算体系

3.3.3　财务预算的编制方法

企业编制财务预算的方法主要有固定预算、弹性预算、增量预算、零基预算、定期预算、滚动预算。

1. 固定预算与弹性预算

（1）固定预算

在传统的预算编制过程中，某预算期内编制财务预算所依据的成本费用和利润信息都只是在一个预定的产销业务量水平的基础上确定的，这种百分之百地依赖一种业务量编制的预算就是所谓的固定预算或静态预算。

固定预算的基本特征是：不考虑预算期内业务水平可能发生的变动，而只按照预算期内计划预定的某一共同的活动水平确定相应的数据；将实际结果与按预算期内计划预定的某一共同的活动水平所确定的预算数进行比较分析，并据以进行业绩评价、考核。

显然，一旦这种预算赖以存在的前提——预计业务量与实际水平相去甚远时（这种情况在当今复杂的市场环境中屡屡发生），必然导致有关成本费用及利润的实际水平与预算水平因基础不同而失去可比性，不利于开展控制与考核。例如当预计业务量为生产能量的100%，而实际业务量为120%时，那么在成本方面实际脱离预算的差异就会包括本不该在成本分析范畴内出现的非主观因素——业务量增长造成的差异（对成本来说，只要分析单位用量差异和单价差异就够了，业务量差异根本无法控制，分析也没有意义）。

（2）弹性预算

弹性预算是为克服固定预算缺点而设计的，在成本习性分析的基础上，分别按一系列可能达到的预计业务量水平（如按一定百分比间隔）编制的能适应多种情况的预算。由于它能规定不同业务量条件下的预算收支，适用面宽，机动性强，具有弹性，故称为弹性预算，也称为变动预算或滑动预算。

弹性预算的基本特征是：它针对不同的预期在某一相关范围内的多种业务活动水平基础上确定不同的预算额，也可以按照实际业务水平调整其预算额；预算期末，将实际执行指标与实际业务量对应的预算额进行对比，使预算执行情况的评价与考核建立在更加客观可比的基础上，从而更好地发挥预算控制作用。

由于未来业务量的变动会影响到成本费用和利润等各个方面，因此，弹性预算从理论上讲适用于全面预算中与业务量有关的各种预算，但从实用角度看，主要用于编制弹性成本费用预算和弹性利润预算等。在实务中，由于收入、利润可按概率的方法进行风险分析预算，直接材料、直接人工可按标准成本制度进行标准预算，只有制造费用、销售费用及管理费用等间接费用应用弹性预算的频率较高，以至于有人将编制弹性预算误认为只是编制费用预算的一种方法。

例 3-6 某企业 2013 年甲产品弹性利润预算如表 3-3 所示。

表 3-3 弹性利润预算表（简略式）

销售量	360 件			380 件			500 件		
售价	108	120	…	108	120	…	108	120	…
销售收入	38 880	43 200	…	41 040	45 600	…	54 000	60 000	…
变动成本	28 080	28 080	…	29 640	29 640	…	39 000	39 000	…
固定成本	5 000	5 000	…	5 000	5 000	…	5 000	5 000	…
利润总额	5 800	10 120	…	6 400	10 960	…	10 000	16 000	…

2. 增量预算与零基预算

（1）增量预算

增量预算是指在基期成本费用水平的基础上，结合预算期业务量水平及有关降低成本的措施，通过调整有关原有成本费用项目而编制预算的方法。编制这种预算时往往不加分析地保留或接受原有成本项目，或按主观臆断平均削减，或只增不减，容易造成浪费，有可能使不必要开支合理化。

（2）零基预算

如果业务水平变化较大，或经济技术条件发生较大变化，预算就不能再以现有费用水平作为基础，而应从"零"开始。零基预算是区别于传统的增量预算而设计的一种费用预算。它不是以现有费用为前提的，而是一切从零做起，从实际需要与可能出发，像对待决策项目一样，对每个成本费用的大小及必要性进行认真反复地分析、权衡，并进行评定分析，逐项审议各种费用开支是否必要合理，进行综合平衡，从而确定预算费用。

零基预算像开办新事务一样以零为出发点，不受现有框框限制，对一切费用一视同仁，能促使各方面精打细算，量力而行，合理使用资金，因而可大幅度压缩开支，提高效益。但这势必带来较大的工作量，搞不好会顾此失彼，难以突出重点。因此，在执行零基预算时，一方面要充分调动和利用各级管理人员的积极性、创造性，主动控制开支；另一方面又要掌握重点，统筹组织，量力而行。

在编制零基预算时，应考虑以下问题：是否应从事该项业务？如果取消该业务会发生怎样的情况？是否可以通过其他方式实现该业务？与本企业相似的企业用于同样业务的成本费用是多少?

3. 定期预算与滚动预算

(1) 定期预算

传统的业务预算与财务预算一般以会计年度为单位定期编制,于会计年度的最后一个季度开始着手编制下一年度的预算。这种定期预算有三大缺点。第一,远期预算指导性差。因为定期预算多在其执行年度开始前两三个月进行,难以预测预算期后期情况、若明若暗,数据笼统模糊;第二,预算的灵活性差。预算执行中,许多不测因素会妨碍预算的指导功能,甚至使之失去作用,成为虚假预算(如年内临时转产),在实践中又往往不能进行调整;第三,预算的连续性差。即使年中修订预算,也只是针对剩余预算期那几个月,执行预算也受到这种限制,对下年度很少考虑,形成人为的预算间断。如我国一些企业提前完成全年计划后,以为可以松口气,其他事情来年再说,殊不知经营活动是连续的。

(2) 滚动预算

为了克服定期预算的盲目性、不变性和间断性,可采用滚动预算的方法。滚动预算的编制方法如图3-6所示。

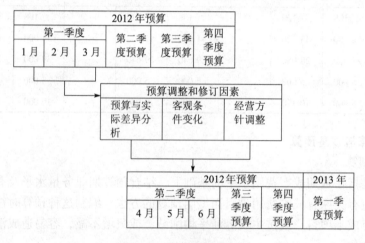

图3-6 滚动预算示意图

它的要点在于不将预算期与会计年度挂钩,而是始终保持在12个月,即每过一个月就在原预算基础上增补下一个月预算,从而逐期向后滚动,连续不断地以预算形式规划未来经营活动。

这种做法的优点是能够使企业管理当局对未来一年的经营活动进行持续不断的计划,并在预算中经常保持一个稳定的视野,而不用等到原有预算执行快结束时,仓促编制新预算。但是这种预算编制成本大、耗时长,当滚动预算对企业经营管理所带来的经济效益较大时,可以考虑使用这种方法。

3.3.4 财务预算的编制

一般来说,市场竞争体系下的预算管理应以销售作为起点,并在此基础上安排相应的生产和成本、费用开支等日常业务预算的编制。

1. 业务预算

(1) 销售预算

销售预算是生产企业预算的关键,销售决定生产量,生产量又进一步决定采购原材料量及资金运用量。在以销定产的情况下,其他一切预算均以销售预算为基础,因此必须对企业的竞争环境和所处的市场环境有一个清醒的认识。

销售预算的主要内容是销量、单价和销售收入。销量是根据市场预测或销货合同并结合企业生产能力确定的;单价是通过价格决策确定的;销售收入是两者的乘积,在销售预算中计算得到。

销售预算中通常还包括预计现金收入的计算,其目的是为编制现金预算提供必要的资料。本期的现金收入包括两部分,即上期应收账款在本期预收到的款项和本期销售中可能收到的款项。

例3-7 G企业2013年的销售预算及现金收入预算如表3-4所示。

表3-4 销售预算表   单位:万元

季 度	一季度	二季度	三季度	四季度	全 年
预计销售量(件)	1 500	3 000	2 500	2 000	9 000
预计单价(万元/件)	6.5	6.5	6.5	6.5	6.5
销售收入	9 750	19 500	16 250	13 000	58 500
上年应收账款	3 100				3 100
第一季度	5 850	3 900			9 750
第二季度		11 700	7 800		19 500
第三季度			9 750	6 500	16 250
第四季度				7 800	7 800
现金收入合计	8 950	15 600	17 550	14 300	56 400

在本例中,假定每季度销售收入中,本季度收到现金60%,另外40%的现金要到下季度才能收到。

(2) 生产预算

生产预算可以揭示出企业生产与销售和存货之间的协调关系,明确生产活动的总进程。

生产预算实际上是生产数量预算,在编制生产预算时,对生产数量应保持一定水平,既不能太多,但也不能太少。预计生产量可用下列公式计算:

$$预计生产量 = 预计销售量 + 预计期末存货量 - 预计期初存货量$$

生产预算的预计销售量来自销售预算,其他数据通过生产预算表中计算形成。在实际的编制中,生产预算比较复杂。产量受生产能力的限制,存货数量受仓库容量的限制,此外,有的季度可能销量很大,可以用加班的方式生产,为此要多付加班费。如果提前在淡季生产,会因为增加存货而多增加成本。因此在实际中,要权衡利弊,选择成本最小的方案。

例3-8 G企业2013年的生产预算实例如表3-5所示。

表 3-5　生产预算　　　　　　　　　　　　　　　单位：件

季　度	一季度	二季度	三季度	四季度	全　年
预计销售量	1 500	3 000	2 500	2 000	9 000
加：期末存货	300	250	200	250	250
合　计	1 800	3 250	2 700	2 250	9 000
减：期初存货	150	300	250	200	150
预计生产量	1 650	2 950	2 450	2 050	9 100

(3) 直接材料采购预算

生产预算决定了生产量,与生产量成比例关系的直接材料预算也就可以编制出来了。当然在编制时也应考虑预计期初和期末库存材料量,预计采购量与直接材料生产上的需求量。为了便于编制现金预算,通常还要预计各季度的材料采购现金支出。每个季度的现金支出包括偿还上个季度的应付账款和本季度应支付的材料采购款。预计采购量的公式为:

$$\text{预计采购量} = \text{预计生产量} \times \text{单位产品用料量} + \text{期末库存材料量} - \text{期初库存材料量}$$

例 3-9　G 企业 2013 年的直接材料预算实例如表 3-6 所示。

表 3-6　直接材料预算　　　　　　　　　　　　　单位：千克、万元

季　度	一季度	二季度	三季度	四季度	全　年
预计生产量	1 650	2 950	2 450	2 050	9 100
产品单耗量	100	100	100	100	100
生产需要量	165 000	295 000	245 000	205 000	910 000
加：期末存货	59 000	49 000	41 000	50 000	50 000
合　计	224 000	344 000	286 000	255 000	1 109 000
减：期初存货	33 000	59 000	49 000	41 000	33 000
材料采购量	191 000	285 000	237 000	214 000	927 000
单　价	0.013	0.013	0.013	0.013	
预计采购成本	2 483	3 705	3 081	2 782	12 051
上年应付账款	1 332.5				1 332.5
第一季度	1 241.5	1 241.5			2 483
第二季度		1 852.5	1 852.5		3 705
第三季度			1 540.5	1 540.5	3 081
第四季度				1 391	1 391
合　计	2 574	3 094	3 393	2 931.5	11 992.5

本例中,假定材料采购的货款有 50% 在本季度内支付,另外 50% 在下季度支付。

(4) 直接人工预算

直接人工预算的编制方法一般是先计算直接人工工时数,然后以此乘以每工时工资单价而得到直接人工总预算数。

例 3-10　G 企业 2013 年的直接人工预算实例如表 3-7 所示。

表 3-7 直接人工预算 单位：万元

季 度	一季度	二季度	三季度	四季度	全 年
预计产量	1 650	2 950	2 450	2 050	9 100
单位产品工时	1 000	1 000	1 000	1 000	1 000
人工总工时	1 650 000	2 950 000	2 450 000	2 050 000	9 100 000
每小时工资	0.001 3	0.001 3	0.001 3	0.001 3	0.001 3
人工总成本	2 145	3 835	3 185	2 665	11 830

直接人工一般均需用现金开支，故不必单独列示现金支出预算。

（5）制造费用预算

制造费用预算总的说来包括固定制造费用和变动制造费用两种。由于全面预算是采用变动成本计算法，故只把变动制造费用列入产品成本，而固定制造费用作为当期损益一次在当期利润中扣除。在编制预算时，变动制造费用按预计产量和预计费用率来计算的，固定制造费用则按零基预算方法编制。

$$预算分配率 = \frac{变动性制造费用}{相关分配标准预算}$$

式中，分母可在生产预算或者直接人工工时总额预算中选择，多品种条件下，一般按后者进行分配。

例 3-11 G 企业 2013 年的制造费用预算实例如表 3-8 所示。

表 3-8 制造费用预算 单位：万元

季 度	一季度	二季度	三季度	四季度	全 年
变动制造费用					
1. 间接人工	165	295	245	205	910
2. 间接材料	495	885	735	615	2 730
3. 修理费	297	531	441	369	1 638
4. 水电费	330	590	490	410	1 820
合　　计	1 287	2 301	1 911	1 599	7 098
固定费用					
1. 修理费	284.375	284.375	284.375	284.375	1 137.5
2. 折旧	975	975	975	975	3 900
3. 管理费	771.875	771.875	771.875	771.875	3 087.5
4. 保险费	243.75	243.75	243.75	243.75	975
合　　计	2 275	2 275	2 275	2 275	9 100
减：折旧	975	975	975	975	3 900
现金支出费用	2 587	3 601	3 211	2 899	12 298

（6）单位产品成本和期末存货预算

对期末存货计价可采用多种计价方式，如加权平均法或先进先出法，由于先进先出法计算比较简单，一般采用这种方法。在按变动成本法计算成本时，按先进先出法计价，期末存货只负担当期的变动生产成本。

单位产品成本预算是生产预算、直接材料预算、直接人工预算、制造费用预算的汇总。其主要内容是产品的总成本和单位成本。产品总成本和单位产品成本的有关数据可以从生产预算、销售预算、直接材料预算、直接人工预算、制造费用预算中得到。

例 3-12 G 企业 2013 年单位产品成本预算和期末存货预算实例如表 3-9 所示。

表 3-9 单位产品成本预算和期末存货预算　　　　　　　　　　单位：万元

成本项目	单位成本			生产成本 （9 100 件）	期末存货 （250 件）	销货成本 （9 000 件）
	每千克或 每小时	投入量	成本			
直接材料	0.013	100 千克	1.3	11 830	325	11 700
直接人工	0.001 3	1 000 小时	1.3	11 830	325	11 700
变动制造费用	0.000 78	1 000 小时	0.78	7 098	195	7 020
合　计			3.38	30 758	845	30 420

（7）销售及管理费用预算

销售及管理费用预算的编制比较方便，其方法可以比照制造费用预算的编制。

销售费用预算，可以以销售预算为基础，根据销售收入、销售利润和销售费用的关系来编制。销售费用大多是固定成本，它们的发生是为保证企业维持正常的经营服务，例如，折旧、销售人员工资和专设销售机构日常经费开支。另外，还有不少费用属于年内待摊或预提性质的，如一次性支付的全年广告费就必须在年内均摊，只能按全年反映。

在编制销售预算时，还应对过去的销售费用进行分析，考察过去的销售费用支出的必要性和效果，作为编制本期销售费用的参考。

编制管理费用预算时，要分析企业的实际情况，以做到预算合理化。由于管理费用大多属于固定成本，因此，可以以过去的实际开支为基础，按预算期的变化来调整。

例 3-13 G 企业 2013 年销售和管理费用预算实例如表 3-10 所示。

表 3-10 销售费用和管理费用预算　　　　　　　　　　单位：万元

销售费用	
其中：销售人员工资	812.5
广告费	800
运输费	195
保管费	130
销售费用合计	1 937.5
管理费用	
其中：管理人员工资	1 125
管理人员福利费	157.5
保险费	250
办公费	625
管理费用合计	2 157.5
合　计	4 095
每季度支付的现金	1 023.75

(8) 现金收支预算

现金收支预算是用来反映企业现金收入、现金支出、现金余缺和通融资金状况的预算。根据现金收入和现金支出即能知道现金是结余还是不足。如为结余,除去借款,还可以购买有价证券,进行短期投资,为企业获得投资收益。如资金不足,除向银行借款外,还可通过商业信用获得资金。

现金收入包括期初现金余额和预算期的现金收入,预算期现金收入主要来自销货取得的现金收入,该资料可以取自于销售预算。现金支出包括预算期的各项现金支出,资料主要来自于直接材料预算、直接人工预算、制造费用预算、销售和管理费用预算的有关数据。此外,所得税、购置设备、股利分配等现金支出则来自其他根据需要专门编制的预算。

例 3-14 G 企业 2013 年现金预算实例如表 3-11 所示。

表 3-11 现金收支预算   单位:万元

季度	一季度	二季度	三季度	四季度	全年
期初现金余额	2 000	2 120.25	2 066.50	3 041.25	2 000
加:现金收入	8 950	15 600	17 550	14 300	56 400
可供使用现金	10 950	17 720.25	19 616.50	17 341.25	65 628
减:各项支出					
1. 直接材料	2 574	3 094	3 393	2 931.5	11 992.5
2. 直接人工	2 145	3 835	3 185	2 665	11 830
3. 制造费用	2 587	3 601	3 211	2 899	12 298
4. 销售和管理费用	1 023.75	1 023.75	1 023.75	1 023.75	4 095
5. 所得税	2 000	2 000	2 000	2 000	8 000
6. 购买设备	4 000				4 000
7. 股利分配				2 000	2 000
现金支出合计	14 329.75	13 553.75	12 812.75	13 519.25	54 215.50
现金余缺	(3 379.75)	4 166.50	6 803.75	3 822	11 412.50
向银行借款	5 500				5 500
归还借款		2 000	3 500		5 500
付利息(年利10%)		100	262.50		362.50
期末现金余额	2 120.25	2 066.50	3 041.25	3 822	3 822

2. 预计财务报表的编制

(1) 预计损益表

预计损益表主要用来反映企业在计划期内的经营成果,使企业管理人员利用汇总后的税后净收益与目标利润相比较,如有差距,应进行调整,争取达到目标利润,预计损益表的编制是在企业全部产、销活动预算及现金预算编制后进行的。预计财务报表的作用与历史实际的财务报表不同。所有企业都要在年终编制历史实际的财务报表,这是有关法规的强制规定,其主要目的是向外部报表使用人提供财务信息。当然,这不表明常规财务对企业经理人员没有价值。而预计财务报表是为企业财务管理服务的,是控制企业资金、成本和利润总量的重要手段。因其可以从总体上反映一定期间企业经营的全局，通常称为企业的"总预算"。

例 3-15 根据上述各有关预算编制的 G 企业 2013 年的预计损益表如表 3-12 所示。

表 3-12 预计损益表 单位：万元

销售收入	58 500
变动制造成本	30 420
毛利	16 380
固定制造成本	9 100
销售及管理费用	4 095
利息	362.5
利润总额	14 522.5
所得税（估计）	8 000
净利润	13 722.5

其中，"销售收入"项目的数据，来自销售收入预算；"销货成本"项目的数据，来自销售成本预算，"毛利"项目的数据是前两项的差额；"销售及管理费用"项目的数据，来自销售费用和管理费用预算；"利息"项目的数据，来自现金预算，其中，"所得税"项目是在利润规划时估计的，并已列入现金预算。它通常不是根据"利润"和所得税税率计算出来的，因为有诸多纳税调整的事项存在。此外，从预算编制程序上看，如果根据"本年利润"和税率重新计算所得税，就需要修改"现金预算"，引起信贷计划修订，进而改变"利息"，最终又要修改"本年利润"，从而陷入数据的循环修改。

预计的损益表与实际的损益表内容、格式相同，只不过数字是面向预算期的。它是在汇总销售、成本、销售及管理费用、营业外收支、资本支出等预算的基础上加以编制的。通过编制预计的损益表，可以了解企业预期的盈利水平。如果预算利润与最初编制方案中的目标利润有较大的不一致，就需要调整部门预算或者修改目标利润。

（2）预计资产负债表

预计资产负债表是反映企业在预算期末资产、负债、权益的预算数，编制时，资产负债表的期初数可按实际生产经营结果填列，期末数是从上述各表的基础上分析填列。

例 3-16 G 企业的预计 2013 年的资产负债表如表 3-13 所示。

表 3-13 预计资产负债表 单位：万元

资产			权益		
项目	年初	年末	项目	年初	年末
现金	2 000	2 964	应付账款	1 332.50	1 391
应收账款	3 100	5 200	长期借款	2 000	2 000
直接材料	429	650	普通股	5 000	5 000
产成品	507	845	未分配利润	703.50	4 368
土地	1 000	1 000			
房屋及设备	5 000	9 000			
累计折旧	3 000	6 900			
资产总额	9 036	12 759	权益总额	9 036	12 759

3.3.5 预算管理的创新

1. 作业基础预算

从预算执行结果的角度来看，预算结果和引致成本发生的基本活动有关，这种基本活动称为作业。作业构成企业运行的基本要素，是企业价值创造和资源消耗的基本单元，因此作为资源分配基本工具的预算管理可以建立在作业基础上，形成了作业基础预算。

作业基础的预算观点认为，作业是资源消耗的直接动因，企业可根据作业消耗的资源动因确定作业成本的标准，作为预算制定的基础数据。由于资源是有限的，而不同的作业有不同的效率，因此需要在企业目标的指导下对作业及其组合方式进行优化，最终确定其恰当的组合。在选定作业组合的基础上，企业就可以根据事先确定的作业成本标准对下期企业资源分配方案作出计划，形成一套预算方案。

作业管理预算主要是从企业基本运作的单元出发，为预算编制提供准确的基础，同时为预算分析和决策提供可靠的依据，比较适用于间接成本和费用比例较大的企业。

2. 限制基础预算

企业生产经营所需的资源多种多样，缺一不可。但是，这些生产资源的数量有可能并不是完全配套的，构成了生产经营的瓶颈。限制基础预算就是在一种或多种资源存在紧缺限制时的预算管理办法。当企业生产活动受制于某一资源瓶颈时，应针对该瓶颈产生的具体原因和情况采取措施，使得短期内边际贡献最大化、运营成本最小化。具体来说，企业必须在资源是限制的情况下进行短期产品组合决策，决定优先生产的产品组合，在产品组合决策的基础上展开预算编制。

限制基础预算的目标比较明确，即通过产出最大化或成本最小化等手段实现企业的目标，它涵盖的范围包括了整个生产制造系统，适用于企业比较依赖于某种或某几种资源的情况，这些资源运用效率的高低将直接影响企业的经济效益和竞争优势。

3. 标杆基础预算

在企业预算管理的实践中，除了采用投入和转换过程的观点外，还可以从产出效率角度对预算管理进行考察。对预算项目设定一定的标准，这一标准一般应使用先进效率的指标，即"标杆"，在此基础上明确达到标杆的方法和步骤，从而实现预算管理绩效的持续提高。标杆基础预算并不仅仅重视预算目标的设立，更重视对预算目标达成的保证措施。在预算期内，企业应实时控制、分析预算的执行情况；预算期末，应对整个预算期的标杆预算执行情况进行分析，重视标杆的实现程度。

标杆基础预算从改进当前预算管理绩效的目标出发，探讨企业当前影响预算绩效的诸多因素及其改进措施，始终瞄准标杆，实现持续的预算管理创新。标杆基础预算适用于企业的竞争优势建立在某几项业务或者流程上的情况。如果企业缺乏特色或者竞争优势建立在多项业务综合的基础上，标杆基础预算的实施效果可能不是十分明显。

■ **相关链接**

预算管理是一个"罪恶"

杰克·韦尔奇：预算管理是一个罪恶。其最大的问题在于，谈谈预算时上下级就像拿着线互相拉对方的牙齿：你要他把目标拉高，他说我要付出多大多大的努力，多么难做，双方讨价还价。这一过程中没有客户、没有竞争对手在场，都是在自说自话。全世界公司里最大的小秘密就是不讲真话。建立在开放基础上的上下级关系，能让大家把牌亮出来：你最好能做到什么样？这在 GE 很有效。你要跟去年比，跟竞争对手比，而不是跟预算比，既浪费时间又浪费能量。

——摘自"韦尔奇论剑中国"

本章小结

财务预测是财务计划工作的基础，也是企业进行正确经营决策的前提和依据。

预测分析方法可分为两大类：定量预测法和定性预测法。定量方法与定性方法都各有其适用性，但并不排斥，而是相互补充的。在实际预测时，应注意两类方法的结合。

财务预测的基本步骤包括：销售预测；估计需要的资产；估计收入、费用和保留盈余；估计所需融资。

销售百分比法是假设收入、费用、资产、负债与销售收入存在稳定的百分比关系，根据预计销售额和相应的百分比预计资产、负债和所有者权益，然后利用会计等式确定融资需求。

增长模型就是确定与公司实际和金融市场状况相适应的销售增长率。如果不能或不打算从外部融资，则只能靠内部积累，从而限制销售的增长。此时的销售增长率，称为内在增长率。可持续增长率是指不增发新股并保持目前经营效率和财务政策条件下公司销售所能增长的最大比率。

本量利分析（Cost-Volume-Profit Analysis）主要是对成本、销售量、单价和利润四个因素之间的相互依存关系所进行的综合分析。本量利分析的应用包括保本点的预测分析和确保目标利润实现的销售预测；通过对利润的敏感性分析，估量销售单价、销售量和成本水平的变动对目标利润的影响以规划目标利润。

全面预算是企业治理结构下投资者与管理层之间的"游戏规则"。企业通过编制、落实全面预算使各个职能部门和管理人员明确在经营期内应该干什么及如何干，以保证各部门任务按计划完成，从而促使整个企业工作顺利进行。

企业编制财务预算的方法主要有固定预算、弹性预算、增量预算、零基预算、定期预算、滚动预算。

全面预算包括特种决策预算、日常业务预算与财务预算三大类内容。特种决策预算主要涉及长期投资的预算；日常业务预算是指与企业日常经营活动直接相关的经营业务的各种预算，具体包括销售预算、生产预算、直接材料消耗及采购预算、直接人工及其他直接支出预算、制造费用预算、产品生产成本及期末产成品存货预算、销售及管理费用预算等；财务预算是与企业现金收支、经营成果和财务状况有关的各种预算，包括现金预算、预计资产负债表和预计损益表。

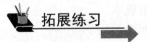

拓展练习

单项选择题

1. 某企业外部融资占销售增长的百分比为5%，则若上年销售收入为1 000万元，预计销售收入增加200万，则相应外部应追加的资金为（　　）万元。
   A. 50　　　　　　B. 10　　　　　　C. 40　　　　　　D. 30

2. 下列根据期初股东权益计算可持续增长率的公式中错误的是（　　）。
   A. 可持续增长率 = 股东权益增长率
   B. 可持续增长率 = 销售净利率×总资产周转率×收益留存率×期初权益期末总资产乘数
   C. 可持续增长率 = 期初权益资本净利率×本期收益留存率
   D. 可持续增长率 = 留存收益/期末所有者权益

3. 预计明年通货膨胀率为10%，公司销量增长10%，则销售额的名义增长率为（　　）。
   A. 21%　　　　　B. 11%　　　　　C. 10%　　　　　D. 15.5%

4. 既可以作为全面预算的起点，又可以作为其他业务预算的基础的是（　　）。
   A. 生产预算　　　B. 销售预算　　　C. 材料采购预算　　D. 现金预算

5. 下列各项中，没有直接在现金预算中得到反映的是（　　）。
   A. 期初期末现金余额　　　　　　　B. 现金筹措及运用
   C. 预算期产量和销量　　　　　　　D. 预算期现金余缺

6. 某企业编制"直接材料预算"，预计第四季度期初存量456千克，季节生产需用量2 120千克，预计期末存量为350千克，材料单价为10元，若材料采购货款有50%在本季度内付清，另外50%在下季度付清，假设不考虑其他因素，则该企业预计资产负债表年末"应付账款"项目为（　　）元。
   A. 11 130　　　　B. 14 630　　　　C. 10 070　　　　D. 13 560

7. 下列预算中，不能够既反映经营业务又反映现金收支内容的有（　　）。
   A. 销售预算　　　　　　　　　　　B. 生产预算
   C. 直接材料消耗及采购预算　　　　D. 制造费用预算

8. 某公司生产B产品，单价为10元，单位制造变动成本为6元，单位销售和管理费变动成本为1元，销售量为1 000件，则产品边际贡献为（　　）元。
   A. 4 000　　　　　B. 3 000　　　　　C. 2 000　　　　　D. 5 000

9. 若销售利润率为20%，变动成本率为40%，则安全边际率应为（　　）。
   A. 33.33%　　　　B. 35%　　　　　C. 12%　　　　　D. 18%

10. 若安全边际率为40%，正常销售量为1 200件，则盈亏临界点销售量应为（　　）件。
    A. 902　　　　　B. 720　　　　　C. 600　　　　　D. 400

11. 进行本量利分析时，如果可以通过增加销售额、降低固定成、降低单位变动成本等途径实现目标利润，那么一般讲（　　）。

A. 首先需分析确定销售额　　　　　　B. 首先需分析确定固定成本
C. 首先需分析确定单位变动成本　　　D. 不存在一定的分析顺序

12. 产品售价和单位变动成本变化时盈亏临界点的影响是（　　）。
A. 单价升高使盈亏临界点升高　　　　B. 单位变动成本降低使盈亏临界点上升
C. 销量降低使盈亏临界点上升　　　　D. 固定成本上升使盈亏临界点上升

13. 某企业生产甲产品，已知该产品的单价为10元，单位变动成本为4元，销售量为500件，固定成本总额为1 000元，则边际贡献率和安全边际率分别为（　　）。
A. 60%和66.67%　　B. 60%和33.33%　　C. 40%和66.67%　　D. 40%和33.33%

多项选择题

1. 企业销售增长时需要补充资金。假设每元销售所需资金不变，以下关于外部融资需求的说法中，正确的有（　　）。
A. 股利支付率越高，外部融资需求越大
B. 销售净利率越高，外部融资需求越小
C. 如果外部融资销售增长比为负数，说明企业有剩余资金，可用于增加股利或短期投资
D. 当企业的实际增长率低于本年的内含增长率时，企业不需要从外部融资

2. 在"可持续的增长率"条件下，正确的说法有（　　）。
A. 假设不增发新股　　　　　　　　B. 假设不增加借款
C. 保持财务比率不变　　　　　　　D. 财务杠杆和财务风险降低
E. 资产负债率会下降

3. 下列可视为达到盈亏临界点状态的有（　　）。
A. 边际贡献等于固定成本　　　　　B. 变动成本+固定成本=销售收入
C. 安全边际率为50%　　　　　　　D. 边际贡献率为50%

4. 企业生产一种产品，单价12元，单位变动成本8元，固定成本3 000元，销量1 000件，所得税率40%，欲实现目标税后利润1 200元。可采取的措施有（　　）。
A. 单价提高至13元　　　　　　　　B. 单位变动成本降低为7元
C. 销量增加至1 200件　　　　　　　D. 固定成本降低500元

5. 降低盈亏临界点的途径有（　　）。
A. 增加变动成本　　B. 提高单价　　C. 降低固定成本　　D. 增加销售渠道

6. 下列各项因素中，导致安全边际提高的有（　　）。
A. 单价上升　　　　　　　　　　　B. 单位变动成本降低
C. 固定成本增加　　　　　　　　　D. 预计销售量增加

7. 下列因素中（　　）呈上升趋势变化时，会导致实现目标利润所需的销售量升高。
A. 销售量　　　B. 单价　　　C. 固定成本　　　D. 单位变动成本

8. 下列表述正确的有（　　）。
A. 边际贡献率和变动成本率之和为1
B. 边际贡献率和安全边际率之和为1
C. 安全边际率与盈亏临界点作业率之和为1

D. 利润 = 安全边际量 × 单位边际贡献
E. 利润 = 安全边际额 × 边际贡献率

9. 下列有关销售利润率计算正确的有（　　）。
A. 销售利润率 = 安全边际率 × 边际贡献率
B. 销售利润率 = 安全边际率 × (1 − 变动成本率)
C. 销售利润率 = 盈亏临界点作业率 × 边际贡献率
D. 销售利润率 = (1 − 盈亏临界点作业率) × 边际贡献率
E. 销售利润率 = 边际贡献率 × 安全边际额

10. 降低盈亏临界点作业率的办法有（　　）。
A. 降低销售量　　B. 减少固定成本　　C. 提高售价　　D. 提高预计利润

判断题

1. 制造费用预算分为变动制造费用和固定制造费用两部分。变动制造费用和固定制造费用均以生产预算为基础来编制。（　　）
2. 在保持经营效率和财务政策不变，而且不从外部进行股权融资的情况下，股利增长率等于可持续增长率。（　　）
3. "现金预算"中的"所得税现金支出"项目，要与"预计利润表"中的"所得税"项目的金额一致。它是根据预算的"利润总额"和预计所得税率计算出来的，一般不必考虑纳税调整事项。（　　）
4. 管理费用多属于固定成本，所以，管理费用预算一般是以过去的实际开支为基础，按预算期的可预见变化来调整。（　　）
5. 生产预算是规定预算期内有关产品生产数量、产值和品种结构的一种预算。（　　）
6. 企业的销售利润率 = 边际贡献 × 安全边际率。（　　）
7. 在单价、单位变动成本及销量不变的情况下，固定成本的增加额即是目标利润的减少额。（　　）
8. 已知固定成本、盈亏临界点销售额、销售单价，即可计算得出单位变动成本。（　　）
9. 通常，边际贡献是指产品边际贡献，即销售收入减去生产制造过程中的变动成本和销售、管理费中的变动费用之后的差额。（　　）
10. 因为安全边际是正常销售额超过盈亏临界点销售额的差额，并表明销售额下降多少企业仍不至亏损，所以安全边际部分的销售额也就是企业的利润。（　　）

业务题

1. 某企业 2012 年年末变动资产总额 4 000 万元，变动负债总额 2 000 万元。该企业预计 2013 年度的销售额比 2012 年增加 10%（100 万元），预计 2013 年留存收益比率为 50%，销售净利率 10%，则该企业 2013 年度应追加资金量为多少？

2. 甲公司 2012 年有关的财务信息：销售收入 4 000 万元，净利润 200 万元，并派发现金股利 60 万元；企业总资产 40 000 万元，长期负债 1 600 万元，不随着收入的增长而变化。甲公司 2013 年计划销售增长 10%，如果不打算从外部筹集权益资金，并保持 2012 年的财务政策和资产周转率不变，销售净利率应达到多少？如果企业不打算从外部筹得资金，并保持销售净利率、股份支付率、资产周转率不变，销售可增长多少？

3. A公司生产甲、乙两种产品，单位售价分别为5元和10元，单位变动成本分别为3元和8元，全年固定成本为50 000元。两种产品正常销售量分别为20 000件和30 000件。回答下列两个不相关的问题：

（1）若固定成本可按照正常销售量进行分配，分别计算甲、乙两种产品的单位边际贡献、边际贡献率、保本点、保本销售额、安全边际率。如果甲产品单价降低5%，甲的利润将发生什么变化？若乙的单位变动成本下降3%，乙的利润将发生什么变化？

（2）计算加权平均边际贡献率，并计算出整个企业的综合损益平衡点销售额。

4. 完成下列第三季度现金预算工作底稿和现金预算：

（单位：元）

月 份	五	六	七	八	九	十
销售收入	5 000	6 000	7 000	8 000	9 000	10 000
收账：						
销售当月（销售收入的70%）						
销售次月（销售收入的20%）						
销售再次月（销售收入的10%）						
收账合计						
采购金额（下月销货的70%）						
购货付款（延后一月）						
现金预算						
期初余额			8 000			
收账						
购货						
工资			750	100	1 250	
其他付现费用						
预交所得税					2 000	
购置固定资产			8 000			
现金多余或不足						
向银行借款（1 000元的倍数）						
偿还银行借款（1 000元的倍数）						
支付借款利息（年利率12%）						
期末现金余额（最低6 000元）						

七、八、九月其他费用分别为400、500、1 000元，每月折旧300元。

思考讨论

1. 什么是财务预测，简述财务预测的基本程序。
2. 如何运用销售百分比法进行财务预测？
3. 比较内在增长率、可持续增长率及实际销售增长率之间的关系。
4. 什么是利润的敏感性分析？影响利润变动的因素有哪些？它们的敏感程度应怎样计算？
5. 保本图可以帮助我们认识本、量、利三者之间哪些规律性的联系？
6. 什么是安全边际？什么是安全边际率？计算它们有什么用途？它们与保本点的关系怎样？
7. 企业编制财务预算的方法有哪些？它们各有什么特点和适用性？

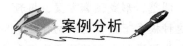

案例分析

武钢动态预算管理

武钢 1999 年开始推行预算管理，首先在组织结构上进行了配套改革，成立了公司预算管理委员会，并利用机构改革之机，把公司的年度生产经营计划和公司财务管理部门合并，组建了计划财务部，优化了预算管理的组织结构。利用计划财务部这个组织结构平台，不断吸纳生产、销售、设备、运输、能源等各个专业的管理专家，使预算管理真正超越财务管理的范畴，使预算管理部门成为了一个综合性的管理部门。预算委员会成员由公司董事长或总经理任免，董事长或总经理对公司预算的管理工作负总责。预算委员会制定公司总体预算目标及保障措施，审定公司总预算、分预算和专项预算。预算委员会设预算管理办公室，集团公司总会计师兼任办公室主任，负责全面预算管理工作的日常事宜。委员会下各单位成立相应的预算管理组织，一般设在财务部门，由多个部门参加，负责本单位内部的预算编制和监督执行。预算委员会建立例会制度，定期分析预算的执行情况，督促检查预算的实施。

武钢预算管理作为企业内部控制的重要方式，由预算编制、预算执行、预算分析和考核等环节构成。预算管理的内容贯穿在企业的整个生产经营活动中，对管理的各个层面、环节及总体目标进行系列、统一的规划和控制。按企业生产经营的经济内容和层次关系可划分为经营预算、资本支出预算和财务预算三部分。在实际的预算编制过程中，按照预算管理的对象可把预算管理的内容分为总预算、分预算和专项预算三个部分。总预算是以企业总体经济运行为对象制定的预算，分预算是以企业所属或受控制的生产经营为对象制定的预算，专项预算是为企业的生产经营预算提供专业支持、反映企业某一方面的经济活动而制定的预算。

为了比较准确地编制未来年度的预算，一般在每年的 9 月初开始就要对未来年度的情况进行广泛的调查研究和预测，尤其是对经营预算中的生产、销售、采购、设备和资源的平衡配置等相关情况的了解，以及资本支出预算中投资项目对生产经营的影响、对集团损益的影响的了解。在充分了解未来年度生产经营的环境、条件后，由预算管理办公室起草年度的《预算编制大纲》，报预算委员会审批后，作为预算编制的基本原则和总体要求。

《预算编制大纲》是编制年度预算的起点，要体现集团企业的经营思想和战略目标，明确提出预算编制的原则、要求，预算编制的具体内容、责任单位和明细分工以及上报时间等。

各责任单位、相关专业预算编制部门在预算管理办公室的组织下，按预算管理责任分工，根据《预算编制大纲》和专业预算目标要求编制各分预算及专项预算，并按时上报预算管理办公室。

预算管理办公室将各单位、各部门上报的分预算及专项预算草案进行分析汇总编制，在综合平衡基础上，编制企业完整的总预算，并报公司预算委员会审定、颁发。此过程一般要经过几个来回，经历两个月时间，最终以公司文件形式下发。

总体来说，武钢集团企业的预算是先"自下而上"，再"自上而下"。这种预算编制方式下，集团先确定预算目标，包括一些关键性的指标，然后将指标分解后由各成员企业编制预算草案，草案上报后由集团预算管理办公室加以汇总、协调、调整，形成预算方案，报预算委员会审定后，下达给成员企业和有关职能部门。事实上，这种模式下预算的编制往往不是一个过程就可以完成，而要经过多次的循环，让集团和成员企业间进行充分的信息沟通和了解，既能顾及到集团的整体目标，又充分考虑到成员企业的个体差异。这样使最终的预算成为具有较强的科学性，同时有较强的可操作性的预算。同时在全资子公司的利润预算指标、专项费用、归口费用、可控费用、预算保证措施的增效指标、主要的技术经济指标等专项预算指标上采用联合确定基数法来编制预算。

（案例资料来源：易迈管理咨询网）

问题：
(1) 你怎样评价武钢动态预算管理的特点？
(2) 从武钢动态预算管理中你得到哪些启示？

下 篇

下篇

第 4 章

项目投资决策

> 公司的价值取决于其未来的现金流量折现,只有公司投资的回报超过资本成本时,才会创造价值。
>
> ——汤姆·科普兰

> 投资是企业融资的目的所在,企业生存和发展的前景如何,在很大程度上取决于经营者的投资管理水平。所以在决定企业投资方向、规模、期限以及投资组合时,一定要对投资项目的经济效益作认真的分析和测评。
>
> ——托马斯·帕特森

 学习目标

1. 了解货币时间价值与投资风险价值;
2. 理解并掌握现金流量的预测原则和估算方法;
3. 掌握净现值、现值指数、内部收益率等项目评价指标的计算方法及评价标准;
4. 掌握独立项目、互斥项目投资决策分析的过程及分析方法;
5. 理解项目投资决策敏感性的方法。

引 言

当年,在拍立得公司(Polaroid Corporation)的创始人兰德(Edwin Land)发明了立即显像照相机时,由于这项产品的需求潜能非常庞大,故兰德根本不必应用任何投资决策方法就可以决定:应该马上投入资本兴建厂房,并开始生产。然而,并非每一个投资决策都是可以如此轻易地制定。例如,很多公司通常为增加新生产线或维持现有生产线,使用新设备或继续使用旧设备,以及购买价昂但耐用的设备或购买价廉但不耐用的设备等投资方案作出一个困难的抉择,而这些为了维持公司经营所需制定的决策对公司的生存和发展往往能够产生相当大的影响。

在分析了大量倒闭的公司后,我们发现,这些公司的投资决策程序和制度都不健全。例如,这些公司在采用某投资方案前,大多没有详细地分析并比较其他可行的投资方案,而且在进行投资决策时并未将投资方案风险考虑在内;更为严重的是,它们也未适当地评估投资方案的预期现金流量。

4.1 时间价值与风险价值

货币的时间价值和投资的风险价值,是现代财务管理的两个基础观念,因其非常重要且贯穿投资、融资和分配等财务管理的各个环节,因此也被称之为理财的"第一原则"。

4.1.1 货币时间价值

货币时间价值(TVM)是在不考虑风险因素和通货膨胀因素的前提下,货币随着时间的推移而发生的增值,也称为资金的时间价值。

货币投入生产经营过程后,其数额随着时间的推移而持续增长,这是一种客观的经济现象。企业资金循环和周转的起点是投入货币资金,企业用它来购买所需的资源,然后生产出新的产品,产品出售时得到的货币量大于最初投入的货币量。资金的循环和周转及因此实现的货币增值,需要或多或少的时间,每完成一次循环,货币就增加一定数额,周转的次数越多,增值额也越大。因此,随着时间的延续,货币总量在循环和周转中按几何级数增长,使得货币具有时间价值。

由于货币随时间的延续而增值,现在的1元钱与将来的1元多钱甚至是几块钱在经济上是等效的。换一种说法,就是现在的1元钱和将来的1元钱的经济价值不相等。由于不同时间单位货币的价值不相等,所以,不同时间的货币收入不宜直接进行比较,需要把它们换算到相同的时间基础上,然后才能进行大小的比较和比率的计算。由于货币随时间的增长过程与利息的增值过程在数学上相似,因此,在换算时广泛使用计算利息的各种方法。

1. 复利的计算

复利是计算利息的另一种方法。按照这种方法,每经过一个计息期,要将所生利息加入本金再计利息,逐期滚算,俗称"利滚利"。这里所说的计息期,是指相邻两次计息的时间间隔,如年、月、日等。除非特别指明,计息期为一年。

(1) 复利终值

例4-1 某人将10 000元投资于一项事业,年报酬率为6%,经过一年时间的期终金额为:

$$\begin{aligned}F &= P + P \cdot i \\ &= P \cdot (1+i) \\ &= 10\,000 \times (1+6\%) \\ &= 10\,600\ (元)\end{aligned}$$

若此人并不提走现金,而将10 600元继续投资于该事业,则第二年本利和为:

$$\begin{aligned}F &= [P \cdot (1+i)] \cdot (1+i) \\ &= P \cdot (1+i)^2 \\ &= 10\,000 \times (1+6\%)^2 \\ &= 11\,236\ (元)\end{aligned}$$

同理,第三年的期终金额为:

$$\begin{aligned}F &= P \cdot (1+i)^3 \\ &= 10\,000 \times (1+6\%)^3\end{aligned}$$

$$= 10\,000 \times 1.191\,0$$
$$= 11\,910 \text{（元）}$$

第 n 年的期终金额为：

$$F = P \cdot (1+i)^n$$

上式是计算复利终值的一般公式，其中的 $(1+i)^n$ 被称为复利终值系数或1元的复利终值，用符号（F/P, i, n）表示。例如，（F/P, 6%, 3）表示利率为6%，3期复利终值的系数。为了便于计算，可编制"复利终值系数表"备用（见本书附录A中的表A-1）。该表的第一行是利率 i，第一列是计息期数 n，相应的 $(1+i)^n$ 值在其纵横相交处。通过表A-1可查出，（F/P, 6%, 3）=1.191 0。在时间价值为6%的情况下，现在的1元和3年后的1.191元在经济上是等效的，根据这个系数可以把现值换算成终值。

该表的作用不仅在于已知 i 和 n 时查找1元的复利终值，而且可在已知1元复利终值和 n 时查找 i，或已知1元复利终值和 i 时查找 n。

例4-2 某人有1 200元，拟投入酬率为8%的投资机会，经过多少年才可使现有货币增加1倍？

解：
$$F = 1\,200 \times 2 = 2\,400$$
$$F = 1\,200 \times (1+8\%)^n$$
$$2\,400 = 1\,200 \times (1+8\%)^n$$
$$(1+8\%)^n = 2$$
$$(F/P, 8\%, n) = 2$$

查"复利终值系数表"，在 $i=8\%$ 的项下寻找2，最接近的值为：（F/P, 8%, 9）=1.999 0，所以 $n=9$。即9年后可使现有货币增加1倍。

（2）复利现值

复利现值是复利终值的对称概念，指未来一定时间的特定资金按复利计算的现在价值，或者说是为取得将来一定本利和现在所需要的本金。

复利现值计算，是指已知 F、i、n 时求 P。

通过复利终值计算已知

$$F = P \cdot (1+i)^n$$

所以

$$P = \frac{F}{(1+i)^n} = F \cdot (1+i)^{-n}$$

上式中的 $(1+i)^{-n}$ 是把终值折算为现值的系数，称为复利现值系数，或称1元的复利现值，用符号（P/F, i, n）来表示。例如，（P/F, 10%, 5）表示利率为10%时，5期的复利现值系数。为了便于计算，可编制"复利现值系数表"（见本书附录A中的表A-2）。该表的使用方法与"复利终值系数表"相同。

例4-3 某人拟在5年后获得本利和10 000元，假设投资报酬率为10%，他现在应投入多少元？

解：
$$P = F \cdot (P/F, i, n)$$
$$= 10\,000 \times (P/F, 10\%, 5)$$
$$= 10\,000 \times 0.620\,9$$

= 6 209（元）

2. 年金的计算

年金是指等额、定期的系列收支。例如，分期付款赊购、分期偿还贷款、发放养老金、分期支付工程款、每年相同的销售收入等，都属于年金收付形式。按照收付的次数和支付的时间划分，年金有以下几类。

（1）普通年金

普通年金又称后付年金，是指各期期末收付的年金。

① 普通年金终值计算。普通年金终值是每次支付的复利终值之和。

在第一期末的 100 元，应赚得 2 期的利息，因此，到第三期末其值为 121 元；在第二期末的 100 元，应赚得 1 期的利息，因此，到第三期末其值为 110 元；第三期末的 100 元，没有计息，其价值是 100 元。整个年金终值为 331 元。

如果年金的期数很多，用上述方法计算终值显然相当烦琐。由于每年支付额相等，折算终值的系数又是有规律的，所以，可找出简便的计算方法。

设每年的支付金额为 A，利率为 i，期数为 n，则按复利计算的年金终值 F 为：

$$F = A \cdot \frac{(1+i)^n - 1}{i}$$

式中的 $\frac{(1+i)^n - 1}{i}$ 是普通年金为 1 元、利率为 i、经过 n 期的年金终值，记作 $(F/A, i, n)$，可据此编制"年金终值系数表"（见本书附录 A 中的表 A-3）。

② 普通年金现值计算。普通年金现值，是指为在每期期末取得相等金额的款项，现在需要投入的金额。

例 4-4 某人出国 3 年，请你代付房租，每年租金 100 元，设银行存款利率 10%，他应当现在给你存入多少钱？

这个问题可以表述为：请计算 $i = 10\%$，$n = 3$，$A = 100$ 元之年终付款的现在等效值是多少？

设年金现值为 P，其公式为：

$$P = A \cdot \frac{1 - (1+i)^{-n}}{i}$$

式中的 $\frac{1-(1+i)^{-n}}{i}$ 是普通年金为 1 元、利率为 i、经过 n 期的年金现值，记作 $(P/A, i, n)$，可据此编制"年金现值系数表"（见本书附录 A 中的表 A-4）。

根据数据计算：

$$P = A \cdot (P/A, i, n) = 100 \times (P/A, 10\%, 3)$$

查表：$(P/A, 10\%, 3) = 2.4868$

$$P = 100 \times 2.4868 = 248.68 \text{（元）}$$

（2）先付年金

又称预付年金，是按一定时期内每期期初等额收付的系列款项，又称即付年金、先付年金。预付年金与普通年金的区别仅在于付款时间不同。

① 预付年金终值的计算。预付年金终值是其最后一期期末的本利和各期收付款项的复利终值之和。n 期预付年金与 n 期普通年金的付款次数相同，但由于付款时间不同，n 期预

付年金终值比 n 期普通年金终值多计算一期利息。因此，在 n 期普通年金终值的基础上乘以 $(1+i)$，就是 n 期预付年金终值。

$$F = A \times \left[\frac{(1+i)^n - 1}{i}\right] \times (1+i)$$

$$= A \times \left[\frac{(1+i)^{n+1} - (1+i)}{i}\right]$$

$$= A \times \left[\frac{(1+i)^{n+1} - 1}{i} - 1\right]$$

式中：$\frac{(1+i)^{n+1} - 1}{i} - 1$ 称为"预付年金终值系数"，记为 $[(F/A), i, n+1] - 1$。可查"年金终值系数表"，得 $(n+1)$ 期的值，然后减去 1 便可得到对应的预付年金终值系数。

例 4-5 某企业计划连续 5 年每年年初存入 150 万元作为发展基金，银行存款利率为 10%。则该公司在第 5 年末能一次取出本利和多少万元？

$$F = A \times [(F/P, i, n+1) - 1]$$
$$= 150 \times [(F/P, 10\%, 6) - 1]$$
$$= 150 \times (7.7156 - 1)$$
$$= 1\,007.34 \text{（万元）}$$

② 预付年金现值的计算。n 期预付年金现值与 n 期普通年金现值的期限相同，但由于付款时间不同 n 期预付年金现值比 n 期普通年金现值多折现一期。所以，在 n 期普通年金现值的基础上乘以 $(1+i)$，便可求出 n 期预付年金的现值，即：

$$P = A \times \left[\frac{1 - (1+i)^{-n}}{i}\right] \times (1+i)$$

$$= A \times \left[\frac{(1+i) - (1+i)^{-(n-1)}}{i}\right]$$

$$= A \times \left[\frac{1 - (1+i)^{-(n-1)}}{i} + 1\right]$$

式中：$\frac{1 - (1+i)^{-(n-1)}}{i} + 1$ 称为"预付年金现值系数"，它是在普通年金现值系数的基础上，期数减 1、系数加 1 所得的结果。记作 $[(P/A, i, n-1)$，可查"年金现值系数表"得 $(n-1)$ 期的值，然后加 1，便可得到对应的预付年金现值系数。

例 4-6 某公司租用一间厂房，在 5 年中每年年初支付租金 10 000 元，利息率为 8%，问租金的现值是多少？

$$P = A \times [(P/A, i, n-1) + 1]$$
$$= 10\,000 \times [(P/A, 8\%, 4) + 1]$$
$$= 10\,000 \times (3.3121 + 1)$$
$$= 43\,121 \text{（元）}$$

（3）永续年金

无限期定额支付的年金，称为永续年金。现实中的存本取息，可视为永续年金的一个例子。

永续年金没有终止的时间，也就没有终值。永续年金的现值可以通过普通年金现值的计算公式导出：

$$P = A \cdot \frac{1}{i}$$

例 4-7 拟建立一项永久性的奖学金，每年计划颁发 10 000 元奖金。若利率为 10%，现在应存入多少钱？

解：

$$P = 10\,000 \times \frac{1}{10\%} = 100\,000 \text{（元）}$$

例 4-8 如果一股优先股，每季分得股息 2 元，而利率是每年 6%，对于一个准备买这种股票的人来说，他愿意出多少钱来购买此优先股？

解：

$$P = \frac{2}{1.5\%} \approx 133.33 \text{（元）}$$

假定上述优先股息是每年 2 元，而利率是年利 6%，该优先股的价值是：$P = 2 \div 6\% \approx 33.33$（元）。

上述关于时间价值计算的方法，在财务管理中有广泛用途，如存货管理、养老金决策、租赁决策、资产和负债估价、长期投资决策等。随着财务问题日益复杂化，时间价值观念的应用也将日益增加。

相关链接

××集团投资方案的选择

××集团是一家专门从事机械产品研发与生产的企业集团。2012 年 3 月，该集团拟扩展业务，欲投资 6 000 万元研制生产某种型号的车床。经研究，共定出两套方案。第一套方案是设甲、乙、丙三个独立核算的子公司，彼此间存在着购销关系：甲企业生产的产品可以作为乙企业的原材料，而乙企业生产的产品全部提供给丙企业。经调查测算，甲企业提供的原材料市场价格为每单位 10 000 元（这里一单位是指生产一件最终产成品所需原材料数额），乙企业以每件 15 000 元提供给丙企业，丙企业以 20 000 元价格向市场出售。预计甲企业生产每单位原材料会涉及 850 元进项税额，并预计年销售量为 1 000 台（以上价格均不含税）。甲企业年应纳增值税额为 10 000 × 1 000 × 17% – 850 × 1 000 = 850 000（元），乙企业年应纳增值税额为 15 000 × 1 000 × 17% – 10 000 × 1 000 × 17% = 850 000（元），丙企业年应纳增值税额为 20 000 × 1 000 × 17% – 15 000 × 1 000 × 17% = 850 000（元）。第二套方案是设立一综合性公司，公司设立甲、乙、丙三部门。基于上述市场调查材料，可以求出该企业大致年应纳增值税额为：20 000 × 1 000 × 17% – 850 × 1 000 = 2 550 000（元），其数额和上一套方案完全一样，看似两方案对企业设立效果一样。其实不然，因为货币是有时间价值的，正是基于这方面的考虑，凯丰集团最终采用了第二套方案。方案一中，甲企业生产出的原材料，在一定时间内会出售给企业乙，这时要缴纳一定数量的增值税和企业所得税。而如果采用方案二，则这笔业务是在企业内的甲部门转向乙部门，不用缴纳企业所得税和增值税。当然这笔税款迟早要缴纳，而且数额也不会变化，但推迟纳税时间，相当于从税务机关获得一笔无息贷款，有利于企业的资金流动，对于资金比较紧张的企业来说更是如此。

4.1.2 风险价值

财务活动经常是在有风险的情况下进行的。冒风险，就要求得到额外的收益，否则就不值得去冒险。投资者由于冒风险进行投资而获得的超过资金时间价值的额外收益，称为投资的风险价值，或风险收益、风险报酬。企业理财时，必须研究风险、计量风险，并设法控制风险，以求最大限度地扩大企业财富。

1. 什么是风险

风险是一个比较难掌握的概念，其定义和计量也有很多争议。但是，风险广泛存在于重要的财务活动当中，并且对企业实现其财务目标有重要影响，人们无法回避和忽视。

如果企业的一项行动有多种可能的结果，其将来的财务后果是不肯定的，就叫有风险。如果这项行动只有一种后果，就叫没有风险。例如，现在将一笔款项存入银行，可以确知一年后将得到的本利和，几乎没有风险。这种情况在企业投资中是很罕见的，它的风险固然小，但是报酬也很低，很难称之为真正意义上的投资。

一般说来，风险是指在一定条件下和一定时期内可能发生的各种结果的波动程度。例如，我们在预计一个投资项目的报酬时，不可能十分精确，也没有百分之百的把握。有些事情的未来发展我们事先不能确知，例如价格、销量、成本等都可能发生我们预想不到并且无法控制的变化。

2. 风险的类别

1) 从投资者角度看，风险分为市场风险和公司特有风险

（1）市场风险

市场风险是指那些对所有公司产生影响的因素引起的风险，如战争、经济衰退、通货膨胀、高利率等。这类风险涉及所有的投资对象，不能通过多角化投资来分散，因此又称为不可分散风险或系统风险。例如，一个人投资于股票，不论买哪一种股票，他都要承担市场风险，经济衰退时各种股票的价格都要不同程度地下跌。

（2）公司特有风险

公司特有风险是指发生于个别公司的特有事件造成的风险，如罢工、新产品开发失败、没有争取到重要合同、诉讼失败等。这类事件是随机发生的，因而可以通过多角化投资来分散，即发生于一家公司的不利事件可以被其他公司的有利事件所抵消。这类风险称为可分散风险或非系统风险。例如，一个人投资股票时，买几种不同的股票，比只买一种风险小。

2) 从公司经营角度看，风险分为经营风险（商业风险）和财务风险（融资风险）

（1）经营风险

它是指生产经营的不确定性带来的风险，是任何商业活动都有的，也叫商业风险。

经营风险主要来自以下几方面。① 市场销售：市场需求、市场价格、企业可能生产的数量等不确定，尤其是竞争使供产销不稳定，加大了风险。② 生产成本：原料的供应和价格、工人和机器的生产率、工人的工资和奖金，都是不肯定因素，因而产生风险。③ 生产技术：设备事故、产品发生质量问题、新技术的出现等，不好预见，产生风险。④ 其他：

外部的环境变化,如天灾、经济不景气、通货膨胀、有协作关系的企业没有履行合同等,企业自己不能左右,产生风险。经营风险使企业的报酬变得不确定。

(2) 财务风险

它是指因借款而增加的风险,是融资决策带来的风险,也叫融资风险。

举债加大了企业的风险。运气好时赚得更多,运气不好时赔得更惨。如果不借钱,企业全部使用股东的资本,那么该企业就没有财务风险,只有经营风险。如果经营是肯定的(实际上总有经营风险),例如,肯定能赚 10%,那么负债再多也不要紧,只要利率低于 10%。财务风险只是加大了经营风险。

3. 风险的衡量

风险的衡量,需要使用概率和统计方法。

(1) 概率

在经济活动中,某一事件在相同的条件下可能发生也可能不发生,这类事件称为随机事件。概率就是用来表示随机事件发生可能性大小的数值。通常,把必然发生的事件的概率定为 1,把不可能发生的事件的概率定为 0,而一般随机事件的概率是介于 0 与 1 之间的一个数。概率越大就表示该事件发生的可能性越大。

例 4-9 ABC 公司有两个投资机会,A 投资机会是一个高科技项目,该领域竞争很激烈,如果经济发展迅速并且该项目搞得好,取得较大市场占有率,利润会很大,否则,利润很小甚至亏本。B 项目是一个老产品并且是必需品,销售前景可以准确预测出来。假设未来的经济情况只有三种:繁荣、正常、衰退,有关的概率分布和预期报酬率如表 4-1 所示。

表 4-1 公司未来经济情况表

经济情况	发生概率	A 项目预期报酬/%	B 项目预期报酬/%
繁荣	0.3	20	90
正常	0.4	15	15
衰退	0.3	10	-60
合计	1.0	—	—

在这里,概率表示每一种经济情况出现的可能性,同时也就是各种不同预期报酬率出现的可能性。例如,未来经济情况出现繁荣的可能性有 0.3。假如这种情况真的出现,A 项目可获得高达 90% 的报酬率,这也就是说,采纳 A 项目获利 90% 的可能性是 0.3。当然,报酬率作为一种随机变量,受多种因素的影响,这里为了简化,假设其他因素都相同,只有经济情况一个因素影响报酬率。

(2) 预期值

随机变量的各个取值,以相应的概率为权数的加权平均数,叫作随机变量的预期值(数学期望或均值),它反映随机变量取值的平均化。

$$报酬率的预期值(\overline{K}) = \sum_{i=1}^{N} (P_i \cdot K_i)$$

式中:P_i——第 i 种结果出现的概率;

K_i——第 i 种结果出现后的预期报酬率;

N——所有可能结果的数目。

据此计算：

预期报酬率（A） = 0.3 × 90% + 0.4 × 15% + 0.3 × (-60%) = 15%

预期报酬率（B） = 0.3 × 20% + 0.4 × 15% + 0.3 × 10% = 15%

两者的预期报酬率相同，但其概率分布不同。A项目的报酬率的分散程度大，变动范围在 -60% ～ 90%；B项目的报酬率的分散程度小，变动范围在10% ～ 20%。这说明两个项目的报酬率相同，但风险不同。为了定量地衡量风险大小，还要使用统计学中衡量概率分布离散程度的指标。

（3）离散程度

表示随机变量离散程度的量数包括平均差、方差和标准差等，最常用的是方差和标准差。

方差是用来表示随机变量与期望值之间离散程度的一个量。

$$\text{方差}(\sigma^2) = \sum_{i=1}^{N} [(K_i - \bar{K})^2 \cdot P_i]$$

标准差也叫均方差，是方差的平方根。

$$\text{标准差}(\sigma) = \sqrt{\sum_{i=1}^{N} [(K_i - \bar{K})^2 \cdot P_i]}$$

如上例，经计算A项目的标准差是58.09%，B项目的标准差是3.87%。它们定量地说明A项目的风险比B项目大。

4. 对风险的态度

人们对待风险的态度是有差别的。对于上述两个项目，愿意回避风险的人，会选择B项目；愿意冒险的人，会选择A项目；有人持中庸之道，没有偏好，认为A和B没有差别。

一般的投资者都在回避风险，他们不愿意做只有一半成功机会的赌博。尤其是作为不分享利润的经营管理者，在冒险成功时报酬大多归于股东，冒险失败时他们的声望下降，职业前景受威胁。在一般情况下，报酬率相同时人们会选择风险小的项目；风险相同时，人们会选择报酬率高的项目。问题在于，有时风险大，报酬率也高，那么如何决策呢？这就要看报酬是否高到值得去冒险，以及投资人对风险的态度。

5. 风险和报酬的关系

风险和报酬的基本关系是风险越大要求的报酬率越高。如前所述，各投资项目的风险大小是不同的，在投资报酬率相同的情况下，人们都会选择风险小的投资，结果竞争使其风险增加，报酬率下降。最终，高风险的项目必须有高报酬，否则也没有人投资。风险和报酬的这种联系，是市场竞争的结果。

企业拿了投资人的钱去做生意，最终投资人要承担风险，因此他们要求期望的报酬率与其风险相适应。风险和期望投资报酬率的关系可以表示如下：

期望投资报酬率 = 无风险报酬率 + 风险报酬率

无风险报酬率，如购买国家发行的公债，到期连本带利肯定可以收回。这个无风险报酬率，可以吸引公众储蓄，是最低的社会平均报酬率。

风险报酬率，它与风险大小有关，风险越大则要求的报酬率越高，是风险的函数。

风险报酬率 = f（风险程度）

假设风险和风险报酬率成正比，则：

风险报酬率 = 风险报酬斜率 × 风险程度

企业通过融资，把它投资的风险（也包括报酬）不同程度地分散给其股东、债权人，甚至供应商、工人和政府。就整个社会来说，风险是肯定存在的，问题只是谁来承担及各承担多少。如果大家都要风险小，都不肯承担风险，高风险的项目没人做，则社会发展就会慢下来。金融市场之所以能存在，就是它吸收社会资金投放给需要资金的企业，通过它分散风险，分配利润。

4.2 投资项目现金流量预计

投资项目的现金流量是指一个投资项目引起的现金支出和现金收入的数量。这里的"现金"是广义的现金，它不仅包括各种货币资金，而且还包括项目需要投入的企业现有的非货币资源的变现价值。如厂房、设备和材料等的变现价值，而不是其账面价值。

新建项目现金流量的预计包括现金流出量、现金流入量和现金净流量的预计。现金流出量包括购置生产线的价款和垫支的流动资金；现金流入量包括营业现金流入、生产线出售或报废时的残值收入和收回的流动资金；现金净流量是项目在一定期间现金流入量与流出量的差额。

4.2.1 现金流量的预计

现金流量是项目投资决策中的一种信息载体，可以明确反映和描述项目整个周期（包括建设期、经营期、终结点）的资本流动状况。正确预计投资项目的现金流量，是进行项目投资决策的基础，同时也是保证投资决策有效性的重要前提。

通常，将投资项目的现金流量分为三个部分加以预计，即初始现金流量、经营现金流量和终结现金流量。

1. 初始现金流量

初始现金流量是指投资项目开始时（主要发生在项目建设过程中）发生的现金流量，主要包括：

① 固定资产投资支出，如设备买价、运输费、安装费、建筑费等；

② 垫支的营运资本，是指项目投产前后分次或一次投放于流动资产上的资本增加额，又称铺底营运资本；

③ 原有固定资产的变价收入，是指固定资产更新时原有固定资产变卖所得的现金净流量；

④ 其他费用，是指与投资项目有关的筹建费用、职工培训费用等；

⑤ 所得税效应，是指固定资产重置时变价收入的税赋损益。引起所得税多缴的部分视为现金流出，形成节税的部分视为现金流入。

项目建设期发生的现金流量大多为现金流出量（也不排除有少量流入的可能），它们可以是一次性发生的，也可以是分次发生的。

2. 经营现金流量

经营现金流量，又称营业现金流量，是指投资项目投入使用后，在经营使用期内由于生产经营所带来的现金流入和现金流出的数量。这种现金流量一般以年为单位进行计算。这里的现金流入一般是指经营现金收入；现金流出一般是指经营现金支出和缴纳税金。

经营现金净流量（NCF）一般可以按以下三种方法计算。

(1) 根据经营现金净流量的定义计算

$$经营现金净流量 = 营业收入 - 付现成本 - 所得税$$

(2) 根据年末营业结果来计算

企业每年现金增加来自于两个主要方面：一是当年增加的净利；二是计提的折旧，以现金形式从销售收入中扣回，留在企业里。

$$经营现金净流量 = 税后净利润 + 折旧$$

(3) 根据所得税对收入、成本和折旧的影响计算

$$经营现金净流量 = 收入 \times (1-税率) - 付现成本 \times (1-税率) + 折旧 \times 税率$$
$$= 税后收入 - 税后成本 + 折旧抵税额$$

以上三种方法的计算结果是一致的。

例 4-10 假设甲、乙两公司的基本情况相同，唯一的区别在于二者的折旧额不同。现金流量的计算如表 4-2 所示。

表 4-2 现金流量计算表   单位：元

项目	甲公司	乙公司
销售收入	1 200 000	1 200 000
付现营业成本	600 000	600 000
折旧	200 000	250 000
营业成本合计	800 000	850 000
税前利润	400 000	350 000
所得税（40%）	160 000	140 000
税后净利	240 000	210 000
营业现金净流量	440 000	460 000

根据以上资料，经营现金净流量的计算结果验证如下。

根据经营现金净流量的定义计算：

经营现金净流量(甲) = 1 200 000 - 600 000 - 160 000 = 440 000（元）

经营现金净流量(乙) = 1 200 000 - 600 000 - 140 000 = 460 000（元）

根据年末营业结果计算：

经营现金净流量(甲) = 240 000 + 200 000 = 440 000（元）

经营现金净流量(乙) = 210 000 + 250 000 = 460 000（元）

根据所得税对收入、成本和折旧的影响计算：

经营现金净流量(甲) = (1 200 000 - 600 000) × (1 - 40%) + 200 000 × 40%
= 440 000（元）

经营现金净流量(乙) = (1 200 000 - 600 000) × (1 - 40%) + 250 000 × 40%
= 460 000（元）

由以上计算结果可见，甲、乙公司分别按三种不同的计算方法得到的经营现金流量是完

全一致的。乙公司的经营现金流量之所以高出甲公司20 000元，是源于二者折旧费差额的节税额，即：

$$(250\ 000 - 200\ 000) \times 40\% = 20\ 000（元）$$

3. 终结现金流量

终结现金流量是指项目完结时所发生的现金流量，项目终结的"年份"具有双重含义，它既是项目经营使用期的最后年份，同时也是项目终了的年份。因此，终结现金流量既包括经营现金流量（内容与预计方法如前所述），又包括非经营现金流量。非经营现金流量包括固定资产的残值收入或变价收入及税赋损益、垫支营运资本的回收、停止使用的土地的变价收入等。

4.2.2 现金流量预计中应注意的问题

项目投资现金流量的预计涉及的内容很多，影响现金流量预计结果及其分布状况的因素也很多。因此，在现金流量预计过程中有以下一些问题值得关注。

1. 现金流量与会计利润的关系

现金流量与会计利润既有联系，又有区别。二者的联系在于现金流量与利润在本质上并无根本区别，虽然从单个的年度来看，现金净流量与利润是不等的，但从项目的整个投资有效期来看，二者的总额是相等的。二者的主要区别在于以下几个方面。

① 确认基础。会计利润以权责发生制作为确认基础进而评价公司的经营业绩；而项目投资决策中的现金流量以收付实现制作为确认基础进而评价投资项目的经济效益和可行性。

② 对货币时间价值的考虑。计算会计利润时的收入和支出不一定是当期收到和支付的现金，故不利于其现值的确定；而现金流量反映的是当期的现金流入和流出量，有利于考虑时间价值因素。

③ 方案评价的客观性。会计利润在各年的分布存在不客观的成分。首先，利润的计算缺乏统一的标准，并在一定程度上受到人为因素的影响，如存货计价、费用摊配、折旧方法等有较大的主观随意性；其次，利润反映的是某一会计期间"应计"的现金流量而非实际流量，具有较大风险。而现金流量的分布不受人为因素的影响，能如实反映现金流量发生的时间和金额，保证方案评价的客观性。

④ 现金流的状况。在投资分析中，对项目效益的评价是以假设其收回的资本再投资为前提的。利润反映项目的盈亏状况，而有利润的年份不一定能产生相应的现金用于再投资，只有现金净流量才能用于再投资。一个项目能否维持下去，不是取决于某年份是否有利润，而是取决于是否有现金用于所需要的各种支付。显然，在项目投资决策中现金流动状况比盈亏状况更为重要。

基于上述原因，在项目投资决策中，研究的重点是现金流量，而把对会计利润的研究放在次要位置。

2. 折旧问题

折旧作为一种客观现象而存在，它所带来的影响效果是多重的。首先，折旧方法及折旧率的选择不同，导致各年折旧额的分布不同（直线法除外），进而影响到各年的会计利润。计提折旧多的年份，使该年利润减少；反之，则相反。其次，折旧又是收回项目投资的一个途径。一项投资的收回，除了靠项目本身每年所创造的收益以外，另一个收回渠道就是计提折旧。因此，通常将折旧作为现金流入的一个方面。最后，在存在所得税的条件下，折旧还会带来抵税效应。某年计提的折旧越多，带来的抵税效果越明显，形成的现金流入也越多。

$$折旧抵税额 = 折旧额 \times 所得税税率$$

3. 利息费用

以借款投资的项目，在预计现金流量时，还存在对借款利息费用的处理。通常，对利息费用的处理有两种方式：一是将利息费用作为费用支出，从现金流量中扣除；二是将其归于现金流量的资本成本中。在实务中广泛采用的是后一种方法。值得注意的是，如果已从现金流量中扣除，就不能归于现金流量的资本成本中，以避免重复计算。

此外，通货膨胀是影响当今经济社会的一个非常重要的因素，在投资项目评估中，通货膨胀可能会同时影响项目的现金流量和投资必要收益率（折现率），必要时也应该考虑这一影响因素。

4. 对固定资产残值收入和变价收入的税收处理

如果会计上计提的残值与税法规定的提取办法有出入，则应按税法规定进行调整后确认其现金流量。

例 4-11 某设备会计上计提的残值为 10 000 元，而按税法规定应提取残值 12 000 元，所得税税率为 25%，则此时确认的残值收入形成的现金流量并非 10 000 元，而应是 10 500 元，即 10 000 + (12 000 - 10 000) × 25% = 10 500（元）。

对于固定资产的变价收入，其高于原值或账面净值的部分，多缴的所得税视为现金流出；其低于账面净值而发生的出售损失抵减所得税支出，少缴的所得税视为现金流入。

4.2.3 现金流量案例分析

例 4-12 宏达公司拟投资 100 万元新建一个生产加工车间，1 年后投产，有效期 3 年。投产开始时垫付营运资本 25 万元，结束时收回。预计投产后，每年可实现销售收入 75 万元，每年付现成本 35 万元。该公司采用直线法折旧，预计净残值率为 10% 并与税法规定相一致。所得税税率为 40%，预计通货膨胀率为 5%。

根据以上资料根据不同情况编制的该公司现金流量表如表 4-3 和表 4-4 所示。

1. 不考虑税收因素的现金流量分析

表 4-3 现金流量预计表（不考虑税收因素） 单位：万元

年份	0	1	2	3	4	合计
投资额	(100)					(100)
销售收入			75	75	75	225
付现成本			35	35	35	105
折旧			30	30	30	90
利润			10	10	10	30
营业现金流量			40	40	40	120
营运资本		(25)			25	0
残值收入					10	10
现金净流量	(100)	(25)	40	40	75	30

表 4 – 3 中的折旧额 = $\frac{100 - 100 \times 10\%}{3}$ = 30（万元）

2. 考虑税收因素的现金流量分析

表 4 – 4　现金流量预计表（考虑税收因素）　　　　　　　　单位：万元

年　　份	0	1	2	3	4	合计
投资	(100)					(100)
销售收入			75	75	75	225
税后收入			45	45	45	135
付现成本			35	35	35	105
税后成本			21	21	21	63
折旧			30	30	30	90
折旧节税			12	12	12	36
税前利润			10	10	10	30
所得税			4	4	4	12
税后利润			6	6	6	18
营业现金流量			36	36	36	88
营运资本		(25)			25	0
残值收入					10	10
现金净流量	(100)	(25)	36	36	71	18

4.3　项目投资决策方法

项目投资决策的基本方法一般有两类，一类是贴现（折现）的分析评价方法，即考虑了时间价值因素的评价方法，包括净现值法、现值指数法和内部收益率法三个指标；另一类是非贴现（折现）的分析评价方法，即未考虑时间价值因素的评价方法，包括投资回收期法和会计收益率法两个指标。

4.3.1　净现值法

净现值（Net Present Value，NPV）是指投资项目（方案）在整个建设和使用期限内未来现金流入量的现值与未来现金流出量的现值之差，或称为各年现金净流量现值的代数和。

1. 净现值的计算

净现值的计算涉及两个主要参数：一是项目的现金流量（前已述及）；二是折现率。根据这两个主要参数，即可计算项目的净现值，其计算公式如下：

$$\text{NPV} = \sum_{t=0}^{n} \frac{\text{NCF}_t}{(1+K)^t} = \sum_{t=0}^{n} \text{NCF}_t (1+K)^{-t}$$

式中：NCF_t 代表第 t 期现金净流量；K 代表资本成本或投资必要收益率，为简化计算，假设各年不变；n 代表项目周期（指项目建设期和使用期）。

例 4-13 假设折现率为 10%，有 A、B、C 三项投资方案，有关数据如表 4-5 所示。

表 4-5 A、B、C 投资方案的有关数据   单位：元

年 份	A 方案		B 方案		C 方案	
	净收益	现金净流量	净收益	现金净流量	净收益	现金净流量
0		(30 000)		(12 000)		(15 000)
1	2 800	17 800	(2 000)	2 000	900	5 900
2	3 800	18 800	3 500	7 500	900	5 900
3			3 500	7 500	900	5 900
合 计	6 600	6 600	5 000	5 000	2 700	2 700

根据表 4-5 资料计算的净现值分别为：

$NPV_A = -30\ 000 + (17\ 800 \times 0.909\ 1 + 18\ 800 \times 0.826\ 4) = 1\ 718.3$（元）

$NPV_B = -12\ 000 + (2\ 000 \times 0.909\ 1 + 7\ 500 \times 0.826\ 4 + 7\ 500 \times 0.751\ 3) = 1\ 650.95$（元）

$NPV_C = -15\ 000 + 5\ 900 \times 2.487 = -326.7$（元）

2. 净现值的决策标准

在只有一个备选方案的决策中，如果方案的净现值大于零，表明该项目的投资收益大于资本成本，则该项目是可行的；如果方案的净现值小于零，则应放弃该项目。在有多个备选方案的互斥选择决策中，应选净现值最大者。

3. 净现值法的利与弊

净现值的优点是：此法充分考虑了时间价值和项目有效期全部现金流量，能够反映投资项目的收益；其取舍标准也最好地体现了财务管理的基本目标——公司价值最大化。净现值的不足之处在于：第一，确定折现率比较困难；第二，对于经济寿命不等的项目，用净现值难以评估；第三，对于初始投资额不等的项目，仅用净现值难以评估其优劣；第四，它不能揭示各个投资方案本身可能达到的实际收益率是多少。

相关链接

表 4-6 创造"正净现值"途径

途 径	实 例
推出新产品	苹果公司于 1976 年推出第一台个人电脑
拓展核心技术	本田公司开发小型发动机技术高效生产汽车、摩托车、除草机等
设置进入障碍	宝丽来公司掌握即拍即洗的技术专利
革新现有产品	克莱斯勒公司推出微型货车
创造产品差别化	可口可乐公司的广告："这才是可乐！"
变革组织机构	摩托罗拉公司采用"日本式管理"：即时零库存管理；民主议事程序；业绩激励制度

毫无疑问，这里只是列举了部分可能产生正 NPV 的途径。然而，重要的是牢记这个事实：真正能产生正 NPV 的项目并不多。最起码的商业知识告诉我们：竞争性行业比非竞争

性行业更难寻找到正 NPV 项目。

资料来源：罗斯，威斯特菲尔德，杰富. 公司理财. 吴世农，沈艺峰，译. 北京：机械工业出版社，2000：149–150.

4.3.2 现值指数法

现值指数（Profitability Index，PI）又称获利指数，是指投资项目未来现金流入量的现值与现金流出量的现值的比率。

1. 现值指数的计算

现值指数的计算公式如下：

$$PI = \frac{\sum_{t=0}^{n} CIF_t (1+K)^{-t}}{\sum_{t=0}^{n} COF_t (1+K)^{-t}}$$

式中：CIF 和 COF 分别代表现金流入量和现金流出量。

例 4–14 依据例 4–13 的资料可分别计算出 A、B、C 三个方案的现值指数为：

$$PI_A = 31\ 718.3 \div 30\ 000 \approx 1.06$$
$$PI_B = 13\ 650.95 \div 12\ 000 \approx 1.14$$
$$PI_C = 14\ 673.3 \div 15\ 000 \approx 0.98$$

2. 现值指数的决策标准

若项目或方案的现值指数 PI≥1，表明项目的收益率大于或等于预定的折现率，则应接受该项目或方案；反之，若项目或方案的现值指数 PI<1，表明项目的收益率小于预定的折现率，则应放弃。

3. 现值指数法的利与弊

现值指数的优点是：充分考虑了货币的时间价值；它以相对数来表示，反映了投资的效率，即 1 元投资可望获得的现值收益。与 NPV 评价标准相比，这两种标准使用相同的信息评价投资项目，得出的结论常常是一致的，但在投资规模不同的互斥项目的选择中，则有可能得出不同的结论，这时应以净现值作为选择标准。

4.3.3 内部收益率法

内部收益率（Internal Rate of Return，IRR）又称内含报酬率，是指能够使投资项目的未来现金流入量现值和流出量现值相等（净现值为零）时的折现率，它反映了投资项目的真实收益。内部收益率应满足下面公式：

$$NPV = \sum_{t=0}^{n} NCF_t (1+IRR)^{-t} = 0$$

1. 内部收益率的计算

内部收益率一般采用内插法或通过计算机搜索法求出 IRR 值。在这种方法下，首先，先预估一个折现率，并按此折现率计算方案的净现值。如果计算出的净现值为正数，表明预估的折现率小于方案的实际内部收益率，应提高折现率，再进行测算；如果计算出的净现值为负数,表明预估的折现率大于方案的实际内部收益率,应降低折现率,再进行测算。经过如此反复测算,找到净现值由正到负并且比较接近于零的两个折现率。其次,根据上述两个邻近的折现率,运用内插法计算出方案的内部收益率。

例 4 – 15 依据例 4 – 13 可测试出 A 方案的内部收益率,其测试过程如表 4 – 7 所示。

表 4 – 7 A 方案内部收益率测试

年 份	现金净流量/元	折现率 16%		折现率 14%	
		折现系数	现值/元	折现系数	现值/元
0	(30 000)	1	(30 000)	1	(30 000)
1	17 800	0.862	15 343.6	0.877	15 610.6
2	18 800	0.743	13 968.4	0.770	14 476
净现值			−688		+86.6

内部收益率(A) = 14% + (16% − 14%) × 86.6/(86.6 + 688) ≈ 14.22%

同理可以计算得出 B 方案的内部收益率。

由于 C 方案的每年现金流量相等,符合年金形式,其内部收益率可以通过计算投资回收系数(即年金现值系数),再查年金现值系数表来确定,比 A 方案和 B 方案的计算要简单一些。具体计算如下。

设现金流入的现值与原始投资额相等,则:

$$原始投资额 = 每年 NCF × 年金现值系数$$
$$15\,000 = 5\,900 × (P/A, i, 3)$$
$$(P/A, i, 3) = 2.5424$$

查"年金现值系数表"得:

$$(P/A, 8\%, 3) = 2.5771, (P/A, 9\%, 3) = 2.5315$$

用内插法计算 C 方案的内部收益率为:

内部收益率(C) = 8% + (9% − 8%) × (2.5771 − 2.5424)/(2.5771 − 2.5315)
≈ 8% + 0.76%
≈ 8.76%

2. 内部收益率的决策标准

若投资项目(方案)的 IRR 大于或等于项目的资本成本或投资最低收益率,则接受该项目;反之,则应放弃。项目的 IRR 越是大于资本成本,即使此项投资是以借款进行的,那么,在还本付息后,该投资项目仍能给企业带来较多的剩余收益。

3. 内部收益率法的利与弊

内部收益率是方案本身的收益能力,反映其内在的获利水平,以内部收益率的高低来决定方案的取舍,使项目投资决策更趋于精确化。内部收益率指标可直接根据投资项目本身的参数(现金流量)计算其投资收益率,在一般情况下,能够正确反映项目本身的获利能力,但在互斥项目的选择中,利用这一标准有时会得出与净现值不同的结论,这时应以净现值作为选项标准。

4.3.4 投资回收期法

投资回收期（Payback Period，PP）是指通过项目的现金净流量来回收初始投资额所需要的时间，一般以年为单位。投资回收期还可细分为包括建设期的投资回收期和不包括建设期的投资回收期。它属于评价投资项目的非折现指标。

1. 投资回收期的计算

如果在项目的整个有效期限内，每年的经营现金净流量相等，则投资回收期可按以下公式计算：

$$投资回收期 = 初始投资额 \div 年现金净流量$$

例 4-16 在例 4-13 中，C 方案的投资回收期可计算如下：

$$投资回收期(C) = 15\,000 \div 5\,900 \approx 2.54 \text{（年）}$$

如果每年的经营现金净流量不等，或初始投资是分几年投入的，投资回收期的计算要根据每年年末尚未回收的投资额加以确定。

在例 4-13 中，B 方案投资回收期的计算如表 4-8 所示。

表 4-8 B 方案累计现金净流量   单位：元

项目 \ 年份	0	1	2	3
现金净流量	-12 000	2 000	7 500	7 500
累计现金净流量	-12 000	-10 000	-2 500	5 000

$$投资回收期(B) = 2 + (2\,500 / 7\,500) \approx 2.33 \text{（年）}$$

2. 投资回收期的决策标准

利用投资回收期进行项目评价的决策规则是：如果项目的投资回收期小于基准回收期（公司自行确定或根据行业标准确定）时，则该项目可以接受；反之，则应放弃。在实务分析中，一般认为投资回收期小于项目周期的一半时方为可行。

3. 投资回收期法的利与弊

投资回收期是最早用于评估投资决策项目的方法，曾一度被广泛运用。该法计算简便直观，且容易为决策人所理解。其缺点在于：它不仅忽视了时间价值和风险，而且也没有考虑回收期以后的现金流量。事实上，具有战略意义的长期投资往往早期收益较低，而中后期收益较高。回收期优先考虑急功近利的项目，可能导致放弃长期成功的方案。因此，在项目评价时，投资回收期只能作为一个辅助标准，必须和其他标准相结合，以判断项目的可行性。

4.3.5 会计收益率法

会计收益率（Accounting Rate of Return，ARR）又称平均报酬率，是指投资项目年平均净收益与该项目平均投资额的比率。年平均收益可根据需要采用项目的年平均利润、年平均息税前利润或销售利润等指标，实务中较常用的是年平均净利润；年平均投资额是指固定资产投资账面价值的算术平均数。为了全面反映项目投资收益，也可将营运资本投资包括在项目投资总额中。

1. 会计收益率的计算

会计收益率的计算公式为：

$$会计收益率（ARR）＝年平均净收益÷平均投资总额×100\%$$

例 4-17 依据例 4-13 的资料计算的 A、B、C 三个方案的会计收益率为：

$$会计收益率(A) = \frac{(2\,800+3\,800)÷2}{30\,000÷2} \times 100\% = 22\%$$

$$会计收益率(B) = \frac{(-2\,000+3\,500+3\,500)÷3}{12\,000÷2} \times 100\% \approx 27.8\%$$

$$会计收益率(C) = \frac{900}{15\,000÷2} \times 100\% = 12\%$$

在计算会计收益率时，计算公式的分母也可以用原始投资额，这样计算的结果要缩小一半，但并不会改变方案的优先次序，因此，这种计算方法也是可以的。

2. 会计收益率的决策标准

会计收益率的决策规则是：如果项目的会计收益率大于基准会计收益率（通常由公司自行确定或根据行业标准确定），则应接受该项目；反之，则应放弃。在有多个互斥方案的选择中，则应选择会计收益率最高的项目。

3. 会计收益率法的利与弊

会计收益率指标的优点是简明、易懂、易算，但也存在明显的不足，其不足之处在于以下几方面。

① 它没有考虑货币时间价值和投资风险价值，将第 1 年的会计收益和最后 1 年的会计收益看作具有同等的价值，所以，有时会作出错误的决策。

② 当备选方案的原始投资、有效期限及净利润总额均相等时，所计算的会计收益率相同，则无法判断方案的优劣，故而也许会忽略最佳的方案。

③ 会计收益率以会计核算数据而不是以项目的现金流量作为计算基础，各年的现金流量与会计收益在量上往往相距甚远，以会计收益率的高低作为决策依据缺乏客观性。

④ 当投资项目存在机会成本时，以会计收益率为标准的判断结果与净现值等标准差异很大，有时甚至得出相反的结论，影响投资决策的正确性。

因此，会计收益率只能作为一种辅助指标来衡量投资项目的优劣。

4.3.6 项目评价标准的比较与选择

1. 项目评价标准的基本要求

一个好的评价标准应符合以下三个条件：

第一，这种评价标准必须考虑项目周期内的全部现金流量；

第二，这种评价标准必须考虑资本成本或投资者要求的收益率，以便将不同时点上的现金流量调整为同一时点进行比较；

第三，这种评价标准必须与公司的目标相一致，即进行互斥项目的选择时，能选出使公司价值最大的项目。

按以上三点衡量这五种标准，会计收益率和投资回收期均不符合上述三点要求；内部收益率符合第一点，但没有采用资本成本对现金流量进行折现；现值指数符合第一、第二点，但与 IRR 一样不能在互斥项目中选择使公司价值最大的项目；而 NPV 可以满足上述要求的基本特性。

2. 非折现现金流量指标与折现现金流量指标的比较

从 20 世纪 70 年代开始，折现现金流量指标在项目投资评价中已占居了主导地位，并形成了以折现现金流量指标为主、以非折现现金流量指标为辅的多种指标并存的评价体系。通过二者的比较，可以发现以下一些问题。

① 非折现指标把不同时点上的现金收入和支出当作毫无差别的资本进行对比，忽略了货币时间价值因素，这是不科学的；而折现指标则把不同时点收入或支出的现金按统一的折现率折算到同一时点上，使不同时期的现金更具有可比性，符合投资决策的要求。

② 非折现指标中的投资回收期只能反映投资的回收速度，不能反映投资的主要目标——净现值的多少，同时，由于回收期没有考虑时间价值因素，因而夸大了投资的回收速度。

③ 对于寿命不同、资本投入时间和提供收益时间不同的投资方案，非折现指标缺乏鉴别能力；而折现指标则可作出正确合理的决策。

④ 非折现指标中的投资回收期和会计收益率，由于没有考虑时间价值，因而实际上夸大了项目的盈利水平；而折现指标中的内部收益率是以预计的现金流量为基础，考虑了时间价值以后计算出的真实收益率。

⑤ 在运用投资回收期这一指标时，标准回收期是方案取舍的依据，但标准回收期一般都是以经验或主观判断为基础来确定的，缺乏客观依据；而折现指标中的净现值和内部收益率等指标实际上都是以企业的资本成本为取舍依据的，任何企业的资本成本都可通过计算得到，因此，这一取舍标准符合客观实际。

相关链接

好莱坞电影制作公司的项目投资决策

项目投资决策中各种定量技术分析方法的使用情况因行业而异，有些公司采用回收期法，有些公司使用会计收益率法。多数研究表明，大公司最经常使用的是净现值法、内部收益率法，或者是将二者结合起来使用。那些有可能精确预计现金流量的公司往往倾向于使用净现值法。例如，在石油类企业中，预计的现金流量就具有很高的可信度。因此，能源类的公司使用净现值法的往往居多。相反，要预计影片制作公司的现金流量就十分困难。很多畅销的影片，如《摇滚》（Rocky）、《星球大战》（Star Wars）、《ET》和《致命的诱惑》（Fatal Attraction）等，它们的票房收入都远远地超过了预期。而像《天堂之门》（Heaven's Gate）与《Howard the Duck》等影片所遭受的冷遇和重挫也是制作人始料未及的。正因为如此，电影制作公司很少考虑使用净现值法。

那么好莱坞电影制作公司又是如何进行项目投资决策的呢？电影公司常常通过面谈来决定是否投资一个新的影片创意。独立制片人约出电影公司进行极为短暂的会面，推销自己的影片创意。

下面是摘自一本畅销书《Reel Power》的四段引文：

"他们（电影公司经理）并不想知道太多，"莱·辛普森（Rom Simpson）说，"他们很想知道的是电影的主题……他们想知道'三层里衬'是什么，因为他们想以此来拉广告、拉赞助。他们还想知道电影的名称……至于具体的细节，他们根本不想听。如果谈话超过5分钟，那他们很可能就不采纳这个项目。"

"一个家伙走了进来，说：'我的创意是太空遇险，'"电影 Under Fire 的编剧克雷·佛罗曼（Clay Frohman）谈道，"然后他们惊叹道：'精彩！奇妙！真是引人入胜！'双方一拍即合……就这么简单。这就是他们想听的。他们的观念是'别用那些故事情节来烦我'。"

"……构思新颖的创意更具有吸引力。最受欢迎的是那些观众闻所未闻但与以往的高票房影片又有几分相似的题材。这样，也就可以让电影公司确信影片不至于太离谱。"

"……面谈最忌讳的开场白，"一位电影公司的经理芭巴拉·博伊尔（Barbara Boyle）认为，"就是鼓吹你未来的影片将会赢得多么高的票房收入。大家都知道，当然他们更清楚，根本不可能预计一部影片将来的票房收入。这只会让人觉得你是在大放厥词。"

4.4 项目投资决策方法的运用

4.4.1 独立项目投资决策

所谓独立项目（Independent Project）是指一组相互独立、互不排斥的项目。在独立项目中，选择某一项目并不排斥选择另一项目。例如，假设麦当劳打算在一个偏远的小岛上开设一家汉堡包餐厅，这个方案是否被采纳都不会受到其他开设新餐厅的投资决策的影响，它们是相互独立的。独立项目的决策是指对待定投资项目采纳与否的决策，这种投资决策可以不考虑任何其他投资项目是否得到采纳和实施；这种投资的收益与成本也不会因其他项目的采纳与否而受影响，即项目的取舍只取决于项目本身的经济价值。从财务的角度看，两种独立性投资所引起的现金流量是不相关的。

对于独立项目的决策，可运用投资回收期、会计收益率及净现值、现值指数、内部收益率等任何一个合理的标准进行分析，决定项目的取舍。只要运用得当，一般都能作出正确的决策。

例 4-18 某公司拟于 2013 年上一项新产品开发投资项目，有关资料如下所述。

① 在第一年年初与第二年年初为固定资产各投资 500 万元，预计在第二年末建成，并拟在投产前再垫支流动资产 100 万元。

② 固定资产竣工投产后估计其经济寿命周期为 6 年，期末残值为 15 万元（假设与税法规定的残值比例一致），每年按直线法提取折旧。

③ 投产后前三年实现年产品销售收入，根据市场预测为 700 万元，相关营运成本为 160 万元；后三年实现年产品销售收入 300 万元，相关营运成本为 80 万元。

④ 假设该公司的所得税率为 30%。投资所需资金从银行借入，利率为 10%。

要求：运用净现值法评价该项投资方案的可行性。

解：① 该投资方案的现金流出现值为：

$500 + 500 \times (P/F, 10\%, 1) + 100 \times (P/F, 10\%, 2) = 1\ 037.1$（万元）

② 该方案现金流入现值为：

a. 年固定资产旧 $= \dfrac{1\ 155 - 15}{6} = 190$ 万元

前三年每年税前利润 $= 700 - 160 - 190 = 350$ 万元

前三年每年所得税额 $= 350 \times 30\% = 105$ 万元

前三年每年净利润 $= 350 - 105 = 245$ 万元

前三年每年现金净流量 $= 245 + 190 = 435$ 万元

b. 投产后后三年每年现金净流量 $= (300 - 80 - 190) \times (1 - 30\%) + 190 = 211$ 万元

c. 第六年末回收残值 15 万元，回收垫支流动资金 10 万元，合计 115 万元。

d. 方案现金流入现值为：$435 \times (P/A,10\%,3) \times (P/F,10\%,2) + 211 \times (P/A,10\%,3) \times (P/F,10\%,5) + 115 \times (P/F,10\%,8)$

$= 435 \times 2.487 \times 0.826 + 211 \times 2.487 \times 0.621 + 115 \times 0.467$

$= 893.6 + 325.9 + 53.7 = 1\ 273.2$（万元）

③ 该投资方案的净现值 $= 1\ 273.2 - 1\ 037.1 = 236.1$（万元）

由于净现值大于 0，表示该投资方案具备经济可行性。

此外，还可以使用现值指数和内含报酬率法对投资方案评价，其评价结果与净现值评价结果应具有一致性。

4.4.2 互斥项目投资决策

所谓互斥项目（Mutually Exclusive Investments）是指在一组项目中，采用其中某一项目意味着放弃其他项目时，这一组项目被称为互斥项目。例如，项目 A 是在你所拥有的一块地皮上建一幢公寓楼，项目 B 是决定在同样的一块地皮上建一座电影院。你可以选择 A 也可以选择 B，或者两者同时放弃，唯独不能同时采纳项目 A 和项目 B。在进行互斥项目的投资决策分析时，选择最优投资项目的基本方法有以下几种。

1. 排列顺序法

在排列顺序法中，全部待选项目可分别根据它们各自的 NPV 或 PI 或 IRR 按降级顺序排列，然后进行项目挑选，通常选其大者为最优。通常情况下，按上述三个评价标准对互斥项目进行排序选择的结果是一致的，但在某些情况下也会得出不一致的结论，即出现排序矛盾。在这种情况下，通常应以净现值作为选择标准。

2. 增量收益分析法

增量收益分析法，又称差量分析法，是指在对互斥项目进行投资决策时，可根据其现金流量的增量计算增量净现值、增量现值指数或增量内部收益率，并以其任意标准进行项目的选择。其判断标准是：如果增量净现值大于零，或增量现值指数大于 1，或增量内部收益率大于资本成本，则增量投资在经济上是可行的。

对于投资规模不同的互斥项目，如果增量 NPV > 0，或增量 PI > 1，或增量 IRR > WACC（综合资本成本），则投资额大的项目较优；反之，投资额小的项目较优。

对于旧设备是否更新的选择，通常是站在新设备的角度进行分析，并通过计算 NPV，或增量 PI，或增量 IRR，如果增量 NPV > 0，或增量 PI > 1，或增量 IRR > 资本成本，则应选择设备更新；反之，则应继续使用旧设备。

例 4-19 某公司正在考虑以一台技术更先进、效率更高的新设备来取代现有的旧设备。有关资料如下。

旧设备原购置成本 10 万元，已使用 5 年，估计还可以使用 5 年，已提折旧 5 万元，假定使用期满后无残值，如果现在出售可得价款 4 万元，每年付现成本 8 万元。

新设备的购置成本为 11 万元，估计可用 5 年，期满后有残值 1 万元，使用新设备后，每年付现成本为 5 万元。

假定该公司按直线法折旧，所得税税率为 50%，资本成本为 15%，销售收入不变。

下面站在新设备的角度进行旧设备继续使用与更新的增量分析，其分析结果如表 4-9 所示。

表 4-9 增量现金流量表　　　　　　　　　　　　　　　　　单位：元

项目	0 年	1～4 年	5 年
初始投资	-65 000		
销售收入		0	0
付现成本节约额		+30 000	+30 000
折旧费		-10 000	-10 000
税前利润		+20 000	+20 000
所得税		-10 000	-10 000
税后净利		+10 000	+10 000
经营现金净流量		+20 000	+20 000
终结现金流量			+10 000
现金净流量	-65 000	+20 000	+30 000

根据表 4-9 的数据可以计算增量净现值如下：

增量净现值 = 20 000 × (P/A,15%,4) + 30 000 × (P/F,15%,5) - 65 000 = 7 010（元）

结论：由于增量 NPV > 0，故应以设备更新替代旧设备继续使用。

3. 总费用现值法

总费用现值法是指通过计算各备选项目的全部费用的现值来进行项目选择的一种方法。这种方法一般适用于收入相同、计算期相同的项目之间的选择，其选择标准是以总费用现值较小者为最佳。

例 4-20 在例 4-19 中，可先通过编制重置投资项目实际现金流量表，进而计算总费用的现值。实际现金流量表如表 4-10 所示。

表 4-10 重置投资项目实际现金流量表　　　　　　　　　　　单位：元

项目	旧设备	新设备
初始投资		
设备购置支出	0	-110 000
旧设备出售收入	0	40 000
旧设备出售损失减税	0	5 000
现金流出合计	0	-65 000

项　目	旧设备	新设备
经营现金流量（1～5年）		
税后经营成本	-40 000	-25 000
折旧减税	5 000	10 000
现金流出合计	-35 000	-15 000
终结现金流量（第5年）	0	10 000

旧设备费用总额现值 = 35 000 × (P/A,15%,5) = 117 320（元）

新设备费用总额现值 = 65 000 + 15 000 × (P/A,15%,5) - 10 000 × (P/F,15%,5) = 110 310（元）

计算结果表明，由于以新设备取代旧设备可节约费用现值 7 010 元（117 320 - 110 310），故应选择设备更新，这一结果与增量净现值相同。

4. 年均费用法

年均费用法适用于收入相同但计算期不同的项目的选择。这种方法是把继续使用旧设备和购置新设备看成是两个互斥的方案，而不是一个更换设备的特定方案。也就是说，要有正确的"局外观"，即从局外人的角度来考察：一个方案是购置旧设备；另一个方案是购置新设备，新、旧设备的使用期限不同，在此基础上，比较各自的年均费用，并作出选择，以年均费用较小者作为优选项目。

例 4-21 某企业有一旧设备，生产使用部门提出更新要求，技术人员及财务人员提供的相关数据如表 4-11 所示。

表 4-11　新、旧设备分析测算表

项　目	旧设备	新设备
原始价值（购价）（元）	22 000	24 000
预计使用年限（年）	10	10
已使用年限（年）	4	0
尚可使用年限（年）	6	10
变现价值（元）	6 000	24 000
每年付现成本（元）	7 000	4 000
期末残值（元）	2 000	3 000

假设该企业要求的最低投资收益率为 15%，那么该企业是继续使用旧设备，还是以新设备替代（假设不考虑所得税）？

由于新、旧设备的使用年限不同，因此必须站在"局外人"的角度来分析各项目的现金流量（或者以 6 000 元购置旧设备，或者以 24 000 元购置新设备），而不是根据各项目的实际现金流量计算其费用现值。其计算结果如下：

$$\text{旧设备年均费用现值} = \frac{6\,000 + 7\,000 \times (P/A,15\%,6) - 2\,000 \times (P/F,15\%,6)}{(P/A,15\%,6)}$$

$$\approx 8\,357.20 \text{（元）}$$

$$\text{新设备年均费用现值} = \frac{24\,000 + 4\,000 \times (P/A,15\%,10) - 3\,000 \times (P/F,15\%,10)}{(P/A,15\%,10)}$$

≈8 637.19（元）

上述计算结果表明，继续使用旧设备的年均费用现值比设备更新年均费用现值低279.99元（8 637.19 – 8 357.20），故应选择继续使用旧设备。

如果按实际现金流量计算，则各项目的年均费用现值为：

$$旧设备年均费用现值 = \frac{7\,000 \times (P/A, 15\%, 6) - 2\,000 \times (P/F, 15\%, 6)}{(P/A, 15\%, 6)} \approx 6\,771.67（元）$$

$$新设备年均费用现值 = \frac{(24\,000 - 6\,000) + 4\,000 \times (P/A, 15\%, 10) - 3\,000 \times (P/F, 15\%, 10)}{(P/A, 15\%, 10)}$$

≈7 478.37（元）

上述计算结果表明，按实际现金流量计算的旧设备年均费用现值比新设备年均费用现值节约了706.7元（7 478.37 – 6 771.67），这一结果比按"局外人"观点计算的平均费用现值多节约了426.71元（706.7 – 279.99）。两种方法之所以出现计算结果上的差异，是因为按实际现金流量计算时，将旧设备的变现价值6 000元从更新设备的原始价值24 000元中扣除，这意味着两者都是按更新设备使用期限10年予以摊销，而实际上旧设备的6 000元变现价值应按其尚可使用年限6年摊销。因此，当旧设备继续使用与设备更新的使用年限不同时，按"局外人"观点分析项目的现金流量较为合适。

相关链接

"七五"到"九五"中国投资决策失误丢4 000亿

《瞭望东方周刊》第35期（2005年）刊登记者专稿说，在推行节约的同时，有识人士指出，最大的浪费还是政绩工程和决策失误。

安徽前副省长、贪官王怀忠想把阜阳建成"国际化大都市"，耗资3.2亿的阜阳机场，如今成了杂草丛生、鸟兽出没的天堂。

四川绵阳机场在2001年竣工通航，当年就亏损3 800多万。根据审计部门调查，绵阳机场目前未发挥或未完全发挥投资效益的资产高达2.2亿元。

根据世界银行估计，"七五"到"九五"期间，中国投资决策失误率在30%左右，资金浪费损失大约在4 000亿到5 000亿元。

国家行政学院教授汪玉凯认为，政绩工程和腐败给社会造成的浪费和伤害是最大的，其根源在于公共财政约束机制和对官员约束体制的不健全。他说："必须刻不容缓地建立有效机制，让掌握财政大权的人无法挥霍！"

4.4.3 资本限额决策

1. 投资规模与资本限额

投资规模是指公司在一定时期用于项目投资的资本总量。一般是根据边际分析的基本原理确定最佳投资规模，即当公司边际投资收益率（内部收益率）与边际资本成本相等时的投资额可使公司价值达到最大。

资本限额是指公司资本有一定限度，不能投资于所有可接受的项目。也就是说，有很多获利项目可供投资，但无法筹集到足够的资本，特别是那些以内部融资为经营策略或外部融资受到限制的企业。出于安全或控股需要，当公司认为举债融资会使公司风险上升、股票价格下跌时，就会拒绝通过举债方式提供投资所需要的资本；当公司认为股票融资会使现有股权稀释时，出于控股需要，也会反对发行新股融资。此外，出于公司管理能力的限制，也可能有意识地控制公司的发展规模和速度。除公司内部原因外，由于资本市场上各种条件的限制，也会使公司无法获得满足投资需要的全部资本。

2. 资本限额决策方法

在资本有限额的情况下，会使实际投资额低于最佳投资规模所要求的投资额，因而不能使边际项目的净现值为零，也不能使公司价值达到最大。那么，在这种情况下，什么样的项目将被采用呢？为了使公司获得最大的利益，应在资本限额允许的范围内，投资于一组使净现值最大的项目，即选择净现值最大的投资组合。这样的项目组合必须用适当的方法进行选择决策，其决策方法有以下两种。

（1）项目组合法

这种方法是指把所有待选项目组合成相互排斥的项目组，并依次找出满足约束条件的一个最好的项目组，在这样的一个项目组合下，或者能使组合的净现值最大，或者能使组合的加权平均现值指数最大。

如果以项目组合的净现值最大为决策标准，则资本限额决策的程序是：

第一，计算所有项目的净现值（不能略掉任何项目），并列出每一个项目的初始投资；

第二，接受 NPV≥0 的项目，如果所有可接受的项目都有足够的资本，则说明资本无限额，这一过程即可完成；

第三，如果资本不能满足所有 NPV≥0 的投资项目，则应对所有的项目都在资本限额内进行各种可能的组合，并计算出各种组合的净现值总额；

第四，接受净现值合计数最大的项目组合。

如果以项目组合的现值指数最大为决策标准，则资本限额决策的程序是：

第一，计算所有项目的现值指数（不能略掉任何项目），并列出每一个项目的初始投资；

第二，接受 PI≥1 的项目，如果所有可接受的项目都有足够的资本，则说明资本无限额，这一过程即可完成；

第三，如果资本不能满足所有 PI≥1 的项目，则应对所有的项目都在资本限额内进行各种可能的组合并计算出各种组合的加权平均现值指数；

第四，接受加权平均现值指数最大的一组项目。

例 4-22 假设德力克公司有 A、B、C、D、E 5 个可供选择的投资项目，该公司可供投资的最大资本限额为 400 000 元。各投资项目的初始投资、净现值及现值指数如表 4-12 所示。

表 4-12 投资项目的相关资料

投资项目	初始投资/元	净现值/元	现值指数
A	120 000	67 000	1.56
B	155 000	79 500	1.53
C	300 000	111 000	1.37
D	125 000	21 000	1.17
E	100 000	18 000	1.18

如果德力克公司按每一项目的净现值大小来选取，则应首选 C 项目，此外可选择的只有 E 项目，因为这两个项目的投资已达到 400 000 元，这意味着其他项目将被放弃。如果按现值指数的大小来选取，则应选择 A 项目、B 项目和 E 项目。

然而，上述选择却是错误的，因为它们都不是能使公司净现值或加权平均现值指数达到最大的项目组合。

按 400 000 元的资本限额进行项目组合排列，经优选后可得到如表 4-13 所示的最优组合。

表 4-13 投资组合项目的净现值   单位：元

项目	初始投资	净现值
A	120 000	67 000
B	155 000	79 500
D	125 000	21 000
合 计	400 000	167 500

上述项目组合虽然没有保证现值指数大的项目入选，但它充分利用了有限资本，能够确保在资本限额内，使组合净现值最大，并且超过其他任何组合的净现值。

事实上，还可以作另外一种假设，假设 B 项目的初始投资为 150 000 元，这样在 A+B+D 项目组合下总投资为 395 000 元，与资本限额 400 000 元相比，尚有 5 000 元的资本节余，假设这 5 000 元可投资于有价证券，现值指数为 1（以下其他组合也如此），则 A+B+D 项目组合的加权平均现值指数可计算如下：

$$\text{加权平均现值指数(ABD)} = \frac{120\ 000}{400\ 000} \times 1.56 + \frac{150\ 000}{400\ 000} \times 1.53$$

$$+ \frac{125\ 000}{400\ 000} \times 1.17 + \frac{5\ 000}{400\ 000} \times 1 \approx 1.42$$

值得注意的是，以上分析是在多种假设条件下进行的：

① 假设各项目都是相互独立的，如果在项目中存在互斥项目，应把所有项目都列出来，但在分组时，每一组中的互斥项目只能排一个；

② 假设各项目的风险程度相同，且资本成本相一致；

③ 假设资本限额只是单一的时间周期，但在实施资本限额时，限额通常要持续若干年，在今后几年中可获得的资本取决于前些年投资的现金流入状况，例如，第 2 年的资本限额取决于第 1 年投资的现金流入，以此类推。要解决此类问题，还应掌握投资机会和以后若干年

可获得的资本两方面的资料,而不能仅限于当年的信息。

例 4 – 23 假设某公司有 4 个投资项目,详细情况如表 4 – 14 所示。

表 4 – 14 投资项目现金流量 单位:万元

项目	NCF_0	NCF_1	NCF_2	NCF_3	NPV
A	−300	+900	+150	+100	694.4
B	−150	+150	+700	+400	826.8
C	−150	+150	+450	+300	556.2
D	0	−1 300	+1 800	+1 200	1 217.6

假设公司第 0 年和第 1 年结束时可利用的投资额分别为 300 万元和 400 万元。项目 D 表示第 0 年不投资,直到第 1 年结束,才把 400 万元的投资额和项目 A 第 1 年产生的现金流入量 900 万元共 1 300 万元一起对项目 D 进行投资,并在第 2 年、第 3 年结束时分别产生 1 800 万元和 1 200 万元的现金流入量。

如果只有第 0 年存在资本限额,那么应选择 B + C 项目组合,其净现值为 1 383 万元,但如果考虑第 1 年的投资额,就不能选择 B + C 项目。这是因为如果选择了 B + C 项目,就不能选择 D 项目,因为第 1 年项目 B + C 产生的现金流入量 300 万元,加上第 1 年可利用的投资额 400 万元,不足以进行项目 D 的投资。如果在第 0 期选择项目 A,则它在第 1 年产生 900 万元的现金流入量,加上公司当年可利用的资本总额 400 万元,足以用于对项目 D 的投资。项目 A 与项目 D 的净现值之和为 1 912 万元,比项目 B + C 的净现值多了 529 万元。因此,第 0 期选择项目 A 更为有利。

(2) 线性规划法

这种方法是在各种约束条件下,寻找净现值最大的投资项目组合,它也是进行资本限额决策更有效、更一般的决策方法。这种方法一般是通过计算机来完成的。

本章小结

本章主要介绍了货币的时间价值和投资的风险价值,投资项目现金流量预计的原则及估算方法,分析了折旧、利息、通货膨胀、残值与变价收入等因素对现金流量的影响;阐述了净现值、现值指数、内部收益率、投资回收期、会计收益率等评价指标的计算方法及选择标准;讨论了独立项目、互斥项目投资决策程序与方法。

货币的时间价值和投资的风险价值,是现代财务管理的两个基础观念,因其非常重要且贯穿投资、融资和分配等财务管理的各个环节,因此也被称之为理财的"第一原则"。

估算现金流量是项目投资决策的基础,也是项目投资决策中最为关键的问题,现金流量估算结果的准确与否直接关系到未来的决策结果。影响项目评价的关键因素有两个:一是项目预期现金流量;二是折现率(投资项目的必要收益率或资本成本)。项目评价方法按是否考虑货币时间价值,可分为非折现法和折现法两类。非折现法的评价标准主要有投资回收期和会计收益率;折现法的评价标准主要有净现值、现值指数和内部收益率。

在无资本限额的条件下,净现值的取舍原则充分体现了投资项目的决策规则,据以作出的决策符合财务管理的基本目标。因而,当各种技术分析方法的结论发生冲突时,以净现值作为项目的评价标准是最好的选择。

独立项目是指一组相互独立、互不排斥的项目。对于独立项目的决策分析可采用回收期、会计收益率及净现值、现值指数、内部收益率等任何一个合理的标准进行分析，决定项目的取舍。

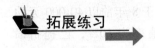

拓展练习

➡ 单项选择题

1. 下列各项中，代表即付年金现值系数的是 （　　）
   A. $[(P/A, i, n+1) + 1]$　　　　B. $[(P/A, i, n+1) + 1]$
   C. $[(P/A, i, n-1) - 1]$　　　　D. $[(P/A, i, n-1) + 1]$

2. 在下列各期资金时间价值系数中，与资本回收系数互为倒数关系的是（　　）。
   A. $(P/F, i, n)$　　B. $(P/A, i, n)$　　C. $(F/P, i, n)$　　D. $(F/A, i, n)$

3. 某一优先股，每年可分得红利5元，年利率为10%，则投资人愿意购买该股票的价格为（　　）。
   A. 65　　　　B. 60　　　　C. 80　　　　D. 50

4. 某债券面值为1 000元，票面利率为10%，期限5年，每半年付息一次，若市场利率为15%，则其发行时价格（　　）。
   A. 低于1 000元　　B. 等于1 000元　　C. 高于1 000元　　D. 无法计算

5. 有一项年金，前3年年初无现金流入，后5年每年年初流入500万元，假设年利率为10%，其现值为（　　）万元。
   A. 1 994.59　　B. 1 565.68　　C. 1 813.48　　D. 1 423.21

6. 期望值不同的两个事件，用于比较两者风险大小的指标是（　　）。
   A. 期望报酬率　　B. 标准离差率　　C. 标准离差　　D. 发生的概率

7. 现有甲、乙两个投资项目，已知甲、乙方案的预期收益率分别为10%和25%，标准离差分别为20%和49%，则（　　）。
   A. 甲项目的风险程度大于乙项目　　B. 甲项目的风险程度小于乙项目
   C. 甲项目的风险程度等于乙项目　　D. 无法确定甲项目和乙项目的风险程度

8. 假设企业按10%的年利率取得贷款180 000元，要求在3年内每年末等额偿还，每年的偿付额应为（　　）元。
   A. 72 376.36　　B. 54 380.66　　C. 78 000　　D. 74 475.27

9. 某公司拟新建一车间用以生产受市场欢迎的A产品，据预测A产品投产后每年可创造120万的收入；但公司原生产的B产品会因此受到影响，其年收入由原来的200万元降低至160万元，则与新建车间相关的现金流量为（　　）万元。
   A. 100　　　　B. 80　　　　C. 20　　　　D. 120

10. 一台旧设备账面价值为30 000元，变现价值为32 000元。企业打算继续使用该设备，但由于物价上涨，估计需增加经营性流动资产5 000元，增加经营性流动负债2 000元。假定所得税税率为40%，则继续使用该设备初始的现金流出量为（　　）元。

A. 32 200   B. 33 800   C. 34 200   D. 35 800

11. 某公司已投资50万元用于一项设备研制，但它不能使用；又决定再投资50万元，但仍不能使用。如果决定再继续投资40万元，应当有成功把握，并且取得现金流入至少为（　　）万元。

    A. 40   B. 100   C. 140   D. 60

12. 年末ABC公司正在考虑卖掉现有的一台闲置设备。该设备于8年前以40 000元购入，税法规定的折旧年限为10年，按直线法计提折旧，预计残值率为10%，已提折旧28 800元；目前可以按10 000元价格卖出，假设所得税率30%，卖出现有设备对本期现金流量的影响是（　　）。

    A. 减少360元   B. 减少1 200元   C. 增加9 640元   D. 增加10 360元

13. 在计算投资项目的未来现金流量时，报废设备的预计净残值为12 000元，按税法规定计算的净残值为14 000元，所得税率为33%，则设备报废引起的预计现金流入量为（　　）元。

    A. 7 380   B. 8 040   C. 12 660   D. 16 620

14. 一个公司"当期的营业性现金净流入量等于当期的净利润加折旧之和"，就意味着（　　）。

    A. 该公司不会发生偿债危机

    B. 该公司当期没有分配股利

    C. 该公司当期的营业收入都是现金收入

    D. 该公司当期的营业成本与费用除折旧外都是付现费用

15. 某项目第5年的不包括财务费用的总成本费用为100万元，折旧额为20万元，无形资产摊销为5万元，开办费摊销2万元，修理费为4万元，工资及福利费为15万元，其他费用3万元，则该年的外购原材料、燃料和动力费为（　　）万元。

    A. 54   B. 51   C. 78   D. 无法计算

多项选择题

1. 递延年金的特点有（　　）。

    A. 其终值计算与递延期无关   B. 第一期没有支付额

    C. 其终值计算与普通年金相同   D. 其现值计算与普通年金相同

2. 永续年金的特点有（　　）。

    A. 没有期限   B. 没有终值   C. 每期付款额相同   D. 没有现值

3. 按资本资产定价模型，影响某特定股票投资收益率的因素有（　　）。

    A. 无风险收益率   B. 该股票的β系数

    C. 投资的必要报酬率   D. 股票市场的平均报酬率

4. 关于股票或股票组合的β系数，下列说法中正确的是（　　）。

    A. 作为整体的证券市场的β系数为1

    B. 股票组合的β系数是构成组合的各股β系数的加权平均数

    C. 股票的β系数衡量个别股票的系统风险

    D. 股票的β系数衡量个别股票的非系统风险

5. 在单一方案决策过程中，与净现值评价结论可能发生矛盾的评价指标是（   ）。
   A. 现值指数   B. 会计收益率   C. 投资回收期   D. 内含报酬率

6. 与财务会计使用的现金流量表中的现金流量相比，项目投资决策所使用的现金流量的特点有（   ）。
   A. 只反映特定投资项目的现金流量   B. 只反映某一会计年度的现金流量
   C. 只反映经营活动的现金流量   D. 所依据的数据是预计信息

7. 影响项目内含报酬率的因素包括（   ）。
   A. 投资项目的有效年限   B. 投资项目的现金流量
   C. 企业要求的最低投资报酬率   D. 银行贷款利率

8. 在计算投资方案的增量现金流量时，所谓应考虑的净营运资本的需要不是指（   ）。
   A. 经营性流动资产与经营性流动负债之间的差额
   B. 增加的经营性流动资产与增加的经营性流动负债之间的差额
   C. 减少的经营性流动资产与减少的经营性流动负债之间的差额
   D. 增加的经营性流动负债与增加的经营性流动资产之间的差额

9. 某公司正在开会讨论是否投产一种新产品，对以下收支发生争论。你认为不应列入该项目评价的企业实体现金流量有（   ）。
   A. 新产品投产需要占用营运资本 80 万元，它们可在公司现有周转资金中解决，不需要另外筹集
   B. 该项目利用现有未充分利用的厂房和设备，如将该设备出租可获收益 200 万元，但公司规定不得将生产设备出租，以防止对本公司产品形成竞争
   C. 新产品销售会使本公司同类产品减少收益 100 万元；如果本公司不经营此产品，竞争对手也会推出此新产品
   D. 拟采用借债方式为本项目筹资，新债务的利息支出每年 50 万元

10. 动态投资回收期属于（   ）。
    A. 折现指标   B. 绝对量指标   C. 正指标   D. 反指标

判断题

1. 时间价值原理，正确地揭示了不同时点上资金之间的换算关系。（   ）
2. 所有的货币都具有时间价值。（   ）
3. 时间价值相当于社会平均资金利润率或平均投资报酬率。（   ）
4. 在没有通货膨胀和没有风险的情况下，时间价值率与银行存款利率、贷款利率、各种债券利率相等。（   ）
5. 后付年金的终值是一定时期内每期期末等额收付款项的复利终值之和。（   ）
6. 求 n 期的先付年金终值，可以先求出 n 期后付年金终值，然后再除以 $(1+i)$。（   ）
7. 求 n 期的先付年金现值，可以先求出 $n-1$ 期后付年金现值，然后再加一个 A。（   ）
8. 如果把原始投资看成是按预定折现率借入的，那么在净现值法下，当净现值为正数

时还本付息后该项目仍有剩余利益。(   )

9. 利用内含报酬率法评价投资项目时，计算出的内含报酬率是方案本身的投资报酬率，因此不需要再估计投资项目的资本成本或最低报酬率。(   )

10. 折旧之所以对投资决策产生影响，是因为折旧是现金的一种来源。(   )

11. 在内含报酬率法下，如果投资是在期初一次投入，且各年现金流入量相等，那么，年金现值系数与原始投资额成反比。(   )

12. 一般情况下，使某投资方案的净现值小于零的折现率，一定小于该投资方案的内含报酬率。(   )

13. 在利用现值指数法排定两个独立投资方案的优先秩序时，折现率的高低不会影响方案的优先秩序。(   )

14. 现金流量与会计利润在本质上并无差别，虽然从单个年度来看，现金净流量与利润是不等的，但从项目的整个投资有效期来看，二者的总额是相等的。(   )

15. 估计通货膨胀对项目的影响时，不仅预计的现金流量序列需要包括通货膨胀的影响，折现率还需要包括这一因素的影响。(   )

✎ 计算分析题

1. 某人投资 10 000 元于某项目，在年回报率为 6% 的情况下，需要多少年才能使现有货币增加 1 倍？

2. 某人用分期付款方式购置一辆汽车，合同规定每年初付款 50 000 元，连续支付 5 年，计算在年利率 8% 的情况下，相当于现在一次性支付多少钱。

3. 准备购入一设备以扩充生产能力。现有甲、乙两个方案可供选择，甲方案需投资 20 000 元，使用寿命为 5 年，采用直线法计提折旧，5 年后设备无残值。5 年中每年销售收入为 8 000 元，每年的付现成本为 3 000 元。乙方案需投资 24 000 元，采用直线法计提折旧，使用寿命也为 5 年，5 年后有残值收入 4 000 元，5 年中每年的销售收入为 10 000 元，付现成本第一年为 4 000 元，以后随着设备陈旧，逐年将增加修理费 200 元，另需垫支营运资金 3 000 元。假设所得税率为 40%，资金成本为 10%。

要求：（1）计算两个方案的现金净流量。
（2）计算两个方案的现值指数，并作出决策。

4. 某企业计划投资新建一个生产车间，厂房设备投资 105 000 元，使用寿命 5 年，预计固定资产净残值 5 000 元，按直线法折旧。建设期初需投入营运资本 15 000 元。投产后，预计第 1 年营业收入为 10 万元，以后每年增加 5 000 元，营业税税率 8%，所得税税率 30%。营业成本（含折旧）每年为 5 万元，管理费用和财务费用每年各为 5 000 元。

要求：判断各年的现金净流量。

5. ABC 公司 2009 年初投资 100 000 元兴建某项目，该项目的使用期为 5 年，公司预计未来 5 年每年的经营状况如下：

（1）营业收入 120 000 元；
（2）营业成本 92 000 元（含折旧 10 000 元）；
（3）所得税税率 33%；
（4）公司预计的最低投资收益率为 10%。

要求：
(1) 计算投资回收期；
(2) 计算会计收益率；
(3) 计算净现值；
(4) 计算内部收益率。

6. 某公司现有一台旧设备，由于生产能力低下，现在正考虑是否更新，有关资料如下。
(1) 旧设备原值 15 000 元，预计使用年限 10 年，现已使用 6 年，最终残值为 1 000 元，变现价值 6 000 元，年运行成本 8 000 元。
(2) 新设备原值 2 万元，预计使用 10 年，最终残值为 2 000 元，年运行成本 6 000 元。
(3) 企业要求的最低收益率为 10%。
现有两种主张，有人认为由于旧设备还没有达到使用年限，应继续使用；有人认为旧设备的技术程度已不理想，应尽快更新，你认为应该如何处理？

7. 某公司拟引进一条新的生产线，估计原始投资 3 000 万元，预期每年税前利润为 500 万元（按税法规定生产线应以 5 年期直线法折旧，净残值率为 10%，会计政策与此相同），已测算出该方案的净现值大于零，然而董事会对该生产线能否使用 5 年有争议，有人认为只可用 4 年，有人认为可用 5 年，还有人认为可用 6 年以上。已知所得税税率为 33%，资本成本率为 10%，报废时残值净收入为 300 万元。
要求：
(1) 计算该方案可行的最短使用寿命（假设使用年限与净现值成线性关系，用插值法求解，计算结果保留两位小数）；
(2) 你认为他们的争论对引进生产线的决策有影响吗？为什么？

8. 某公司准备购入一设备以扩充生产能力。现有甲、乙两个方案可供选择。甲方案需投资 30 000 元，使用寿命 5 年，采用直线法计提折旧，5 年后设备无残值，5 年中每年销售收入为 15 000 元，每年的付现成本为 5 000 元，乙方案需投资 36 000 元，采用直线法计提折旧，使用寿命也是 5 年，5 年后有残值收入 6 000 元。5 年中每年收入为 17 000 元，付现成本第一年为 6 000 元，以后随着设备陈旧，逐年将增加修理费 300 元，另需垫付营运资金 3 000 元。假设所得税率为 40%，资金成本率为 10%。
要求：
(1) 计算两个方案的现金流量；
(2) 计算两个方案的净现值、现值指数和内含报酬率；
(3) 计算两个方案的投资回收期；
(4) 试判断应选用哪个方案。

9. 某企业拟投资 185 000 元兴建某项目，该项目无建设期，税法规定的折旧年限为 3 年，按直线法折旧（与会计政策相同），3 年后有净残值 35 000 元，投产后第 1 年实现营业收入 80 000 元，以后每年增加 5 000 元，每年营业成本为各年营业收入的 70%，该企业适用 30% 的所得税率。假设折现率为 10%。
要求：
(1) 计算投资回收期；
(2) 计算会计收益率；

(3) 假设该项投资按折现率借入，则第 3 年底的借款余额是多少？

10. 某企业使用现有生产设备每年实现营业收入 3 500 万元，每年发生营业成本 2 900 万元（含折旧 200 万元）。该企业拟购置一套新设备进行技术改造以便实现扩大再生产，如果实现的话，每年的营业收入预计可增加到 4 500 万元，每年的营业成本预计增加到 3 500 万元（含折旧 500 万元）。

根据市场调查，新设备投产后所生产的产品可在市场销售 10 年，10 年后转产，转产时新设备预计残值 30 万元，可通过出售取得。

如果决定实施此项技术改造方案，现有设备可以以 100 万元售出，购置新设备的价款是 650 万元，购置新设备价款与出售旧设备所得之差额部分需通过银行贷款来解决，银行贷款的年利率为 8%，要求按复利计息。银行要求此项贷款须在 8 年内还清。该企业要求的投资收益率为 10%。

要求：

(1) 用净现值评价该项技术改造方案的可行性；

(2) 如果可行的话，平均每年应还款多少？

思考讨论

1. 何谓现金流量？估算现金流量应遵循哪些原则？为什么？
2. 在进行项目投资决策时为什么更重视现金流量而不是会计利润？
3. 如何评价投资回收期和会计收益率？
4. 试述 NPV、PI 和 IRR 在项目评价中的决策规则及其内在联系。
5. 怎样进行资本限额决策？
6. 项目投资决策的敏感性分析有何意义？

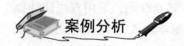

案例分析

固特异轮胎公司投资项目的可行性分析

固特异轮胎公司经过长期细致的研发工作，于近期研制出了一种新轮胎——"超级胎面（super tread）"，现需要对生产和销售"超级胎面"的投资必要性进行决策。

这种新型轮胎除了能用于一般的快车道外，对行驶于湿滑路面和野地也非常合适。到目前为止，该公司为研制"超级胎面"已花费了 1 000 万美元的研发成本，此后，又花费了 500 万美元的市场调研费用，得出了这样一个结论："超级胎面"牌轮胎有相当大的市场，上市后至少可在市场销售 4 年。

固特异轮胎公司需要马上投资 12 000 万美元购买生产设备以制造"超级轮胎"，此设备预计有 7 年的使用寿命，第 4 年末时可以 5 142.85 万美元出售。固特异公司打算在两类市场上销售"超级胎面"。

(1) 初级设备制造商（OEM）市场，OEM 市场包括为新车购买轮胎的主要大汽车公司

（如通用汽车公司）。在 OEM 市场上，"超级胎面"预计能以 36 美元/只的价格出售，生产轮胎的变动成本为 18 美元/只。

（2）更换市场。更换市场包括所有汽车出厂后购买的轮胎。这个市场上的利润率较高，估计售价为 59 美元/只，变动成本与 OEM 市场相同。

汽车行业分析家预测汽车制造商今年将生产出 200 万辆新车，此后产量以每年 2.5% 的速度增长，每辆新车需要 4 只轮胎，固特异公司能占有 11% 的 OEM 市场。

行业分析家预测更换轮胎市场今年的规模为 1 400 万只，且每年将增长 2%，固特异公司期望能占有该市场 8% 的份额。

固特异公司打算以高于通货膨胀率 1% 的速度提高价格，可变成本也以同样的速度增加。另外，"超级胎面"项目第 1 年将发生 2 500 万美元的销售和管理费用（在以后年份将以通货膨胀率的速度增加）。

固特异公司的所得税税率为 40%，年通货膨胀率预计保持在 3.25%。公司使用 16% 的折现率来评价新产品决策，假设采用直线法折旧，期末无残值。

假设你是固特异公司的财务分析师，请运用所学的有关项目投资决策知识，对"超级胎面"项目进行评估并提供一份是否进行投资的建议书，同时回答以下问题：

（1）净营运资本需求分析（眼下的初始营运资本需求为 1 100 万元，此后的净营运资本需求为销售额的 15%）；

（2）计算此项目的 PP 和 AAR；

（3）计算此项目的 NPV、PI 和 IRR；

（4）提出你对问题的分析思路。

资料来源：罗斯，威斯特菲尔德，杰富. 公司理财. 吴世农，沈艺峰，译. 北京：机械工业出版社，2000：147-148.

第 5 章

金融投资决策

> 人生充满了风险。我们的任务不是消除风险,而是精确在预测风险并驾驭风险。
>
> ——威廉·A·斯瑞驰

 学习目标

1. 了解金融投资工具的种类及其特点;
2. 掌握股票投资的基本方法和股票价值评估方法;
3. 了解有代表性的股票价格指数;
4. 掌握债券投资的基本方法和债券评级;
5. 掌握投资基金的管理和业绩衡量;
6. 了解期权投资的基本原理;
7. 熟悉各种投资方式的操作程序及法律规定。

今日资本是一家专注于中国市场的国际性金融投资基金公司,资金和背景都雄厚异常,独立管理 2.8 亿美元左右的投资基金,其资金出资人不乏英国政府基金、世界银行等著名投资机构。但令人惊奇的是,其大量金融投资项目却频频出现问题,2011 年今日资本注资的土豆网与赶集网都由于自身的原因造成控制权变换,让今日资本原有注资损失惨重,土豆网更是并入优酷,另外早在 2007 年 10 月,今日资本对山东荣庆投资控股集团注资 2 000 万美元,当时今日资本计划,荣庆物流将在三五年内在国内 A 股上市。如今六年即将过去,可尴尬的是,荣庆物流迟迟未能如愿上市。今日资本曾投资入股的中国英才网近期股权也遭遇贱卖。中华英才网最早由今日资本创始人徐新投资,徐新亦担任公司董事长。2005 年,美国招聘网站巨头 Monster 向中华英才网注资 5 000 万美元,占股 40%。2006 年初,Monster 再度出手,以 1 990 万美元收购了中华英才网 5% 的股权,并签署了三年内上市的对赌协议。后来,由于对赌失败,2008 年 Monster 再次收购中华英才网剩余 55% 股份。今日资本完全退出中华英才网,而此前,美国另一在线招聘巨头曾斥资逾 2 亿美元收购中华英才网,今日集团并未抓住机会出售。大量的金融投资失败给今日资本带来了严重财务困难,无论是被投资企业还是今日集团本身大量的高管都纷纷跳槽易主,离开公众视野。此案例说明金融投资行业是一项高投入高风险的行业，没有专业的投资人才，没有严格的风险管控，很难在此行业中有长久的立足之地。

——2013 年 1 月 21 日《北京商报》

5.1 股票投资

5.1.1 股票的含义与特征

股票是一种有价证券，是股份有限公司发行的，用以证明投资者的股东身份和权益，并据以获取股息和红利的凭证。

股票投资具有以下五个方面的特征。

① 收益性。收益性是股票投资最基本的特征，它是指股票可以为持有人带来收益的特性。股票的收益包括股息、红利和资本利得等，可分为两类。第一类收益来自于股份公司。认购股票后，持有者对发行该股票的公司就享有经济权益，这种经济权益的实现形式是从公司领取股息和分享公司的红利。第二类收益来自于股票流通。股票持有者可在股票市场上通过买卖股票，获得差价收益，这种差价收益称为资本利得。

② 风险性。股票尽管可能给股票特有者带来收益，但这种收益是不确定的，持有股票必然承担一定的风险。例如，股东是否能够获得预期的股息和红利收益，取决于公司的盈利情况。此外，股票的市场价格是不断波动的，它可能小幅升降，也可能大起大落。如果股价下跌，股票持有者会因股票贬值而蒙受损失。

③ 流动性。流动性是指股票可以自由地进行交易。我国《公司法》和《证券法》规定：股票具有流通性。即可以买卖、转让、抵押和赠与。

④ 永久性。永久性即股票的不可偿还性，指股票是无偿还期限的有价证券，偿还期限等于股份公司的存续期，购买股票属于永久性投资。对于股份公司来说，由于股东不能要求公司退股，所以通过发行股票筹集到的资金，在公司存续期间是一笔稳定的自有资本。

⑤ 参与性。参与性是指股票持有人有权参与公司的重大决策。这种参与不一定是亲自作出决议或者指挥经营，而有其一定的途径，基本方式是有权出席股东大会，通过选举公司董事会来实现其参与权。

5.1.2 股票的分类

1. 根据股票是否记载股东姓名分类

根据股票是否记载股东姓名，股票可以分为记名股票和无记名投票。

记名股票是指在股票票面和股份公司的股东名册上记载股东姓名的股票。

无记名股票是指在股票票面和股份公司股东名册上均不记载股东姓名的股票。

2. 根据股票是否有票面金额分类

股票按是否有票面金额加以表示，可以分为有面额股票和无面额股票。

有面额股票是指在股票票面上记载一定金额的股票，已载的金额称之为票面金额、票面价值或股票面值。有面额股票的作用是可以确定每股所代表的股权比例。

无面额股票，又称份额股票，是指股票票面上不记载金额，只注明所占股本总额的份额。无面额股票没有票面价值，但有账面价值，其价值反映在股票发行公司的账面上。

我国《公司法》规定："公司发行股票，可以是记名股票，也可以是无记名股票。公司向发起人、法人发行的股票，应当是记名股票，并应当记载该发起人、法人的名称或姓名，不得另立户名或者以代表人姓名记名。"《公司法》还规定："股票发行价格可以按票面金额，也可以超过票面金额，但不得低于票面金额。"

3. 根据股东享有的权利不同分类

根据股东享有的权利不同，股票可以分为普通股票和优先股票。

普通股票是最基本、最常见、风险最大的一种股票，是构成公司资本的基础。与优先股相比，普通股票是标准股票，也是风险比较大的股票。普通股票的持有人是公司的基本股东，按照《公司法》的规定，他们在股份公司的存续期间内一般可以享受下列法定的股东权利。

① 公司重大决策参与权。普通股股东有权参加股东大会，在股东大会上可以就公司的财务报表和经营状况进行审查，对公司的投资计划和经营决策有发言权、建议权，有权选举董事和监事成员，对公司的合并、解散、公司章程修改及利润分配方案等具有广泛的表决权。

② 公司盈余和剩余资产分配权。普通股东享有公司盈余和剩余资产分配权，这体现在两个方面：一是普通股股东可以从公司获得的利润中分配到股息；二是当公司破产或清算时，若公司的资产在偿付债权人和优先股股东的求偿权后还有剩余，普通股有权按股份比例获得剩余资产。

③ 选择管理者。股东可以依照法律和公司章程的规定，提出撤换管理者。选择管理者的过程一般通过股东大会进行，由股东大会选出新的董事会，由董事会聘用新的总经理，从而实现选择管理者的权利。

普通股股东除了享有上面三种基本权利外，还可以享有法律和公司章程规定的其他权利，如优先认股权、了解公司经营状况的权利、转让股票的权利等。

优先股与普通股相对应，是指股东享有某一些优先权利（如优先分配公司盈利和剩余财产权）的股票。优先股是在普通股基础上发展起来的一种股票，与普通股相同，它代表持股人对公司财产的所有权，与普通股同属于股东权益的一部分。但是，优先股票是一种特殊股票，虽然它不是股票的主要品种，但是它的存在对于投资者和上市公司来说具有一定的意义。对投资者来说，优先股比普通股安全、风险小、收入稳定且收益比债券高，因此对稳健的投资者颇有吸引力。优先股票具有以下特征。

① 股息率固定。优先股在发行时就约定了固定的股息率，无论公司的经营状况和盈利水平如何变化，该股息率不变。

② 股息分配优先。公司在付给普通股股息之前，必须先按固定的股息率付给优先股股息。所以优先股的风险小于普通股的风险。

③ 优先按票面金额清偿。在公司解散或破产时，优先股有权在公司偿还债务后按照票面价值先于普通股从拍卖所得的资金中得到补偿。

④ 无权参与经营决策。优先股股东一般不能参加公司的经营决策，不像普通股股东那样有投票权，只有在直接关系到优先股股东利益的表决时，才能行使表决权，或是在对优先股股利欠款达到一定数额后，可以投票选举一定人数的董事。

⑤ 无权享受公司利润增长的利益。因为优先股股息是固定的，因此当公司连年获得高额利润时，优先股的股息不因公司获利而提高，此时优先股的股息可能会远远低于普通股所得的股息。

4. 根据股票的投资者和上市地点分类

根据股票的投资者和上市地点不同，股票可分为 A 股、B 股、H 股、N 股、S 股等。

A 股的正式名称是人民币普通股票，它是由我国境内的公司发行，供境内组织或个人（不含我国台、港、澳投资者）以人民币认购和交易的普通股股票。该种股票以人民币标明面值，并以人民币发行、计价、流通和结算。

B 股的正式名称是人民币特种投票。它是以人民币标明面值，以外币认购和买卖，在境内（上海、深圳）证券交易所上市交易的普通股股票。设立之初投资者仅限于外国的自然人、法人和其他组织，香港、澳门、台湾地区的自然人、法人和其他组织，定居在国外的中国公民、证券管理部门规定的其他投资者。在深圳证券交易所用港币进行交易，在上海证券交易所用美元进行交易。2001 年 2 月 19 日，中国证券会发布通知，允许境内居民以合法持有的外汇开立 B 股账户，交易 B 股股票。

H 股指注册地在境内、上市在香港的外资股。

N 股指注册地在境内、上市在纽约的外资股。

S 股指注册地在境内、上市在新加坡的外资股。

5. 根据投资主体的不同性质分类

根据投资主体的不同性质，将股票划分为国家股、法人股、公众股、外资股等不同类型。

国家股是指以国有资产向股份公司投资形成的股权。国家股一般是指国家投资或国有资产，经过评估并经国有资产管理部门确认的国有资产折成的股份。另外，国家对新组建的股份公司进行投资，也构成了国家股。

法人股是指企业法人或具有法人资格的事业单位和社会团体以其依法可支配的资产投入公司形成的股权。法人股是法人相互持股所形成的一种所有制关系，法人相互持股是指法人经营自身财产的一种投资方式。法人股股票以法人记名。

公众股是指社会个人或股份公司内部职工以个人财产投入股份公司形成的股份。我国上市公司历史上曾经有两种公众股形式，即公司内部职工股和社会公众股。

5.1.3 股票的价值与价格

有关股票的价值有不同的提法，一般来说，股票的价值可分为：票面价值、账面价值、清算价值和内在价值。

① 票面价值。股票的票面价值又称面值，是股份公司在所发行的股票票面上标明的票面金额，其作用是用来表明每一张股票所包含的资本数额。在我国上海和深圳证券交易所流通的股票的面值均为壹元，即每股一元。股票面值的作用之一是表明股票的认购者在股份公司的投资中所占的比例，是确定股东权利的依据。第二个作用就是在首次发行股票时，将股票的面值作为发行定价的一个依据。一般来说，股票的发行价格都会高于其面值。

② 账面价值。账面价值又称股票的净值或每股净资产，是用会计核算的方法计算出来的每股股票所包含的资产净值。其计算方法是用公司的净资产除以总股本，得到的就是每股

的净值，它是股票投资者评估和分析上市公司实力的重要依据之一。

③ 清算价值。清算价值是指公司清算时每一股份所代表的实际价值。从理论上讲，股票的每股清算价值应与股票的账面价值相一致，但企业在破产清算时，其财产价值是以实际的销售价格来计算的，而在进行财产处置时，其售价一般都会低于实际价值。所以股票的清算价值就会与股票的账面价值不相一致。

④ 内在价值。股票的价值是指股票预期的未来现金流入的现值，也称"股票的内在价值"，它是股票的真实价值，也叫理论价值。股票的内在价值决定股票的市场价格，股票的市场价格总是围绕内在价值波动，但因为股票的市场价格受多种因素的影响，所以二者往往并不相等。

股票价格一般是指股票的交易价格。概括起来，影响股票价格的因素主要有以下几个。

① 企业内部因素。这是决定股票交易价格变动的基本因素。公司盈利是股票投资者获取投资收益的直接来源，公司盈利的快速增长往往是股票交易价格上升的动力。公司的经营状况是股票价格的基石，公司经营状况的好坏是影响股价变动的根本因素。

② 外部因素。这是影响股票价格的重要因素，它包括宏观经济因素、中观经济因素及市场因素。宏观经济因素因素主要有：经济周期、财政政策、货币政策、利率水平、税收政策、物价水平、通货膨胀、国际收支等。中观经济因素主要指行业的经济状况对股票价格的影响。市场因素主要是指证券市场上投资者预期、投资者心理等因素对股票价格的影响。

③ 政治性因素。政治形势、政治活动、政局变化、国家机构和领导人的更替、地区间冲突与战争等，都会引起股票价格的波动。

5.1.4 股票投资的价值评估

1. 股利增长模型

（1）基本模型

对于永久性持有该公司股票的投资者来说，其现金的流入主要是股利的流入。股票价值计算的基本模型是：

$$V = \sum_{t=1}^{\infty} \frac{D_t}{(1+R_S)^t}$$

其中：V——股票的价值

D_t——第 t 年的股息

R_S——股票最低或必要的报酬率

t——年份

（2）零增长模型

零增长股票是指预期股利金额每年是固定的，即 $D_t = D$。当 t 为 ∞ 时，则股利支付过程是一个永续年金，由于永续年金的现值是由永续年金除以贴现率来决定的，故该种股票的价值为：

$$V = \frac{D}{R_S}$$

例5-1 某种股票每年股利均为4元，投资者要求的最低报酬率为8%，则该股票的价值为：

$$V = \frac{D}{R_S} = \frac{4}{8\%} = 50 \text{（元）}$$

当市价低于股票价值购入时，其实际报酬率便会高于投资者所要求的最低报酬率。

在实际中，普通股的股利一般不应该是固定不变的，而应当是不断增长的。但优先股的股利基本上每年是固定的，所以，零成长股票价值的计算非常适合计算优先股股票的价值。

（3）固定增长模型

由于企业是在不断发展的，股票的股利也不应当是不变的。在稳定增长的股利政策下，企业的股利可能会按一定稳定的比例上升。固定增长模型是假定股息按不变的增长率增长。假设每年股利增长均为 g，目前的股利为 D_0，则第 t 年的股利为：

$$D_t = D_0 \cdot (1+g)^t$$

固定成长股票的价值的计算公式为：

$$V = \sum_{t=1}^{\infty} \frac{D_0 \times (1+g)^t}{(1+R_S)^t}$$

当 g 固定时，上述公式可简化为：

$$V = \frac{D_0 \times (1+g)}{R_S - g} = \frac{D_1}{R_S - g}$$

如要计算股票投资的预期报酬率，则只要求出上述公式中的 R_S 即可：

$$R_S = \frac{D_1}{P_0} + g$$

例5-2 某企业股票目前的股利 D_0 为4元，预计年增长率 g 为3%，投资者期望的报酬率 R_S 为8%，则该股票的投资价值为：

$$V = \frac{D_0 \times (1+g)}{R_S - g} = \frac{4 \times (1+3\%)}{8\% - 3\%} = 82.4 \text{（元）}$$

若按82.4元买进，则下年度预计的投资报酬率为：

$$R = \frac{D_1}{P_0} + g = \frac{4.12}{82.4} + 3\% = 8\%$$

（4）分阶段增长模型

分阶段增长模型有二阶段增长模型、三阶段增长模型等。这里主要介绍二阶段增长模型。二阶段增长模型假定在时间 L 以前，股息以 g_1 的速度增长；在时间 L 后，股息以 g_2 的速度增长。这样就可以建立一个二阶段增长模型：

$$V = \sum_{t=1}^{L} \frac{D_0 \times (1+g_1)^t}{(1+R_S)^t} + \sum_{t=L+1}^{\infty} \frac{D_L \times (1+g_2)^{t-L}}{(1+R_S)^t}$$

例5-3 某股票在前3年的股利增长率为16%，在以后年度为8%，每股股票刚收到3.24元的股息（按年付息），投资者要求的最低收益率为15%。则股票价值为：

$$V = \sum_{t=1}^{3} \frac{D_0 \times (1+16\%)^t}{(1+15\%)^t} + \sum_{t=4}^{\infty} \frac{D_3 \times (1+8\%)^{t-3}}{(1+15\%)^t} = 61.22 \text{（元）}$$

2. 市盈率分析法

市盈率分析法是以股票的市盈率和每股收益之乘积来评价股票价值的方法。其评价方法是：根据证券机构提供的同类股票过去若干年的平均市盈率，乘以该股票当前的每股收益，可以得出股票的公平价值；用该股票的市盈率，乘以该股票当前的每股收益，可以得出该股票的市场价格。即：

$$股票价值 = 行业平均市盈率 \times 该股票每股年收益$$

$$股票价格 = 该股票市盈率 \times 该股票每股年收益$$

用股票价值与股票价格比较，可以判断该股票是否值得投资。

例 5-4 某公司的市盈率为 20，该公司的每股收益为 0.8 元，行业同类企业股票的平均市盈率为 24，则：

$$股票价值 = 24 \times 0.8 = 19.2（元）$$

$$股票价格 = 20 \times 0.8 = 16（元）$$

说明市场对该股票的评价略低，股价基本正常，有一定的吸引力。

市盈率指标在证券投资中是一个非常重要的概念，一般认为，股票的市盈率高，则表明投资者对公司的未来充满信任，愿意为每 1 元盈余多付买价；股票的市盈率低，则表明投资者对公司的未来缺乏信心，不愿意为每 1 元盈余多付买价。但市盈率过高或过低都不好，意味着该股票的风险增大，所以在股票投资中，应研究拟投资股票市盈率的长期变化，估计其正常值，以此作为分析的基础。决定和影响市盈率的因素有股利增长率、折现率、付息率。其中，股利增长率是决定市盈率的主要因素，发行公司的股票股利增长率越高，则股票市盈率越大；折现率与市盈率成反比，折现率越大，市盈率越小；付息率与市盈率成正比，付息率越高，市盈率越大。

5.1.5 股票价格指数

1. 世界上几种权威的股份指数

① 道·琼斯工业平均股价指数（The Dow Jones Industrial Average）。道·琼斯股价指数是目前人们最熟悉、历史最悠久、权威性最大的一种股价指数。它是由美国道·琼斯公司的创办人查理斯·道在 1884 年开始编制的。最初只包括 11 种成份股，采用最简单的算术平均法计算，1928 年对计算方法进行了调整。调整后的指数以 1928 年 10 月 1 日为基期，计算方法也由原来的算术平均法改为除数修正法，即不是直接用基期的股价平均数作除数，而是先根据成份股的变动情况计算出一个新除数，然后用该除数除报告期股价总额，得出新的股价指数。目前，道·琼斯平均股价指数共分四组：第一组是工业平均数，由 30 种具有代表性的大工业公司的股票组成；第二组是运输业 20 家铁路公司的股票价格指数；第三组是 15 家公用事业公司的股价指数；第四组为综合指数，是用前三组 65 种股票进行计算得出的指数。目前常用的道·琼斯指数指的是道·琼斯工业平均数。

② 美国芝加哥标准普尔 500 种指数（Standard and Poor's 500 Index）。标准普尔股价指数是由标准普尔公司 1957 年开始编制的。最初的成份股由 425 种工业股票、15 种铁路股票和 60 种公用事业股票组成。从 1976 年 7 月 1 日开始，其成份股改由 400 种工业股票、20 种运输业股票、40 种公用事业股票和 40 种金融业股票组成。它采用加权平均法进行计算，以 1941 年至 1942 年为基期，以股票上市量为权数，按基期进行加权计算。

③ 美国 NASDAQ 指数（National Association of Securities Dears Automatic Quotations）。纳斯达克（NASDAQ）是美国全国证券交易商协会于 1968 年着手创建的自动报价系统名称的英文简称，它现已成为全球最大的证券交易市场，目前的上市公司有 5 200 多家。纳斯达克

的特点是收集和发布场外交易非上市股票的证券商报价。纳斯达克是全世界第一个采用电子交易的股市,它在55个国家和地区设有26万多个计算机销售终端。

纳斯达克指数是反映纳斯达克证券市场行情变化的股票价格平均指数,基本指数为100。纳斯达克的上市公司涵盖所有新技术行业,包括软件和计算机、电信、生物技术、零售和批发贸易等。世人瞩目的微软公司便是通过纳斯达克上市而获得成功的。

④ 英国金融时报工业普通股票指数(Financial Times Industrial Ordinary Index)。它是由英国《金融时报》于1935年开始编制的一种股价指数。其成份股由在伦敦股票交易所上市的具有代表性的30家工业公司的股票构成。它最初是以1935年7月1日为基期,后来调整为以1962年4月10日为基期,基期的股价指数为100,采用几何平均法计算。该指数的特点是能即时反映伦敦股市的走势。

⑤ 日本经济新闻道式股价指数(Nikkei 225 Index)。东京证券交易所1950年开始模仿美国道·琼斯股票价格指数,编制自己的股价指数,1975年5月日本经济新闻社正式向道·琼斯公司买进商标,将自编指数定名为"日本道式平均股票价格指数",包括在东京证交所上市的225种股票。

⑥ 香港恒生股票指数(Hang Seng Index)。恒生指数是由香港恒生银行于1969年11月24日开始编制的一种股票价格指数。其成份股由在香港上市的比较有代表性的33家公司的股票构成。其中金融业4种,公用事业6种,地产业9种,其他行业14种。恒生指数最初是以1964年7月31日为基期,采用加权平均法进行计算。后由于技术原因改为以1984年1月13日为基期,基期指数为975.47。恒生指数是反映香港政治、经济和社会状况的最为重要的参考标准。

2. 上海证券交易所股价指数

① 指数系列。上海证券交易所股价指数系列共包括3类10项指数,其中最有影响的是上证综合指数。

第一类,样本指数类(即成份股指数):上证180指数、上证50指数。

第二类,综合指数类:上证综合指数、上证A股指数、上证B股指数。

第三类,分类指数类:上证工业类指数、上证商业类指数、上证房地产业类指数、上证公用事业类指数、上证综合企业类指数。

② 基日、基期(除数)与基期指数。上证指数系列均以"点"为单位。

上证180指数,是对原上证30指数进行了调整并更名而成的,其样本股是在所有A股股票中抽取最具市场代表性的180种样本股票,自2002年7月1日起正式发布。以1996年1月至3月的平均流通市值为基期,基期指数定为1 000点。

上证50指数,以2003年12月31日的平均流通市值为基日,基点为1 000点,自2004年1月2日正式发布。

上证综合指数,以1990年12月19日为基日,以该日所有股票的市价总值为基期,基期指数定为100点,自1991年7月15日起正式发布。

上证A股指数,以1990年12月19日为基日,以该日所有A股的市价总值为基期,基期指数定为100点,自1992年2月21日起正式发布。

上证B股指数,以1992年2月21日为基日,以该日所有B股的市价总值为基期,基期指数定为100点,自1992年2月21日起正式发布。

分类指数类指数，以1993年4月30日为基日，以该日相应行业类别所有股票的市价总值为基期，基期指数统一定为1 358.78（该日上证综合指数收盘值），自1993年6月1日起正式发布。

③ 计算范围。上证180指数的样本股是在所有A股股票中抽取最具市场代表性的180种样本股票。

上证50指数的样本股是在上证180指数样本股中抽取最具市场代表性的50种样本股票。

综合指数类的指数股是全部股票（A股和B股）。全部股票（A股和B股）用于计算上证综合指数，全部A股用于计算上证A股指数，全部B股用于计算上证B股指数。

分类指数类是相应行业类别的全部股票（A股和B股）。

④ 选样原则。上证180指数样本股的资格，根据以下原则确定：行业代表性、流通市值的规模、交易活跃的程度、财务状况和经营业绩、地区代表性。在同等条件下，优先考虑下述股票：股本规模较大的股票、成长性较好的股票、已发行H股或B股的股票。定出符合资格的股票后，再根据行业分布、地区分布、流通市值排名、成交金额排名等作出最终评选。

⑤ 计算公式。上证指数系列均采用派许加权综合价格指数的基本公式计算，即以指数股报告期的股本数作为权数进行加权计算。

上证180指数的股本数取样本股的流通股数，总市值取流通市值。

其中：

$$流通市值 = \sum (样本股股价 \times 样本股流通股数)$$

综合指数类和分类指数类的样本股取指数股的发行股数，总市值取市值总值。

其中：

$$流通市值 = \sum (样本股股价 \times 指数股发行股数)$$

指数股中的B股在计算上证B股指数时，价格采用美元计算；在计算其他指数时，价格按适用汇率（中国外汇交易中心每周最后一个交易日人民币兑美元的中间价）折算成人民币。

3. 深圳证券交易所股价指数

① 指数系列。深圳证券交易所股价指数共有3类14项。

第一类：综合指数类，包括深证综合指数、深证A股指数、深证B股指数。

第二类：成份股指数类，包括深证成份指数、成份A股指数、深证100指数、成份B股指数。成份A股指数又分为工业分类指数、商业分类指数、金融分类指数、地产分类指数、公用事业指数、综合企业指数、深证100指数。

第三类：中小板指数。

② 基日与基日指数。深证综合指数以1991年4月3日为基日，1991年4月4日开始发布。基日指数为100。

深证A股指数以1991年4月3日为基日，1992年10月4日开始发布。基日指数定为100。

深证B股指数以1992年2月28日为基日，1992年10月6日开始发布。基日指数定为100。

成份指数以1994年7月20日为基日，1995年1月23日开始发布。基日指数定为1 000。

深证100指数以2002年12月31日为基日，2003年1月2日开始发布。基日指数定为1 000。

中小板指数以2005年6月7日为基日，2005年12月1日开始发布。基日指数定为1 000。

③ 计算范围。综合指数类的指数股是深圳证券交易所上市的全部股票。全部股票均用于计算深证综合指数，其中的A股用于计算深证A股指数，B股用于计算深证B股指数。

成份股指数类的指数股（即成份股）是从上市公司中挑选出来的40家成份股。成份股中所有A股和B股全部用于计算深证成份指数，其中的A股用于计算成份A股指数，B股用于计算成份B股指数。成份股按其行业归类，其A股用于计算行业分类指数。

④ 成份股选取原则。纳入成份股指数类计算范围的成份股的一般选取原则是：第一，有一定的上市交易日期；第二，有一定的上市规模，以每家公司一段时期内的平均流通市值和平均总市值作为衡量标准；第三，交易活跃，以每家公司一段时期内的总成交金额作为衡量标准。

根据以上标准定出初步名单后，再结合下列各项因素评选出40家上市公司（同时包括A股和B股）作为成份股，计算深证成份指数：公司股份在一段时间内的平均市盈率；公司的行业代表性及所属行业的发展前景；公司近年的财务状况、盈利记录、增长展望及管理素质等；公司的地区代表性等。

⑤ 计算方法。综合指数类和成份股指数类均为派许加权价格指数，即以指数股的计算日股份数作为权数，采用连锁公式加权计算。

两类指数的权数确定：综合指数类是指股份数为全部上市公司的总股份数成份股指数类；成份股指数类是指股份数为成份股的可流通股本数。

指数股中的B股用外汇平均汇率将港币换算为人民币，用于计算深证综合指数和深证成份指数。深证B股指数和成份B股指数仍采用港币计算。

此外，由上海证券交易所和深圳证券交易所联合编制的沪深300指数于2005年4月8日正式发布。沪深300指数样本股全是A股，首次发布的样本股中沪市179支，深市121支，并且定期调整样本。

相关链接

郁金香狂潮

历史上最惊人的一次投机泡沫发生在17世纪早期，引起这次泡沫的是荷兰的郁金香。当时的荷兰是欧洲最繁荣、经济最发达的国家之一。郁金香是由一个奥地利伯爵从土耳其带一些植物回维也纳时，引进欧洲园艺界的。很快荷兰人就开始迷恋郁金香了。富人们开始从君士坦丁堡预定郁金香的"球茎"，而且经常要支付很昂贵的价格。渐渐地，人们已经开始不再把郁金香看作是花园的附加装饰物，而是挣钱的途径了。而且人们还相信郁金香的价格一定会一涨再涨，于是郁金香狂潮便开始了。1635年，郁金香狂潮在荷兰全面爆发，人们争先恐后地把财产换成现金，再把这些钱投资于郁金香花，交易商们都纷纷放弃了那些常规的生意，甚至还出现了看涨期权交易，持有该期权就可以有权利在事先约好的固定时间以固定的价格买入郁金香。那时，郁金香的价格已经上涨到了荒谬的地步。据报道，某人曾经愿意以12英亩的土地来交换一块非常名贵的球茎。

后来，终于有一些比较谨慎的荷兰人开始发现这种荒唐现象不会一直持续下去，他们开始出售他们的郁金香球茎。随着这种想法在1637年的蔓延，郁金香的价格又开始加速下跌。交易商破产了，拒绝履行他们要买入球茎的承诺。越来越多的人设法卖出他们的郁金香，人们陷入了普遍的恐慌，而郁金香的价格却进一步下滑。当最后尘埃落定时，郁金香的售价只跟普通的洋葱差不多。

5.2 债券投资

债券是企业和政府发行的信用票据，是发行者为筹集资金，向债权人发行的，在约定时间支付一定比例的利息，并在到期时偿还本金的一种有价证券。政府债券通常称为国库券或称为国债，而公司（企业）发行的债券通常称为公司债。

5.2.1 债券投资的特征

投资者以购买债券的方式对其他企业进行的投资，即债券投资。债券投资具有以下特征。

1. 期限性

债券必须到期偿还，具有一定的期限性。

2. 流动性

债券具有可及时转换为货币资金的能力。这种流动性往往受债券期限长短、发行单位的信誉、利率的形式及债券市场发行程度等因素的影响。一般期限短、发行单位信誉高、利率形式好的债券，其流动性较强。

3. 风险性

债券投资具有一定的风险，这种风险主要表现在三个方面：因债务人破产不能全部收回债券本息所遭受的损失；因市场利率上升导致债券价格下跌所遭受的损失；通货膨胀风险，由于债券利率固定，在出现通货膨胀时，实际利息收入下降。

4. 收益性

债券投资者可以按规定的利息率定期获得利息收益，并有可能因市场利率下降等因素导致债券价格上升而获得债券升值收益。债券的这种收益是债券的时间价值与风险价值的反映，是对债权人暂时让渡资金使用权和承担投资风险的补偿。

5.2.2 债券的分类

1. 根据偿还期限分类

根据偿还期限的长短，债券可以分为短期债券、中期债券、长期债券和可展期债券。

① 短期债券。一般来说，短期债券的偿还期为1年以下。

② 中期债券。一般来说,中期债券的偿还期为 1～10 年。

③ 长期债券。长期债券的偿还期一般为 10 年以上。

④ 可展期债券。可展期债券期满时,可由投资者根据事先规定的条件把债券的到期日延长,且可以多次延长。这种债券的期限一般较短。

2. 根据利息支付方式分类

按照利息支付方式的不同,债券可分为单利债券、复利债券、贴现债券和累进利率债券。

单利债券是指在计算利息时不管债券的期限长短,只按本金计算利息的债券。

复利债券与单利债券相对应,它是指计算利息时,按一定期限将所产生利息加入到本金中再计算利息,逐期滚算的债券。复利债券包括了货币的时间价值。

贴现债券是指在票面上不规定利率,发行时按某一折扣率,以低于票面金额的价格发行,到期时仍按面额偿还本金的债券。

累进利率债券是指以利率逐年累进方法计息的债券。累进利率在偿付期内利率是可变的,并且是随着时间的推移而递增的,后期利率比前期利率高,呈累进状态。

3. 根据债券有无担保分类

按债券有无担保,债券可分为无担保债券和有担保债券。

无担保债券亦称信用债券,是指不提供任何形式的担保,仅凭融资人信用发行的债券。

有担保债券又可分为抵押债券、质押债券、保证债券等多种形式。

① 抵押债券。指融资人为了保证债券的还本付息,以土地、设备、房屋等不动产作为抵押担保物所发行的债券。

② 质押债券。亦称抵押信托债券,是指以公司的其他有价证券(如子公司股票或其他债券)作为担保而发行的公司债券。

③ 保证债券。指由第三者担保偿还本息的债券。担保人一般是政府、银行及公司等。

4. 根据债券是否记名分类

根据债券是否记名,可分为记名债券和无记名债券。记名债券是载明债券持有人姓名的债券。债券持有人凭印鉴领取本息,需要转让时须向债券发行人登记过户。无记名债券是不预留债券持有人的印鉴的债券。无记名债券可以自由转让,转让时只需直接交付债券,不需要在债券上背书,因而流通较方便,但这种债券一旦遗失或被窃,不可挂失,所以投资风险大于记名债券。对个人发行的债券多采取无记名方式。

5.2.3 债券投资的价值和收益率评估

评价债券收益水平的指标主要有两个,即债券的价值和债券的实际收益率。

1. 债券的价值

债券的价值,也称债券的内在价值,是指债券未来现金流入的现值。债券价值计算的基本模型是:

$$V = \sum_{t=1}^{n} \frac{I_t}{(1+i)^t} + \frac{M}{(1+i)^n}$$

其中:V——债券的价值;

I_t——第 t 年的债券利息;

n——现在至债券到期的年限；

I——对该债券期望的收益率，常常采用当时的市场利率来表示；

M——债券的面值。

若债券是固定利率、每年计算并支付利息，到期归还本金，则债券的价值可表示为：

$$V = I \cdot (P/A, i, n) + M \cdot (P/F, i, n)$$

例 5-5 某企业于 2007 年 5 月 1 日购买了一张面值 1 000 元的债券，其票面利率为 8%，每年 5 月 1 日计算并支付一次利息。该债券于 5 年后的 4 月 30 日到期。当时的市场利率为 6%，债券的价格为 1 050 元。该企业是否应购买该债券？

$$V = \sum_{t=1}^{5} \frac{80}{(1+6\%)^t} + \frac{1\,000}{(1+6\%)^5}$$
$$= 80(P/A, 6\%, 5) + 1\,000(P/F, 6\%, 5)$$
$$= 80 \times 4.212\,4 + 1\,000 \times 0.747\,3$$
$$= 1\,084.29 \text{（元）}$$

可见，该债券的价值大于其价格，该债券是值得买的。

2. 债券的实际收益率

债券收益率是债券收益与其投入本金的比率，通常用年率表示。决定债券收益率的主要因素，有债券的票面利率、期限、面值和购买价格。最基本的债券收益率的计算公式为：

$$\text{债券的收益率} = \frac{\text{到期本利和} - \text{购买价格}}{\text{购买价格} \times \text{持有年限}} \times 100\%$$

由于债券持有人可能在债券偿还期内转让债券，因此债券收益率还可分为债券出售者的收益率、债券购买者的收益率和债券持有期间的收益率。

例 5-6 某企业于 2011 年 1 月 1 日以 102 元的价格购买了一张面值为 100 元、利率为 10%、每年 1 月 1 日支付一次利息的 2008 年 1 月 1 日发行的 5 年期国库券，并持有到 2012 年 12 月 31 日。则：

$$\text{债券购买者的收益率} = \frac{100 + 100 \times 10\% \times 2 - 102}{102 \times 2} \approx 8.82\%$$

$$\text{债券出售者的收益率} = \frac{102 + 100 \times 10\% \times 3 - 100}{100 \times 3} \approx 10.67\%$$

债券的实际收益率，也就是复利收益率，又称到期收益率。在计算上，类似于项目投资中的内含报酬率，它是指能使未来现金流入现值等于债券买入价格的贴现率。

计算实际收益率的方法是求解含有贴现率的方程，即：

$$P_0 = \sum_{t=1}^{n} \frac{I_t}{(1+i)^t} + \frac{M}{(1+i)^n}$$

其中：P_0——债券的购买价格；

I_t——第 t 年的债券利息；

n——现在至债券到期的年限；

I——对该债券期望的收益率，常常采用当时的市场利率来表示；

M——债券的面值。

例 5-7 某企业于 2007 年 5 月 1 日购买了一张面值 1 000 元的债券，债券的价格为 1 050 元，其票面利率为 8%，每年 5 月 1 日计算并支付一次利息。该债券于 5 年后的 4 月

31 日到期,当时的市场利率为 6%。计算该债券的实际收益率,判断该企业是否应购买该债券?

解:
$$1\,050 = 1\,000 \times 8\% (P/A, i, 5) + M(P/F, i, 5)$$

求解该方程采用"逐次测试法"。

用 $i = 8\%$ 试算:
$$1\,000 \times 8\% (P/A, 8\%, 5) + M(P/F, 8\%, 5)$$
$$= 80 \times 3.992\,7 + 1\,000 \times 0.680\,6$$
$$= 319.42 + 680.6$$
$$= 1\,000.02$$

贴现结果 1 000.02 小于 1 050,故应减小贴现率。

用 $i = 6\%$ 试算:
$$1\,000 \times 6\% (P/A, 6\%, 5) + M(P/F, 6\%, 5)$$
$$= 80 \times 4.212\,4 + 1\,000 \times 0.747\,3$$
$$= 336.99 + 747.3$$
$$= 1\,084.29$$

贴现结果 1 084.29 大于 1 050,故贴现率大于 6%,也就是说,该债券的实际收益率介于 6% 至 8% 之间。运用线性插值法,解得:

$$i = 6\% + 2\% \times \frac{33.96}{83.96} \approx 6.81\%$$

该债券的实际收益率为 6.81%,大于投资者期望的报酬率(一般以市场利率来表示) 6%,所以,该企业可以购买该债券。

为方便计算,债券的实际收益率也可用简便算法求得近似结果:

$$R = \frac{I + (M - P)/N}{(M + P)/2}$$

其中:I——每年的利息;
  M——到期归还的本金;
  P——买价;
  N——年数。

式中的分母是平均的资金占用,分子是每年的平均收益。将上例数据代入验证:

$$R = \frac{80 + (1\,000 - 1\,050)/5}{(1\,000 + 1\,050)/2} \approx 6.83\%$$

从简便公式可以看出:若买价等于面值,则实际收益率等于票面利率;若买价大于面值,则实际收益率小于票面利率;若买价小于面值,则实际收益率大于票面利率。

5.2.4 债券投资的信用评级

债券信用评级是指由独立于政府、债券发行单位和证券交易所以外的专门机构,运用会计、统计等一系列方法,对债券的质量、信誉进行的一种评价等级的工作。目前国际上公认的最具权威性的信用评级机构,主要有美国标准·普尔公司和穆迪投资服务公司。债券信用评级表如表 5-1 所示。

表 5-1 债券信用评级表

名 称	高 级	较高级	投机级	低 级
标准普尔（F&P）	AAA　AA	A　BBB	BB　B	CCC　CC　C　D
穆迪（Moody'F）	Aaa　Aa	A　Baa	Ba　B	Caa　Ca　C　D

标准普尔	穆迪	说明
AAA	Aaa	AAA级和Aaa级是债券等级中的最高级别，表明债券具有极强的偿付本利的能力
AA	Aa	AA级和Aa级债券有较强的本利偿付能力，它同最高等级债券一起构成债券的最高级别
A	A	A级债券偿还本利能力强，但是它比较容易随环境和经济状况的变动而发生不利的变动
BBB	Baa	评为BBB级和Baa级的债券被看作是具有足够的能力偿还本金和利息的，因为它一般都规定有充分的保护措施，因此比起高级别债券，不利的经济状况或环境变化更能削弱该级别债券的本利偿付能力。这类债券属于中级债务
BB B CCC CC	Ba B Caa Ca	一般认为该等级债券具有显著的投机性。BB级和Ba级债券的投机度最低，CC级和Ca级债券的投机度最高。尽管这种债券可能具有某种特质与保护性特点，然而最重要的是，它们带有更大的不确定性或者更有可能经历不利的情况
C	C	该等级归属从未支付利息的收益债券
D	D	无力清偿债务的债券被判定为D级债券，该种债券无法按时支付利息及归还本金

注：有时穆迪和标准普尔会调整债券等级。标准普尔使用加、减号：A+代表A级中的最高级别，A-则代表A级中的最低级别。穆迪采用的是符号1、2或3，其中1代表最高级别。

美国标准·普尔公司和穆迪投资服务公司都是独立的私人企业，不受政府控制，也独立于证券交易所和证券公司。它们所做的信用评级不具有向投资者推荐这些债券的含义，只是供投资者决策时参考，因此，它们对投资者负道义上的义务，但并不承担任何法律上的责任。

5.2.5 债券投资的风险分析

债券投资的风险主要包括违约风险、利率风险、购买力风险、变现力风险和期限性风险。

1. 违约风险

违约风险是指借款人无法按时支付债券利息和偿还本金的风险。

一般来讲，财政部发行的国库券，由于有政府作担保，所以没有违约风险。除中央政府以外的地方政府和公司发行的债券或多或少都有违约风险。造成企业违约的原因主要有：① 政治、经济形势发生重大变化；② 发生自然灾害；③ 企业经营不善、成本高、浪费大；④ 企业在市场竞争中失败，主要客户消失；⑤ 企业财务管理失误，不能及时清偿到期债务。避免违约风险的方法是不买质量差的债券。

2. 利息率风险

债券的利率风险是指由于利率变动而使投资者遭受损失的风险。债券的价格将随着利率的变动而变动。一般而言，银行利率下降，则债券价格上升；银行利率上升，则债券价格下跌。由于债券价格会随利率变动，因此即使没有违约风险的国库券也有利率风险。

3. 购买力风险

购买力风险是指由于通货膨胀而使货币的购买力下降的风险。在通货膨胀期间，购买力风险对于投资者相当重要，一般而言，预期报酬率会上升的资产，其购买力风险会低于报酬率固定的资产，因此，收益长期固定的债券受通货膨胀的影响较股票、房地产等资产大。

4. 流动性风险

流动性风险，也称变现力风险，是指无法在短期内以合理价格来卖掉资产的风险。一种能在短期内按市价大量出售的资产，是流动性较高的资产，这种资产的流动性风险较小；反之，如果一种资产不能在短期内按市价出售，则属于流动性较低的资产，这种资产的流动性风险较大，一般国库券的变现力较强，其流动性风险较其他公司债券的流动性风险要小。

5. 期限性风险

由于债券期限长而给投资人带来的风险，叫期限性风险，又称到期风险。一项投资，到期日越长，投资人遭受的不确定因素就越多，承担的风险越大，所以，一般来说，长期债券的利率要高于短期债券的利率。

相关链接

华盛顿公共能源公司违约案例

1983年7月23日，华盛顿公共能源公司（Washington Public Power Supply System）未能支付20亿元的债券，构成违约。至今为止，它是历史上最大的一笔市政债券违约。2倍于1994年加利福尼亚橘子郡的市政债券违约数额。该违约案件与2个未建成的核电站项目有关。一些财务等问题使得该项目被迫取消，并最终导致债券违约。

尽管华盛顿公共能源公司违约前社会上已有一些传闻，但当公司发布其违约消息时还是震惊了所有公众。违约使得该公司债券价格急速下降。几周之内，债券的交易价格从每1美元下降到8.5美分。同时，代表债券投资者的违约诉讼也相继涌现。大约在5年之后，也就是1988年底，原告与被告（华盛顿州、100多家公共企业、工厂建造合同商及一些证券发行公司）之间达成了初步的协议。由被告向原告支付7.5亿美元。联邦法庭同意将这些资金逐年返还给个人债券持有者，最终期限为1992年，这已经是违约案发生的第10年了。即使用普遍使用的标准来衡量，对债券持有人而言，每1美元也仅仅返还了45美分。投资者可以从该违约案中学到一些重要的东西。其中最重要的一点就是，即使是规模大且有信誉保证的公司，它所发行的债券也可能违约。穆迪和标准普尔对华盛顿公共能源公司的初始债券评级为A级，是良好的资级债券。违约前的18个月，债券评级仍旧为A。直到违约前的8个月，穆迪和标准普尔才将其归为垃圾债券。另一点比较重要的是，违约使投资者付出惨重的代价。尽管该违约案中，投资者提出了诉讼请求，且所得到的赔偿高于其他任何一起违约案的赔偿金额，但对于投资者而言，所获赔偿金额甚至不到债面值的一半。而且，从提起诉讼到获得赔偿将近10年的时间中，投资者什么都没有获得。造成该违约的决定性因素是债券投资者在进行风险投资时忽略了债券的信用风险。

5.3 基金投资

证券投资基金（以下简称"基金"）是指一种利益共享、风险共担的集合证券投资方式，即通过发行基金单位，集中投资者的资金，由基金托管人托管，由基金管理人管理和运用资金从事股票、债券等金融工具投资，并将投资收益按基金投资者的投资比例进行分配的一种间接投资方式。

5.3.1 投资基金的起源与发展

投资基金作为一种信托业务历史悠久，起源可追溯到19世纪初的荷兰。投资基金产生于英国，发展于美国，第二次世界大战后迅速进入日本、德国、法国及东南亚等地，并在全球范围内蓬勃发展起来。

投资基金作为社会化的理财工具，真正起源于英国。1868年，英国经过第一次产业革命后，生产力得到极大发展，殖民地和贸易遍及世界各地，社会和个人财富迅速增长。但由于国内资金积累过多，投资成本日益升高，促使许多商人纷纷将个人财产和资金转移到海外。由于投资者本身缺乏国际投资知识，对海外投资环境缺乏了解，于是萌发了集合众多投资者资金、委托专人经营和管理的想法。这一想法得到了英国政府的支持，于是由政府出面组成投资公司，委托具有专门知识的理财专家代为投资，让中小投资者可以分享国际投资的丰厚收益，并分散风险。于是，早期的投资信托公司便应运而生。投资基金起源于英国，却盛行于美国。目前，美国已成为世界上基金业最发达的国家。

在我国，随着证券市场规模的扩大，证券行业对外开放的趋势日益显现。中国证监会于1997年11月4日发布《证券投资基金管理暂行办法》，对基金的发起、管理、托管及信息披露作出了严格的规定，为我国真正意义上的基金行业的发展拉开了序幕。1998年3月5日，国泰基金管理有限公司成为在《证券投资基金管理暂行办法》出台后第一家成立的基金管理公司。基金业成功构建了运作的基础平台，系统地建立了监管、运营和托管等机制，并通过吸收、改并问题严重的老基金，使证券投资基金逐渐为投资者认可。与此同时，新的基金管理公司在规范运营中初步培养了一支基金管理队伍，为日后的国际化发展打下了基础。2001年，证监会正式批准设立国内首家契约型开放式基金——华安创新证券投资基金。随后开放式基金的规模和数量大大超过封闭式，并且发行了交易型开放式基金（ETF）。基金公司由过去的封闭式内部管理转为开放式管理，工作中心也由资产管理转向与客户服务并重，这对公司内部资源整合、对市场的把握都提出了新的要求和挑战。监管部门的思路也相应发生了变化，从以前被动地查处违规转变为鼓励创新，从而推动基金公司在发展中规范自己。自从2001年以来，我国证券投资基金业取得了快速发展，在推动证券市场和金融体系发展和完善方面发挥了积极作用。证券投资基金法草案的起草始于1999年4月，经过2003年10月23日召开的十届人大常委会第五次会议的第三次审议，于28日提交本次常委会表决，并获得通过，于2004年6月1日施行。这是我国证券投资基金业发展的重要里程碑。

5.3.2 投资基金的特点

1. 投资基金的特点

① 证券投资基金是由专家运作、管理并专门投资于证券市场的基金。

② 证券投资基金是一种间接的证券投资方式。投资者通过购买基金而间接投资于证券市场，不与上市公司发生直接关系，不参与公司的决策和管理，只享有利润的分配权。

③ 投资小，费用低。证券投资基金最低投资额一般较低，投资者可以根据自己的财力，多买或少购买基金单位，从而解决了中小投资者"钱不多、入市难"的问题。基金的费用通常较低。

④ 组合投资，分散风险。投资基金管理人通常会根据投资组合的原则，将一定的资金按不同的比例分别投资于不同期限、不同种类、不同行业的证券上，实现风险的分散。例如，我国规定．至少20%的资产净值须投资于国债，持有1家上市公司股票市值不得超过基金资产净值的10%。

⑤ 品种繁多，选择性强。国际资本流动和市场一体化，使得许多基金都进行跨国投资或离岸投资。任何一种市场看好的行业或产品，都可以通过设立和购买投资基金得到开发和利用。所以，投资基金这一投资工具为投资者提供了非常广阔的选择余地。

⑥ 基金资产保管与运作安全性高。不论是何种投资基金，均要由独立的基金保管公司保管基金资产，以充分保障投资者的利益。防止基金资产被挪作他用，基金管理人和保管人的分权与制衡通过基金章程或信托契约确立，并受法律保护。

2. 投资基金与股票、债券的区别

① 发行的主体不同，体现的权利关系不同。投资基金是由基金发起人发行的按契约形式发起的基金，证券持有人与发起人之间是契约关系。按公司形式发起的基金，通常组成基金公司，并由发起人（大股东）组成董事会，决定基金的发起、设立、中止及选择管理人和托管人等事项，证券持续有人成为公司股东的一员，但都不参与基金的运作。发起人与管理人、托管人之间是一种信托契约关系。

与投资基金不同，股票是股份公司发行的，持有人是股份公司的股东，有权参与公司管理，是一种股权关系；债券是由政府、银行、企业发行的，体现的是债权债务关系。

② 运行机制不同，投资人的经营管理权不同。通过股票筹集的资金完全由股份公司运用，股票持有人有权参与公司管理。通过债券筹集的资金，在债券有效期内，由公司使用，但所有权不变，到期后由债权人收回并自主支配。而投资基金的运行机制则有所不同。不论哪种类型的投资基金，投资人和发起人都不直接从事基金的运营，而是由委托管理人进行运营。

③ 风险程度不同。一般情况下，股东的风险大于基金。对于中小投资看而言，由于受可支配资产总量的限制，只能直接投资于少数几只股票，当其所投资的股票因股市下跌或企业财务状况恶化时，资本金可能会化为乌有。而基金的基本原则是组合投资，分散风险，把资金按不同比例分别投于不同期限、不同种类的有价证券，把风险降低至最低程度。债券在一般情况下，本金得到保证，收益相对固定，风险比基金要小得多。

④ 收益情况不同。基金和股票的收益是不确定的，而债券的收益是确定的。一般情况下，基金收益高于债券。

⑤ 投资回收方式不同。债券投资是有一定期限的，期满后收回本金；股票投资是无限期的，除非公司破产、进入清算，投资者不得从公司收回投资，若要收回，只能在证券交易市场上按市场价格变现。投资基金则要视所持有的基金形态不同而有所区别：封闭式基金有一定的期限，期满后投资者可按持有的份额分得相应的剩余资产，在封闭期内还可以在交易

市场上变现；开放式基金一般没有期限，但投资者可随时向基金管理人要求赎回。

5.3.3 投资基金的分类

1. 根据基金单位是否可增加或赎回，投资基金可分为封闭式基金和开放式基金

封闭式基金是指基金规模在发行前已确定，在发行完毕后的规定期限内，基金规模固定不变，投资者再要购买基金单位，只能到流通市场上从基金投资者那里购买，投资者想要变现所持基金单位，也不能要求基金管理人赎回，只能在流通市场上卖出。开放式基金是指基金设立后，投资者可以随时申购或赎回基金单位，基金规模不固定的投资基金，在每个营业日投资者可以向基金管理人申购基金单位，也可以要求基金管理人赎回基金单位。

封闭式基金和开放式基金的差异可以归纳为以下几点。

① 从基金规模看，封闭式基金的规模相对而言是固定的，在封闭期限内未经法定程序许可，不能再增加发行。而开放式基金的规模是处于变化之中的，没有规模限制，一般在基金设立一段时期后（多为3个月），投资者可以随时提出认购或赎回申请，基金规模将随之增加或减少。

② 从基金的期限看，封闭式基金一般有明确的存续期限（我国规定不得少于5年）。当然，在符合一定条件的情况下，封闭式基金也可以申请延长存续期。而开放式基金一般没有固定期限，投资者可随时向基金管理人赎回基金单位。

③ 从基金单位的交易方式看，封闭式基金单位的流通采取在证券交易所上市的办法，投资者买卖基金单位是通过证券经纪商在二级市场上进行竞价交易的方式进行的。而开放式基金的交易方式在首次发行结束后一段时间（多为3个月）后，投资者通过向基金管理人或中介机构提出申购或赎回申请的方式进行买卖。

④ 从基金单位的买卖价格形成方式看，封闭式基金的买卖价格并不必然反映基金的净资产值，受市场供求关系的影响，常出现溢价或折价的现象。而开放式基金的交易价格主要取决于基金每单位净资产值的大小，不直接受市场供求的影响。

⑤ 从基金投资运作的角度看，封闭式基金由于在封闭期间内不能赎回，基金规模不变，这样基金管理公司就可以制定一些长期的投资策略与规划。而开放式基金为应付投资者随时赎回基金单位变现的要求，就必须保持基金资产的流动性，要有一部分以现金资产的形式保存而不能全部用来投资或全部进行长线投资。相对封闭式基金而言，开放式基金对基金管理公司改进投资管理和客户服务的压力和动力更大。

2. 根据投资风格的不同，投资基金一般可以分为成长型、价值型和平衡型三种

成长型投资基金的投资目标在于追求资本的长期成长，因此基金将资产主要投资于资信好、长期有盈余或有发展前景的公司的普通股票。在股票选择上，他们主要考虑那些属于具有持续增长趋势行业的股票，其销售及收益增长势头强劲，一般具有如下特征：① 所在的行业发展前景良好；② 销售增长率和收益增长率高；③ 合理的市盈率；④ 具有较强创业能力的管理层。

价值型的基金主要投资于价值型的股票。所谓价值型股票，主要是指股价相对利润或现金流量来说较低的公司股票。也就是说，价值型基金寻找的是内在价值被市场低估的股票。他们一般投资于市盈率较低的传统行业，如银行产业、公共事业及能源类等，这类行业的上市公司经常受到市场的冷落，市盈率低，因此投资成本较为低廉。这类公司的特点通常包括

① 规模较大的蓝筹公司；② 市盈率较低；③ 倾向于支付高于平均水平的红利；④ 公司的某项有形资产或专利、专有技术、品牌、特许权等无形资产的实际价值未被市场认识或被市场低估。

平衡型基金则是成长型和价值型的综合，既关心资本利得也关心股利收入，甚至还考虑未来股利的增长，但最关心的还是资本利得的潜力。这种基金同时投资于成长型股票和良好股利支付记录的价值型股票，其目标是获取股利收入、适度资本增值和资本保全，从而使投资者在承受相对较小风险的情况下，有可能获得较高的投资收益。因此，平衡型基金适合那些既想得到较高股利收入又希望比成长型基金更稳定的投资者，如主要寻求资金保全的保险基金和养老基金，以及那些相对保守的个人投资者。

相关链接

价值型基金：新时代的宠儿

相对于成长型基金而言，价值型基金的主要优势是收入较为稳定，在成熟市场上，成长型基金一般情况下在前5年不分资本利得部分，在今后只有当市场行情低迷、缺乏投资机会时才考虑分红，但一般也不超过当年净收益的80%；对于平衡型基金，每年将50%的净收益用于分红；而价值型基金，可以每年将净收益的90%用于现金分红。而且如果将市盈率作为基准，成长型基金的股票价格显然有些过高，而价值型基金市盈率更为合理，作为投资工具至少在短期内是一个更为安全的选择。

国外一些优秀基金经理人的成功经验证明，从长期来看，只有投资于市场价格被错误定价即市场价格低于其内在价值的上市公司，才能在多变的市场格局中立于不败之地，著名的基金经理巴菲特就是一直抓住这一投资理念不放松而取得骄人业绩的。1999年网络股在美国大行其道，致使在1999年第四季度中，美国成长型基金的平均回报率竟高达37.4%，价值型基金的平均回报率则仅有7.8%；但到2000年四季度，美国成长型基金和价值型基金的平均回报分别为-18.7%和2.4%。在多灾多难的2001年，美国的价值型基金仅仅损失了1.6%，但是成长型基金的损失额度却达到了惊人的36.1%。两者的表现之所以会出现如此巨大的差距，根本的原因是市盈率的差距，成长型基金的平均本益比水平为31.6，而价值型基金只有21，价值型基金更接近历史本益比水平，价格更为合理。

世界著名的基金评级机构Morningstar一次公布的200支被评为五星的基金中，大盘价值型（Large Value）基金20支、中盘价值型（Mid Value）33支、小盘价值型（Small Value）29支，这三种类型共占41%。而大盘成长型（Large Growth），中盘成长型（Mid Growth）、小盘成长型（Small Growth）总计只占18%。由于MorningStar的评级综合考虑了收益和风险等因素，这个结果说明近年来价值型基金更受业界的推崇。

——巨潮资讯网 http：//www.cninfo.com.cn

3. 根据组织形态的不同，投资基金可分为公司型投资基金和契约型投资基金

公司型投资基金是指具有共同投资目标的投资者组成以盈利为目的的股份制投资公司，

并将资产投资于特定对象的投资基金。契约型投资基金也称信托型投资基金,是指基金发起人依据其与基金管理人、基金托管人订立的基金契约,发行基金单位而组建的投资基金。

4. 根据投资对象的不同,投资基金可分为股票基金、债券基金、货币市场基金、期货基金、期权基金等

股票基金是指以股票为投资对象的投资基金。

债券基金是指以债券为投资对象的投资基金。

货币市场基金是指以国库券、大额银行可转让存单、商业票据、公司债券等货币市场短期有价证券为投资对象的投资基金。

期货基金是指以各类期货品种为主要投资对象的投资基金。期权基金是指以能分配股利的股票期权为投资对象的投资基金。

5.3.4 投资基金的价值分析

1. 开放式基金的价值分析

开放式基金的主要特点是要经常不断地按客户的要求购回或出售基金单位。开放式基金的交易价格不受市场供求关系的影响,主要以基金单位净资产为基础加减申购费或赎回费而得到。因此,决定开放式基金投资价值的主要因素是基金的单位资产净值。

① 基金的单位资产净值。基金资产净值是指在某一基金估值时点上,按照公允价格计算的基金资产总市值扣除负债后的余额,该余额是基金单位持有人的权益。按照公允价格计算基金资产的过程就是基金的估值。单位基金资产净值,即每一基金单位代表的基金资产的净值。单位基金资产净值计算的公式为:

$$基金的单位资产净值 = \frac{总资产 - 总负债}{基金单位总数}$$

其中,总资产是指基金拥有的所有资产(包括股票、债券、银行存款和其他有价证券等)按照公允价格计算的资产总额。总负债是指基金运作及融资时所形成的负债,包括应付给他人的各项费用、应付资金利息等。基金单位总数是指当时发行在外的基金单位的总量。

需要注意的是,基金的单位资产净值是经常发生变化的,它与基金单位的价格从总体上看趋向是一致的,即基金的资产净值越高,其基金单位的价格也就越高;基金的资产净值越低,其基金单位的价格也就越低。

② 开放式基金的申购价格。申购是指开放式基金成立后,向基金管理人购买基金单位的行为。开放式基金一般在场外进行交易,投资者在购入开放式基金单位时,除了支付资产净值之外,还要支付一定的销售附加费用。附加费用等于申购费率与单位资产净值的乘积。开放式基金单位的申购价格可用下式表示:

$$申购价格 = 单位资产净值 \times (1 + 申购费率)$$

$$申购份额 = \frac{申购金额 - 申购费}{基金单位净值}$$

申购费率为申购费占单位资产净值的比率。对于一般投资者来说,该附加费用增加了投资者的成本和风险。因此,国外出现了一些不收附加销售费用的开放式基金。其销售价格直接等于资产净值,投资者在购买该种基金时,无须交纳附加费用。

③ 开放式基金的赎回价格。赎回价格也即每份赎回金额。开放式基金承诺可以在任一赎回日根据投资者的个人意愿赎回其所持基金单位。对于赎回时不收取任何费用的开放式基金来说,赎回价格为:

$$赎回价格 = 资产净值$$

对于赎回时收取赎回费用的开放式基金来说,赎回价格为:

$$赎回价格 = 单位资产净值 \times (1 - 赎回费率)$$
$$赎回金额 = 赎回份额 \times 赎回价格$$

例 5-8 甲投资者想赎回某个开放式基金170万份,当日基金净值为1.5元,赎回费率为:持有时间在90日以内的,赎回费率为1%;持有时间在91~365日的,赎回费率为0.5%;持有时间在366~730日的,赎回费率为0.25%;持有时间在731日以上的,免收赎回费。假设在赎回日该投资者的持有期分别为50日、400日、1 000日,那么三种情况下的赎回金额分别如下。

持有期50日:

$$赎回价格 = 1.5 \times (1 - 1\%) = 1.485 \text{ 元}$$
$$赎回金额 = 170 \text{ 万} \times 1.485 \text{ 元} = 2\ 524\ 500 \text{ 元}$$

持有期400日:

$$赎回价格 = 1.5 \times (1 - 0.5\%) = 1.492\ 5 \text{ 元}$$
$$赎回金额 = 170 \text{ 万} \times 1.485 \text{ 元} = 2\ 537\ 250 \text{ 元}$$

持有期1 000日:

$$赎回价格 = 1.5 \text{ 元}$$
$$赎回金额 = 170 \text{ 万} \times 1.5 \text{ 元} = 2\ 550\ 000 \text{ 元}$$

2. 封闭式基金的价值分析

封闭式基金类似于股票,在发行期满后一般都申请上市交易,股票价值的分析方法也可类推到封闭式基金。影响封闭式基金交易价格的因素主要有六个方面:基金资产净值、市场供求关系、宏观经济状况、证券市场状况、基金管理者的管理水平及政府有关基金的政策。其中,确定基金价格最根本的依据也是每基金单位资产净值及其变动情况。

封闭式基金价值的分析也可以采用收入的资本化定价方法。这里的关键是确定各期预期货币收入和合适的贴现率。各期预期的货币收入取决于基金的收益和基金的费用。

投资基金带来的收益主要包括以下几方面。

① 利息收入。封闭式基金在建立证券投资组合时,要将其中的一部分资金购买有固定利息收入的金融资产,如债券、商业本票、可转让定期存单或其他短期证券,也可能存入银行,通付这些方式取得的收入即为利息收入。

② 股息和红利收入。股息和红利是上市公司定期向投资者支付的投资回报。封闭式基金投资于投票后,可定期从上市公司得到一定数量的利息和红利。

③ 资本利得。一般而言,投资于股市,股息和红利并不是投资者最看重的,为了使基金最大限度地获得增值收益,基金管理者将运用"买低卖高"的原则在股市进行操作,赚取投机收益,这部分收益是投资基金的另一主要收益来源。

与基金相关的费用包括以下内容。

① 准备费用。指基金券正式发行前和发行时所发生的费用,包括宣传费、招募费、申

请费等。

② 管理费用。基金投资公司为经营、管理基金每年从基金收益中提取一部分费用，称为管理费用。

③ 保管费用。基金保管公司为保管、处分基金信托财产而从基金收益中计提的费用。

④ 首次购买费。投资者认购或买入基金一般须支付首次购买费，并加在基金卖出价上，由投资者缴纳。

扣除这些费用之后，投资于基金获得的净收益就成为决定封闭式基金价格的基础。根据收入的资本化定价方法，投资基金的价值为：

$$V = \sum_{t=1}^{\infty} \frac{D_t}{(1+i)^t}$$

式中，

V——封闭式基金的价值；

D_t——基金每一时期的净收入；

i——为预期的报酬率。

如果每一时期的净收入 D_t 和预期的报酬 i 不变，则上面的公式可简化为：

$$V = \frac{D}{i}$$

如果每一时期的净收入以固定比率 g 增长，预期的报酬 i 不变，且 $g<i$，公式变为：

$$V = \sum_{t=1}^{\infty} \frac{D_0 g(1+g)^t}{(1+i)^t} = \frac{D_1}{i-g}$$

5.4 金融期货与金融期权投资

5.4.1 金融期货投资

1. 金融期货的概念

金融期货是期货交易的一种。期货主要是指交易双方在集中性的市场以公开竞价方式所进行的期货合约的交易。期货合约则是由交易双方订立的，约定在未来某个日期按约定的价格交割一定数量的某种商品的标准化协议。

金融期货是以各种金融商品，如外汇、债券、股价指数等作为标的物的期货，即金融期货是以金融商品合约为交易对象的期货。

2. 金融期货的功能

① 套期保值功能。套期保值是指通过在现货市场与期货市场同时做相反的交易而达到为其现货保值目的的交易方式。金融期货之所以能够套期保值，其基本原理在于某一特定商品或金融资产的期货价格和现货价格受相同经济因素的制约和影响，使它们的变动趋势是一致的，而且，现货价格与期货价格具有市场走势的收敛性，即当期货合约临近到期时，现货价格与期货价格将逐渐趋合，它们之间的价差即基差将接近于零。

② 价格发现功能。价格发现功能是指在一个公开、公平、高效、竞争的期货市场中，通过集中竞价形成期货价格的功能。期货价格具有预期性、连续性和权威性的特点，能够比较准确地反映出未来商品价格的变动趋势。期货市场之所以具有价格发现功能，是因为期货

市场将众多影响供求关系的因素集中于交易价格，这一价格一旦形成，立即向世界各地传播，并影响供求关系，从而形成新的价格，如此循环往复，使价格不断地趋于合理。

3. 金融期货交易的特征

① 交易对象不同。金融现货交易的对象是某一具体形态的金融工具，是代表着一定所有权或债权关系的股票、债券或其他金融商品；而金融期货交易的交易对象是期货合约。期货合约是由期货交易所设计的一种对指定金融商品的种类、规格、数量、交收月份都作出统一规定的标准化书面协议。

② 交易目的不同。

金融现货交易的目的是为了获得价值或收益权，为生产和经营筹集必要的资金或为暂时闲置的货币资金寻找生息获利的投资机会。金融期货交易主要是为了套期保值，即为不愿承担价格风险的生产者与经营者提供稳定成本、保住利润的条件，从而保证生产和经营活动正常进行。

③ 结算方式不同。金融现货交易通常以证券和货币等金融商品的转手而结束交易活动。而在金融期货交易中，仅有极少数的合约到期进行实物或现金交割，差不多98%的期货合约是通过做相反交易而进行对冲结算的。

4. 金融期货的种类

金融期货又可细分为利率期货、外汇期货和股价指数期货。

① 利率期货。利率期货是指以利率为标的物的期货合约。世界上最先推出的利率期货是1975年由美国芝加哥商业交易所推出的美国国民抵押协会的抵押证期货。

② 货币期货。货币期货又称外汇期货。货币期货是指以汇率为标的物的期货合约。货币期货是适应各国从事对外贸易和金融业务的需要而产生的，目的是借此规避汇率风险。

③ 股票指数期货。股票指数期货是指以股票指数为标的物的期货合约。股票指数期货是目前金融期货市场最热门和发展最快的期货交易。股票指数期货不涉及股票本身的交割，其价格根据股票指数计算，合约以现金清算形式进行交割。

5. 金融期货的交易制度

① 集中交易制度。金融期货在期货交易所或证券交易所进行集中交易。期货交易所是专门进行期货合约买卖的场所，是期货市场的核心，期货交易所为期货交易提供场所和必要的交易设施，制定标准化的期货合约，为期货交易制定规章制度和交易规则，监督交易过程等。

② 标准化的期货合约和对冲机制。期货合约是由交易所设计、经主管机构批准后向市场公布的标准化合约。期货合约对标的商品的品种、交易单位、最小变动价位、每日限价、合约月份、交易时间、最后交易日、交割日、交割地点、交割方式等都作出统一规定。唯一的变量是标的商品的交易价格。交易价格是在期货交易所以公开竞价的方式产生的。期货合约设计成标准化的合约是为了便于交易双方在合约到期前分别做一笔相反的交易进行对冲，从而避免实物交割。

③ 保证金及其杠杆作用。设立保证金的主要目的是当交易者出现亏损时能及时制止，防止出现不能偿付的现象。期货交易的保证金是买卖双方履行其在期货合约中应承担义务的财力担保，起履约保证作用，交易者如果不能在规定时间内补足保证金，结算所有权将交易者的期货合约平仓了结。这一制度为期货合约的履行提供了安全可靠的保障。

④ 结算所和无负债结算制度。结算所是期货交易所附设的专门清算机构，但又以独立的公司形式组建，结算所通常也采取会员制。所有的期货交易都必须通过结算会员由结算机构进行，而不是由交易双方直接交割清算。结算所实行无负债的每日清算制度，是以一个交易日为最长的结算周期，就是以每种期货合约在交易日收盘前最后1分钟或几分钟的平均成交价作为当日结算价，与每笔交易成交时的价格作对照，计算每个结算所会员账户的浮动盈亏，进行随市清算。当合约对冲或到期平仓时，结算所又负责一切盈亏清算。

⑤ 限仓制度。限仓制度是交易所为了防止市场风险过度集中和防范操纵市场的行为而对交易者持仓数量加以限制的制度。

⑥ 大户报告制度。大户报告制度是交易所建立限仓制度后，当会员或客户的持仓量达到交易所规定的数量时，必须向交易所申报有关开户、交易、资金来源、交易动机等情况，以便交易所审查大户是否有过度投机和操纵市场行为，并判断大户的交易风险状况。通常，交易所规定的大户报告限额小于限仓限额。所以大户报告制度是限仓制度的一道屏障，将大户操纵市场的违规行为防患于未然。

5.4.2 金融期权投资

1. 金融期权的定义

期权（Option），又称选择权，是指它的持有者在规定的期限内具有按交易双方商定的价格购买或出售一定数量的某种金融资产的权利。

金融期权（Financial Option），是指以金融商品或金融期货合约为标的物的期权交易形式。具体地说，其购买者在向出售者支付一定费用后，就获得了能在规定期限内以某一特定价格向出售者买进或卖出一定数量的某种金融商品或金融期货合约的权利。

期权合约与期货合约不同，期货合约的多头方和空头方在签订协议后，都是既有权利又有义务，按照约定的价格买入或卖出一定数量的资产；而期权合约的多头方获得了按合约约定买（或者卖）某种资产的权利，没有义务，而其空头方则只有按照多头方要求履行买卖的义务，全然没有权利。为此，期权合约的多头方必须事先向空头方缴纳期权费，才能获得相应的权利。这时候，期权合约中实际买卖的那个资产就是期权合约的标的资产。

2. 金融期权的基本类型

① 看涨期权。看涨期权（Call Option），又称买入期权，是指期权的买方具有在约定期限内按约定价格买入一定数量金融资产的权利。投资者之所以买入看涨期权，是因为他预期这种金融资产的价格在近期内将会上涨。如果判断正确，按协议价买入该项资产并以市价卖出，可赚取市价与协议价之间的差额；如果判断失误，则损失期权费。

例如，2011年6月，恒生指数是18 080点，如果认为恒生指数有机会上升至19 080点，买入一个19 000点看好的认购期权。到月底时，恒生指数真的上升了1 000点，到达19 080点，这时要注意，投资者不是有利润而是出现了亏损。这是因为今天他要买入一个19 000认购期权，假定他要付出200点（1点=50港币），这时他要买入这个期权的代价或费用，以金额计是200×50元＝港币10 000元。

一般可以将这200点看成是持有这期权的成本（期权费），然后和他买入的认购期权行使价相加起来：200点+19 000点＝19 200点，19 200点为打和点（最后点），即是恒生指数要在月底时上升超过了19 200点才能出现真正的净利润。即如果恒生指数月底要净上升

1 120 点以上，投资者才有利润，一定要考虑期权费用。

② 看跌期权。看跌期权（Put Option），又称卖出期权，是指期权的买方具有在约定期限内按约定价格卖出一定数量金融资产的权利。投资者之所以卖出看跌期权，是因为他预期该项金融资产的价格在近期内将会下跌。如果判断正确，可从市场上以较低的价格买入该项金融资产，再按协议价卖出，将赚取协议价与市价的差额；如果判断失误，将损失期权费。

此外，按照期权合约所规定的履约时间的不同，金融期权可分为欧式期权与美式期权。

欧式期权只能在期权到期日执行，既不能提前，也不能推迟；而美式期权则可在期权到期日或到期日之前的任何一个营业日执行。当然，若超过到期日，美式期权也同样会作废。

5.5 证券组合投资

证券组合投资又叫证券组合，是指在进行证券投资时，不是将所有的资金都投向单一的某种证券，而是有选择地投向一组证券。这种同时投资多种证券的做法便叫证券的投资组合。通过有效地进行证券组合，便可消减证券风险，达到降低风险的目的。

5.5.1 证券投资组合的风险与收益

1. β 系数

证券组合的风险可以分为两种性质完全不同的风险：可分散风险和不可分散风险。

可分散风险又叫非系统性风险或公司特有风险，是由于某些因素对单个证券造成经济损失的可能性。由于不同资产的收益波动方向不同，所以选择波动方向相反的资产进行组合可以降低资产收益率的波动幅度，从而起到降低风险的作用。因此，这种风险称为可分散风险。

不可分散风险又称系统性风险或市场风险，是由于某些因素给市场上所有证券都带来经济损失的可能性，如宏观经济状况的变化、国家税法的变化、世界经济状况的变化等。这些风险影响到所有资产，不能通过资产组合分散掉。但这种风险对于不同行业或不同公司也有不同的影响。不同公司受系统性风险的影响程度有所不同。

不可分散风险的程度可用 β 系数来反映。β 系数表示一种股票的预期报酬随着市场证券组合的预期报酬波动的变异程度，即某个资产的收益率与市场组合之间的相关性。

① 个别证券投资的 β 系数。个别资产的 β 系数的理论计算公式如下：

$$\beta_i = \frac{\sigma_{im}}{\sigma_m^2} = \frac{r_{im}\sigma_i\sigma_m}{\sigma_m^2} = r_{im}\left(\frac{\sigma_i}{\sigma_m}\right)$$

其中：σ_{im} 第 i 种证券的收益与市场组合收益之间的协方差。它等于该证券的标准差、市场组合的标准差及两者相关系数的乘积。

显然，作为整体的证券市场的 β 系数等于 1。如果某种资产的 β 系数等于 1，说明这种证券的系统性风险与整个证券市场的风险基本相当；如果某种资产的 β 系数大于 1，说明这种证券的系统性风险大于整个证券市场的风险；如果某种资产的 β 系数小于 1，说明这种证券的系统性风险小于整个证券市场的风险。某项证券投资的 β 系数越高，那么该证券的变动幅度就越高，相对风险也会越大；反之，某项证券投资的 β 系数越小，那么该证券的变动幅度就越小，相对风险也会越小。因此，β 系数是进行证券风险分析的重要依据。

② 组合证券投资的 β 系数。组合投资的 β 系数是个别投资的 β 系数值加权平均而获得的，其权数即为各种投资在总投资中所占的比重。其计算公式如下：

$$\beta = \sum_{i=1}^{n} W_i \beta_i$$

其中，β 表示组合投资的 β 系数；W_i 表示组合投资中第 i 种投资占总投资的比重；β_i 表示第 i 种投资的 β 系数；n 表示组合投资的总数。

例 5-9 一个投资者拥有 100 万元现金进行组合投资，共投资 10 种股票且各占十分之一，每种股票的 β 值皆为 1.28，那么该投资组合的平均 β 系数也为 1.28。这表示该投资组合的风险比市场风险大，其投资报酬率的变动幅度也较大。

如果本例中有两种股票被卖出，换入 β 值分别为 0.7 和 1.35 的两种股票，假定每股股票投资比重不变，这时该投资组合的平均 β 系数为：

$$\beta = \sum_{i=1}^{n} W_i \beta_i = 0.8 \times 1.28 + 0.1 \times 0.7 + 0.1 \times 1.35 = 1.229$$

可见组合证券投资的 β 系数受到不同证券投资的比重和个别投资 β 系数的影响。显然，当一个高 β 系数的投资加入到原有的组合投资中时，会使原有组合投资的 β 系数上升，使整个组合投资风险增加。同理，当一个低 β 系数的投资加入到原有的组合投资中时，会使原有组合投资的 β 数下降，使整个组合投资风险降低。

2. 证券组合中的预期报酬率与风险计量

① 预期报酬率。证券组合的预期报酬率实际上是通过各个证券的预期报酬率加权平均而获得的，其权数即为各种投资在总投资中所占的比重。其公式可以表达为：

$$\overline{R}_p = \sum_{i=1}^{m} W_i R_i$$

其中：R_i 表示证券组合中第 i 种证券的预期报酬率；W_i 表示投资者在第 i 证券上的投资比重（参见第 4 章相关内容）。

② 投资组合的风险计量。

第一，两项资产投资组合的风险计算。

投资组合的风险不是各证券标准差的简单加权平均数，那么它如何计量呢？

两项资产投资组合报酬率的标准差是：

$$\sigma = \sqrt{(w_A \sigma_A)^2 + (w_B \sigma_B)^2 + 2 w_A w_B \sigma_{AB}}$$

式中，σ_{AB} 为两种资产期望收益的协方差，$\sigma_{AB} = \rho_{AB} \sigma_A \sigma_B$，$\sigma_A$、$\sigma_B$ 分别是资产 A 和 B 各自期望收益的标准差，ρ_{AB} 为两种资产期望收益的相关系数，w 为权重。

在各种资产的方差给定的情况下，若两种资产之间的协方差（或相关系数）为正，则资产组合的方差就上升，即风险增大；若协方差（或相关系数）为负，则资产组合的方差就下降，即风险减小。由此可见，资产组合的风险更多地取决于组合中两种资产的协方差，而不是单项资产的方差。

第二，多项资产组合的风险计量。

多项资产组合的方差的计算公式为：

$$\sigma_p^2 = \sum_{i=1}^{m} \sum_{k=1}^{m} W_i W_k \sigma_{ik}$$

$$= \sum_{i=1}^{m} W_i^2 \sigma_i^2 + \sum_{i=1}^{m} \sum_{k=1}^{m} W_i W_k \sigma_i \sigma_k \rho_{ik} (i \neq k)$$

其中：m 是组合内证券种类总数；其他字母的含义同前。

公式中第一项是单项资产的方差，反映了单项资产的风险，相当于非系统风险；公式中第二项是两两资产之间的协方差，反映了资产之间的共同风险，相当于系统风险。

由多种资产构成的组合中，只要组合中两两资产的收益之间的相关系数小于1，组合的标准差一定小于组合中各种资产的标准差的加权平均数。

下面举例说明两个证券组合报酬率的期望值和标准差的计算过程。

例5-10 假设A证券的预期报酬率为15%，标准差是10%，占40%；B证券的预期报酬率是20%，标准差15%，占60%。

该组合的预期报酬率为：

$$r_p = 15\% \times 0.4 + 20\% \times 0.6 = 18\%$$

如果两种证券的相关系数等于1，没有任何抵消作用，在等比例投资的情况下该组合的标准差等于两种证券标准差的简单算术平均数，即12.5%。

如果两种证券之间的预期相关系数是0.3，组合的标准差会小于加权平均的标准差，其标准差是：

$$\sigma_p = \sqrt{0.4 \times 0.4 \times 0.10^2 + 2 \times 0.4 \times 0.6 \times 0.3 \times 0.10 \times 0.15 + 0.6 \times 0.6 \times 0.15^2}$$
$$= 10.89\%$$

从这个计算过程可以看出：只要两种证券之间的相关系数小于1，证券组合报酬率的标准差就小于各证券报酬率标准差的加权平均数。

5.5.2 资本资产定价模型

1. 平均市场风险报酬

根据资产组合理论可知，非系统风险经过一定的组合投资后可以避免或降低，系统性风险则无法规避。因此一项资产组合的期望收益率主要取决于其系统性风险。那么，资产组合的必要收益率可表示为：

资产组合的必要收益率 = 无风险收益率 + 系统风险收益率

设 R_M 为市场组合的平均收益率，R_F 为无风险收益率，R_i 为第 i 种资产组合所要求的必要收益率，β_i 为第 i 种资产组合的 β 系数。那么完全市场组合的平均风险报酬为：

$$R_M = R_F + 风险溢酬$$

其中，风险溢酬是指完全市场组合的平均风险报酬。

市场平均风险报酬 $= R_M - R_F$。

2. 特定资产组合的风险报酬和必要收益率

特定资产组合的风险报酬取决于两个因素：一是市场平均风险报酬，二是该资产组合的系统风险程度，即 β 系数。所以，特定资产组合的风险报酬可表示为：$\beta_i(R_M - R_F)$

那么，特定资产组合的必要报酬率可表示为：

$$R_i = R_F + \beta_i(R_M - R_F)$$

上式表明了特定资产组合的收益率与系统风险之间的关系，被称为资本资产定价模型（Capital Asset Pricing Model，CAPM）。

资本资产定价模型是在以下假设基础上形成的：

① 投资者都是理性投资者，他们选择资产组合的基本依据是有价证券的预期报酬、方差和协方差，所有投资者都是风险回避者；

② 投资者可以按照市场给定的无风险利率无限制地借入和贷出资本，借款利率等于贷款利率，并且对有价证券的抛空没有任何限制；

③ 所有投资者都有同样的有效边界，即所有投资者对资产的预期报酬、方差和协方差都有齐次预期；

④ 所有资产都是可上市交易的，都是完全可分的，都具有均值——方差有效性，并且他们在市场中的供给规模是固定的，并且具有充分的活动性，没有交易成本；

⑤ 没有税金且对交易没有任何限制；

⑥ 所有投资者都是价格接受者，他们获取相关交易信息的成本为零，他们在市场中的投资行为不会影响有价证券的市场价格；

⑦ 所有资产的数量都是给定的和固定不变的。

以 β 系数作横坐标，以资产组合的必要报酬率作纵坐标，将资本资产定价模型用图形表示出来就是证券市场线。证券市场线表示资产组合的风险与报酬之间的关系，如图 5-1 所示。

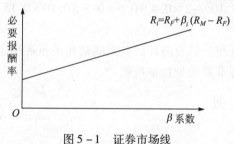

图 5-1　证券市场线

本章小结

本章分别阐述了股票投资、债券投资、基金投资的定义、种类、价值评估模型及投资相关法规的规定，介绍了社会责任型（SRI）的产生与发展及相应的投资基金指数，介绍了期货投资、期权投资的基本概念、基本原理和两种期权定价模型，最后详细讲解了投资组合原理、资本资产定价模型、投资组合的有效集和最优投资组合原理。

股票是一种有价证券，是股份有限公司发行的，用以证明投资者的股东身份和权益，并据以获取股息和红利的凭证。根据股东享有的权利不同，股票可以分为普通股票和优先股票。股票的价值可分为：票面价值、账面价值、清算价值和内在价值。股票价值评估模型主要有：零增长模型、固定增长模型、分阶段增长模型、市盈率模型。

债券是企业和政府发行的信用票据。是发行者为筹集资金，向债权人发行的，在约定时间支付一定比例的利息，并在到期时偿还本金的一种有价证券。债券投资的风险主要包括违约风险、利率风险、购买力风险、变现力风险和期限性风险。

证券投资基金是指一种利益共享、风险共担的集合证券投资方式,即通过发行基金单位,集中投资者的资金,由基金托管人托管,由基金管理人管理和运用资金从事股票、债券等金融工具投资,并将投资收益按基金投资者的投资比例进行分配的一种间接投资方式。根据基金单位是否可增加或赎回,投资基金可分为封闭式基金和开放式基金。

金融期货是期货交易的一种。期货主要是指交易双方在集中性的市场以公开竞价方式所进行的期货合约的交易。期货合约则是由交易双方订立的,约定在未来某个日期按约定的价格交割一定数量的某种商品的标准化协议。金融期权(Financial Option),是指以金融商品或金融期货合约为标的物的期权交易形式。金融期权可分为看涨期权和看跌期权,又可分为欧式期权与美式期权。

通过有效地进行证券组合,可消减证券风险,达到降低风险的目的。证券组合的风险可以分为两种性质完全不同的风险:可分散风险和不可分散风险。不可分散风险的程度通过用 β 系数来反映。

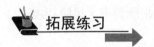
拓展练习

单项选择题

1. 按照我国有关规定,股票不得( )。
   A. 溢价发行　　　B. 折价发行　　　C. 平价发行　　　D. 市价发行

2. 某企业于 2000 年 3 月 1 日购得平价发行的面额为 10 000 元的债券,其票面利率 12%,每年 3 月 1 日计算并支付一次利息,并于三年后到期还本。该公司若持有该债券至到期日,其到期收益率为( )。
   A. 12%　　　　　B. 16%　　　　　C. 8%　　　　　　D. 10%

3. 投资者在购买债券时,可以接受的最高价格是( )。
   A. 市场的平均价格　　　　　　　　B. 债券的风险收益
   C. 债券的内在价值　　　　　　　　D. 债券的票面价格

4. 避免债券利率风险的方法是( )。
   A. 分散债券的到期　　　　　　　　B. 投资预期报酬率会上升的资产
   C. 不买质量差的债券　　　　　　　D. 购买长期债券

5. 由于市场利率变动而使投资者遭受损失的风险是指( )。
   A. 违约风险　　　B. 再投资风险　　C. 利率风险　　　D. 变现力风险

6. 企业同时进行两项或两项以上的投资时,总投资风险是指( )。
   A. 各个投资项目的风险累加　　　　B. 各个投资项目的风险抵消
   C. 通过方差和相关系数来衡量　　　D. 各个投资项目的风险加权平均数

7. 债券按已发行时间分类,可分为( )。
   A. 短期债券、中期债券和长期债券　B. 政府债券、金融债券和公司债券
   C. 固定利率债券和浮动利率债券　　D. 新上市债券和已流通在外的债券

8. 某公司发行的股票,投资人要求的必要报酬率为 20%,最近刚支付的股利为每股 2 元,估计股利年增长率为 10%,则该种股票的价值为( )元。

A. 20　　　　　　B. 24　　　　　　C. 22　　　　　　D. 18

9. 某股票为固定成长股，其成长率为3%，预期第一年后的股利为4元。假定目前国库券收益率13%，平均风险股票必要收益率为18%，而该股票的β系数为1.2，那么该股票的价值为（　　）元。

　A. 15　　　　　　B. 20　　　　　　C. 25　　　　　　D. 30

10. 某人以40元的价格购入一张股票，该股票预期股利为每股1.02元，预计半年后能以50元的价格出售，则该股票的年持有期收益率应为（　　）。

　A. 2.04%　　　　B. 27.55%　　　　C. 21%　　　　D. 55.1%

11. 甲企业购买A种股票10 000股，购买价为每股10元，随后按每股16元的价格将A股票全部卖出，实际发生证券交易费用为600元，则该笔证券交易的资本利得是（　　）。

　A. 59 400　　　　B. 60 000　　　　C. 60 600　　　　D. 159 400

12. 关于风险报酬正确的表述是（　　）。

　A. 风险报酬是必要投资报酬　　　　B. 风险报酬是投资者的风险态度
　C. 风险报酬是无风险报酬加通胀贴补　　D. 风险报酬率＝风险报酬斜率×风险程度

13. 下列哪些因素不会影响债券的内在价值（　　）。

　A. 票面价值与票面利率　　　　　　B. 市场利率
　C. 到期日与付息方式　　　　　　　D. 购买价格

14. 非系统风险是发生于（　　）造成的风险。

　A. 宏观经济状况的变化　　　　　　B. 个别公司的特有事件
　C. 不能通过投资组合得以分散　　　D. 通常以β系数来衡量

15. 某债券面值为1 000元，票面年利率为12%，期限3年，每半年支付一次利息。若市场利率为12%，则其发行时的价格（　　）。

　A. 大于1 000元　　B. 小于1 000元　　C. 等于1 000元　　D. 无法计算

16. 已知A股票的β系数等于1，则表明该股票（　　）。

　A. 与现行国库券的收益率相同　　　　B. 市场风险非常低
　C. 与整个市场的平均风险相同　　　　D. 是整个市场的平均风险的1倍

17. 风险分散理论认为投资组合能够降低风险，如果投资组合包括了全部股票，则投资者（　　）。

　A. 只承担市场风险，不承担公司特有风险
　B. 既不承担市场风险，也不承担公司特有风险
　C. 既要承担市场风险，也要承担公司特有风险
　D. 只承担公司特有风险，不承担市场风险

18. 下列关于β系数的说法中，不正确的是（　　）。

　A. 它可以衡量出个别股票的可分散风险的大小
　B. 它可以衡量出个别股票的市场风险的大小
　C. 某股票的β系数越大，则其风险收益率越高
　D. 某股票的β系数为1，则它的风险与整个市场的平均风险相同

19. 当某股票的预期收益率等于无风险收益率时，则其β系数应（　　）。

　A. 大于1　　　　　B. 小于1　　　　　C. 等于1　　　　　D. 等于0

20. 从投资人的角度看，下列观点中不能被认同的是（　　）。
A. 有些风险可以分散，有些风险则不能分散
B. 额外的风险要通过额外的收益来补偿
C. 投资分散化是好的事件与不好的事件的相互抵消
D. 投资分散化降低了风险，也降低了预期收益

多项选择题

1. 从财务管理角度看，政府债券不同于企业债券的特点包括（　　）。
   A. 流动性强　　　　　　　　　B. 抵押代用率高
   C. 可享受免税优惠　　　　　　D. 违约风险大
2. 购入股票可在预期的未来获得的现金流入包括（　　）。
   A. 到期按面值返还的本金　　　B. 每期预期的股利
   C. 出售时得到的价格收入　　　D. 预期资本利得
3. 下列关于债券到期收益率的表述中正确的有（　　）。
   A. 它是指导选购债券的标准
   B. 它是指购进债券后，一直持有该债券至到期日可获取的收益率
   C. 它可以反映债券投资按复利计算的真实收益率
   D. 它是能使未来现金流入现值等于债券买入价格的贴现率
4. 下列关于市盈率的说法中正确的有（　　）。
   A. 市盈率很高，风险相当大
   B. 市盈率越低，风险则越小
   C. 预期将提高利率时市盈率会普遍下降
   D. 预期公司利润增长时市盈率会上升
5. 长期债券收益率一般高于短期债券收益率，这是因为（　　）。
   A. 债券的到期时间越长，利率风险越大
   B. 债券的持有时间越长，购买力风险越大
   C. 长期债券的流动性差，变现力风险大
   D. 长期债券的面值较高
   E. 长期债券的发行较困难
6. 风险分散理论认为，市场风险具有的特征有（　　）。
   A. 不能通过多角化投资来回避，只能靠更高的报酬率来补偿
   B. 该类风险来源于公司之外，如通货膨胀、经济衰退
   C. 它表现为整个股市平均报酬率的变动
   D. 它表现为个股报酬率变动脱离整个股市平均报酬率的变动
7. 风险分散理论认为，以等量资金投资于A、B两种股票（　　）。
   A. 如果A和B完全负相关，组合的风险被全部抵销
   B. 如果A和B完全负相关，组合的风险不扩大也不减少
   C. 如果A和B完全正相关，组合的风险被全部抵销
   D. 如果A和B完全正相关，组合的风险不扩大也不减少

E. A 和 B 的投资组合可以降低风险，但实际上难以完全消除风险

8. 进行债券投资，应考虑的风险有（   ）。

   A. 违约风险　　B. 利率风险　　C. 购买力风险　　D. 变现力风险

   E. 再投资风险

9. 下列风险中，一般固定利率债券比变动利率债券风险大的有（   ）。

   A. 违约风险　　B. 利率风险　　C. 购买力风险　　D. 变现力风险

   E. 再投资风险

10. 下列有关债券到期收益率的说法中正确的是（   ）。

    A. 平价发行的债券，其到期收益率等于票面利率

    B. 如果债券的价格不等于面值，其实际收益率与票面利率不同

    C. 如果债券到期收益率高于投资人要求的报酬率，该债券应流入

    D. 如果债券不是定期付息，那么即使平价发行到期收益率也可能与票面利率不同

11. 用市盈率估计股价的高低时，下列正确的计算公式有（   ）。

    A. 市盈率：股票市价÷每股盈利

    B. 股票价格：该股票市盈率×该股票每股盈利

    C. 股票价值：行业平均市盈率×该股票每股盈利

    D. 股票价值：行业平均市盈率×行业平均每股盈利

12. 按照资本资产定价模式，影响个别股票预期收益率的因素有（   ）。

    A. 无风险的收益率　　　　　　　　B. 平均风险股票的必要收益率

    C. 个别股票的 β 系数　　　　　　　　D. 经营杠杆系数

    E. 财务杠杆系数

13. 实际上，如果将若干种股票组成投资组合，下述表达正确的有（   ）。

    A. 不可能达到完全正相关，也不可能完全负相关

    B. 可以降低风险，但不能完全消除风险

    C. 投资组合包括的股票种类越多，风险越小

    D. 投资组合包括全部股票，则只承担市场风险，而不承担公司特有风险

14. 若按年支付利息，则决定债券投资的年到期收益率高低的因素有（   ）。

    A. 债券面值　　B. 票面利率　　C. 购买价格　　D. 偿还年限

15. 关于股票或股票组合的 β 系数，下列说法中正确的是（   ）。

    A. 股票的 β 系数反映个别股票相对于平均风险股票的变异程度

    B. 股票组合的 β 系数反映投资组合相对于平均风险股票的变异程度

    C. 股票组合的 β 系数是构成组合的个股 β 系数的加权平均数

    D. 股票的 β 系数衡量个别股票的系统风险

    E. 股票的 β 系数衡量个别股票的非系统风险

判断题

1. 判断投资组合调整是否合理有效，其标准就是看收益提高的幅度是否大于风险上升的幅度或风险降低的幅度是否超过收益降低的幅度。（   ）

2. 国库券是政府发行的债券，由于有政府作担保，所以没有任何风险。（　　）
3. 现行国库券的收益率为10%，平均风险股票的必要收益率为16%，某种股票的 β 系数为1.5，则该股票的预期报酬率应为19%。（　　）
4. 当票面利率大于市场利率时，债券发行时的价格大于债券的面值。（　　）
5. 债券的价格会随着市场利率的变化而变化。当市场利率上升时，债券价格下降；当市场利率下降时，债券价格会上升。（　　）
6. 投资组合的收益率都不会低于所有单个资产中的最低收益率。（　　）
7. 以平价购买到期一次还本付息的债券，其到期收益率和票面利率相等。（　　）
8. 债券投资的到期日越长，投资者受不确定性因素的影响就越大，其承担的变现力风险就越大。（　　）
9. 债券到期日越长，则承受的风险越大，因此，分散债券的到期日，可避免购买力风险。（　　）。
10. 证券市场线用来反映个别资产或组合资产的预期收益率与其所承担的系统风险 β 系数之间的线性关系。（　　）
11. 利率固定不变的债券，则可避免利率波动的风险。（　　）
12. 用市盈率可估计股票的风险。一般认为，市盈率越低，投资风险越小；市盈率越高，投资风险越大。（　　）
13. β 系数反映个别股票相对于平均风险股票的变动程度的指标。它可以衡量出个别股票的公司特有风险，而不是市场风险。（　　）
14. 投资于股票未来现金流入包括两部分：预期股利收益和预期资本利得利益。（　　）
15. 对债券投资收益评价时，应以债券价值和到期收益率作为评价债券收益的标准，票面利率不影响债券收益。（　　）

▷ 业务题

1. A公司于2012年7月1日购买了1 000张B公司2012年1月1日发行的面值为1 000元，票面利率为10%，期限5年，每半年付息一次的债券。如果市场利率为8%，债券此时的市价为1 050元，请问A公司是否应该购买该债券？如果按1 050元购入该债券，此时购买债券的到期收益率为多少？

2. 某公司于2011年1月1日发行一种三年期的新债券，该债券的面值为1 000元，票面利率为14%，每年付息一次。

（1）如果债券的发行价为1 040元，其到期收益率是多少？

（2）假定2012年1月1日的市场利率为12%，债券市价为1 040元，是否应购买该债券？

（3）假定2013年1月1日的市场利率下降到10%，那么此时债券的价值是多少？

（4）假定2013年1月1日的债券市价为950元，此时购买债券的到期收益率为多少？

3. 某投资者准备从证券市场购买A、B、C三种股票组成投资组合。已知A、B、C三种股票的 β 系数分别为0.8、1.2、2。现行国库券的收益率为8%，市场平均股票的必要收益率为14%。

（1）采用资本资产定价模型分别计算这三种股票的预期收益率。

(2) 假设该投资者准备长期持有 A 股票，A 股票去年的每股股利为 2 元，预计年股利增长率为 8%，当前每股市价为 40 元，投资者投资 A 股票是否合算？

(3) 若投资者按 5:2:3 的比例分别购买了 A、B、C 三种股票，计算该投资组合的 β 系数和预期收益率。

4. 预计 A 公司的税后净利为 1 000 万元，发行在外的普通股 500 万股。要求：

(1) 假设其市盈率为 12 倍，计算其股票的价值。

(2) 预计其盈利的 60% 将用于发放现金股利，股票获得率应为 4%，计算其股票的价值。

(3) 假设成长率为 6%，必要报酬率为 10%，预计盈余的 60% 用于发放股利，计算其股票价值。

5. 某公司于 2010 年 1 月 1 日投资 1 000 万元购买了正处于生命周期成长期的 X 股票 200 万股，在以后持股的三年中，每年末各分得现金股利 0.5 元、0.8 元、1 元，并于 2013 年 1 月 1 日以每股 6 元的价格将股票全部出售。计算该项投资的投资收益率。

6. 某公司经批准增发普通股票融资，目前已发股票每股市价为 12 元，该公司当期缴纳所得税额为 500 万元，按照税后利润的 20% 提取法定盈余公积金和公益金，（该公司当年无纳税调整事项）剩余部分用于分配股东利润，公司已经发行普通股票 100 万股。预计该公司增资后，预计股票的市盈率将下降 25%，每股收益将下降为 7 元/股，该公司所得税率为 30%。要求：

(1) 计算税前利润、税后利润和可分配的利润。

(2) 计算每股收益、实际和预计的市盈率。

(3) 计算股票的发行价格。

7. 某投资人 2013 年欲投资购买股票，现有 A、B 两家公司的股票可供选择，从 A、B 公司 2012 年 12 月 31 日的有关会计报表及补充资料中获知，2012 年 A 公司税后净利为 800 万元，发放的每股股利为 5 元，市盈率为 5 倍，A 公司发行在外股数为 100 万股，每股面值 10 元；B 公司 2000 年获税后净利 400 万元，发放的每股股利为 2 元，市盈率为 5 倍，其发行在外的普通股股数共 100 万股，每股面值 10 元。预期 A 公司未来 5 年内股利为零增长，在此以后转为正常增长，增长率为 6%，预期 B 公司股利将持续增长，年增长率为 4%。假定目前无风险收益率为 8%，平均风险股票的必要收益率为 12%，A 公司股票的 β 系数为 2，B 公司股票的 β 系数为 1.5。

要求：

(1) 计算股票价值，并判断 A、B 两公司股票是否值得购买。

(2) 若投资购买两种股票各 100 股，该投资组合的预期报酬率为多少？该投资组合的风险如何？

▶ 思考讨论

1. 请说明普通股与优先股的区别。

2. 股票价值评估的模型有哪些，分别适用于哪些情况，在实际操作中需要注意什么问题？

3. 债券的价值评估模型有哪些?它与股票的价值评估模型有何不同。
4. 开放式基金与封闭式基金有何区别?开放式基金的优势在哪里?
5. 社会责任型基金(SRI)在我国实行是否可行?前景如何?
6. 资本资产定价模型的适应性如何?行为金融理论对资本资产定价模型提出了哪些挑战?

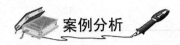

YD 公司股票投资案例

YD 公司是一家由国有企业改制的公司,改制以来,发展势头良好,并于前几年成功上市。但由于行业竞争激烈,该企业将面临更大的风险,而且金融市场动荡不安,为了稳妥起见,公司请你和一些金融分析专家对现已发行上市的股票进行风险评估。表1列出了YD公司和MM公司2005—2012年的股价资料。表2是某系统发布的股票行情周报表。经过一段时间统计,得出了以下关于股价的周变动率的一些基本资料,如表3所示。

表1 YD 公司及 MM 公司 2005—2012 年股价表　　　　　　　　　　元

年份	YD 公司		MM 公司	
	最高价	最低价	最高价	最低价
2005	942	5	31.2	22.4
2006	11.45	7	29.54	23.3
2007	9.53	1.59	30.98	17.5
2008	7.88	3.15	29.33	22.65
2009	13.11	6.5	34.16	26.57
2010	36.25	7.63	36.77	23.51
2011	25.38	6.25	25.40	15.05
2012	48.38	9.3	23.64	15.84

表2 某系统行情周报表　　　　　　　　　　元

股票名称	上周收盘价	本周开盘价	本周最高价	本周最低价	本周收盘价	涨跌%
ZS 公司	3.31	3.3	3.4	3.01	3.22	-2.71
MM 公司	44.1	42.0	42.10	38.8	40.8	-1.45
ZG 公司	2.2	2.16	2.16	2.05	2.09	-5.0
YD 公司	2.91	3.00	3.00	2.6	2.68	-7.9
NF 公司	2.22	2.25	2.3	2.05	2.14	-3.6

表3 股价变动率及其概率表

YD公司		MM公司		股市总体情况	
概率	股价变动率（%）	概率	股价变动率（%）	概率	股价变动率（%）
0.15	5				
0.35	8	0.35	8	0.1	5
0.3	15	0.25	10	0.4	8
0.15	20	0.25	12	0.3	10
0.05	30	0.15	15	0.2	12

问题：

（1）请根据股票价格变化资料计算标准差，所计算的标准差有何作用？在进行比较时，还应注意什么问题？

（2）你能初步提供YD公司和MM公司的β系数吗？

（3）根据该公司风险的大小，谈谈如何回避这种风险。

（4）假定你的一位好友已经持有YD公司的股票1 000股，目前每股市价为8.6元，为稳妥起见，他准备再买入MM公司股票1 000股，目前股价为42元，请你帮他分析一下，此举是否正确。请将其所承担的风险量化。

（5）如果该投资者按市价抛出500股YD公司股票，再购入第三种与股市同步变化的股票，你能提出什么意见？

第6章

营运资本投资决策

> 如果一家公司的现金总是入不敷出，它就终将陷入困境。
> ——加布里埃尔·哈瓦维尼

 学习目标

1. 了解营运资本的特点和运动规律；
2. 理解营运资本需求的概念和资金匹配战略；
3. 深入理解管理资产负债表的作用，掌握管理资产负债表的编制方法；
4. 理解和掌握公司持有现金的目的、现金余额模型、现金收支管理；
5. 理解存货成本的内容，掌握经济订货批量的基本模型和各类扩展模型及它们之间的转化关系，理解 ABC 管理法等存货控制方法；
6. 掌握信用政策和收账政策的决策方法；
7. 掌握短期融资的来源和短期融资计划的编制方法，深入理解短期融资政策。

1993年12月，（美国）环球航空公司（TWA）被美国的商务旅行人士认为是最好的国内长途航空公司和排名第二的短途航空公司，此时距它摆脱破产威胁仅一个月。（美国）环球航空公司的未来看起来无限光明——员工们同意以削减工资为代价，作为交换，他们可以获得公司的股权；公司进行了债务重组，降低了债务成本；由于成为公司的所有者，员工们对公司的成功倾注了更多的热情和关注。但不幸的是，这家全美第七大航空公司发现其"新生"持续的时间并不长。1994年夏，（美国）环球航空公司就不得不为当年预期的135 000 000 美元的亏损寻找弥补方法。许多分析家认为公司濒临第二次，或许也是最后一次破产，主要原因在于就其资产的流动性而言，该公司处于极不稳定状态。分析家预计（美国）环球航空公司的销售在未来的数月内将会下降，而公司的现金储备却不足以支持其度过销售下降的时期。另外分析家对 TWA 前景都很悲观，因为它只有通过发行股票、债券或出售资产才能获得必需的资金。在不到4个月的时间里公司股票价格下跌了50%，投资者由此也意识到了（美国）环球航空公司的资产流动性问题。

显然，（美国）环球航空公司必须提高其资产流动性以确保它能够生存下来，它必须通过裁员、减少航班、用节省燃料的飞机代替过时的飞机来降低成本。（美国）环球航空公司终于从第二次破产边缘走了出来，但是其财务状况仍然非常糟糕。悲惨坠机事件、劳动力问题及更新飞机等不可预测问题使公司最近几年损失惨重。例如，1996年（美国）环球航空公司损失了285 000 000美元，1997和1998年分别损失了110 000 000美元和120 000 000美元。但是，（美国）环球航空公司也采取措施改善其流动性状况——公司最近的财务报告显示其1999年的乘客量达到历史纪录，收入明显增加，同时单位成本下降。此外，（美国）环球航空公司还通过提高营运效率来改善其短期资产的流动性。

为了提供充足的流动性，以便未来的价值最大化，公司努力使流动资产和流动负债、销售和流动资产的每一部分之间均保持平衡。而只要能保持这种良好的平衡，公司就可及时偿还流动负债，供应商就会继续提供必需的原料，公司也就能够满足销售需要。但是，若财务状况失去平衡，就会出现流动性问题，进而引起了更为严重的问题，甚至导致破产。

——财务管理精要．北京：机械工业出版社，2003．

6.1 营运资本投资概述

6.1.1 营运资本的概念与特征

1. 营运资本的概念

营运资本是指在企业生产经营活动中占用在流动资产上的资金。营运资本有广义和狭义之分，广义的营运资本又称毛营运资本，是指一个企业流动资产的总额；狭义的营运资本又称净营运资本，是指流动资产减流动负债后的余额。营运资本的管理既包括流动资产的管理，也包括流动负债的管理。

2. 营运资本的基本特征

① 流动性。流动性是营运资本的本质特征。流动资产或者是货币，或者是能够快速地转换为货币的有价证券，或者是应收账款和存货，都是在一年或长于一年的一个营业周期内实现循环和周转，并在循环和周转过程中增值。所有的流动负债也均在一年或长于一年的一个营业周期内偿还。

② 物质性。营运资本周转过程，实际上体现为一种资产的消耗和另一种资产的生成。无论具体运动形式如何，物质内容总是显而易见的。但是，不管营运资本采用哪一种资产形态，我们总是要把它抽象为一种相对独立的价值运动。

③ 补偿性。在营运资本的不断流动过程中，一种旧的资金占用形态的消灭必然被一种新的资金形态所取代。在这个过程中，资金的价值不会丧失，总会有相应的物质内容补偿它的价值，资金形态的转化过程也是资金的不断补偿过程。

④ 增值性。在营运资本的流动过程中，劳动创造的剩余价值不断被吸收，使营运资本每经过一个循环都出现一个价值增值额。正是营运资本与劳动相结合，经过不断的周转与循环，利润的实现才有了相应的保证。因此，增值性是营运资本存在的根本动力。

⑤ 变动性。营运资本的形态是经常变化的，一般在现金、材料、在产品、产成品、应收账款、现金之间顺序转化。在企业持续经营过程中，这些不同的资金形态在空间上并存，在时间上继起。企业必须在各项营运资本形态上合理配置，以促进资金周转的顺利进行。

⑥ 灵活性。营运资本的来源具有多样性和灵活性。通常有银行短期借款、短期债券、商业信用、应交税金、应交利润、应付工资、应付费用、预收货款、票据贴现等多种手段。

6.1.2 营运资本需求与匹配战略

1. 营运资本需求的概念

企业的收入和利润需在企业的营业活动中产生。这些活动需要企业在营业循环中以存货和应收账款等营运资本的形式进行投资,并且在这个过程中,营业资金的具体表现形式会随着企业生产经营的进行而表现不同。图 6-1 表示了生产企业的营业循环和资产负债表的变化。

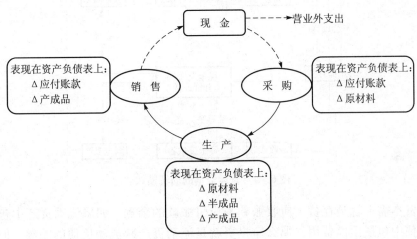

图 6-1 营业循环及其对资产负债表的影响

图 6-1 所示的循环始于右侧的采购——获得原材料的行为,接下来是生产——原材料转化为产成品的过程,随后是销售,当从顾客手中收回现金时,循环结束。只要经营活动继续,循环就会再启动。

这一循环过程所表现出来的各种不同的资金形态如图 6-2 所示。

图 6-2 营业循环过程中的资金形态示意图

图 6-3 是另外一种表示营业循环的方法。需要注意的是,公司向供应商付款发生在向顾客收款之前,因为它持有存货(原材料、半成品、制成品)和应收账款债权的这段时期比付款延迟的期限长。付款日和收款日之间的这段时间就是现金循环周期。

在图 6-3 的基础上,将营运资本的周转模式进一步细化,描绘整个营运资本的相对完整和全面的周转模式,如图 6-4 所示。

营运资本需求就是指在营运资本周转过程中企业赖以支持经营活动的"净投资"。简单

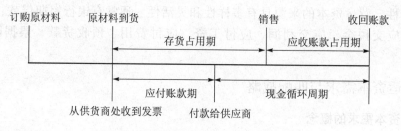

图 6-3 表现为现金循环的营业循环

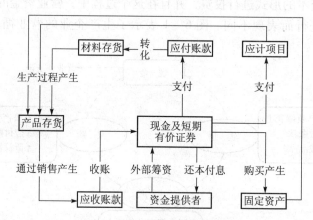

图 6-4 营运资本的周转模式

地讲,营运资本需求就是存货、应收账款减应付账款的余额。如果流动资产中包括预付费用,流动负债中包括预提费用,那么净投资就是流动资产减流动负债的差额,但不包括现金。因为现金是公司全部投资剩下的部分,全部投资包括营运资本需求。同样,营运资本需求也不包括短期借款。短期借款是为支持公司的投资而筹集的,这里也包括为营运资本需求而筹集。短期借款为公司的营业循环筹集资金,但不是营业循环的组成部分。

营运资本需求 =(应收账款 + 存货 + 预付费用)-(应付账款 + 预提费用)

2. 资金匹配战略

在做长、短期融资决策时,许多公司应用匹配战略(Matching Strategy),即长期融资由长期资金支持,短期融资由短期资金支持,通过资产寿命和资金来源期限的匹配,可以减少不协调的风险。不匹配的战略风险大,原因有两点:第一,资金成本会变化;第二,资金的可持续性不稳定,甚至会导致公司不得不卖掉资产以还债。这两类风险分别叫作利率风险和偿债风险,匹配战略会大大降低这两种风险。但是,让资金结构与资产有效期的结构完全匹配并不是最佳策略。有时如果预期短期利率会下降,那么一些公司可能会愿意冒利率风险和偿债风险。另一方面,如果一些公司非常保守,就会让贷款期限比资产有效期长很多。

从表面上看,营运资本需求是短期融资,因为它是流动资产减流动负债所构成,这两者的有效期都在一年以内。但是,不能这么简单地看,尽管营运资本需要可归入流动资产和流动负债,但它们是不断更新的,所以只要企业存在,营运资本就存在,因此,营运资本需求本质上需要通过长期融资来实现。在匹配战略下,营运资本需求应由长期负债和权益资本来支持。但是,现实情况是在所有的时间里,公司都能够实现由长期资金与长期融资相匹配、短期资金与短期融资相匹配是很困难的。因此,营运资本的来源有长期资金和短期资金两个。

就长期资金看,由于固定资产净值来自长期融资,长期融资超过固定资产净值的部分是可以作为营运资本需求的资金,这部分叫作长期融资净值(Net Long-Term Financing, NLF)。

$$长期融资净值 = 长期融资 - 固定资产净值$$

就短期资金看,超过现金的那部分短期资金可以作为营运资本需要的资金,这部分短期融资叫作短期融资净值(Net Short-Term Financing, NSF)。

$$短期融资净值 = 短期融资 - 现金$$

$$营运资本需求 = 长期融资净值 + 短期融资净值$$

用于营运资本需求的长期融资净值越多,所占用的短期融资净值就越少。因此,在其他条件不变的情况下,营运资本需求中长期融资比重越大,公司的流动能力就越强。企业实施何种匹配战略,营运资本需求以多大的比重来源于长期融资,很大程度上取决于企业所处的行业、企业经营状况等因素。根据匹配战略,营运资本需求中长期增长的部分应由长期资本支持,季节性波动部分应由短期资本支持,这种融资策略会同时降低利率风险和偿债风险。如图 6-5 所示。

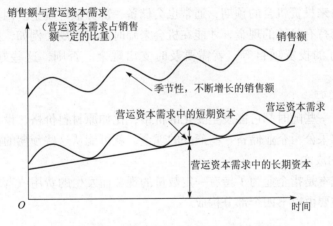

图 6-5 匹配战略下的营运资本需求分析图

6.2 现 金 管 理

6.2.1 现金概念、现金持有的原因

1. 现金的概念

对现金的定义有广义和狭义之分。狭义的现金只包括库存现金,而广义的现金则包括库存现金、在途现金、业务周转金、支票和汇票、各种银行存款等所有可以即时使用的支付手段。本书所指的现金概念是广义的现金。

2. 现金持有的原因

(1) 交易性需要

在生产经营活动中,支付现金的交易是经常发生的。尽管企业会经常取得业务收入,但不可能总是合乎支出的需要。如果交易中因现金余额不足而无法支付现金，公司企业的信誉就会下降，正常的生产和交易活动就会因此受到影响，财务状况就会恶化，公司的生产经营就很难维持。

（2）补偿性现金余额需要

在财务活动中，公司企业一般都会在指定的商业银行设置现金账户，并通过其收付现金。如有必要，公司还从商业银行融通短期资金。但从收回现金的风险考虑，商业银行除就贷出的短期资金收取一定的服务费用外，还以借贷协议的形式要求公司企业在其现金账户中存有规定数额的款项。这一款项即为补偿性现金余额。

（3）预防性需要

由于生产经营过程中的现金流入和现金流出很不确定，大多数公司企业都会持有一定数量的额外现金，以应付预想不到的情况发生。这种预防性现金储备的数量主要取决于公司企业对未来现金流量的预测能力。预测能力越强，所需的预防性现金储备就越少；反之，所需的预防性现金储备就越多。此外，预防性现金储备的数量还取决于公司企业筹措短期资金的能力和速度。筹措短期资金的能力越强、速度越快，所需的预防性现金储备就越少；反之，所需的预防性现金储备就越多。

（4）潜在的投资需要

公司出于对将来投资机会的预期，通常也会储备一部分额外现金。因为，在一个机会均等的市场上，只有持有足够的现金，才能在机会来临时加以实现。例如，如果存在很好的收购机会或效益很好的投资项目等，就需要及时支出现金。否则，这些好的投资机会就会丧失。

（5）投机性需要

市场上总会有一些随时都可能发生变化的价格，比如原材料价格、设备价格、股票价格和外汇汇率等。如果公司企业储备一些额外的现金，就可能从这些预期的价格变化中获利。

3. 现金持有的成本

现金持有的成本是指企业为了持有一定数量的现金而发生的费用或者现金发生短缺时所付出的代价，它主要由以下四个部分构成。

（1）机会成本

机会成本是指企业因持有现金而丧失的再投资收益。企业持有现金会丧失其他方面的投资收益，如不能进行有价证券投资，由此丧失的投资收益就是现金的机会成本。它与现金持有量成正比，持有量越大，机会成本越高。通常可以用有价证券的收益率来衡量现金的机会成本。

（2）管理成本

管理成本是指企业因持有一定数量的现金而发生的管理费用，如现金保管人员的工资、保管现金发生的必要的安全措施费用等。现金的管理成本具有固定性，在一定的现金余额范围内与现金的持有量关系不大。

（3）转换成本

转换成本是指企业用现金购入有价证券及转让有价证券换取现金时付出的费用，即现金同有价证券之间相互转换的成本，如委托买卖佣金、委托手续费、证券过户费、实物交割手续费等。

(4) 短缺成本

短缺成本是指企业在发生现金短缺的情况下所造成的损失,如在现金短缺时,因不能按时交纳税金而支付的滞纳金、因不能按时偿还贷款而支付的罚息等。短缺成本与现金持有量成反比,现金持有量越大,短缺成本就越小。如果企业不允许现金发生短缺,则不发生现金短缺成本。

6.2.2 最佳现金余额的确定模型

现金余额模型的作用在于确定最佳的现金持有额度,从而知道现金管理实践,为企业创造良好的经济效益。常用的现金余额模型主要有以下几种。

1. 成本分析模型

成本分析模型是通过分析持有现金的成本,寻找持有成本最低的现金持有量。

企业持有的现金有三种成本。

① 机会成本:现金作为企业的一项资金占用,是有代价的,这种代价就是它的机会成本。

② 管理成本:企业拥有现金,会发生管理费用,如管理人员工资、安全措施费等。

③ 短缺成本:是因缺乏必要的现金,不能应付业务开支所需,而使企业蒙受损失或代价。

最佳现金持有量的具体计算:先分别计算出各种方案的机会成本、管理成本、短缺成本之和,再从中选出总成本之和最低的现金持有量即为最佳现金持有量。

这四种方案的总成本计算结果如表 6 – 1 所示。

表 6 – 1 最佳现金持有量及成本计算表

项　目	甲	乙	丙	丁
现金持有量	25 000	50 000	75 000	100 000
机会成本	3 000	6 000	9 000	12 000
管理成本	20 000	20 000	20 000	20 000
短缺成本	12 000	6 750	2 500	0
总成本	35 000	32 750	31 500	32 000

注:机会成本率即该企业的资本收益率为12%。

将以上各方案的总成本加以比较可知,丙方案的总成本最低,也就是说当企业持有 75 000 元现金时,各方面的总代价最低,对企业最合算,故 75 000 元是该企业的最佳现金持有量。

2. 存货决策模型

存货模式也称鲍莫模式,是由美国经济学家威廉·J·鲍莫(William J. Baumol)于1952年首先提出的。这种模式非常类似于存货的经济批量模型。其基本假设是:

① 企业一定时期内收入与耗用的现金均匀、稳定并可预测;

② 短期有价评判的利率或报酬率已知;

③ 每次将有价证券变现的交易成本已知。

存货决策模型可解决企业库存现金的最佳存量和一定时期内有价证券的变现次数问题。

存货模式涉及的成本如下。

（1）置存成本

置存成本是指由于置存现金，便不能投资于证券而丧失的损失。置存成本与现金持有量成正比，随着现金持有量的增大而增大。

（2）交易成本（转换成本）

交易成本（转换成本）是指证券变现要花费的经纪费用。交易成本与现金转换次数有关，转换次数越多，交易成本越高。而交易次数与现金持有量成反比，因此，交易成本与现金持有量成反比，现金持有量越多，交易成本越少。

持有现金的总成本就是置存成本与交易成本之和。使持有现金的总成本最低的现金持有量就是最佳现金持有量，如图6-6所示。

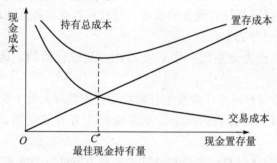

图6-6 存货模式成本与现金置存量关系图

按照现金的存货模式，每个时期之初，为了满足所需，现金余额保持在最高点；期末由于使用现金，其余额降至0，下期初再恢复到最高点，各期如此反复，如图6-7所示。

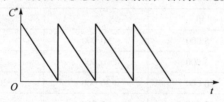

图6-7 现金置存量示意图

现金余额的总成本为：

总成本 = 现金置存成本 + 现金交易成本

= 现金年均余额 × 有价证券利率 + 变现次数 × 有价证券每次交易成本

$$= \frac{C}{2} \times r + \frac{T}{C} \times b$$

对上式现金一边对 C 求导数，并令其为0，得出最佳现金持有量公式：

$$C^* = \sqrt{2Tb/r}$$

式中，T 为企业所需的现金总量；C 为现金最高置存量；r 为有价证券利率；b 为有价证券每次转换成本。

例6-1 某企业预计一个月内所需现金1 000 000元，准备用短期证券变现取得，证券一次变现费用为50元，证券市场的年利率为6%，则：

$$C^* = \sqrt{2Tb/r} = 141\,421 \text{ （元）}$$

一个月内最佳变现次数为 $1\,000\,000/141\,421 \approx 7$（次）。

3. 随机模型

随机模型就是根据随机现象出现的次数，运用数学中的概率和数理统计方法测算各种可能出现结果平均水平的一种方法。如果公司的现金支出是随机的，且一定时期内现金需要量事先无法确定，则可根据公司一定时期内现金随机支出中的最高支出额和最低支出额，制定一个现金控制区域，再确定其平均水平。在控制区域内，当现金金额达到上限时，将现金转换成有价证券，或通过资金市场短期拆借给需用单位、短期投资于其他项目；当现金余额降到下限时，则转让有价证券或贷款拆借。如图6-8所示。

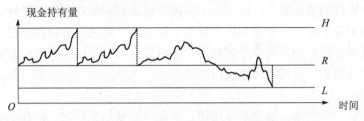

图6-8 随机模型下的现金持有量分析示意图

现金持有量上下限额（即控制区域）的确定则取决于现金持有量的机会成本和筹集货币资本的相关成本。在确定上下限时，"米勒—欧尔模型"是一种最常用的方法。

令H为上限，L为下限，R为最佳回归线，则：

$$R = \sqrt[3]{\frac{3b\delta^2}{4i}} + L, \qquad H = 3R - 2L$$

其中：b——每次有价证券的固定转换成本；

i——有价证券的日利息率；

δ——日现金余额的标准差；

L——通常按最低现金需要量和管理人员能够承担的风险来确定。

4. 现金周转模型

现金周转模型是从现金周转的角度出发，根据现金周转速度来确定最佳现金持有量的模式。现金周转模式的使用条件是：第一，公司预计期内现金总需要量可以预知；第二，现金周转天数与次数可以测算，测算结果应符合实际，保证科学与准确。该模式在运用时包括以下三个步骤。

第一，计算现金周转期。现金周转期是指公司从购买材料支付现金至销售商品收回现金的时间，即现金周转一次所需要的天数，具体计算公式为：

$$\text{现金周转期} = \text{存货周转期} + \text{应收账款周转期} - \text{应付账款周转期}$$

第二，计算现金周转率。现金周转率是指1年或一个经营周期内现金的周转次数，其计算公式为：

$$\text{现金周转率} = \frac{1}{\text{现金周转期}} \times \text{计算期天数}$$

现金周转次数与周转期互为倒数。周转期越短，则周转次数越多，在一定现金需求额下，现金持有量将会越少。

第三，计算目标现金持有量。
$$目标现金持有量 = 年现金需求量/现金周转率$$

例 6-2 某企业预计存货周转期为 90 天，应收账款周转期为 40 天，应付账款周转期为 30 天，预计全年需要现金 720 万元，求最佳现金余额。

$$现金周转期 = 90 + 40 - 30 = 100（天）$$
$$现金周转率 = 360/100 = 3.6（次）$$
$$最佳现金持有量 = 720/3.6 = 200（万元）$$

6.2.3 现金收支管理

要提高现金管理的整体效率，公司除了应按照国家规定的现金管理条例，在现金使用范围、库存现金限额等方面进行管理和控制以外，还必须从加速现金收回和控制现金支出两个方面进行现金日常管理。现金日常管理的基本思路是：第一，尽快收回应收账款；第二，在保持公司信誉的前提下，尽可能延迟支付账单。

1. 加速收款

为提高现金的使用效率，加速现金周转，企业应尽量加速收款，即在不影响未来销售的情况下，尽可能地加快现金的回收。

（1）集中银行

集中银行是指通过设立多个策略性的收款中心来替代通常在公司总部设立的单一收款中心，以加速账款回收的一种办法。其目的是缩短从顾客寄出账款到现金收入企业账户这一过程的时间。

具体做法是：① 企业以服务地区和各销售区的账单数量为依据，设立若干收款中心，并制定一个收款中心（通常设在公司总部所在地的收账中心）的账户为集中银行；② 公司通知客户将货款送到最近的收款中心而不必送到公司总部；③ 收款中心将每天收到的货款存到当地银行，然后再把多余的现金从地方银行汇入集中银行——公司开立主要存款账户的商业银行。

设立集中银行主要有以下优点。

第一，账单和货款邮寄时间可大大缩短。账单由收款中心寄发该地区顾客，与由总部寄发相比，顾客能较早收到。顾客付款时，货款邮寄到最近的收款中心，通常也较直接邮往总公司所需时间短。

第二，支票兑现的时间可缩短。收款中心收到顾客汇来的支票存入该地区的地方银行，而支票的付款银行通常也在该地区内，因而支票兑现较方便。

但设立集中银行也有如下缺点。

第一，每个收款中心的地方银行都要求有一定的补偿余额，而补偿余额是一种闲置的不能使用的资金。开设的中心越多，补偿余额越多，闲置的资金也越多。

第二，设立收款中心需要一定的人力和物力，花费较多。

所以，财务主管在决定采用集中银行时，一定不可忽略这两个缺陷。

例 6-3 某企业现在平均占用现金 1 000 万元，企业准备改变收账方法，采用集中银行方法收账。经研究测算，企业增加收款中心预计每年多增加支出 7 万元，但可节约现金 100 万元，企业加权平均资金成本为 9%，问是否应采用集中银行制。

采用集中银行制度，企业从节约资金中获得的收益是 9 万元（100*9%），比增加的支出 7 万元多 2 万元。因此，采用集中银行制度比较有利。

（2）锁箱系统

锁箱系统是通过承租多个邮政信箱，以缩短从收到顾客付款到存入当地银行时间的一种现金管理办法。

采用锁箱系统的具体做法是：① 在业务比较集中的地区租用当地加锁的专用邮政邮箱；② 通知顾客把付款邮寄到指定的信箱；③ 授权公司邮政信箱所在地的开户行，每天数次收取邮政信箱的汇款并存入公司账户，然后将扣除补偿余额以后的现金及一切附带资料定期送往公司总部。这就免除了公司办理收账、货款存入银行的一切手续。

采用锁箱系统的优点是大大缩短了公司办理收款、存储手续的时间，即公司从收到支票到这些支票完全存入银行之间的时间差距消除了。这种方法的主要缺点是需要支付额外的费用。由于银行提供多项服务，因此要求有相应的报酬。这种费用开支一般来说与存入支票张数成一定比例。所以，如果平均汇款数额较小，采用锁箱系统并不一定有利。

是否采用锁箱系统方法要看节约资金带来的收益与额外支出的费用孰大孰小。如果增加的费用支出比收益小，则可采用该系统；反之，就不宜采用。

2. 付款控制

公司在收款时，应尽量加快收款的速度，而在付款时，应尽量延缓现金支出的时间。快速收款与慢速付款相结合，将产生更多的可用现金。付款控制有以下几种策略。

（1）合理运用现金浮游

现金浮游，又称现金浮存，是指企业账户上的银行存款余额与银行账户上所显示的企业存款余额之间的差额。如果企业本身办理收款的效率高于接受其票据的企业的收款效率，就会产生现金浮游量，使企业账户上的银行存款余额小于其银行账户上所显示的存款余额。有时，企业账簿上的银行存款余额已经是零或者负数，而其银行账户上企业的存款余额还有许多，这样，企业就可以充分利用这部分现金浮游量，大大地节约现金，等于使用了一笔无息贷款。

一般情况下，企业的一笔支出业务要经过填发并邮寄支票、银行承兑、银行清算等环节之后才真正从企业在银行的存款账上扣减，因此，支出浮存由邮寄浮存、支出处理浮存和清算浮存三部分组成。邮寄浮存是指从企业签发并邮寄支票开始到收款人收到支票为止时的支出延迟，在这段延迟期间尽管企业已经开出付款支票，但企业的资金并未被提取，企业还可以使用；支出处理浮存是从收款人收到支票开始到将支票存入银行请求兑付时的支出延迟；清算浮存是收款人银行、付款企业银行和付款银行进行付款业务清算所需的支出延迟。因此，企业的支出浮存计算公式为：

$$支出浮存 = 邮寄浮存 + 支出处理浮存 + 清算浮存$$

企业的收入浮存由收入处理浮存和可支用浮存组成。收入处理浮存是从企业收到支票并记入企业账开始到将支票存入银行为止时的企业收入延迟；可支用浮存是从支票存入银行开始到银行经过清算后增加企业在银行的存款为止时的收入延迟。在这两个延迟期间，尽管企业账面上已经登记了收入金额，但实际上还没有记入企业在银行的存款账上。因此，收入浮存是企业已经记账但并不能使用的延迟时间，其计算公式为：

$$收入浮存 = 收入处理浮存 + 可支用浮存$$

企业的现金净浮存,是企业现金支出浮存与现金收入浮存之差,它表示企业真正可以动用的存在于现金收支业务的资金数额和天数。

> **相关链接**

合理使用现金浮游

甲先生同上海某公司签订了销售2万台(金额为156万元)电风扇的合同,合同载明"货到付款"(上海公司见到铁路部门的提货单之后付款);然后同佛山某生产厂签订了生产包销合同(金额为98万元),合同载明付款方式为"托运提款"(佛山厂凭铁路货物托运票,到位于广州的甲先生公司账上提款)。表面上看起来发货在先,提货付款在后,先向佛山厂支付货款然后才能收到上海方的销货款。但是,甲先生认真计算了这"起运托收"和"货到付款"之间客观上存在的现金收支时间差,在资金不足的情况下做成了这笔生意。

当时的实际情况是:佛山厂厂休为星期三,从佛山到广州办理托收业务从星期二算起需8天时间。若星期二发货,星期三遇厂休,星期四财务科从销售科拿到货运发票,星期五在厂内办妥内部手续,而星期六佛山厂的开户行休息,因此,直到第二个星期的星期一才能办完银行托收手续,然后星期二从佛山到广州,星期三才能从甲先生公司的账上提款。而甲先生在星期二拿到铁路的发货票后乘坐晚上的航班直飞上海,星期三上海方见发货票后将货款电汇到甲先生公司账户,星期四赶回广州,星期五电汇款已进入甲先生公司账上,而佛山厂第二个星期的星期三才来提款,这笔156万元的生意只花了4 000多元的差旅费便做成了。

事实上,甲先生是利用现金收支过程中存在的时间差(即现金浮存),做成了这笔看起来做不成的生意。

在星期二,甲先生公司的支出浮存如下。

邮寄浮存:

从星期二开始至星期四佛山厂财务科接到货运发票:2×98万元 $= 196$万元

支出处理浮存:

从星期四开始至下星期一办理银行托收手续:4×98万元 $= 392$万元

清算浮存:

从下星期一至下星期三银行兑付货款:2×98万元 $= 196$万元

支出浮存 = 邮寄浮存 + 处理浮存 + 清算浮存 = $196 + 392 + 196 = 784$万元

在星期二,甲先生公司的收入浮存如下。

处理浮存:

从星期二持发货票至星期四将货款汇至广州银行:2×156万元 $= 312$万元

可支用浮存:

星期四至星期五银行增加甲先生公司存款账户金额:1×156万元 $= 156$万元

收入浮存 = 收入处理浮存 + 可支用浮存 = $312 + 156 = 468$万元

净浮存 = 支出浮存 − 收入浮存 = $784 - 468 = 316$万元

这说明，甲先生的这笔业务，不但不会引起资金困难，而且在星期二来说，还可向甲先生公司提供 316 万元的可动用资金浮存。

(2) 利用商业信用

为了最大限度地利用现金，合理地控制现金支出的时间是十分重要的。企业在交易活动中要尽可能利用商业信用，延迟支付货款的时间，这样可以最大限度地利用现金，提高现金使用效率，降低现金的成本，如企业在采购材料时，应当尽量争取最大的信用期限，并尽可能在折扣期限或者信用期限的最后一天支付货款。例如，公司在采购材料时，如果付款条件是"2/10，n/45"，应安排在发票开出日期后的第 10 天付款，这样，公司可以最大限度地利用现金而又不丧失现金折扣。

(3) 工薪支出模式

许多公司都为支付工资而设立一个存款账户，这种存款账户余额的多少会影响公司现金总额。为了减少这一存款数额，公司必须合理预测所支付工资的支票到银行兑现的具体时间。假设某公司在 1 月 3 日支付工资 10 万元，根据历史资料，3 日、4 日、5 日、6 日、7 日及 7 日以后的兑现比例分别为 20%、40%、20%、10%、5% 和 5%。这样，公司就不必在 3 日存足 10 万元，再结合其他因素，公司就能计算出应存入银行的应付工资的大概金额，将工资款陆续存入银行账户，达到充分利用现金的目的。

(4) 力争使现金流出与现金流入同步

企业在安排现金支出时，应当考虑到现金流入的时间，尽量使现金流出与现金流入同步，这样，可以减少交易性现金余额，并能减少有价证券转换为现金的次数，提高现金的利用效率，节约转换成本。

6.3 存货管理

6.3.1 存货管理的要求和目的

1. 存货储存的原因

存货是指企业在生产经营过程中为销售或者耗用而储备的物资，包括材料、燃料、低值易耗品、在产品、半成品、产成品、协作件、商品等。企业之所以要持有存货主要基于以下两个原因。

第一，保证生产或销售的经营需要。

第二，出自价格的考虑。零购物资的价格往往较高，而整批购买在价格上常有优惠。进行存货管理，就要尽力在各种存货成本与存货效益之间作出权衡，达到两者的最佳结合。这也就是存货管理的目标。

2. 存货管理的要求

不同的部门对存货管理有着不同的要求。财务部门希望存货占用的资金越少越好，财务部门非常关注存货的积压，希望尽可能地减少存货；采购部门希望批量采购物资，以便节约运输费用和取得价格上的优惠。采购部门还希望及早进货，减少紧急订货造成的额外支出；生产部门希望能保持较高的存货水平，以避免和减少生产延误，希望大批量均衡地进行生产。销售部门希望有大量的产成品存货,可避免存货短缺而造成的损失,而且现货交易也有利于增加销售,还希望产成品存货的品种齐全或根据客户要求及时改变存货品种。

3. 存货管理的目的

存货管理既要保证生产经营的连续性,又要保证尽可能少地占用经营资金,进行存货管理就要尽力在各种存货成本与存货效益之间作出权衡,达到最佳结合。

相关链接

长虹:囤积彩管伤筋动骨

1998年7月开始,长虹与国内8大彩管厂签订了近乎垄断的供货协议,将下半年国产76%的21英寸、63%的25英寸和绝大部分29英寸及以上大屏幕的彩管共计300万只收归自己所有。到1998年末,长虹库存达到77亿元,比上年增加116.78%(对存货变化,长虹在年报中解释为:主要原因是由于生产经营规模扩大,1998年彩电市场疲软,库存商品增加所致)。同时,应付款项从35.51亿元直线上升到61.9亿元(长虹对应付票据大幅增加的解释为:应付票据1998年底较1997年末增加97.6%,主要是由于物资采购结算方式调整及采用承兑汇票集中批量采购所致,可见这与彩管囤积密不可分)。当年长虹计划生产彩电800万台,但实际只销售600多万台。

这样的下滑却还仅仅是开始,囤积彩管带来的问题还没有全部爆发,1998年长虹净利润尚有20亿元。随着彩电行业的整体走低,以及规模扩张、存货增加、价格战之间的恶性循环,到了2001年底,长虹勉强以8 845万元的净利润维持了不亏损的局面,净资产收益率只有0.7%。在接下来的几年中,长虹的存货规模一直居高不下,在最低的2001年也有59亿元之多。2002年、2003年存货迅速跃升到70亿元以上,直到2004年计提大量存货跌价准备,将存货余额降低到60亿元。通过进一步的考察可以发现,长虹的存货总量中库存商品占了很大比重,暂不考虑减值准备的话,价值70多亿元的存货中库存商品一直稳定在近50亿元,占60%以上。彩电的换代升级周期极短,如果成品不能卖出,随着时间的推移必将迅速减值。但是,长虹直到2004年才大量计提存货减值准备,这也是长虹2004年度巨额亏损的主要原因。

6.3.2 存货管理的有关成本

1. 取得成本

取得成本指为取得某种存货而支出的成本,通常用TCA来表示。其下又分为订货成本和购置成本。

(1) 订货成本

订货成本指取得订单的成本,如办公费、差旅费、邮资、电报电话费等支出。订货成本中有一部分与订货次数无关,如常设采购机构的基本开支等,称为订货的固定成本,用F_1表示;另一部分与订货次数有关,如差旅费、邮资等,称为订货的变动成本。每次订货的变

动成本用 K 表示；订货次数等于存货年需要量 D 与每次进货量 Q 之商。订货成本的计算公式为：

$$订货成本 = F_1 + \frac{D}{Q}K$$

（2）购置成本

购置成本指存货本身的价值，经常用数量与单价的乘积来确定。年需要量用 D 表示，单价用 U 表示，于是购置成本为 DU。订货成本加上购置成本就等于存货的取得成本。其公式可表达为：

取得成本 = 订货成本 + 购置成本 = 订货固定成本 + 订货变动成本 + 购置成本

$$TC_A = F_1 + \frac{D}{Q}K + DU$$

2. 储存成本

储存成本是指为保持存货而发生的成本，包括存货占用资金所应计的利息（若公司用现金购买存货，便失去了现金存放银行或投资于证券所应取得的利息，视为"放弃利息"；若公司借款购买存货，便要支付利息费用，视为"付出利息"）、仓库费用、保险费用、存货破损和变质损失等，通常用 TC_C 来表示。

储存成本也分为固定成本和变动成本。固定成本与存货数量的多少无关，如仓库折旧、仓库职工的固定月工资等，常用 F_2 表示；变动成本与存货的数量有关，如存货资金的应计利息、存货的破损和变质损失、存货的保险费用等。单位存货的年储存成本用 K_C 表示。那么储存成本的计算公式为：

储存成本 = 储存固定成本 + 储存变动成本

$$TC_C = F_2 + K_C \frac{Q}{2}$$

3. 缺货成本

缺货成本是指由于存货供应中断而造成的损失，包括材料供应中断造成的停工损失、产成品库存短缺造成的拖欠发货损失和丧失销售机会的损失（还应包括需要主观估计的商誉损失等）。如果生产公司以紧急采购代用材料来解决库存材料中断之急，那么短缺成本表现为紧急额外购入成本（紧急额外购入的开支会大于正常采购的开支）。缺货成本用 TC_S 表示。

如果以 TC 来表示储存存货的总成本，它的计算公式为：

$$TC = TC_A + TC_C + TC_S = F_1 + \frac{D}{Q}K + DU + F_2 + \frac{Q}{2}K_C + TC_S$$

企业存货的最优化过程就是使上式为最小的过程，最优存货就是使上式为最小的 Q。

6.3.3 存货决策

按照存货管理的目的，需要通过合理的进货批量和进货时间，使存货的总成本最低，这个批量叫作经济定货量或经济批量。存货的决策涉及四个内容：决定进货项目、选择供应单位、决定进货时间和决定进货批量。

决定进货项目和选择供应单位是销售部门、采购部门和生产部门的职责。财务部门要做的是决定进货时间和决定进货批量（分别用 T 和 Q 表示）。按照存货管理的目的，需要通过合理的进货批量和进货时间，使存货的总成本最低，这个批量叫作经济定货量或经济批量。有了经济定货量，可以很容易地找出最适宜的进货时间。

1. 经济订货量基本模型

经济订货量基本模型需要设立的假设条件是：

① 企业能够及时补充存货，即需要订货时便可立即取得存货；
② 能集中到货，而不是陆续入库；
③ 不可以缺货，即无缺货成本；
④ 需求量稳定，并且能预测，即 D 为已知常量；
⑤ 存货单价不变，不考虑现金折扣，即 U 为已知常量；
⑥ 企业现金充足，不会因现金短缺而影响进货；
⑦ 所需存货市场供应充足，不会因买不到需要的存货而影响其他。

设立了上述假设后，存货总成本的公式可以简化为：

$$TC = F_1 + \frac{D}{Q}K + DU + F_2 + \frac{Q}{2}K_C$$

当 F_1、K、D、U、F_2、K_C 为常量时，TC 的大小取决于 Q。为了求出 TC 的极小值，对其进行求导得最优订货量为：

每次最优订货量订货批量：$Q^* = \sqrt{\dfrac{2KD}{K_C}}$

这一公式称为经济订货量基本模型，求出的每次订货批量，可使 TC 达到最小值。这个基本模型还可以演变为其他形式，如最佳订货次数、最佳总成本、最佳订货周期等。

例 6-4 某企业每年耗用某种材料 3 600 千克，该材料单位成本 10 元，单位存储成本为 2 元，一次订货成本 25 元，计算最优订货量、年最优订货次数、最优存货成本等指标。

解： 根据已知条件，得：

$$Q^* = \sqrt{\frac{2DK}{K_C}} = \sqrt{\frac{2 * 3\ 600 * 25}{2}} = 300 \text{（千克）}$$

$$N^* = \frac{D}{Q^*} = \frac{3\ 600}{300} = 12 \text{（次）}$$

$$TC(Q^*) = \sqrt{2KDK_C} = \sqrt{2 * 25 * 3\ 600 * 2} = 600 \text{（元）}$$

$$T^* = \frac{1}{N^*} = \frac{12}{12} = 1 \text{（月）}$$

$$I^* = \frac{Q^*}{2}U = \frac{300}{2} \times 10 = 1\ 500 \text{（元）}$$

2. 基本模型的扩展

（1）订货提前期

一般情况下，企业的存货不能做到随用随时补充，因此不能等存货用光再去订货，而需要在没有用完时提前订货。在提前订货的情况下，企业再次发出订货单时，尚有存货的库存量，称为再订货点，用 R 表示。再订货点的数量等于交货时间（L）和每日平均需要量（d）的乘积：

$$R = 交货时间 \times 每日平均需用量 = L \cdot d$$

续例 6-4，企业订货日至到货日的时间为 10 天，每日存货需 10 kg，那么：
$$R = L \cdot d = 10 \times 10 = 100 \text{ kg}$$
有关存货的每次订货批量、订货次数、订货间隔时间不变。

(2) 陆续供货条件下的经济订货量模型

在建立基本模型时，假设存货一次全部入库，故存货增加时存量变化为一条垂直的直线。事实上，各批存货可能陆续入库，使存量陆续增加。尤其是产成品入库和在产品转移，几乎总是陆续供应和陆续耗用的。陆续供应条件下存货波动情况如图 6-9 所示。

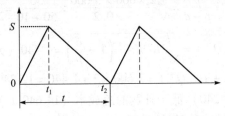

图 6-9　存货波动图

设每批订货数为 Q，每日供货量（供货率）为 p，每日耗用量（耗用率）为 d。则存货陆续供应和使用的经济订货量公式为：

$$Q^* = \sqrt{\frac{2KD}{K_C} \cdot \frac{p}{p-d}}$$

将这一公式代入上述 TC（Q）公式，可得出存货陆续供应时的最优成本：

$$TC(Q^*) = \sqrt{2KDK_C\left(1 - \frac{d}{p}\right)}$$

例 6-5　续例 6-4，若供货受限制，供货率为 30 千克/天，其他条件不变。计算最优订货量和最优成本。

将例 6-4 数据代入计算公式，得：

$$Q^* = \sqrt{\frac{2 \times 25 \times 3\,600}{2} \times \frac{30}{30-10}} = 367 \text{（件）}$$

$$TC(Q^*) = \sqrt{2 \times 25 \times 3\,600 \times 2 \times \left(1 - \frac{10}{30}\right)} = 490 \text{（元）}$$

陆续供应条件下的经济订货量模型，还可以用于自制和外购的选择决策。自制零件属于边送边用的情况，单位成本可能较低，但每批零件投产的生产准备成本比一次外购订货的订货成本可能高出许多。外购零件的单位成本可能较高，但订货成本可能比较低。要在自制零件和外购零件之间作出选择，需要全面衡量它们各自的总成本，才能得出正确的结论。这时，就可借用陆续供应或瞬时补充的模型。

例 6-6　某生产企业使用 A 零件，可以外购，也可以自制。如果外购，单价 4 元，一次订货成本 10 元，如果自制，单位成本 3 元，每次生产准备成本 600 元，每日产量 50 件。零件的全年需求量为 3 600 件，储存变动成本为零件价值的 20%，每日平均需求量为 10 件。分别计算零件外购和自制的总成本，以选择较优的方案。

在本例中，外购可视为瞬时到货，自制可视为陆续供货。自制的每次生产准备成本可视为每次的订货成本。并且，本例中的购买成本和自制的变动成本都是决策的相关成本。

外购零件：

$$Q^* = \sqrt{\frac{2KD}{K_C}} = \sqrt{\frac{2 \times 10 \times 36\,000}{4 \times 0.2}} = 360\text{（件）}$$

$$\text{TC}(Q^*) = \sqrt{2KDK_C} = \sqrt{2 \times 10 \times 3\,600 \times 4 \times 0.2} = 240\text{（元）}$$

$$\text{TC} = DU + \text{TC}(Q^*) = 3\,600 \times 4 + 1\,440 = 14\,640\text{（元）}$$

自制零件：

$$Q^* = \sqrt{\frac{2KD}{K_C} \cdot \frac{p}{p-d}} = \sqrt{\frac{2 \times 600 \times 3\,600}{3 \times 0.2} \times \frac{50}{50-10}} = 3\,000\text{（件）}$$

$$\text{TC}(Q^*) = \sqrt{2KDK_C \cdot \left(1 - \frac{d}{p}\right)} = 1\,440\text{（元）}$$

$$\text{TC} = DU + \text{TC}(Q^*) = 3\,600 \times 3 + 1\,440 = 12\,240\text{（元）}$$

由于自制的总成本（12 240）低于外购的总成本（14 640 元），故以自制为宜。

(3) 允许缺货条件下的经济订货量模型

假定年存货需要量 D 一定，瞬时到货，允许缺货，单位存货的年缺货成本为 K_q，单位存货的年储存成本为 K_C，每次订货成本为 K，存货波动如图 6-10 所示。

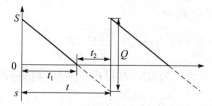

图 6-10　允许缺货、瞬时到货的存货波动图

允许缺货条件下，S 的最优解和经济订货量、最优订货点（S^*）分别为：

$$S^* = \frac{K_q}{K_C + K_q}Q; \quad Q^* = \sqrt{\frac{2KD}{K_C} \cdot \frac{K_C + K_q}{K_q}}; \quad S^* = -\sqrt{\frac{2KDK_C}{K_q(K_C + K_q)}}$$

(4) 陆续供货、允许缺货条件下的经济订货量模型

假定年存货需要量 D 一定，陆续供货，每天供货量（供货率）为 p，每天耗用量（耗用率）为 d，允许缺货，单位存货的年缺货成本为 K_q，单位存货的年储存成本为 K_C，每次订货成本为 K，如图 6-11 所示。

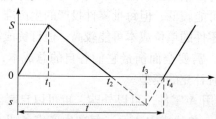

图 6-11　允许缺货、陆续供货的存货波动图

运用同样的方法可以得到经济订货量和再订货点的公式为：

$$Q^* = \sqrt{\frac{2KD}{K_C} \cdot \frac{K_C + K_q}{K_q} \cdot \frac{p}{p-d}}; S^* = -\sqrt{\frac{2KDK_C}{K_q(K_C + K_q)} \cdot \frac{p-d}{p}}$$

以上模型可归纳为表6-2。

表6-2 经济订货量模型

模 型	假定条件	最优再订货点（S^*）	经济订货量（Q^*）
模型一	瞬时供货； 整批到货； 不允许缺货	0	$\sqrt{\dfrac{2KD}{K_C}}$
模型二	整批到货； 供货滞后时间为l； 不允许缺货	$D \cdot l$	$\sqrt{\dfrac{2KD}{K_C}}$
模型三	陆续供货； 不允许缺货	0	$\sqrt{\dfrac{2KD}{K_C} \cdot \dfrac{p}{p-d}}$
模型四	瞬时供货； 允许缺货	$-\sqrt{\dfrac{2KDK_C}{K_q(K_C+K_q)}}$	$\sqrt{\dfrac{2KD}{K_C} \cdot \dfrac{K_C+K_q}{K_q}}$
模型五	陆续供货； 允许缺货	$-\sqrt{\dfrac{2KDK_C}{K_q(K_C+K_q)} \cdot \dfrac{p-d}{p}}$	$\sqrt{\dfrac{2KD}{K_C} \cdot \dfrac{K_C+K_q}{K_q} \cdot \dfrac{p}{p-d}}$

6.3.4 ABC存货控制

ABC分析法是对存货各项目（如原材料、在产品、产成品等）按种类、品种或规格分清主次、重点控制的方法。ABC分析法的操作步骤如下：

① 计算每一种存货在一定期间内（通常为1年）的资金占用额；

② 计算每一种存货资金占用额占全部资金占用额的百分比，并按大小顺序排列；

③ 将存货占用资金巨大、品种数量较少的确定为A类；将存货占用资金一般、品种数量相对较多的确定为B类；将存货品种数量繁多但价值金额较小的确定为C类。

一般来说，A类存货的品种、数量约占全部存货的5%～20%，资金约占存货总金额的60%～80%；B类存货的品种、数量约占全部存货的20%～30%，资金约占存货总金额的15%～30%；C类存货的品种、数量约占全部存货的60%～70%，资金约占存货总金额的5%～20%；对于A类存货，应保持严格控制，经常检查库存，详细、科学、准确地确定这类存货的经济批量；对于C类存货，可采用比较简化的方法进行管理，如集中采购、适当加大安全储备等；B类存货的控制介于A类与C类之间，可根据其在生产中的重要性程度和采购的难度具体确定控制方法。

例6-7 某公司生产需30种材料，共占用材料资金200万元。其中，A类材料3件（10%的比重），价值量占60%；B类材料6种（20%的比重），价值量占20%；C类材料21种（70%的比重），价值量占20%。存货ABC分析法具体如图6-12所示。

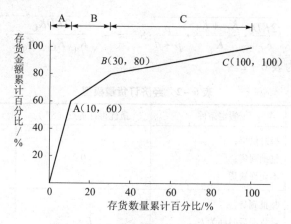

图 6-12 存货 ABC 分析法示意图

6.4 应收账款管理

应收账款是企业营运资本的重要项目，应收账款与商业信用的提供密切相关。因此，信用管理是营运资本管理的重要内容。信用管理主要包括信用政策、信用分析、收账政策等内容。

6.4.1 信用政策

信用政策是指企业为了鼓励和指导信用销售（赊销）而采取的一系列优惠标准和条件。它包括信用标准、信用条件、信用期限、现金折扣政策等。

1. 信用标准

信用标准是指顾客获得企业的交易信用所应具备的条件。如果客户达不到信用标准，便不能享受或只能较少享受公司的信用。

企业在设定某一顾客的信用标准时，往往先要评估它赖账的可能性。这可以通过5C系统来进行。所谓5C系统，是指评估顾客信用品质的5个方面，即：品质（Character）、能力（Capacity）、资本（Capital）、抵押（Collateral）和条件（Conditions）。

① 品质，指顾客的信誉，即履行偿债义务的可能性。这一点经常被视为评价顾客信用的首要因素。

② 能力，指对方的偿债能力，即其流动资产的数量和质量及其与流动负债的比例。应注意顾客流动资产的质量，看是否会出现存货过多、质量下降、影响其变现能力和支付能力的情况。

③ 资本，指顾客的财务实力和财务状况，表明顾客可能偿还债务的背景。

④ 抵押，指顾客拒付款项或无力支付款项时被用作抵押的资产。

⑤ 条件，指可能影响顾客付款能力的经济环境。

2. 信用条件

信用条件是指企业要求顾客支付赊销款项的条件，包括信用期限、折扣期限和现金折扣。

信用期限是企业为顾客规定的最长付款时间。

折扣期限是为顾客规定的可享受现金折扣的付款时间，现金折扣是在顾客提前付款时给予的优惠。

在国际上,信用条件一般用"n/t"或"d/t_1,n/t"表示。"n/t"的含义是:如果客户享受信用,信用期限为 t 天。"d/t_1,n/t"的含义是:如果客户享受信用,信用期限为 t 天,但如果客户在 t_1 天内偿还欠款,则可享受 $d\%$ 的现金折扣。

信用条件"2/10,n/30"表示:如果在发票开出后 10 天内付款,可享受 2% 现金的折扣;这笔货款必须在 30 天内付清。在这里,30 天为信用期限,10 天为折扣期限,2% 为现金折扣。提供比较优惠的信用条件能增加销售量,但也会带来额外的负担,会增加应收账款机会成本、坏账成本、现金折扣成本等。为了确定合理的信用条件,需要对不同作用条件下的收入和成本进行比较,选择净收益较大的信用条件。下面举例说明信用条件备选方案的评价。

例 6-8 某企业预测的年度赊销收入净额为 2 400 万元,其信用条件是:n/30,变动成本率为 65%,最低投资报酬率为 20%。假设企业收账政策不变,固定成本总额不变。该企业准备了三个信用条件的备选方案:A:维持 n/30 的信用条件;B:将信用条件放宽到 n/60;C:将信用条件放宽到 n/90。有关数据如表 6-3 所示。

表 6-3 信用条件备选方案　　　　　　　　　　　　　　　　单位:万元

项目＼备选方案	A（n/30）	B（n/60）	C（n/90）
年赊销额	2 400	2 640	2 800
应收账款周转率/次数	12	6	4
应收账款平均余额	2 400/12 = 200	2 640/6 = 440	2 800/4 = 700
应收账款占用资金	200 × 65% = 130	440 × 65% = 286	700 × 65% = 455
坏账损失/年赊销额	2%	3%	5%
坏账损失	2 400 × 2% = 48	2 640 × 3% = 79.2	2 800 × 5% = 140
收账费用	24	40	56

根据以上资料,可对信用条件进行分析评价,如表 6-4 所示。

表 6-4 信用条件分析评价表　　　　　　　　　　　　　　　单位:万元

项目＼备选方案	A（n/30）	B（n/60）	C（n/90）
年赊销额	2 400.0	2 640.0	2 800.0
变动成本	1 560.0	1 716.0	1 820.0
信用收益	840.0	924.0	980.0
信用成本:			
应收账款机会成本	130 × 20% = 26.0	286 × 20% = 57.2	455 × 20% = 91.0
坏账损失	48.0	79.2	140.0
收账费用	24.0	40.0	56.0
小计	98.0	176.4	287.0
信用成本后收益	742.0	747.6	693.0

根据表 6-7 中的资料可知，在这三种方案中，B 方案（n/60）的获利最大，它比 A 方案（n/30）增加收益 5.6 万元（747.6 - 742.0）；比 C 方案（n/90）增加收益 54.6 万元（747.6 - 693.0）。因此，在其他条件不变的情况下，应以 B 方案为最佳。

例 6-9 某公司现在采用 30 天按发票金额付款的信用政策，拟将信用期放宽至 60 天，并且提出了 "2/30，n/60" 的现金折扣条件，估计会有一半的顾客（按 60 天信用期所能实现的销售量计算）将享受现金折扣优惠。该公司投资的最低报酬率为 10%，其他有关数据如表 6-5 所示。

① 收益的增加

$$收益的增加 = 销售量的增加 \times 单位边际贡献$$
$$= (120\ 000 - 100\ 000) \times (5 - 4) = 20\ 000（元）$$

② 应收账款占用资金的机会成本的增加

$$30\ 天信用期机会成本 = \frac{500\ 000}{360} \times 30 \times \frac{400\ 000}{500\ 000} \times 10\% \approx 3\ 333（元）$$

提供现金折扣的机会成本 =

$$\frac{300\ 000}{360} \times 60 \times 0.8 \times 10\% + \frac{300\ 000}{360} \times 30 \times 0.8 \times 10\% = 6\ 000（元）$$

应收账款占用资金的机会成本的增加 = 6 000 - 3 333 = 2 667（元）

③ 收账费用和坏账损失增加

$$收账费用增加 = 4\ 000 - 3\ 000 = 1\ 000（元）$$
$$坏账损失增加 = 7\ 000 - 5\ 000 = 2\ 000（元）$$

④ 估计现金折扣成本的变化

现金折扣成本增加 = 新的销售水平 × 新的现金折扣率 × 享受现金折扣的顾客比例 －
旧的销售水平 × 旧的现金折扣率 × 享受现金折扣的顾客比例
= 600 000 × 2% × 50% = 6 000（元）

⑤ 提供现金折扣后的税前损益

收益增加 - 成本费用增加 = 20 000 - (2 667 + 1 000 + 2 000 + 6 000) = 8 333（元）

由于收益的增加大于成本的增加，故应当放宽信用期，提供现金折扣。

表 6-5 信用期备选方案   单位：万元

项目/信用期	30 天	60 天
销售量/件	100 000	120 000
销售额/元	500 000	600 000
销售成本/元		
变动成本（每件 4 元）	400 000	480 000
固定成本	50 000	50 000
毛利/元	50 000	70 000
可能发生的收账费用/元	3 000	4 000
可能发生的坏账损失/元	5 000	7 000

6.4.2 收款政策

应收账款发生后,企业应采取各种措施,争取按期收回账款,否则会发生坏账,蒙受损失,这些措施包括对应收账款回收情况的监督和制定适当的收账政策。

1. 应收账款回收状况的监督

一般来讲,拖欠时间越长,款项收回的可能性越小,形成坏账的可能性越大。因此,通过对应收账的账龄分析可在一定程度上起到监督应收账款回收状况的作用。编制账龄分析表是应收账款账龄分析的常用方法。

账龄分析表是一张能显示应收账款在外天数长短的报告,其格式如表6-6所示。

表6-6 账龄分析表(2012年12月31日)

应收账款账龄	账户数量	金额/万元	百分率/%
信用期内	200	80	37
超过信用期1~15天	100	40	19
超过信用期15~30天	50	20	9
超过信用期30~45天	30	20	9
超过信用期45~60天	20	20	9
超过信用期60~75天	15	15	7
超过信用期75~90天	10	10	5
超过信用期90天以上	5	10	5
合　计	430	215	100

利用账龄分析表,企业可以了解到以下情况。

① 有多少欠款尚在信用期内。如表6-6所示,有价值80万元的应收账款处在信用期内,占全部应收账款的37%;

② 有多少欠款超过了信用期,超过时间长短的款项各占多少,有多少欠款会因拖欠时间太久而可能成为坏账。表6-6显示,有价值135万元的应收账款已超过了信用期,占全部应收账款的63%,并且从表6-6中还可以观察到超过信用期的应收账款的结构状况。

2. 收账政策的制定

收账政策是指公司向客户收取逾期未付款的收账策略与措施,包括为此付出的代价。公司收账政策是通过一系列收账程序来完成的,这些程序包括给客户打电话、发传真、发信、拜访客户及融通、法律行动等。

公司的信用政策影响着坏账损失,为了避免或减少坏账损失,提高收款的效率,公司对不同客户应制定相应的收款政策。但不论公司采用何种方式对拖欠账款进行催收,都要付出一定的代价,即收账费用。在一定范围内,收账费用与坏账损失率呈反向变动,收账费用适当增加,坏账损失会减少,但二者并非呈直线线性关系。初期投入一定的收账费用只能减少很少的坏账损失;此后,随着收账业务的展开,坏账损失明显减少;随着收账费用的逐渐增加,坏账损失继续减少,但速度减慢;到一定限度时,继续增加收账费用对减少坏账损失的作用变得非常微弱,这个限度称为饱和点。

在实际操作中,公司可以根据收账费用、坏账损失及应收账款的平均收回天数三者的关系,制定收账政策。另外,在制定收账政策时,还要考虑收账政策对客户积极性的影响。如果公司制定的收账政策过宽,会导致逾期未付款项的客户拖延时间更长,对公司不利;如果收账政策过严,催收过急,又可能伤害无意拖欠的客户,影响公司未来的销售和利润。因此,公司在制定收账政策时必须十分谨慎,做到宽严适度。例如:对过期较短的顾客,不予过多的打扰,以免将来失去这一市场;对于过期稍长的顾客,可措辞委婉地写信催款;对于过期较长的顾客,频繁的信件催款并电话催询;对于超过期很长的顾客,可以在催款时措辞严厉,必要时提请有关部门仲裁或提请诉讼。

总之,制定收账政策要坚持成本收益原则,即收回应收账款的收益要大于所付出的代价。

例 6-10 某企业对过期的应收账款,提出如下几种收账方案,如表6-7所示。

表6-7 收账方案备选表

项目	收账方案		
	甲	乙	丙
收账费用	12 000元	25 000元	50 000
平均收款期	3个月	2个月	1个月
坏账率	3%	2%	1%

其中的平均收款期是指从催款之日起至收回货款的时间,三种不同的收账方案,收账结果及应收账款总成本如下:

$$应收账款周转次数 = 12个月/平均收款期$$

$$平均应收账款 = 销售额/应收账款周转次数$$

假定目前的销售额是1 200 000元,并保持不变。则三个方案的综合评价情况如表6-8所示。

表6-8 收账方案综合评价表

项目	甲方案	乙方案	丙方案
销售额	1 200 000	1 200 000	1 200 000
应收账款周转次数	4次	6次	12次
平均应收账款	300 000	200 000	100 000
应收账款的机会成本(10%)	30 000	20 000	10 000
坏账损失	36 000	24 000	12 000
收账费用	12 000	25 000	50 000
应收账款总成本	78 000	69 000	72 000

从表6-8可见,三个方案中,乙方案的应收账款总成本最小,所以应选择方案乙。

6.4.3 信用分析

信用分析是对已有客户和潜在客户的信用进行分析。国际上,信用分析的方法较多,但主要有以下几种。

1. 利用财务报表分析客户的信用

客户在提出信用申请时,往往需要提交审计过的或没有审计过的财务报表。企业可利用这些报表分析客户的信用情况。例如,如果客户的流动比率较低,说明客户的偿债能力较弱;如果客户的销售利润率较低,说明客户的财务状况不佳。从而可以判断客户的信用状况不理想。

2. 通过信用评估机构了解、分析客户的信用

从自身业务出发,信用评估机构往往会定期地对有关企业的信用状况进行分析,并在此基础上给他们划分信用级别。因此,信用评估机构作出的信用评估往往比较切合实际,并具有较强的专业性和权威性。如果通过他们了解、分析客户的信用,就比较可靠。

3. 从客户开户银行了解、分析客户的信用

不管什么样的客户,他们一般都有自己的开户银行。如果能从中了解到客户在银行的平均存款余额情况、获得银行信贷的情况及签发支票的频率等,就可大致看出客户的信用情况。

4. 通过客户以往购货付款情况分析客户的信用

对客户以往现金购货的记录、信用购货时的还款记录进行分析,可帮助分析客户的信用情况。因为,这方面的记录越好,客户偿还欠款的概率就越高,其信用程度也越高。

5. 通过对客户近期债券价格和股票价格的变动分析客户的信用

如果客户近期的债券价格和股票价格持续下跌,不一定表明客户发生了财务危机,但至少说明其经营状况或发展前景已不容乐观。在这种情况下,客户的还款能力和信用状况会受到不利影响。

6. 通过信用打分分析客户的信用

具体请参照表 6-9。

表 6-9 信用打分表

内容	打分(0~100分)①	权数②	加权平均分 ①*②
信用情况	80	0.15	12.00
经营状况	100	0.15	15.00
财务状况	70	0.25	17.50
外界评价	90	0.10	9.00
现金购货情况	75	0.25	18.75
信用购货时还款情况	80	0.10	8.00
合计			80.25

信用打分后得到的加权平均分越高,说明客户的信用越高,企业对其提供的信用也相应越高。

本章小结

本章主要讲解了营运资金管理的基本理论和方法。在讲解营运资金的内容和特点的基础上,分析了营运资金需求的概念和资金匹配战略,以及管理资产负债表的作用和编制方法;进一步展开讨论了现金管理的理论和方法、存货管理的理论和方法及信用管理的理论和方法;最后,讲解了公司短期融资计划和三种融资政策。

营运资金是指在企业生产经营活动中占用在流动资产上的资金。营运资金有广义和狭义之分,广义的营运资金又称毛营运资金,是指一个企业流动资产的总额;狭义的营运资金又称净营运资金,是指流动资产减流动负债后的余额。营运资金的管理既包括流动资产的管理,也包括流动负债的管理。

现金有广义和狭义之分。狭义的现金只包括库存现金,而广义的现金则包括库存现金、在途现金、业务周转金、支票和汇票、各种银行存款等所有可以即时使用的支付手段。任何一个企业都必须保留一定量的现金。企业持有现金主要出于以下五方面的原因:① 交易性需要;② 补偿性现金余额需要;③ 预防性需要;④ 潜在的投资需要;⑤ 投机性需要。但企业持有现金是有成本的,主要有:① 机会成本;② 管理成本;③ 转换成本;④ 短缺成本。

存货是指企业在生产经营过程中为销售或者耗用而储备的物资。存货管理要尽力在各种存货成本与存货效益之间作出权衡,达到最佳结合。存货成本主要有取得成本、储存成本、缺货成本。最优存货决策模型主要有:① 经济订货量基本模型;② 订货提前期模型;③ 陆续供货条件下的经济订货量模型;④ 允许缺货条件下的经济订货量模型;⑤ 陆续供货、允许缺货条件下的经济订货量模型。

信用管理主要包括信用政策、信用分析、收账政策等内容。信用政策是指企业为了鼓励和指导信用销售(赊销)而采取的一系列优惠标准和条件。它包括信用标准、信用条件、信用期限、现金折扣政策等。信用标准是指顾客获得企业的交易信用所应具备的条件。企业在设定某一顾客的信用标准时,往往先要评估它赖账的可能性。这可以通过5C系统来进行。所谓5C系统,是指评估顾客信用品质的5个方面,即:品质(Character)、能力(Capacity)、资本(Capital)、抵押(Collateral)和条件(Conditions)。信用条件是指企业要求顾客支付赊销款项的条件,包括信用期限、折扣期限和现金折扣。信用期限是企业为顾客规定的最长付款时间,折扣期限是为顾客规定的可享受现金折扣的付款时间,现金折扣是在顾客提前付款时给予的优惠。应收账款的收账管理主要包括应收账款回收情况的监督和制定适当的收账政策。

拓展练习

单项选择题

1. 最佳现金持有量的存货控制模式中,应考虑的相关成本主要有( )。
   A. 机会成本和交易成本　　　　　　B. 交易成本和短缺成本

C. 机会成本和短缺成本　　　　　　D. 管理成本和短缺成本

2. 下列项目中属于持有现金的机会成本的是（　　）。

A. 现金管理人员工资　　　　　　B. 现金安全措施费用
C. 现金被盗损失　　　　　　　　D. 现金再投资收益

3. 某企业预测的年度赊销收入净额为 600 万元，应收账款收账期为 30 天，变动成本率为 60%，资金成本率为 10%，则应收账款的机会成本为（　　）万元。

A. 10　　　　　B. 6　　　　　C. 3　　　　　D. 2

4. 某企业每月现金需要量为 250 000 元，现金与有价证券的每次转换金额和转换成本分别为 50 000 元和 40 元，其每月现金的转换成本为（　　）。

A. 200 元　　　B. 1 250 元　　C. 40 元　　　D. 5 000 元

5. 在其他因素不变的情况下，企业采用积极的收账政策，可能导致的后果是（　　）。

A. 坏账损失增加　　　　　　　　B. 应收账款投资增加
C. 收账费用增加　　　　　　　　D. 平均收账期延长

6. 企业置存现金的原因，主要是为了满足（　　）。

A. 交易性、预防性、收益性的需要　　B. 交易性、投机性、收益性的需要
C. 交易性、预防性、投机性的需要　　D. 预防性、收益性、投机性的需要

7. 企业为了使其持有的交易性现金余额降低到最低，可采取（　　）。

A. 力争现金流量同步　　　　　　B. 使用现金浮游量
C. 加速收款　　　　　　　　　　D. 推迟应付款的支付

8. 在供货企业不提供数量折扣的情况下，影响经济订货的因素是（　　）。

A. 货物的买入成本　　　　　　　B. 储存成本中的固定成本
C. 订货成本中的固定成本　　　　D. 订货成本中的变动成本

9. 信用的"5C"系统中，资本是指（　　）。

A. 顾客的财务实力和财务状况，表明顾客可能偿还债务的背景
B. 指顾客拒付款项或无力支付款项时能被用作抵押的资产
C. 指影响顾客付款能力的经济环境
D. 指企业流动资产的数量和质量以及与流动负债的比例

10. 在允许缺货的情况下，经济进货批量是使（　　）的进货批量。

A. 进货成本与储存成本之和最小
B. 进货费用等于储存成本
C. 进货费用、储存与短缺成本之和最小
D. 进货成本等于储存成本与短缺成本之和

多项选择题

1. 下列哪些因素会使企业营运资金周转的数额增大（　　）。

A. 应收账款周转期　　　　　　　B. 应付账款周转期
C. 偿债风险收益要求和成本约束　D. 存货周转期

2. 下列（　　）属于存货的储存变动成本。

A. 存货占用资金的应计利息 B. 紧急额外购入成本
C. 存货的破损变质损失 D. 存货的保险费用

3. 关于最佳现金持有量确定的存货模式和随机模式，下列说法正确的有（　　）。
A. 存货模式和随机模式均将机会成本作为现金持有量确定的相关成本
B. 存货模式和随机模式均将交易成本作为现金持有量确定的相关成本
C. 存货模式认为每期现金需求量是确定的
D. 随机模式认为每期现金需求量是随机变量

4. 在存货模式中，最佳现金持有量是（　　）。
A. 机会成本和交易成本之和最小的现金持有量
B. 机会成本线和管理成本线交点所对应的现金持有量
C. 管理成本线和短缺成本线交点所对应的现金持有量
D. 机会成本线和交易成本线交点所对应的现金持有量

5. 建立存货合理保险储备是（　　）。
A. 在过量使用存货时保证供应 B. 在进货延迟时保证供应
C. 降低存货的储备成本 D. 使存货的缺货成本与储存成本之和最小

6. 企业在确定为应付紧急情况而持有的现金数额时，需考虑的因素包括（　　）。
A. 企业愿意承担风险的程度 B. 企业临时举债能力的强弱
C. 金融市场投资机会的多少 D. 企业对现金流量预测的可靠程度

7. 缺货成本指由于不能及时满足生产经营需要而给企业带来的损失，它们包括（　　）。
A. 商誉（信誉）损失 B. 延期交货的罚金
C. 采取临时措施而发生的超额费用 D. 停工待料损失

8. 企业对顾客进行资信评估应当考虑的因素主要有（　　）。
A. 信用品质 B. 偿付能力 C. 资本和抵押品 D. 经济环境

判断题

1. 在计算经济订货批量时，如果考虑订货提前期，则应在按经济订货量基本模型计算出订货批量的基础上，再加上订货提前天数与每日存货消耗量的乘积，才能求出符合实际的最佳订货批量。（　　）

2. 为提高营运资金周转效率，企业的营运资金应维持在既没有过度资本化又没有过量交易的水平上。（　　）

3. 企业在设定某一顾客的信用标准时，往往要评估其赖账的可能性，可能通过"5C"系统来进行。（　　）

4. 根据存货经济订货量模型，经济订货量是能使订货总成本与储存总成本相等的订货批量。（　　）

5. 一般来讲，当某种存货品种数量比重达到 70% 左右时，可将其划分为 A 类存货，进行重点管理和控制。（　　）

6. 因为现金的管理成本是相对固定的，所以在确定现金最佳持有量时，可以不考虑它的影响。（　　）

7. 进行正常的短期投资活动所需要的现金属于正常交易动机所需现金。（   ）

8. 现金的存货模式确定的最佳现金持有量与一定时期的现金需要量成同向变动，与有价证券的利率成反向变动。（   ）

9. 现金持有量控制的随机模式建立在企业的现金未来需求量和收支不可预测的前提下，因此计算出来的现金量比较保守，往往比运用存货模式的计算结果小。（   ）

10. 确定应收账款收现保证率的目的是为了确定应收账款最高收现水平的控制标准。（   ）

业务题

1. 某公司为保障日常现金收支的需要，任何时候银行结算户存款和库存现金余额均不能低于2 500元，公司有价证券的年利率为10.8%，每回固定转换成本平均为30元，根据历史资料测算出现金余额波动的标准差为600元。

要求：（1）计算公司的最优现金返回线。

（2）计算公司现金控制的上限。

2. 某企业的年赊销额为240万元，平均收现期为60天，坏账损失率为3%，收账费用为1.8万元。该企业拟采用新的收账政策，将收账费用增加到3.2万元，以使平均收现期降到45天，坏账损失率降为2%。该企业变动成本率为80%，资金成本率为25%。

要求：通过计算说明该企业是否应改变目前的收账政策。

3. 某厂每年需零件72 000件，日平均需用量200件，该种零件企业自制，每天产量500件，每次生产准备成本为500元，单件生产成本50元，每件零件年存储成本10元，若外购单价60元，一次订货成本400元，请问该厂应选择自制还是外购？

4. 某公司的信用条件为30天付款，无现金折扣，平均收现期为40天，销售收入10万元。预计下年的边际贡献率与上年相同，仍保持30%。该企业拟改变信用政策，信用条件为："2/10, n/30"，预计销售收入增加4万元，所增加的销售额中，坏账损失率为5%。客户获得现金折扣的比率为70%，平均收现期为25天。

要求：如果应收账款的机会成本率为10%，测算信用政策变化对利润的综合影响。

思考讨论

1. 公司持有现金的动机是什么？最佳现金持有量如何确定？
2. 如何有效控制现金收支？日常可应用哪些措施？
3. 多余现金用于短期有价证券投资时，应考虑哪些因素？
4. 信用政策包括哪些内容，制定合理的信用政策需要考虑哪些因素？
5. 如何获取客户信用的相关信息并对客户的信用水平进行评估？
6. 传统存货决策模型存在哪些局限性？

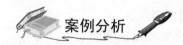 案例分析

四川长虹的营运资金管理

2005年4月16日四川长虹披露的2004年年报爆出巨额亏损，2004年亏损达36.81亿元，相当于该公司上市10年来净利润的40%。造成亏损的主要原因是计提坏账准备3.1亿美元。这是由于该公司出口业务合作方——APEX公司不能付清其拖欠的巨额货款而形成的。资料显示，从2001年7月起，长虹彩电就源源不断地发向美国，由APEX公司在美国直接提货，并冠以APEX公司的商标进行销售，但货款总是被长期拖欠，致使长虹的应收款出现异常。2001年，长虹开始与APEX发生业务往来，当年只赊销，没有回款，形成应收账款4184万美元，折人民币3.47亿元。2002年长虹应收账款由2001年的28.8亿元增至42.2亿元，其中APEX公司就占38.29亿元，这年长虹与APEX的交易占全年彩电销售的54%，占当年海外销售的91.41%。2003年销售给APEX公司4.24亿美元的货物，回款3.49亿美元，但此时对APEX公司的应收账款已增至5.37亿美元，至2004年度，应收账款中APEX公司达4.6亿美元。

长虹在与APEX公司的交易中，APEX、保理公司、长虹三家签订协议后，保理公司将会通知零售商如沃尔玛，不得向APEX直接支付货款，而是把货款交给保理公司，由保理公司将货款按10%和90%的比例在APEX和长虹之间分账。为了防范沃尔玛可能倒闭带来的风险，还由长虹和APEX双方另外向保险公司投保。保理公司如果在两个月之内收不到货款，保险公司就要赔付。如果长虹急需回款，可以凭销售发票向保理公司作贴现。

长虹与APEX公司的合作模式看起来天衣无缝，但这套程序并没有能够有效运转，保理公司没有发挥应有的作用，长虹的出口业务始终面临巨大风险。一是在美国市场上过度依赖APEX一家公司；二是采用赊销方式。虽然存在保理公司，但保理公司是金融性质，一般只是在交易出现资金困难时可以代为垫款，并不保证规避风险。而保理之外的投保程序也是有名无实。长虹根本找不到愿意为其高风险业务保险的公司。

为何身为后来者的长虹甘愿接受风险极高的先发货后收款的运作方式与一个在信用上并不可靠的企业进行大规模合作呢？通过观察长虹2002年的关键财务数据我们似乎可以略知一二。根据长虹年报，2002年，公司主营业务收入实现125.8亿元，同比增长32.27%；其中出口收入55.4亿元，增长幅度达到614%；净利润实现1.76亿元，同比增长99%。大量对美出口对当时的长虹而言可算是一贴速效药。此后出口业务在长虹的主营业务收入中的重要地位一直延续。然而，在一连串漂亮的主营收入和出口数字之下，长虹报表中应收账款的幅度也连年见涨。从2001年开始，APEX始终位列应收账款欠款金额前五名单位的第一名，所欠数额之庞大让人瞠目，其在应收账款总额（未扣除坏账准备前）中所占比重从2001年的12%上升到2002年的91%。2004年巨额计提冲销后，APEX的应收账款净额还占长虹应收账款净额的57%。与此同时，长虹的现金流量却捉襟见肘。2002年主营业务收入迅猛增长的前提下却第一次出现经营活动现金流量为负。这样，企业为了维持运转就不得不求助外部借款。长虹的短期借款额随之从2001年的8500万元飙升到2002年16.2亿元和2003年

的27亿元。也就是说，长虹貌似繁荣的出口业绩背后其实已经潜藏着巨大的资金隐患，天花乱坠的盈利数字只能是画饼充饥。

根据上述案情，请分析以下几个问题：
(1) 长虹在存货管理和应收账款管理中犯了什么错误？
(2) 如何从战略高度认识长虹的存货管理和应收账款管理？

资料来源：王化成. 商业伦理下的盈余质量. 财务与会计：理财版，2005（11）：37.

第 7 章

融资决策

> 企业家应该把银行的钱、他人的钱为自己所用,否则他就是不懂得理财。善于融资的人自己不必有钱就可以经营自己的企业。
>
> ——马克斯·韦尔

 学习目标

1. 了解企业的融资渠道和方式;
2. 掌握融资方式的类型;
3. 掌握短期融资方式的种类及特点;
4. 掌握长期借款、长期债券融资、租赁融资、优先股融资、普通股融资和吸收直接投资等融资方式的特点;
5. 熟悉各种融资方式的操作程序及法律规定。

引 言

2006年1月10日,又一个中国新首富诞生了,他叫施正荣。

这一天,由施正荣任董事长的无锡尚德(NY:STP)在美国纽约证券交易所(下称纽交所)股价冲破30美元,以个人持有6 800万股计,纸上富贵约161亿元。无锡尚德IPO(首次公开募股)不到一个月,股价已上涨38%。

数月前,施正荣尚籍籍无名。2005年9月18日晚,他化妆参加了一场职工合唱比赛,当他汗流浃背地唱完《在希望的田野上》后,便下定决心去纽交所上市。3个月后,他成为了中国首富。

无锡尚德这家太阳能电力公司IPO当天,纽交所总经理JosephFung破例批准,庆祝Party可以在交易大厅举行。纽约交易所的工作人员也不得不承认:"好久没看到这么热闹的场面了。"

纽交所是全球资本市场的心脏,每日的股票交易高达25亿股,可以说,它每天不停地演绎富豪的神话。这一次,机会轮到了施正荣,他成为了第一个入主纽约证券交易所的内地民营企业家。

2001年1月注册,2002年开始运营,2003年年底盈利90万美元,2004年盈利1 800万美元,2005年预计盈利5 000万美元,2006年预计盈利1亿美元……这样的三年三级跳的成功故事,让人有些眼花缭乱,它看上去并不像一个技术英雄,更像一个手握魔杖的数字英雄。这或许便是虚拟经济时代的可爱之处。

其实上市前，无锡尚德已经顺利地完成了私募。在2005年的上半年，无锡尚德的海外公司已向高盛、英联、龙科、法国Natexis、西班牙普凯等国际著名投资基金共募集了8 000万美元，巨大的资金进入让无锡尚德完成了对国内所有股东的股权收购。由此，无锡尚德成为一个海外公司百分之百控股的外资企业。

7.1 融资决策概述

企业持续的生产经营活动，会不断地产生对资金的需求，需要及时、足额筹措和集中所需资金。同时，企业因开展对外投资活动和调整资本结构，也需要经济有效地筹集和融通资金。企业进行融资，首先必须了解融资的具体动机，把握融资的渠道与方式，遵循融资的基本要求。

7.1.1 企业融资的动机

(1) 扩张性

扩张性融资动机是企业因扩大生产经营规模或追加对外投资的需要而产生的融资动机。具有良好发展前景、处于成长时期的企业通常会产生这种融资动机。扩张融资动机所产生的直接结果，是企业资产总额和融资总额的增加。

(2) 偿债性

偿债性融资动机是企业为了偿还某项债务而形成的借款动机，即借新债还旧债。偿债融资有两种情形：一是调整性偿债融资，即企业虽有足够的能力支付到期旧债，但为了调整现有的资本结构，仍然举债，从而使资本结构更加合理；二是恶化性偿债融资，即企业现有的支付能力已不足以偿付到期旧债，而被迫举债还债，这表明企业的财务状况已经恶化。

(3) 混合性

混合性融资动机是企业因同时需要长期资金和现金而形成的融资动机，即为混合融资动机。通过混合融资，企业既扩大资产规模，又偿还部分旧债，即在这种融资中混合了扩张融资和偿债融资两种动机。

7.1.2 企业融资的渠道与方式

企业的融资活动需要通过一定的渠道并采用一定的方式来完成。融资渠道是指企业取得资本的来源或通道。按照我国当前的市场环境和现实情况，我国企业的融资渠道主要有国家资本、银行信贷资本、非银行金融机构资本、其他企业资本、企业内部资本和国外资本等。企业在融资时应对这些融资渠道进行分析，了解各种融资渠道资本的存量与流量大小，以促使企业正确、合理地利用融资渠道。融资方式是指取得资本的具体形式和手段，目前我国企业常用的融资方式主要有吸收直接投资、发行股票、发行债券、租赁、银行借款、留存收益和商业信用等。企业在融资时也要对融资方式进行分析，了解各种融资方式的法律限制和金融限制、各种融资方式的资本成本及其对企业资本结构的影响等，以便企业选择正确的融资方式并进行融资组合。

融资渠道解决的是资本来源的问题，融资方式解决的是通过何种方式取得资本的问题，它们之间的关系是密不可分的。同一融资方式可能适用于多种融资渠道，也可能只适用于某一特定的融资渠道；同一渠道的资本也可能采取不同的融资方式取得。因此，企业在筹集资本时，必须将两者结合在一起密切配合使用。

通常企业的融资活动按照筹集资本的性质不同可分为股权融资和债务融资两大类。

股权融资是指可供企业长期拥有、自主调配使用、不需归还的一种融资方式。这种方式所筹集的资本在会计上表现为股东权益，代表着投资者对企业的所有权，其性质是企业的自有资本。股权融资一般采用吸收直接投资、发行股票、留存收益等方式筹集，其特点是：① 资本的提供者以企业所有者的身份参与企业管理并取得收益，同时承担相应的责任；② 股权资本属于企业的永久性资本，资本的所有者一旦提供了资本，除依法转让外，不得以任何方式从企业中抽回；③ 企业无须还本付息，财务风险较小，但是通常投资者要求的资本收益率较高，因此资本成本高。

债务融资是指企业按约定代价和用途取得且需要按期还本付息的一种融资方式。就其性质而言，是不发生所有权变化的单方面资本使用权的临时让渡。债务融资一般通过银行借款、发行债券、商业信用、租赁等方式筹集，其特点是：① 债权人与企业仅是债权债务关系，他们有权按期索取利息并到期收回本金，但无权参与企业的经营管理，对企业经营不承担责任；② 债务融资具有期限性，在债务合约下，出资人可以退出，并享有固定收益；③ 企业可以在约定的期限内使用债务融资，但必须履行按期还本付息的偿债责任，财务风险较高，由于债权人要求的是固定收益，因此资本成本较低。

> **相关链接**

如何获得资本资源很重要

企业初创的时候是很难获得外部资本的，你有发展能力，但别人不相信，人家不会把钱投给你，这个时候只能靠自己起家。但在持续发展一段时间以后，别人已经知道你的能力了，这时企业就要想办法获得社会资源，而能否获得所需资源就要看企业自身的张力了。

企业的张力之一就是上市，因为这是企业获得外部资源的最有效途径。但是，目前许多民营企业在一味地追风上市，那是有问题的。企业必须明白，在上市获得外部资本后，创业者可能要失去一部分对企业的控制权。另一方面，上市的成本是非常高昂的。加之上市以后企业就成为公共公司，财务要透明，商业秘密因此消失。

企业张力之二是获得政府支持。政府对任何一个企业的成长都十分重要，因为政府主导政治资源，政府又是最大的供应商和最大的客户，甚至决定你的未来、你的风险。但另一方面政府提供的资源是有限的，对于企业家来说关键要练好内功，而不要把希望寄托在政府的帮扶上，不要把太多的时间搭在同政府的关系上，否则将非常危险。

(徐源：江苏小天鹅电器集团副总裁)

7.1.3 证券发行方式

随着我国证券市场的不断发展，其逐渐成为我国企业投资、融资的重要渠道和场所，企业所需的中长期资本也越来越多地通过证券市场来筹集，如股票和债券，目前已经成为企业融资的重要方式。由于它们都需要企业向社会发行一定数量的证券，因此也被称为证券化融资。证券化融资的关键在于证券如何经销或出售，即证券的发行方式。由于各国存在着不同的政治、经济、社会条件，特别是金融体制和金融市场管理的差异使证券的发行方式也是多种多样的。下面从我国实际情况出发，介绍几种常见的证券发行方式。

1. 公募与私募

根据发行对象的不同，证券发行可以分为公募和私募。

公募（public placement）又称公开发行，是指事先没有特定的发行对象，向社会公众发售证券，所有合法的社会投资者都有权参加认购。这种发行方式对发行者的要求比较严格，如要求发行者有较高的信用，并符合证券管理部门规定的各项发行条件，经批准后方可发行。公募发行证券的优点是可以扩大持有人的范围，防止囤积证券或被少数人操纵，有利于提高公司的社会性和知名度，为以后筹集更多的资本打下基础。其缺点是发行手续繁杂，发行费用较高，登记核准所需的时间较长。因此，这种证券发行方式适合于证券发行数量较多、融资额较大的发行者。

私募（private placement）又称不公开发行或内部发行，是指对少数特定投资者发行证券的方式。由于发行对象是既定的，发行面又较小，因而各国对私募发行管制都比较宽松。目前，我国境内上市外资股（B股）的发行几乎全部采用私募方式进行。私募发行证券的优点是可以节省委托中介机构的手续费，降低发行成本，而且还可以调动股东的积极性，巩固和发展公司的公共关系。其缺点是证券的流动性差，不能公开在市场上转让出售，不利于提高发行人的社会信誉。

2. 直接发行与间接发行

根据发行过程中发行主体的不同，证券发行可以分为直接发行和间接发行。

（1）直接发行

直接发行又叫自销型发行，是指发行者自己承担证券发行的一切事务和发行风险，直接向认购者推销、发售证券的方式。采用直接发行方式，其优点是可以节省向中介机构交纳的手续费，降低发行成本，但要求发行者熟悉发行手续，具有专门的业务知识和拥有广泛的发行网点，精通发售技术并具备一定的条件。如果认购额达不到计划发行额时，发起人或现有股份公司的董事会就必须自己认购未出售的证券。因此，这种方式只适用于有既定发行对象或发行风险小、手续简单的证券。

（2）间接发行

间接发行又称代销型发行，是指发行者委托投资银行、证券公司等证券中介机构向投资者发售证券的方式。具体来说，证券的间接发行有代销、全额包销和余额包销三种方式。

① 代销，是指证券发行中介机构只负责按照发行者的要求代理发售证券，而不承担任何发行风险，在约定期限内尽力推销，承销期满仍未销售出去的证券将全部退还给发行者。由于全部发行风险和责任都由发行者承担，证券发行中介机构只是受委托代为推销，因此，代销手续费较低。

② 全额包销，又称承购包销或包销，是指证券发行中介机构先用自己的资本一次性地把将要公开发行的证券全部买下，然后再根据市场行情逐渐卖出，中介机构从中赚取买卖差价。如果有滞销证券，中介机构就会减价出售或自己持有。以这种方式发行证券，发行者可

以快速获得全部所融资本，而无须承担任何的发行风险，因此，所支付的包销费高于其他方式。全额包销是最常见、使用最广泛的方式，比较适合于那些资信还未被公众认识，却急需资本的企业。

③ 余额包销，是指证券的发行者与证券发行中介机构签订推销合同，明确规定在约定期限内，如果中介机构实际推销的结果未能达到合同规定的发行数额，其差额部分由中介机构自己承购。余额包销实际上是先代理发行，后全额包销，是代销和全额包销的有机结合。这种发行方式的优点是能够保证完成证券发行额度，保证完成融资计划，所以比较受发行者的欢迎，我国证券发行基本采用余额包销方式。但是在这种发行方式下，中介机构要承担大部分的发行风险，因此承销费要高于代销的手续费，但又低于全额包销方式。

7.2 短期债务融资

企业对资金的需求通常并不是稳定的，而是有一定的周期性或者说具有波动性。当企业预测未来的资金需求将下降时，或由于经营活动的周期性或季节性而出现资金需求时，短期债务融资是解决这些资金需求的一个较佳途径。短期债务融资是支持企业流动资产的资金来源，它使企业产生一年或一年以内的债务，在资产负债表中显示为流动负债。

7.2.1 短期债务融资及其特点

短期债务融资是指公司为满足临时性流动资产周转需要而进行的偿还期在1年之内或者一个经营周期内的融资行为。由于短期资本一般是通过流动负债方式取得的，因此，短期债务融资亦可称为流动负债融资、短期负债融资或短期资本。

与长期负债融资相比，短期负债融资具有如下特点。

① 速度快。申请短期借款往往比申请长期借款更容易、更便捷，通常在较短时间内便可获得。长期借款借贷的时间长，贷方风险大，贷款人需要对公司的财务状况评估后方能作出决定。因此，当公司急需资本时，往往首先寻求短期借款。

② 弹性大。与长期债务相比，短期贷款给债务人更大的灵活性。长期债务债权人为了保护自己的利益，往往要在债务契约中对债务人提出有关限制性条款，诸如利率、偿还期、违约金、罚金等条款，使债务人丧失某些经营决策主动权。而短期借款契约中的限制条款比较少，使公司有更大的行动自由度，特别是对于季节性公司，短期借款比长期借款具有更大的灵活性。

③ 成本低。在正常情况下，短期负债融资所发生的利息支出低于长期负债融资的利息支出，而某些"自然性融资"（如应付税金、应计费用等）则没有利息负担。

④ 融资风险大。尽管短期债务的成本低于长期债务，但其风险却大于长期债务。这主要表现在两个方面。一是长期债务的利息相对比较稳定，即在相当长一段时间内保持不变；而短期债务的借款利率则随市场利率的变化而变化，时高时低，使公司难以适应。二是如果公司过分筹措短期债务，当债务到期时，公司不得不在短期内筹措大量资本还债，这极易导致公司财务状况恶化，甚至无法及时还债而破产。

7.2.2 企业短期信用融资

企业短期信用融资是指企业在正常生产经营过程中形成的应付账款、应计负债和汇票。随着企业经营规模的扩大和销售收入的增加，这三项资金来源因大量购买原材料和支付各种费用而增加。一般说来，企业对这些资金不必负担利息费用，应利用好这些短期债务。

1. 应付账款

应付账款是企业的原料供应商向企业提供的一种短期信用，它是以赊购原料的形式产生的负债，它建立在供应商相信购货人有能力付清款项的基础上，购货人在赊账的条件下，向供货人购买原料时，根据信用条件承诺在拥有原料后短期内付款。在这种情况下，双方无须签订正式单据来表明购货人的支付义务，信用条件由双方事先商定。应付账款是企业的短期负债，它在资产负债表中被归类为流动负债，并且是流动负债中最大的一类。

应付账款又称商业信用，它来源于一般商业贸易，是自发性的短期债务融资。

例 7-1 A 公司由其供应商每天供应 1 000 元货物，双方商定 30 天内付款。在这种情况下，该公司为最大限度的使用资金，当然选择在第 30 天付款最有利。这样，该公司在 30 天以后将保持 30×1 000=30 000 元的应付账款。如果这时 A 公司由于销售额的增长，要求供应商的供货量增加一倍，供应商同意增加供货一倍且付款期仍为 30 天，则该公司的应付账款将增加为 60 000 元。如果信用期限延长为 40 天，则应付账款增加为 80 000 元，但是如果信用期限缩短为 20 天，则应付账款减少为 40 000 元。如果供应商提出在 10 天以内付款给予 1% 的折扣，这时公司就要考虑是在 10 天以内付款合算，还是在第 30 天付款合算。

由此可以看出应付账款的数额大小与信用条件有关。

① 信用条件。企业若采用赊账方式销售，应制定专门的信用条款和政策。信用条款中包括优惠折扣百分数，优惠时间期限和信用期。信用条款通常表示为："2/10，n/30"的形式。它说明优惠折扣是 2%，优惠期是 10 天，信用期是 30 天。即发票开出后 10 天内优惠折扣 2%，超过 10 天后没有折扣，30 天内必须付款。

② 信用成本。例 7-1 中的 A 公司在 "2/10，n/30" 信用条件下每天购进原料 2 000 元，由于折扣优惠存在，每天产生的应付款是 1 960 元，如果决定于第 10 天付货款并享受 2% 的折扣优惠，则应付账款 19 600 元。

如果 A 公司不是在第 10 天付款，而是在第 30 天付款，该公司的应付账款为 58 800 元。第 30 天付款比第 10 天付款多出 58 800-19 600=39 200 元的商业信用。但是由于 A 公司放弃优惠折扣，每月将多支付 1 200 元。这些多支付的款项就是商业信用的成本。也就是说，A 公司使用商业信用每年需支付 14 400 元的成本。由此我们知道商业信用存在成本，商业信用的成本就是信用条件中的优惠折扣百分比。

由于优惠折扣的存在，放弃优惠折扣就意味着增加了成本，这个成本的近似计算公式为：

$$\text{放弃优惠折扣实际利率} = \frac{\text{折扣率}}{1-\text{折扣率}} \times \frac{360}{\text{信用期限}-\text{折扣期限}}$$

按以上公式计算的 "2/10，n/30" 信用条件如下：

$$\text{放弃优惠折扣的成本} = 2\%/(1-2\%) \times 360/(30-10) \approx 36.7\%$$

从计算的结果看，放弃优惠折扣的成本很大。如果企业推迟付款，或信用期延长，比如信用期延长到60天，放弃优惠折扣的成本近似为14.7%，即推迟付款或延长信用期，放弃优惠折扣的成本将降低。

③ 减少信用成本的途径。企业在折扣优惠期内的信用称为无成本商业信用，超过优惠期获得的信用称为有成本商业信用。如 A 公司的无成本商业信用是 19 600 元，有成本商业信用是 39 200 元。企业应尽量使用无成本商业信用。如果使用有成本商业信用，事前必须清楚其成本是否低于其他资金来源的成本，并选择低成本的短期资金来源。

有时候，企业会偏离信用条款的规定，这样将改变信用成本。当供应商之间竞争激烈时，购货人常常利用供应商急于推销产品的需要，延长优惠折扣期。如在 "2/10，n/30" 条件下，购货人在10天优惠期后，于收到发票后的第15天付款，但仍然按折扣价格付款，这样做延长了优惠期，使无成本商业信用的数额增加，与此类似，购货人将付款期推迟到第60天，等于延长了信用期。这两种做法都减少了信用成本。但是，以上做法可能引起供应商的不满，在资源紧张的时候，供应商会拒绝供应。

2. 应计负债

企业中还有另一种短期资金的来源，即应计负债。它包括应付税金、利息和工资，这些应付款项的支付有一定的期间。如企业交纳税金时都有一定的宽限期，比如在 3 月 31 日应交的一季度税金，可以宽限到 4 月 7 日，此时会计记录的是应付税金，这种宽限期的存在，也为企业提供了一个短期资金来源。

企业在营业收益核算中，利息费按月计提，但利息却不是按月支付。如长期债券利息是按每年或每半年支付一次，一年内的短期银行贷款基本是到期本息一次性付清。利息费的提取与实际支付的时间差，也为企业提供了短期资金来源。

在资产负债表中，应计负债显示在右边，是企业的流动负债，是企业内部产生的短期资金。

3. 汇票

汇票是企业签发的，表明将来一定时期向供应商支付货款的证书。从汇票开出到汇票到期通常有 30 天到 90 天，在这段时间内，汇票为企业提供了短期资金来源。汇票通常经银行承兑成为银行承兑票据，由银行承担付款义务。汇票广泛应用于企业的国际贸易中，特别是那些彼此不相识的进出口企业。如中国的一个企业向日本一企业出口一批货物，日本企业向中国企业签发了一张 90 天的汇票。在这 90 天里，日本企业可以利用这笔短期资金。如果中国企业需要这笔资金，可以将这张汇票卖给银行（即贴现），立即取得这笔资金的使用权。

7.2.3 短期银行贷款

短期银行贷款作为一种短期资金来源，它的重要性仅次于商业信用。银行贷款与商业信用不同，后者为企业提供的是内部自生性资金，而前者为企业提供的是外部资金，它是非自生性资金。短期银行贷款的作用实际上不仅限于企业所需资金的金额上，随着企业资金需求的增加，企业会要求银行提供更多的资金。这种资金的供求关系使银行与企业之间存在特殊联系。

1. 银行贷款的特点

① 期限。尽管银行提供长期贷款，但更多的是提供短期贷款。短期贷款期限为 1 年以内，通常是 90 天或 180 天，贷款到期后，借款人必须偿还或者要求延期偿还，银行将视借

款人的财务状况决定是否同意延期。

② 补偿性余额。银行通常要求常年客户必须保持一定水平的活期存款余额,这个余额一般为短期贷款额的10%～20%,毫无疑问,余额的存在提高了企业的实际贷款利率。有补偿余额要求的短期贷款的实际成本与短期贷款名义利率之间的差别值得注意。

③ 信用限额。信用限额是银行与借款人之间达成的一种协议,它规定银行愿意借给客户的最高贷款额,这实际上是银行给了企业一个信用额度。例如,某公司与一家银行确立了合作关系,银行根据该公司的财务状况,认为其最高贷款额为10 000万元,公司的财务经理第1次从银行借得3 000万元,以后可以根据公司对资金的需要增加贷款,银行将自动给付资金,直到最高贷款额。银行考虑最高贷款额的因素是企业的财务状况和信用风险。银行的这种灵活性,也是企业选择银行需要考虑的因素。

④ 周转信用协定。一些大型公司经常采用周转信用协定的方式与银行确定正式的信用额度。在周转信用协定中,确定借款人某一期间内的贷款总额,在此期间内,按使用银行贷款的实际资金额支付相应的利息费。如果企业的实际贷款额在此期间内没有达到规定的贷款额,将向银行支付未使用贷款额一定百分比(通常在0.5%以下)的补偿费用。

2. 银行贷款利息

贷款利率的高低因借款企业的不同,而有差别。企业规模大,资金实力雄厚,被认为具有最低风险,则它能够以最优惠利率获得贷款。最优惠利率是银行的最低贷款利率,其他贷款利率则在此基础上增加。银行贷款利率有多种计算方式,它们对贷款的实际利率会产生不同的影响。下面将分别介绍。

① 单利。单利也是定期利率,它是比较其他利率的基础。单利计息的贷款,借款人的到期利息等于贷款额乘以利率和贷款时间,到期一次偿还本金和利息。贷款利率通常以年利率计算,一年或一年以上的单利贷款的名义利率等于实际利率。

例7–2 单利贷款10 000元,贷款期一年,利率12%,到期的利息是10 000×12% = 1 200元,这笔贷款的名义利率是12%,实际利率是1 200(利息)÷10 000(本金) = 12%。如果贷款10 000元,贷款期90天,年利率12%,到期的利息为10 000×(12%÷360)×90 = 300元。如果贷款四次延期,一年支付的利息总额是300×4 = 1 200元,利息额与一年期利率12%的贷款利息相同。但利息不是在年底支付,而是每90天支付一次,由于复合效应,90天期、利率12%的贷款的实际利率是:

$$实际利率 = (1 + K/n)^n - 1 = (1 + 0.12/4)^4 - 1 = 12.55\%$$

式中:K——名义利率;

n——每年贷款次数或利息支付次数。

在贷款的名义利率不变的情况下,一年里支付利息的次数增多,实际利率将会高于名义利率,贷款的实际成本增大。

② 贴息贷款的实际利率。在一些银行提供贷款时,要求借款人在期初支付利息,由于借款人得到贷款之初银行即将利息扣除,它所得到的实际资金数额少于贷款面值。这种贷款叫贴息贷款,它是由于银行预先扣除利息而产生的。在这种贷款中,因为借款人实际能够使用的资金数额少于银行的贷款面值,贷款的实际成本将发生变化。

例7–3 期限一年,贷款名义利率12%,贷款额10 000元,由于采用贴息的方式,银行预先扣除利息10 000×12% = 1 200元,借款人实际获得的贷款是10 000 - 1 200 = 8 800

元,这笔贷款的实际利率是:

$$贷款的实际利率 = I/(M-I) = 1\,200/(10\,000 - 1\,200) \approx 13.64\%$$

式中: I——贷款利息;

M——贷款面值;

$M-I$——借款人实际得到的资金数额。

如果贴息贷款的期限小于一年,则贷款的实际年利率为:

$$贷款的实际利率 = [1 + I/(M-I)]^n - 1$$

式中: n——1年内贷款次数或利息支付次数。上例中的贷款期限如果是90天,在贴息贷款中银行预先扣除的利息是300元,这笔贷款的实际年利率是:

$$贷款的实际利率 = [1 + 300/(10\,000 - 300)]^4 - 1 \approx 12.96\%$$

③ 有补偿性余额贷款的实际利率。这种贷款规定借款人必须在其账户内保留一定百分比的余额,它使借款人实际可使用贷款减少了,提高了实际贷款利率。

例7-4 某公司向银行借款的条件是其账户中必须保持20%的补偿余额,假设贷款之前该公司的存款余额为零,若公司需要10 000元资金,它实际需要贷款的资金为10 000÷(1-20%)=12 500元。实际利率是:

$$实际利率 = I/M(1-B) = 12\,500 \times 12\%/12\,500 \times (1-20\%) = 15\%$$

式中: M——贷款额;

B——补偿性余额比例。

从以上对几种实际利率的讨论可以了解到,随着银行对贷款利息支付方式不同和对借款人的其他要求,企业贷款的实际利率总是高于贷款的名义利率,企业在与银行进行的贷款谈判中,要对不同的利息支付方式和要求而引起的实际贷款利率的提高特别注意,因为资金成本的比较是企业融资工作的一项重要内容。

7.2.4 商业票据

商业票据是实力雄厚的大型企业开出的无担保期票,这些期票的销售对象是商业公司、保险公司、商业银行等。商业票据的二级市场不发达,投资者通常要持有至到期日。发行商业票据的企业都有极强的信用,商业票据的期限一般为90天到180天。商业票据满足企业短期流动资金的需求,在企业负债中占的比例较小。

1. 商业票据的发行

商业票据的发行可通过经纪人发行和不通过经纪人而直接销售。

① 经纪人销售商业票据。首先由发行人将票据卖给经纪人,然后由经纪人以更高一些的价格再卖给投资者,经纪人通过转卖商业票据的差价获得手续费收入。

② 直接销售。不通过经纪人销售,而由发行人直接向投资者发售,这种发售的费用低于经纪人销售。在直接销售中,发行人要承担商业票据不能全部售出的风险,而在经纪人销售中,不能全部售出的风险是由经纪人承担的。

③ 财务公司发行。财务公司发行的票据一般是为某个特定的公司融资,它发行商业票据的规模较大,而售价相对较低,投资者购买会获得较高的收益率。财务公司发行的商业票据一般不会通过经纪人销售,而是直接销售。

2. 商业票据的一般特点

① 商业票据的成本。商业票据的利率水平略低于市场优惠利率，企业通过发行商业票据可以筹集到低成本的资金。商业票据利率的高低取决于企业的信用强度，信用强度高，利率相对较低，反之则利率较高。

② 商业票据的期限。由于商业票据是企业依靠信用发行的短期债务融资证券，期限在一年以内，一般为 90 天到 180 天。

③ 商业票据的使用。商业票据不需要资产抵押，但对它的使用要求非常严格，一般公司的商业票据在其流动负债中只占较少的部分。

7.2.5 短期抵押融资

前面介绍的短期债务融资都不需要资产抵押，但无抵押品的短期债务融资是有限的，它的增加会使企业的财务风险加大，进而影响短期资金来源的稳定。如果企业获得无抵押短期资金有困难，则短期抵押融资为企业开辟了另外的融资途径。

1. 短期抵押融资的特点

① 抵押品的期限。对短期贷款来说，流动资产是最适当的抵押品，就如同固定资产适合于长期债务抵押一样。对债权人来说，要求抵押品的期限与贷款的期限一致，在借款人不能偿还贷款时，可以用抵押品来偿债。在期限匹配上，如果用应收账款作抵押品，应收账款的回收期即为贷款期。同样，如果用企业的存货作抵押品，将根据存货变现的时间确定贷款期。因此，企业流动资产的变现速度是短期抵押贷款中的关键。在这种短期贷款中，用于抵押的流动资产主要是应收账款和存货。从流动性来讲，这两种流动资产的流动性较佳，但企业经营中的任何变化，都会影响其变现的速度。

② 贷款的全额。贷款人（一般是商业银行）接受借款人的抵押品后，将根据抵押品的价值决定贷款的金额。一般来说，银行肯向借款人提供的资金额是抵押品账面价值的一个百分比。具体的贷款额是多少取决于借款人抵押品的质量，或者说取决于用于抵押的流动资产的种类及其变现速度；也与贷款人的风险偏好有关，偏于保守的银行对抵押品的要求更高一些。

③ 贷款的利率。提供短期抵押贷款的多是商业银行或商业信托投资公司，他们认为提供短期抵押贷款是一种风险投资，抵押贷款客户的信用比非抵押贷款的客户要差，并且抵押贷款的管理因抵押品的流动性而比较困难，因此利率高于非抵押贷款。一些商业银行还因要承担检查流动资产账户等的费用，而向借款人另外收取一定的手续费。在贷款前，借款人要承担银行评价和审核用于抵押的流动资产的费用。因此，短期抵押贷款的成本高于非抵押贷款。

2. 短期抵押贷款的种类

用于抵押的流动资产通常是应付账款和存货，也因此有应收账款抵押贷款和存货抵押贷款两种。

① 应收账款抵押贷款。应收账款是流动性很强的资产，银行将其作为贷款的抵押品时，因不同企业应收账款的特点而分为选择性和非选择性抵押贷款。

有些企业数额大的应收账款比较集中，银行在审核用于抵押的应收账款时，可以选择那些风险比较低的应收账款作为贷款的抵押品。由于抵押品是经银行选择的，贷款金额占抵押品账面价值的百分比较高，可达90%。这种由银行选择抵押品的贷款称为选择性抵押贷款。

有些企业的应收账款笔数多，每笔金额少且分散，逐笔审查的费用高。发放贷款的银行辨别各个应收账款账户的信用情况非常困难，为避免逐笔审查应收账款的成本，只能注意应收账款的总额，但贷款的金额占应收账款账面价值的百分比较低，一般只有50%左右。这种抵押贷款称为非选择性抵押贷款。

在应收账款抵押贷款中，贷款人对应收账款拥有所有权，而且还拥有对借款人的追索权。这意味着如果借款人的某个购货人没有付款，损失由借款人承担，也就是说，用于抵押的应收账款的坏账损失由借款人承担。借款人收回的应收账款立即交给贷款人，贷款余额就是贷款额减已收回的应收账款。

② 存货抵押贷款。流动资产中的存货也可成为企业贷款的抵押品，从银行获得短期贷款。用作抵押品的存货必须容易辨认，有明确的名称、可描述的特性和外形，有稳定的存在形态和耐用性，还要有一般商品的市场性（即可迅速在市场上卖出而收回现金）。由于抵押品的特点，贷款合同中对抵押品有详细的说明，合同中还规定借款人必须负担包括抵押品的安全和保险费在内的一切安全保管费。贷款的利率的高低与抵押品的市场性有关，容易在市场上出卖而收回现金的抵押品，利率会低一些。贷款额一般是抵押品账面值的百分比。

相关链接

负债融资的风险

20世纪90年代，在全球化、国际化的激烈竞争压力下，奇迹般持续增长的日本经济进入了长达十一年的停滞不前时期。曾打算将总部迁往上海的日本八佰伴集团于1997年宣布破产，创日本战后零售业最大破产案，之后大型连锁百货崇光接踵倒闭；曾经作为分销万科B股的日本四大证券公司之一的山一证券也破产了；曾经同万科一起投资天津假日酒店的日本微笑堂也因经营不善被银行接管。日本经济和日本的企业确实出了问题。此消彼长，以中国为首的亚洲各国经济在90年代急起直追。反思日本大企业盛极而衰的原因，其中一个主要原因就是不惜大量举债的急于扩张，受日本不景气的拖累而倒闭。

2001年，美国第三大零售商凯玛特（Kmart）负债达102亿美元，走到了绝境。凯玛特股票一路狂跌，跌出了500强的行列。2002年1月22日，凯玛特百货公司申请破产保护，从而成为美国历史上根据破产法第11章提出破产保护的最大零售商。凯玛特在一份声明中称，它已经得到摩根大通、波士顿金融公司和通用电气等多家潜在债主20亿美元的资金援助。从而不至于重蹈日本八佰伴一败涂地的覆辙，仍可继续经营它的2 114家连锁店，但后续工作将是全面重组。无论重组结果如何，与凯玛特有关的供应商、银行和分销商都不可避免地面临凯玛特的巨额债务牵连。

7.2.6 短期债务融资策略

1. 短期债务融资组合策略

公司的生产经营规模不是一成不变的。就整体而言，形成变动的原因主要有季节性循环和经济周期两个方面。在经营旺季，厂商会迅速扩大经营规模，对短期资金的需求上升；在经营淡季，厂商对短期资本的需求会下降。此外，当经济进入高涨期时，所有行业均提高营运资本量；当经济进入萧条期时，短期资本需求也随之缩小。

无论公司经营规模怎样波动，对短期资本的需求仍然有一个基本稳定不变的量，这是保证公司正常经营的最低需要量。因此，从生产经营的角度看，公司对短期资本的需求有稳定性与波动性两个特征。根据公司短期资本需求的特征，在短期债务融资管理的原则上，可以有稳健型、激进型和折中型三种类型。

公司的流动资产一般分为临时性资产（波动性流动资产）和永久性资产两部分。前者是指由于季节性或临时性原因占用的流动资产，如销售旺季增加的应收账款和存货等；后者是指用于满足公司长期稳定需要的流动资产，如保险储备中的存货或现金等。与此相对应，公司的资本需求也分为临时性资本需求和永久性资本需求两部分。前者一般是通过短期债务融资满足公司临时性流动资产需要，后者一般是通过长期融资满足公司永久性流动资产和固定资产需要。

(1) 稳健型融资策略

这是一种较为谨慎的融资策略，如图7-1所示。图中虚线在永久性流动资产线以上，这表明公司的长期资本不但能满足永久性资产的资本需求，而且还能满足部分短期或临时性流动资产的资本需求。长期资本来源超出永久性资产需求部分，通常以可迅速变现的有价证券形式存在，当临时性流动资产需求处于低谷时，这部分证券可获得部分短期投资收益；当临时性流动资产需求处于高峰时，则将其转换为现金。

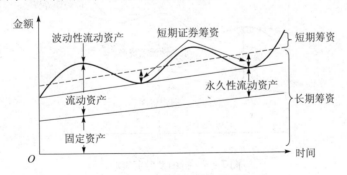

图7-1 稳健型融资策略

稳健型策略的主要目的是规避风险。采取这一策略，公司短期负债比例相对较低，其优点是可增强公司的偿债能力，降低利率变动风险。但这种策略可使公司的资本成本增加，利润减少；如用股权资本代替负债，还会丧失财务杠杆利益，降低股东的收益率。这种策略通常适合于长期资本闲置，但又找不到更好的投资机会的公司。

(2) 激进型融资策略

这是一种扩张型融资策略，如图7-2所示。图中虚线在永久性流动资产以下，这表明公司长期资本不能满足永久性资产的资本需求,要依赖短期负债来弥补。激进型融资策略的主要目的是追求高利润。但采取这种策略,一方面降低了公司的流动比率,加大了偿债风险;另一方面短期负债融资利率的多变性又增加了公司盈利的不确定性。因此短期负债的低成本所带来的收益将被这些高风险所抵销。这种策略一般适合于长期资本来源不足,或短期负债成本较低的公司。

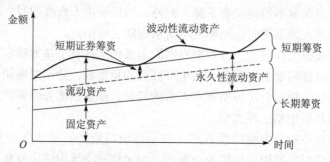

图7-2 激进型融资策略

(3) 折中型融资策略

这是一种介于上述两者之间的融资策略,如图7-3所示。图中虚线刚好与永久性流动资产线相重合,这表明公司的长期资本正好满足永久性资产的资本需求,而临时性流动资产的资本需求则全部由短期负债融资解决。这种策略的风险介于稳健型和激进型策略之间。这种策略要求公司负债的到期结构与公司资产的寿命周期相匹配,这样一方面可以减少公司到期不能偿债的风险;另一方面可以减少公司闲置资本占用量,提高资本的利用效率。这种策略是一种理想的融资策略,在现实经济活动中往往难以实现。

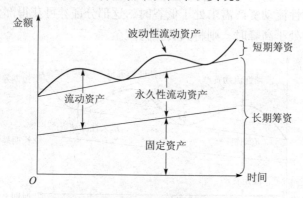

图7-3 折中型融资策略

例7-5 某公司目前正在考虑三种流动资产投资与融资策略。
A. 稳健型策略:流动资产投资600万元,短期负债融资300万元。
B. 折中型策略:流动资产投资500万元,短期负债融资400万元。
C. 激进型策略:流动资产投资400万元,短期负债融资500万元。
三种不同策略风险与收益情况如表7-1所示:

表7-1 营运资本组合策略　　　　　　　　　　　　　　　　单位：万元

项目	A（稳健）	B（折中）	C（激进）
流动资产	600	500	400
固定资产	800	800	800
资产总额	1 400	1 300	1 200
流动负债（6%）	300	400	500
长期负债（8%）	350	300	250
负债总额	650	700	750
股东权益	750	600	500
负债与股东权益总额	1 400	1 300	1 250
预期息税前利润	200	200	200
利息费用			
短期负债	18	24	30
长期负债	28	24	20
税前利润	154	152	150
所得税（30%）	46.2	45.6	45
税后利润	107.8	106.4	105
净资产收益率	14.40%	17.73%	21%
净营运资本	300	100	-100
流动比率	2.0	1.25	0.8

从表7-1中可知，激进型策略的股东权益利润率为21%，流动比率为0.8，其特点是收益高，风险大；稳健型策略的股东权益利润率为14.40%，但流动比率为2.0，其特点是收益小，风险也小，短期偿债能力有保证；折中型策略的收益和风险介于两者之间。

上述各种策略孰优孰劣，并无绝对标准，公司应结合自身的实际情况，灵活运用这些策略。在选择组合策略时，还应注意以下几个原则。

第一，资产与债务偿还期相匹配。如在销售旺季，库存资产增加所需要的资本，一般应以短期银行借款来解决；而在销售淡季，库存减少，释放出的现金即可用于归还银行借款。如果采用长期资本，在销售淡季就会出现资本闲置，即使投资于有价证券，其收益相对也较低。相反，如果固定资产投资以短期银行借款融资，则无法用该项投资产生的现金流入量还本付息。按照资产与债务偿还期匹配的原则，公司应采用长期资本来源用于固定资产投资。因为不论公司的盈利能力如何，如果没有足够的现金支付到期债务或当前费用，公司就会陷入财务危机。

第二，净营运资本要以长期资本来源来解决。长期资本用于短期投资，综合资本收益性将有所下降。

第三，保留一定的留存收益，这样可使公司在需要时能够更方便地使用资本。保留一定的留存收益并非一定意味着公司实际上拥有一部分现金节余，它还包括公司的借贷能力，即公司保留一部分向银行借款的能力不用，在必要时用这部分能力随时从银行取得借款。但这一原则容易造成资本使用效率低下，导致某种机会成本的损失，因此，公司应在资本使用便捷性和资本使用效率性之间寻找一个合适的均衡点。

2. 短期债务融资各项目之间的组合策略

短期债务融资本身也是由各种不同项目所组成的，如短期银行借款、应付账款、应付票据及由于法规和结算上的原因形成的其他应付款项。短期债务融资不同项目的资本成本和偿还期限是不一样的，它们对风险与收益的影响也各有差异。相对来说，短期银行借款的基本特征是低风险、高成本，当公司由于某种原因短期偿债能力下降时，银行一般不会立即诉诸法律，而是采取提高利率的方法来制约公司。应付账款融资一般则是低成本、高风险，当公司不能按期付款时，债权人有可能会诉诸法律；如能按期付款，其成本比较小，甚至没有成本。由于法律和结算原因形成的各种应付税金、应付工资、应计费用属于"自然融资"方式，对于这种负债，公司一般只是加以合理利用。短期负债各项目的组合策略主要是根据生产经营的规律性，合理安排短期银行借款、应付账款、应付票据的借款期限、还款期限和支用期限，即按不同的偿还期限筹措各种短期资本来源，以保证既能满足生产经营需要，又能及时清偿各种到期债务。

相关链接

南京 VS 上海：正规金融对阵民间借贷

20世纪90年代中期以来，融资难成为制约民营企业发展的主要"瓶颈"。近年来，金融管理部门、各级政府不断出台支持民企融资的政策，民企融资结构和融资风险有没有相应的变化？中央财经大学国家社科基金项目课题组于2006年1～3月，对民营经济和金融服务体系相对发达的南京市和上海市开展调查。本次调查共涉及民企359家，其中南京172家，上海187家。

在南京市六合区经济技术开发区经营建筑型材的黎先生，已经是拥有近千万元资产的民营企业家，日常资金周转至少要200万元。然而黎先生的资金基本上是通过员工存款和金融担保中介直接借贷筹措的。上海的朱老板以承包建筑工程发家，眼下正在收购中小型专科医院，他的资金则主要靠老板俱乐部的关系链相互折借，利率以民间借贷利率水平为参照。与黎先生不同的是，朱老板偶尔也从正规的银行取得贷款，因为他有足够的资产可以做抵押。

黎先生和朱老板的情况，充分代表了本次调查中宁沪两地民企的融资现状。调查中所涉及的359家民企中，制造业、服务业、零售及批发业所占的比重较大。其中，南京民企从事制造业的比重最高，上海民企从事零售及批发业的比重最高。由于本项调查采取随机抽样的方式进行，所以我们认为，样本企业的行业结构能够反映出南京、上海两市的行业特征。这也从一个侧面反映出我国沿海经济发达地区民营企业的竞争行业结构。

宁沪两地，民企已经成为经济发展的重要力量。但是，典型的二元融资结构使企业融资成本偏高，负担较重。南京民企的非正规融资比重超过正规融资，并能在效率、成本方面适应民企特点，支撑民企发展。相对而言，上海民企主要通过正规金融机构融资，非正规融资的规模较小。上海正规金融机构的服务效率高于南京，借贷成本也低于南京。

出现在南京的抵押担保金融服务中介，实际上是一种服务于民企融资的创新组织，这类机构成为民企和正规金融机构之间的桥梁。但由于利益的驱动，金融担保中介似乎正在转变为正规金融机构贷款的转贷组织，甚至直接开展贷款发放，其中隐含着较大的信用风险。

与上海相比，南京市的正规金融机构在服务效率方面较低，企业获得贷款的时间成本、隐形关系成本较高，民企申请贷款的意愿不强。提升服务效率、增强竞争意识，是正规金融机构在为民企提供服务方面需要改进之处。不难判断，随着民企的发展，金融服务市场份额扩大，如果正规金融服务没有显著改善，非正规金融的市场规模有可能超过正规金融规模。

（作者：李建军、赵炜，中央财经大学金融学院）

7.3 长期债务融资

长期债务融资是企业债务融资的重要组成部分，主要包括长期借款融资、长期债券融资和租赁融资等形式。

7.3.1 长期借款融资

长期借款是指企业向银行或其他金融机构借入的期限超过 1 年的借款。目前，我国金融机构提供的长期借款主要用于企业固定资产投资及更新改造、科技开发和新产品试制。

1. 长期借款的条件

我国金融部门对企业发放贷款的原则是：按计划发放、择优扶持、有物资保证、按期归还。企业申请贷款应具备一定的条件，具体包括：

① 独立核算，自负盈亏，有法人资格；
② 经营方向和业务范围符合国家产业政策，借款用途属于银行贷款办法规定的范围；
③ 借款企业具有一定的物质和财产保证，担保单位具有相应的经济实力；
④ 具有偿还贷款的能力；
⑤ 财务管理和经济核算制度健全，资本使用效益及企业经济效益良好；
⑥ 在银行设有账户，办理结算。

具备上述条件的企业要取得贷款，首先要向银行提出申请，陈述借款原因与金额、用款的时间与计划、还款期限与计划。银行根据企业的借款申请，针对企业的财务状况、信用等级、盈利的稳定性、发展前景、借款投资项目的可行性等进行审查。银行审查同意贷之后，再与借款企业进一步协商贷款的具体条件，明确借款种类、借款用途、借款金额和期限、借款利率和利息、提款条件、提款安排、还款资本来源及还款、担保、双方的权利和义务、违约责任等，并以借款合同的形式将其法律化。借款合同生效之后，企业便可取得借款。

2. 长期借款的利率

长期借款利率大小取决于金融市场的供求状况、借款期限、抵押品的流动性及企业的信誉等因素。长期借款利率通常分为固定利率和变动利率。

① 固定利率。固定利率是指借贷双方找出一家风险类似于借款企业的其他企业，再以这家企业发行的期限与长期借款期限相同的债券的利率作为参考，确定长期借款利率，利率一经确定，不得随意改变。只有当借款企业预测将来的市场利率会不断攀升，才与银行签订固定利率合同，否则就应签订变动利率合同。

② 变动利率。变动利率是指长期借款在借款期限内,利率可以根据具体情况进行调整,一般根据金融市场的行情每半年或一年调整一次,或者在贷款协议中规定根据金融市场的变动情况随时调整,借款企业尚未偿还的本金则按调整后的利率计算利息。在一个自由的资本市场中,无论固定利率还是变动利率都存在风险。

目前,我国企业的长期借款多采用变动利率,即在中国人民银行制定的贷款基准利率基础上,各金融机构按照中国人民银行规定的贷款利率浮动区间,通过对借款企业的信用状况、还款能力、发展前景等各方面的分析与借款企业协商确定借款利率。

3. 长期借款保护性条款

由于长期借款的期限长、风险大,所以金融机构在向企业提供长期借款时,通常在借款合同中附有各种旨在保障贷款安全的保护性条款。这些保护性合同条款主要有标准条款、限制性条款、违约惩罚条款等。

(1) 长期借款合同中的标准条款

它通常包括:① 定期向银行提供财务报表;② 如期缴纳税金和清偿其他债务;③ 保持企业正常的生产经营能力等。

(2) 限制性条款

它通常要求企业保持一定的财务状况和管理结构,对企业的融资、投资活动都有一定的限制,其中包括:① 企业必须持有一定的现金及流动资产,并规定一个最低的流动比率;② 限制企业的现金股利支出、工资支出和股票回购;③ 限制企业的资本支出规模和固定资产的清理;④ 限制企业负债的增加,除非经银行同意,借款企业不得再借入长期借款;⑤ 要求借款专款专用;⑥ 要求在借款期限内不得更换主要领导人等。

(3) 违约惩罚条款

它是在借款合同中规定,企业如果违反标准条款或限制性条款,金融机构将按条款对企业进行惩罚,如拒绝进一步合作,将不提供新的贷款或提前收回贷款。

保护性条款的订立,有助于保证企业按时足额地偿还贷款,但也会限制企业的资本运用,因此作为借款企业的财务人员,应预先考虑各种条款对企业经营所可能产生的影响,在与金融机构的谈判中,努力争取最为宽松的契约条款,以利于企业的生产经营。

4. 长期借款的偿还

企业在与银行签订借款合同时,银行往往规定了贷款利率、贷款期限和偿还方式,借款企业接受这些条件后方可得到借款。有的银行或金融机构只规定贷款利率、期限,偿还方式可由企业自己选择。这时企业应考虑借款的总额及利息、还款来源、现金流量安排等,从而选择恰当的偿还方式。下面举例说明几种不同偿还方式的计算与分析。

(1) 到期一次还本付息

按这种偿债方式偿还债务,借款企业平时不需还债,本息一并在债务到期时支付,因此到期时的偿债压力较大。

例 7-6 某公司向某商业银行贷款 1 000 万元,该笔贷款利率为 10%,期限为 5 年。按到期一次还本付息,则到期时企业偿付的总金额为:

$$1\,000 \times (1 + 10\%)^5 = 1\,610.5\ (万元)$$

(2) 定期付息,到期一次还本

这种融资方式要求企业每年支付利息,到期时只偿付本金,与到期一次还本付息相比,到期的偿债压力有所减轻。仍按上例，则企业整个债务期间每年支付利息 100 万元，到期偿还本金 1 000 万元。偿付的总金额为：

$$1\ 000 \times (1 + 10\% \times 5) = 1\ 500\ (万元)$$

（3）定期等额偿还本利和

定期等额偿还本利和是指在贷款期间内连本带息都按相等金额分期偿还。以这种方式偿债，将债务本息均匀地分摊到各期，使到期支付压力减小。

例 7-7 仍按例 7-6，如果企业与银行协商确定按年度定期等额偿还贷款本息，那么，每年偿还贷款本息金额为：

$$每年偿还额 = 1\ 000 \div (P/A, 10\%, 5) = 263.8\ (万元)$$

据此，企业编制贷款偿还计划表，如表 7-2 所示。

表 7-2　定期等额偿还贷款本息计划表

贷款银行：某商业银行　　　贷款金额：1 000 万元　　　期限：5 年　　　单位：万元

年 份 (t)	年偿还额 (A_t)	利息支付额 ($B_t = D_t i$)	本金偿还 ($C_t = A_t - B_t$)	本金剩余 ($D_t = D_{t-1} - C_t$)
0				1 000.00
1	263.8	100.00	163.80	836.20
2	263.8	83.62	180.18	656.02
3	263.8	65.60	198.20	457.82
4	263.8	45.78	218.02	239.80
5	263.8	23.98	239.80	0.00
合 计	1 319.0	318.98	1 000.00	—

在实践中，为了与企业现金流量相匹配，企业可以采用多种偿还方式，也可以将几种偿还方式结合起来灵活运用，但很少完全采用到期一次还本付息或定期等额偿还本利的还款方式。这是因为，企业的长期借款一般都用于长期项目投资上，项目投资是否能按期还款，并不像一般人认为的，只要项目好，有利润，还款就不成问题。作为投资的长期借款，投入项目建设后，资本状态发生了变化，货币资本转变为一种生产能力，变现能力弱化了，因此只有通过一个较长的生产经营过程才能逐步收回。由于用于还款的主要资本来源——净利润、折旧费、摊销费也是随着生产经营过程逐步实现的，且在项目的投产期、达产期和衰退期三个不同阶段的实现金额是不一致的，所以归还借款时，企业应根据项目的投产期、达产期情况确定在一个较长期限内按月、按季不等额分期还款计划。

5. 长期借款的利与弊

长期借款的优点主要表现在以下几个方面。

① 融资速度快。与发行股票、债券相比，长期借款的程序相对简单，不需像发行证券那样经历申报、审批、印刷、发行等环节，因而花费时间较短，企业可以较快地获得所需要的资本。

② 融资成本较低。长期借款的利息在税前支付，减少了企业实际负担的利息费用，因此融资成本比股票融资低得多。与债券融资相比，长期借款的利率通常低于债券利率，而且取得长期借款没有大量的发行费用，融资的取得成本较低。

③ 借款弹性较大。在借款之前，企业与银行直接接触，协商确定借款的数额、期限、利率、偿还方式等事项。在借款期间，如果企业财务状况发生某些变化，也可以与银行再协商，变更借款数额、期限等条件，借款到期后，企业如果有正当理由，还可延期归还。因此，长期借款对企业来说有较大的灵活性。

④ 可以发挥财务杠杆作用。企业借入长期借款后，当企业的资本利润率高于债券的利息率时，可产生财务杠杆作用，增加普通股股东的收益。

长期借款的缺点主要表现在以下几个方面。

① 财务风险较高。长期借款通常有固定的利息费用和固定的偿付期限。当企业经营不利、财务困难的时候，固定的利息支出无疑加重了企业的负担，甚至可能使企业无法偿付到期债务，引起破产。

② 限制条件较多。银行为了保护自身的利益，因此在与企业签订的借款合同中通常附加了许多限制性的条款。这些条款限制了企业对借入资本的灵活运用，并在一定程度上影响了企业的再融资能力。

③ 融资数量有限。由于长期借款只是向某家或某几家金融机构融资而不是向社会融资，所以很难像发行股票或债券那样筹集大量的资本。

相关链接

三峡工程项目融资

三峡工程是中国跨世纪的一项巨大工程，到 2009 年三峡工程全部建成时，所需资金共计人民币 2 039 亿元。从第一期工程计划看，原定需求量为 311 亿元。实际上 1997 年需要 78 亿元投资，再加上以前几年的投入，完成第一阶段工程只用了 269 亿元，比原来降低了 40 亿元。这其中的原因主要是这几年国家物价指数得到了很大的控制。

三峡工程资金管理与筹措采用了动态管理的方式。由于三峡工程耗资巨大，当局采取了对未来资金流动进行测定的方法，对资金需求实行动态管理。三峡工程静态投资按 1993 年国内价格水平总额为 900 亿元。工程的动态投资，考虑到物价指数影响、贷款银行利息等，到 2005 年为 1 468 亿元。2003 年三峡电厂发电，2005 年三峡电站装机 10 台，当年发电收入加上三峡基金和葛洲坝电厂利润，可满足工程移民资金需求并出现盈余。

从 2006 年开始，三峡工程有能力逐步偿还银行贷款。到 2009 年三峡工程全部建成，共需要动态资金 2 039 亿元。三峡工程资金筹措主要由以下几个部分组成：国家出台的三峡建设基金，即在全国销售电中每度电提电价的专用资金，1993 年每度电增加 3 厘钱，1994 年每度电增加 4 厘钱，1996 年 2 月 10 日起部分地区每度电增加 7 厘钱。这部分资金随着全国电量增加而增长，估计建设期 17 年共可获得 1 000 亿元；已经划归三峡总公司的葛洲坝电厂，在原上网电价 4.2 分的基础上再涨 4 厘钱，17 年可获得 100 亿元；三峡工程 2003 年开始自身发电的收入也投入三峡工程建设，2003～2009 年可得发电收益 450 亿元。以上三项共计 1 550 亿元，可视为国家投资资本金，在建设期无须付利息。国家开发银行从 1994～2003 年连续 10 年投资贷款 30 亿元，共计 300 亿元，这部分资金每年需支付利息；国内发行企业债券，经国家计委、财政部批准，1996 年度发行债券 10 亿元，以后根据工程需要，在国家总盘子内继续发行企业债券；进口部分国内无法生产的机电设备，利用出口信贷及部分商业贷款来弥补部分资金不足；通过其他融资方式筹措资金。

（资料来源：财务管理学案例与训练. 上海：立信会计出版社，2004.）

7.3.2 企业债券融资

债券是债务人为筹集资本而发行的、约定在一定期限内还本付息并反映债权债务关系的一种有价证券。债券按发行主体不同，分为政府债券、金融债券和企业债券，如果是股份制企业发行的债券则称为公司债券。下面主要讨论有关企业债券（以下所称债券，如果没有特别说明，都是指企业债券）融资的相关问题。

1. 企业债券的种类

企业债券的种类很多，按照不同标准有不同的分类（参见 5.2.2 节）。

2. 债券的发行

（1）债券的发行资格与条件

在我国，按《公司法》规定，只有股份有限公司、国有独资公司和两个以上的国有企业或者两个以上的国有投资主体投资设立的有限责任公司，才具有发行债券的资格。根据我国《公司法》的规定，有发行债券资格的企业要发行债券还必须具备以下条件：

① 股份有限公司的净资产额不低于人民币 3 000 万元，有限责任公司的净资产额不低于人民币 6 000 万元；

② 累计债券总额不超过公司净资产的 40%；

③ 最近 3 年平均可分配利润足以支付公司债券 1 年的利息；

④ 筹集的资本投向符合国家产业政策；

⑤ 债券的利率不得超过国务院限定的利率水平；

⑥ 国务院规定的其他条件。

此外，发行公司债券所筹集的资本，必须按审批机关批准的用途使用，不得用于弥补亏损和非生产支出，否则会损害债权人的利益。

发行公司发生下列情形之一的，不得再次发行公司债券：① 前一次发行的债券尚未募足的；② 对已发行的公司债券或者其债务有违约或者延迟支付本息的事实，而且仍处于继续状态的。

（2）债券的发行程序

企业发行债券的基本程序如下所述。

① 作出发行债券的决议。企业发行债券要由董事会制订方案，股东会作出决议。在决议中应明确企业发行债券的总额、利率、票面金额、发行价格、募集办法、偿还日期及方式等内容。

② 提出发行债券的申请。在我国，企业发行债券应当按规定程序报请证券发行的主管机关国务院证券管理部门批准。办理申请时应提交企业登记证明、企业章程、企业债券募集办法、资产评估报告和验资报告。

③ 公告债券募集办法。企业发行债券的申请经批准后，应当向社会公告债券募集办法。企业债券募集办法中应当载明本次发行债券总额、债券面额、票面利率、还本付息的期限与

方式、债券发行的起止日期、公司净资产额、已发行而未到期的公司债券总额、债券的承销机构等事项。公司若发行可转换债券，还应在债券募集办法中规定具体的转换办法。

④ 委托证券机构发售。企业债券的发行方式一般包括私募发行和公募发行两种。我国《企业债券管理条例》（1993年8月2日国务院发布）规定，企业发行债券，应当由证券经营机构承销，并须通过公开发行的形式进行。承销方式有代销和包销两种。

⑤ 发售债券，收缴款项，登记债券存根簿。企业发行债券，由证券承销机构发售时，债券购买人直接向承销机构付款，承销机构代理收取债券款，交付债券；然后，承销机构向企业汇缴债券款并结算代理费及从企业预收的债券。企业发行的债券，还应在置备的企业债券存根簿登记。

（3）债券的发行价格

债券的发行价格是发行公司（或其承销机构）发行债券时所使用的价格，即债券原始投资者购入债券时应支付的市场价格。债券发行价格是由债券的面值和债券年利息按发行当时的市场利率折算后的现值之和决定的（参见第5章相关内容）。在实务中，按上述方法计算的债券发行价格只是债券实际发行的参考价格。至于实际发行价格如何，还要结合发行企业的信用等级、对资本的需求状况和对市场利率变动趋势的预测等因素，确定出对企业最有利的发行价格。企业债券发行价格制定得是否适当，是保证债券成功发行的关键。

（4）债券的信用评级

由于企业发行的债券品种繁多，信誉优劣各异，所以投资者希望有专门的机构对债券的质量高低进行评价。参见第5章相关内容："债券的信用评级"。我国的债券评级工作正处于起步阶段，还没有统一的债券等级标准和系统的评级制度。如果企业须向社会公开发行债券，则按中国人民银行的有关规定，由中国人民银行及其授权的分行指定资信评级机构进行信用评级。目前，我国已发行债券的信用等级都为AAA，并且都有信誉卓著的第三者提供担保。

相关链接

标准普尔再次调低美国通用汽车债信等级

由于对通用汽车公司重振北美业务的能力日渐担忧，美国权威信用评级机构标准普尔2005年12月12日再次调低该公司债信等级，由BB-降为B。

目前国际三大权威信用评级机构给通用汽车的债信等级均为"垃圾级"。穆迪的评级为B1，惠誉的评级为B+。这意味着这家公司面临着较高的借贷成本。标准普尔分析师罗伯特·舒尔茨表示，虽然通用改善了服务，但今年它在北美的市场份额受到明显挤压，与2004年和今年（2005）初的预测相比，其财务表现"一塌糊涂"。

通用汽车公司目前处境困难，雇员和原材料成本居高不下，而油价高涨使其北美市场的主打产品SUV销售疲软。今年以来，通用的亏损已达40亿美元。标准普尔警告说如果这一趋势继续下去，这家全球最大的汽车制造商就有必要债务重组。

3. 债券融资的利与弊

债券融资的优点主要表现在以下几个方面。

① 资本成本低于普通股。债券的利息通常低于普通股的股息,而且利息费用可在税前收益中支付,起到抵减所得税的作用,因此债券的资本成本低于普通股的资本成本。

② 可产生财务杠杆作用。债券利息按固定的面值和利率计算,利息支出的数额是固定的,当企业的投资收益率高于债券利息率时,与长期借款一样,可产生财务杠杆作用,增加股东收益。

③ 保障股东的控制权。债券持有者只从企业获取固定的利息收入,无权参与企业的经营管理,因此不会影响股东对企业的控制权。

债券融资的缺点主要表现在以下几个方面。

① 增加企业的财务风险。债券有明确的到期日,且利息必须按期支付,当企业的经营状况较差时,易使企业陷于财务困境,甚至成为企业破产的"加速器"。

② 限制条件较多。发行债券的契约书中往往附加了一些限制性条款,影响企业资本调度的灵活性。

相关链接

和记黄埔:成功发行 20 亿美元全球债券

1997 年 7 月 24 日,香港最大上市公司之一的和记黄埔亮相国际债券市场,成功地发行了 20 亿美元全球债券。这是美国本土以外最大的一笔美元公司债券,也是亚洲公司首次在美元市场上发行全球债券。当时更有两重特殊背景,强化了这一债券发行的重大意义:其一,和记黄埔发债成功,发生在香港回归中国后的第三周,表明了世界各国对香港发展前途的信心;其二,和记黄埔的发债成功,发生在泰国、菲律宾、马来西亚等东南亚国家相继出现金融风波之时,所以这一融资事件对亚洲各国具有特殊的意义。

国际资本市场对于和记黄埔的名字也许并不陌生。它是香港最大的上市公司之一,也是全球前 100 家上市公司之一,其总市值逾 320 亿美元,业务范围包括地产、港务、零售、电信、基建等。这家公司的债信评级与香港特区政府相同,为 A3/A+级,是香港蓝筹股中的佼佼者。

尽管如此,走入世界最大的债券市场——美元债券市场,发行巨额美元全球债券,对于和记黄埔,进而对于香港企业界,仍然是头一遭。此次"和记黄埔行动"由美国颇负盛名的两大投行——高盛公司和美林公司担任主承销。由于举债数额较大并且面向的是全球投资者,因而将债券期限分别确定为 10 年、20 年、30 年、40 年不等。从 7 月 16 日开始,和记黄埔承销团从中国香港出发,到欧洲、北美、亚洲的八大城市进行路演推介活动。整个巡回推介中的报告会场场爆满,座无虚席。至推介路演结束,所收订单已高达 70 亿美元,大大超出了预期。视此形势,和记黄埔也将最初发债 10 亿美元的计划扩大为 20 亿美元。由于投资者反响热烈,使得此次发债定价较低,综合融资成本仅为 7.33%。这为亚洲企业的债券发行树立了一个新的标杆。"和记黄埔行动"大获成功。

"如果在 3 年前,中国公司在国外借债选择还很有限,标尺还很不明晰。不过现在几乎所有的条件已经建立起来了！"高盛公司亚洲债券部总经理柯得龙如是说。

"中国的融资渠道更粗些，因为主权标尺已经建立起来了！"美洲银行研究部的拉佳研究员也这样评价。

国际资本市场对于中国那些与基础设施相关的行业企业，例如电力、电信、交通、钢铁等，相当看重。希望相关领域中经营有方、盈利水平高、资产平衡状况良好、财务政策稳健的国有企业，接受国际债信评级，直接到国际资本市场发债融资。此前已率先亮相国际债券市场的申石化、中航国际、中信、中银、中国农业银行等大企业，正是使今后更多国内公司进入债市的基本铺垫。

7.3.3 租赁融资

租赁（Lease）是出租人（Lessor）以收取租金为条件，在契约或合同规定的期限内，将资产租让给承租人（Lessee）使用的一种经济行为。租赁业在近些年来发展得很快，据伦敦金融集团统计，近20年来，世界租赁业务发展迅速，1992—1998年，全世界租赁业务年交易额从3 233亿美元增加到4 325亿美元，增长33.7%。融资租赁在西方发达国家已是企业仅次于银行借款的第二大融资渠道。尤其在美国，租赁业特别发达，凡是可以购买到的固定资产都可以通过租赁方式取得，目前美国的租赁公司有3 000多家，美国企业生产经营中所需的全部新设备约有30%是通过租赁获得的。但是在我国，由于企业信用的缺失，租赁业发展缓慢甚至倒退，1994年我国尚有70多家租赁公司，兼营租赁业务的公司达400多家，但到了20世纪90年代末，租赁公司萎缩至十几家，而且经营困难、规模小、融资能力低，因此我国还要在政策、法律等方面加大扶持力度，以促进租赁业的发展。

1. 租赁的种类

在实际生活中，租赁的形式有很多种，根据所有权是否最终转移，通常将租赁分为经营租赁和融资租赁。

（1）经营租赁

经营租赁（Operating Lease），又称服务性租赁，是指出租人在较短的时期内向承租人出租资产，并提供保养、维修、人员培训等服务的租赁。经营性租赁的基本特点是：① 租赁期较短，通常小于租赁设备的使用寿命；② 租赁合同一般包含解约条款，在合理限制条件范围内，承租人有权在租赁期内预先通知出租人后，解除租赁合同或要求更换租赁的资产；③ 设备的维修、保养由出租人负责；④ 租赁期满或合同终止以后，租赁的财产一般归还给出租者。

（2）融资租赁

融资租赁（Financial Lease），又称资本租赁，是一种以融通资本为目的的租赁方式。在这种租赁方式下，承租人按照租赁合同可在资产的大部分使用寿命周期内，获得资产的使用权，出租人收取租金，但不提供维修、保养等服务。融资租赁的主要特点是：① 出租的资产一般由承租人提出要求，出租人融通资本，购进用户所需资产，然后再租给出租人使用；② 租赁期较长，融资租赁的租期一般要超过租赁资产寿命的75%；③ 融资租赁禁止中途解约；④ 租约期满后，按事先约定的方法处理租赁资产，包括将设备作价转让给承租人、由出租人收回、延长租期、继续租赁等；⑤ 租赁资产的维修、保养等均由承租人负责。

融资租赁包括多种方式,根据租赁所涉及的关系复杂程度,通常可以细分为直接租赁、售后租回和杠杆租赁。

① 直接租赁（Direct Lease）。它是指出租人直接将资产出租给承租人,签订合同并收取租金的一种租赁方式。这种租赁方式只涉及出租人和承租人两个当事人。直接租赁的主要出租人是制造商、财务公司、银行、独立的租赁公司等。除制造商外,其他出租人都是先向制造商或供应商买入资产,再将资产租给承租人。通常所指的融资租赁,不作特别说明时即为直接租赁。

② 售后租回。企业先将其拥有的资产卖给出租人,然后再按照特定条件将其租回使用,这种取得资产的融资方式称为售后租回（Sale and Leaseback）。从事售后租回的出租人通常包括保险公司、商业银行、专业租赁公司或投资者;而承租人则是出售资产后再将资产租回的企业。在这种租赁形式下,出售资产的企业可得到相当于资产售价的一笔资本,同时仍然可以使用资产,就如同企业贷款买进资产并以之作为贷款的抵押品一样,所以售后租回与抵押贷款非常相似。

③ 杠杆租赁。前面的两种租赁方式只涉及承租人和出租人两方当事人,而杠杆租赁（Leveraged Lease）则要涉及承租人、出租人和贷款机构三方当事人。从承租人的角度来看,按照合同规定在承租期内定期支付租金,从而获得承租期资产的使用权,因此杠杆租赁与其他租赁方式没有什么不同。但对出租人来说却不一样,他只提供租赁资产所需资本的一部分（一般为20%～40%）,其余部分则以该资产为担保向贷款机构借入款项支付。在这里出租人既是资产的出借人,同时也是贷款的借入人。出租人收取的租赁费首先用于偿还贷款机构的贷款本息,剩余部分是出租人的投资报酬。由于租赁收益通常大于借款成本,出租人借此而获得财务杠杆的好处。通常采用杠杆租赁是为了适应金额巨大的设备租赁项目。

2. 租赁融资与长期借款融资的比较

由于企业可以利用租赁融资取代常规负债,因此,企业在进行租赁分析时,最恰当的办法是将租赁融资的成本与长期借款融资的成本相比较,进而作出决策。通常的做法是,先求出在租赁融资与长期借款融资方式下每年的现金流出量,然后计算各年现金流出量的现值,最后比较两种方式下现金流出量的现值总和。下面举例说明对这两种方式的选择评价。

例 7-8 某公司打算添置一台新设备,该设备的购置成本为 1 200 000 元（包括运送与安装成本）,设备至少可以使用 5 年,5 年后其净残值约为 40 000 元。公司可以采用两种方式取得该设备。

① 银行借款购买方式。公司可以使用年利率为 10% 的 5 年期银行借款来筹措 1 200 000 元购入该设备,购入设备后,公司采用直线法计提折旧,且每年需支付 60 000 元设备维修费。

② 公司还可以采用融资租赁的方式来获得这一设备。租赁条件是:租赁费率为 8%,租赁期为 5 年,每年年末需支付的租赁费为 300 548 元,此外每年需支付维修费 60 000 元,5 年租赁期满后,公司有权以 40 000 元的价格将设备买下。假设公司所得税税率为 40%。

根据以上资料,将银行借款购买与融资租赁两种方式下的现金流出量计算列于表 7-4 和表 7-5 中。

表7-4 银行借款现金流出量现值　　　　　　　　　　　　单位：元

年　度	1	2	3	4	5
1. 借款摊销					
（1）年支付额	316 556	316 556	316 556	316 556	316 556
（2）利息费用	120 000	100 344	78 723	54 940	28 773 *
（3）本金支付	196 556	216 212	237 833	261 616	287 783
（4）年末贷款余额	1 003 444	787 232	549 399	287 783	0
2. 折旧摊销					
（5）折旧基础	1 160 000	1 160 000	1 160 000	1 160 000	1 160 000
（6）折旧费	232 000	232 000	232 000	232 000	232 000
3. 现金流出量					
（7）贷款支付额	316 556	316 556	316 556	316 556	316 556
（8）税后节约额 [（2）+（6）]×40%	140 800	132 938	124 289	114 776	104 309
（9）净现金流出量 [（7）-（8）]	175 756	183 618	192 267	201 780	212 247
（10）税后现金流出量现值 [（9）×(P/F,6%,N)]	165 808	163 420	161 427	159 830	158 612
（11）税后现金流出量总现值					809 097

*计算误差。

表7-5 租赁融资现金流出量现值　　　　　　　　　　　　单位：元

年　度	1	2	3	4	5
1. 租赁摊销					
（1）租赁费	300 548	300 548	300 548	300 548	300 548
（2）利息费用	96 000	79 636	61 963	42 876	22 265 *
（3）本金支付	204 548	220 912	238 585	257 672	278 283
（4）本金余额	995 452	774 540	535 955	278 283	0
2. 折旧摊销					
（5）折旧基础	1 160 000	1 160 000	1 160 000	1 160 000	1 160 000
（6）折旧费	232 000	232 000	232 000	232 000	232 000
（7）5年后设备残值					40 000
3. 现金流出量					
（8）租赁费	300 548	300 548	300 548	300 548	300 548
（9）税后节约额 [（2）+（6）]×40%	131 200	124 654	117 585	109 950	101 706
（10）净现金流出量 [（7）+（8）-（9）]	169 348	175 894	182 963	190 598	238 842
（11）税后现金流出量现值 [（10）×(P/F,6%,N)]	159 763	156 546	153 616	150 973	178 487
（12）税后现金流出量总现值					799 385

*计算误差。

表 7-4 显示的是在银行购买方式下的现金流出量,它分为三个部分:第一部分是运用贷款摊销表来计算每年的贷款支出及利息费用;第二部分是运用折旧摊销表来计算每年的折旧费用;第三部分将每年的贷款支付与来自利息和折旧的所得税节约相减,确定借款购买计划每年给公司带来的现金流出量,最后将其折合成现值并求和,其中利息费用的计算如下:

利息费用 = 本年年初贷款余额 × 利率

本年年初贷款余额 = 上年年末贷款余额

= 上年年初贷款余额 − 上年还款额

各年的还本额 = 各年贷款支付额 − 各年利息费用

各年贷款支付额 = 贷款总额 ÷ 年金现值系数

在本例中,各年的贷款支付额 = 1 200 000 ÷ (P/A,10%,5) = 1 200 000 ÷ 3.790 8 = 316 556(元),年初的贷款余额与利率分别为 1 200 000 元和 10%,则:

第 1 年利息费用 = 1 200 000 × 10% = 120 000(元)

第 1 年还本额 = 316 556 − 120 000 = 196 556(元)

第 2 年年初贷款余额 = 1 200 000 − 196 556 = 1 003 444(元)

第 2 年利息费用 = 1 003 444 × 10% = 100 344(元)

依次类推。

折旧费用的计算如下:

折旧基础 = 设备原值 − 净残值 = 1 200 000 − 40 000 = 1 160 000(元)

折旧费用 = 折旧基础 ÷ 使用年限 = 1 160 000 ÷ 5 = 232 000(元)

需要注意的是:① 租赁融资与长期借款融资的现金流量差异不涉及或很少涉及风险问题,因此应该用税后债务成本作为折现率计算现金流出量的现值;② 租赁设备每年的维修费在分析中可以忽略不计,因为在两个方案中都需要支付维修费,故应视为与方案决策无关的成本。

表 7-5 显示的是在融资租赁方式下的现金流出量,它也分为三个部分:第一部分是运用租赁摊销表来计算每年的租赁费支出及利息费用;第二部分是运用折旧摊销表来计算每年的折旧费用;第三部分将每年的租赁费与来自利息和折旧的所得税节约相减,但在第 5 年要加上该设备的残值,以确定融资租赁方式下每年给公司带来的现金流出量,最后将其折合成现值并求和,其中之所以要加上 5 年后设备的购买价格(即净残值),是因为公司打算 5 年后买入该设备,因此这部分也算作租赁成本。具体来看,其中利息费用的计算如下:

利息费用 = 本年年初本金余额 × 租赁费率

本年年初本金余额 = 上年年末本金余额

= 上年年初本金余额 − 上年租赁费

各年的还本额 = 各年租赁费支付额 − 各年利息费用

本例中各年的租赁费与租赁费率分别为 300 548 元与 8%,则:

第 1 年的利息费用 = 1 200 000 × 8% = 96 000(元)

第 1 年的还本额 = 300 548 − 96 000 = 204 548(元)

第 1 年末本金余额 = 1 200 000 − 204 548 = 995 452(元)

依次类推。

按规定租赁费中的利息和租赁设备的折旧费可以从应税收益中扣除,因此(9) =

[(2)+(6)]×40%。

通过表7-4与表7-5所列示的税后现金流出量总现值可以看出，采用融资租赁方式取得较银行借款方式购入可使公司节省净现金流出量，其可节省的现值为9 712元（809 097 - 799 385）。显然，在本例中，该公司采用融资租赁方式比较恰当。

相关链接

融资租赁助海南航空腾飞

从一个地方航空公司迅速发展为中国第四大航空集团，海南航空在中国民航史上创造了不少纪录，从1 000万元人民币起家，10年多里发展成为一家资产超过300亿元，集航空运输、酒店旅游、机场管理及其他相关产业为一体的大型企业集团。海航的发展多少有些传奇色彩。1990年海南航空的当家人陈峰受命组建海南航空时，手里只有海南省政府投资的1 000万元人民币，连一个飞机翅膀都买不起，他通过企业股份制改造定向募集了2.5亿元启动资金，随后采取融资租赁和经营租赁等方式先后引进4架波音737飞机，为公司发展奠定了基础。随后他带领管理层十闯华尔街，说服索罗斯，让量子基金控股的美国航空有限公司花2 500万美元购买了海南航空25%的股份，成为海航第一大股东。公司继而先后在B股、A股上市，在海外发行债券，同时向国内外银行贷款购买飞机。再下一步，公司先后控股海口美兰机场、三亚凤凰机场，重组长安、新华、山西航空公司及潍坊南苑机场、宜昌三峡机场等。目前，海航已经拥有95架飞机，建立了海口、北京、宁波、三亚等8个航空基地，航线近500条，遍布全国80多个大中城市，占据了国内支线航空70%以上的市场份额，还开通了部分东南亚城市的国际包机航线。

3. 租赁融资的利与弊

租赁融资的优点主要表现在以下几个方面。

① 能迅速获得所需资产。融资租赁是融资与融物相结合的融资方式，因此，往往比先筹措资本再购置设备速度更快，更有利于企业尽快形成生产能力，开始生产产品，及时占领市场。

② 租赁融资限制较少。租赁融资可以减少长期借款融资所附加的各种限制性条款，从而为企业融资提供了更大的弹性空间。

③ 税收效应。承租人所支付的利息部分可以在税前扣除，因此可以减少公司所得税负担。

④ 维持企业的信用能力。当企业的负债比率较高、外部融资困难时，采用租赁方式可使企业在资本不足的情况下，不用付出大量资本就能取得所需的资产。这样，既加强了企业未来的举债能力，又能维持企业现有的信用状况。

⑤ 减少固定资产陈旧过时的风险。科学技术的迅速发展，使得固定资产的更新周期不断缩短，企业固定资产陈旧过时的风险很大，利用租赁融资则可以减少这方面的风险。这是因为，如果承租人利用经营租赁的方式租入资产，在租赁期满后，资产归还出租人，这种风险完全由出资人承担；如果承租人利用融资租赁方式租入资产，租赁的期限一般为资产使用

年限的75%，因此，承租人也不会像自己购买设备那样整个期间都承担风险；而且多数租赁协议都规定由出租人承担资产陈旧过时的风险。

租赁融资的缺点主要表现在以下几方面。

① 资本成本较高，一般而言，租赁资产所付的租金要比负债融资的利息高得多，而且企业所支付的租金总额通常要高于租赁资产价值的30%。

② 承租人在财务困难时期，固定的租金也会构成一项较沉重的负担。

另外，采用租赁方式如果不能享有设备残值，也将是承租人的一种损失。

7.4 权益融资

一个公司的长期资产通常由长期资金支持，任何增加资产的行动，必须筹集新的长期资金。一般来说，筹集长期资金有两个途径，一个是借入长期负债，即长期债务融资，另一个是筹集权益资金。股份制企业权益资金的筹集包括发行普通股、优先股和内部留存收益，一般企业权益资金的筹集包括吸收直接投资和内部留存收益。其中内部留存收益将在第9章收益分配决策中介绍。

7.4.1 普通股融资

普通股是指在公司的经营管理和盈利及财产的分配上享有普通权利的股份，代表满足所有债权偿付要求及优先股股东的收益权与求偿权要求后对企业盈利和剩余财产的索取权，它构成公司资本的基础，是股票的一种基本形式。

1. 普通股融资的特征

（1）偿还期限的永久性

普通股是公司最基本的资本来源，在公司正常的生产经营期限内，投资者一般不能要求公司返还普通股股本，如果股东要抽回股本，可在证券市场上公开转让其股票，或在法律允许的范围内私下转让。只有在公司破产、解散清算时，普通股股东才有求偿权。

（2）承担责任的有限性

股东作为公司资产的所有者，要承担公司对外的所有债务。一旦公司破产倒闭，股东应承担偿还公司债务的责任，但其偿还责任仅以股东的出资额为限。

（3）股利支付的剩余性

公司在经营过程中创造的收益应首先支付到期债务本息，缴纳各种税款，提取各种公积金、公益金及支付优先股股息，完成上述分配后，剩余收益才能作为普通股股利进行分配。股利的多少取决于剩余收益的多少，无剩余收益，一般不分配股利。

（4）清算偿付的附属性

股份有限公司由于某种原因宣布清偿时，应首先偿还拖欠的职工工资、政府税款和其他公司债权人的债务等。只有在债权人的债务分别清偿完毕后，法律才允许公司将剩余财产（如果有的话）变卖以偿还普通股股东的股本。

（5）融资风险的有限性

普通股融资风险与债务融资风险不同，它并不表现为偿付本息（股利）的压力，而是来自于普通股股权结构的合理与否，因此，与债务融资相比普通股融资风险相对有限。

2. 普通股的发行

(1) 股票发行的条件

按照 2006 年 4 月 26 日中国证券监督管理委员会审议通过，自 2006 年 5 月 8 日起施行的《上市公司证券发行管理办法》规定，股票发行的条件为：① 上市公司的组织机构健全、运行良好；② 上市公司的盈利能力具有可持续性；③ 上市公司的财务状况良好；④ 上市公司最近三十六个月内财务会计文件无虚假记载，且不存在重大违法行为；⑤ 上市公司募集资金的数额和使用应当符合规定；⑥ 上市公司存在下列情形之一的，不得公开发行证券：a. 本次发行申请文件有虚假记载、误导性陈述或重大遗漏；b. 擅自改变前次公开发行证券募集资金的用途而未作纠正；c. 上市公司最近十二个月内受过证券交易所的公开谴责；d. 上市公司及其控股股东或实际控制人最近十二个月内存在未履行向投资者作出的公开承诺的行为；e. 上市公司或其现任董事、高级管理人员因涉嫌犯罪被司法机关立案侦查或涉嫌违法违规被中国证监会立案调查；f. 严重损害投资者的合法权益和社会公共利益的其他情形。

向原股东配售股份（简称"配股"），除符合上述规定外，还应当符合下列规定：① 拟配售股份数量不超过本次配售股份前股本总额的百分之三十；② 控股股东应当在股东大会召开前公开承诺认配股份的数量；③ 采用证券法规定的代销方式发行。

向不特定对象公开募集股份（简称"增发"），除符合前述规定外，还应当符合下列规定：① 最近三个会计年度加权平均净资产收益率平均不低于百分之六。扣除非经常性损益后的净利润与扣除前的净利润相比，以低者作为加权平均净资产收益率的计算依据；② 除金融类企业外，最近一期末不存在持有金额较大的交易性金融资产和可供出售的金融资产、借予他人款项、委托理财等财务性投资的情形；③ 发行价格应不低于公告招股意向书前二十个交易日公司股票均价或前一个交易日的均价。

(2) 股票发行的程序

股份有限公司设立时发行股票与增资发行新股的程序有所不同。股份有限公司在设立时发行股票的程序是：① 提出募集股份申请；② 公告招股说明书，制作认股书，签订承销协议和代收款协议；③ 招认股份，缴纳股款；④ 召开创立大会，选举董事会、监事会；⑤ 办理设立登记，交割股票。

股份有限公司增资发行新股的程序是：① 股东大会作出发行新股的决议；② 由董事会向国务院授权的部门或省级人民政府申请并经批准；③ 公告新股招股说明书和财务会计报表及附属明细表，与证券经营机构签订承销合同，定向募集时向新股认购人发出认购公告或通知；④ 招认股份，缴纳股款；⑤ 改组董事会、监事会，办理变更登记并向社会公告。

(3) 股票发行的方式

我国的新股发行方式经历了一个不断探索的过程，1991 年和 1992 年采用限量发售认购证方式，1993 年开始采用无限量发售认购证方式及与储蓄存款挂钩方式，此后又采用全额预缴款、上网竞价、上网定价等方式。在总结经验教训的基础上，中国证监会规定目前国内新股的发行方式主要采用上网定价发行，全额预缴、比例配售，以及上网发行和对法人配售相结合这三种方式。

① 上网定价发行。上网定价发行是指主承销商利用证券交易所的交易系统，由主承销商作为股票唯一的"卖方"，投资者在指定的时间内，按现行委托买入股票的方式进行股票

申购的股票发行方式。由于上网定价发行具有高速、安全和低成本等特点，它已成为我国企业公开发行股票的主要方式。

② 全额预缴、比例配售。全额预缴、比例配售是指投资者在规定的申购时间内，将全额申购款存入主承销商在收款银行设立的专户中，申购结束后全部冻结，在对到账资金进行验资和确定有效申购后，根据股票发行量和申购总量计算配售比例，进行股票配售的发行方式。

③ 上网发行和对法人配售相结合。上网发行和对法人配售相结合的方式适合于大盘股票的发行。1999年7月28日，中国证监会发布了《关于进一步完善股票发行方式的通知》（以下称《通知》），并成功地进行了"首钢股份"等4家公司股票发行的试点。该《通知》规定，股本总额在4亿元人民币以上的公司，可采用对一般投资者上网发行和对法人配售相结合的方式发行股票。参与股票配售的法人是指除证券经营机构以外的有权买人民币普通股的法人。与发行公司有股权关系或为同一企业集团的法人不得参加配售。法人不得同时参与配售和上网申购。

采用对一般投资者上网发行和对法人配售相结合的方式发行股票，可选择的运作方式有：一是承销期开始前不确定上网发行量，先配售后上网；二是承销期开始前确定上网发行量，配售和上网分别进行。用于配售的股票，不得少于公开发行量的25%，不得多于75%。对每一配售对象的配售股份，不得超过公司发行在外的普通股总数的5%，一般不应少于50万股。配售中，申购数量大于原定配售量时，可采取比例配售、抽签等方法，并应由公证机关对其结果出具公证文书。配售结果须在原刊登招股意向书的报刊上予以公告。发行公司在配售前须向证监会出具承诺函，保证在整个配售过程中，不向参加配售的法人提供任何财务资助和补偿。参加配售的法人，其用于认购配售股票的资金来源必须符合国家有关规定，不得使用银行信贷资金或募股资金认购配售的股票，并必须使用以该法人名义开设的股票账户。

为了进一步扩大对一般投资者上网发行和对法人配售相结合发行方式的适用范围，使发行股票公司能够根据市场情况和自身条件选择适当的发行方式，2000年4月4日，中国证监会决定取消《通知》中发行后总股本在4亿元以上的公司方可采用对一般投资者上网发行和对法人配售相结合的方式发行股票的限制，发行后总股本在4亿元以下的公司亦可采用上述方式发行股票；同时取消《通知》中用于法人配售部分的股票不得少于公开发行量的25%、不得多于公开发行量的75%的限制。发行人和主承销商在充分考虑上市后该股票流动性等因素的基础上，自主确定对法人配售和对一般投资者上网发行的比例。

此外，上网竞价发行和向二级市场投资者配售也是新股发行的重要方式。

相关链接

苏宁电器增发股票再融资12亿元

2006年6月22日，苏宁电器对外披露股票增发再融资结果，公告显示：其非公开发行股票的再融资方案获得巨大成功，非公开发行的2 500万股股票已被7家基金管理公司以每股48元的价格认购完毕，再融资金额达12亿元。

而在2004年7月，历经5年左右的筹备，苏宁电器首发上市（IPO），公开发行2 500万股，融资40 825万元，苏宁电器成为国内首家在内地A股上市的家电连锁企业。目前苏宁电器总股本已达3.6亿股，以停牌前的53.87元收盘价计算，苏宁总市值已经高达194.13亿元。

苏宁电器此次增发从股东大会通过发行议案至发行结束不到一个月，从获得证监会核准至募集资金到位仅两个工作日，苏宁最终完成了一次"闪电增发"。

5月24日在苏宁电器召开的股东大会上，非公开发行股票议案高票通过；6月16日，苏宁2006年非公开发行股票的申请正式获得中国证监会核准；6月20日，苏宁电器2 500万股已被7家基金管理公司以48元认购价认购完毕。据统计，此次增发认购停牌前20个交易日收盘均价为48.88元，最后认购的48元是此均价的98.2%。目前募集资金12亿元已全部到位。

苏宁电器董秘任峻表示，此次非公开发行所取得的成功，首先基于苏宁电器的企业内在价值得到投资者的认可，另一个原因则在于发行方式的创新，5月8日实施的《上市公司证券发行管理办法》建立了上市公司非公开发行股票的制度，苏宁电器与保荐机构长江巴黎百富勤针对这一制度进行了积极的研究和探索。

有关专家认为，苏宁电器此次再融资12亿资金，将为其快速发展提供一个更加完善的资本平台，募集资金原定的使用方向——连锁店发展、物流中心和信息中心等项目将在充足的资金保障下提升苏宁电器的核心竞争力。

（资料来源：国际金融报）

3. 普通股发行价格的确定

股票发行价格是指股份公司发行股票时，将股票出售给投资者所采用的价格，也是投资者认购股票时所必须支付的价格。股票发行价格通常是股票发行者根据股票市场价格水平和其他因素综合确定的。自2003年3月我国股票发行体制由审批制转向核准制后，我国A股新股发行先后采用过市盈率定价法、竞价法及询价和竞价相结合的方法。

（1）市盈率法

市盈率定价法是根据拟发行上市公司的每股净收益和所确定的发行市盈率来决定发行价格的一种新股定价方法。其计算公式为：发行价格 = 每股净收益 × 发行市盈率。其中，每股净收益可以用每股税后利润来表示，其确定方法有两种。

① 加权平均法，即用发行前两年的每股税后利润加上发行年度的加权每股税后利润除以3。

例7-9 A股份有限公司2012年3月9日公布的招股说明书列示，该公司2010年、2011年的实际每股税后利润分别为0.66元和0.85元，2012年2月实际每股税后利润为0.18元。假设当时二级市场同类股票的市盈率为22倍，则该公司股票发行价格为：

$$[0.66 + 0.85 + (0.18 \div 2 \times 12)] \div 3 \times 22 \approx 18.99 （元）$$

② 全面摊薄法，即用发行年度预测全年税后利润除以总股本。这种方法是发行公司和主承销商根据对可比公司的分析，选择行业相同、流通股本相当、盈利能力接近的10家可比公司进行分析，根据可比上市公司最近15个交易日和最近30个交易日的平均收盘价、平均市盈率、总股本、流通股本、主营业务收入等指标确定发行价格，具体计算公式为：

$$\text{股票发行价格} = \frac{\text{发行当年预测税后利润}}{\text{发行当年加权平均股本数}} \times \text{市盈率}$$

$$= \frac{\text{发行当年预测税后利润}}{\text{发行前总股本} + \text{本次公开发行股本数} \times \frac{12 - \text{发行月份}}{12}} \times \text{市盈率}$$

例 7 – 10 假设 B 公司 2012 年 11 月 23 日以 25 倍市盈率确定发行价格，该公司 1 ~ 10 月份实际完成税后利润为 1 600 万元，预测 11 ~ 12 月税后利润为 420 万元，新股发行后总股本为 4 000 万股，则其发行价格为：(1 600 + 420) ÷ 4 000 × 25 ≈ 12.63（元）。

影响股票发行价格确定的另一个重要因素是市盈率。发行公司在确定市盈率时，应考虑所属行业的发展前景、同行业公司在股市上的表现及近期二级市场的规模、供求关系和总体走势等因素，以利于确定一个较为准确的发行市盈率。目前市场上取得共识的发行市盈率是不超过 20 倍，但因为管理层没有采取制度性规定，所以现在就制度而言发行市盈率是没有倍数限制的。

市盈率定价方式确定的发行价格不是以市场需求信息为基础的，而是在很大程度上依靠发行公司及承销商的谈判能力，虽然双方讨价还价的结果会在一定程度上反映市场状态，但价格的确定缺乏对市场需求的调查了解，往往出现定价不准确的情况。但由于这种方法确定发行价格的程序相对简单、成本较低，因此自 2000 年以来一直在我国的新股定价中广泛使用。

（2）竞价法

竞价法是由发行人先确定发行底价、发行时间和每个投资者的申购限额，投资者则在规定的时间内按不低于发行底价的价格通过交易柜台认购。申购期满，由交易所的交易系统将所有有效申购按价格优先、时间优先原则，将认购委托从高价位到低价位排列，并由高价位到低价位累计有效申购数量。累计数量恰好达到或超过本次发行数量时的价格即为本次发行价格。若在发行底价之上累计有效申购数量达不到本次发行股票的数量时，就以发行底价作为发行价格。

一般而言，竞价法主要适用于公用事业等受管制的行业，因为这些行业的收益比较稳定，现金流量容易测算，普通投资者可以比较准确地判断其投资价值。但是竞价法也存在着一个很大的问题，由于发行价格不能事先确定，发行量和募集资金总量不能同时确定，在新股需求量很大的情况下，如果事先确定发行量，则募集资金总量会大大超过计划额，容易造成资金浪费。如果事先确定募集资金总量，则发行数量会大幅减少，不利于建立有效的公司治理结构。

（3）询价和竞价相结合的方法

询价和竞价相结合的方法是指主承销商和发行人采用"预路演"的方式，进行多项资本市场调查行为，以此来确定股票发行价格的申购区间。机构投资者和散户投资者可以在该价格区间内进行竞价申购。但在实际操作中，主承销商和发行人对资本市场的调查行为进行得很不充分，我们发现几乎所有申购到新股的价格都是价格区间的上限，使价格区间失去了意义，在实质上同以前的上网定价发行没有区别。这也意味着目前通过询价确定的价格区间偏低，不能发挥竞价方式的优越性。

4. 普通股的上市

股票上市是指股份有限公司公开发行的股票经批准在证券交易所进行挂牌交易。经批准在交易所上市交易的股票称为上市股票。根据国际惯例，非公开募集发行的股票或未向证券交易所申请上市的非上市股票，应在证券交易所外的店头市场（Over the Counter Market, OTC）上流通，转让即场外交易。只有公开募集发行并经批准上市的股票才能进入证券交易所流通转让。我国《公司法》规定，股东转让其持有的股份必须在依法设立的证券交易所进行。

(1) 股票上市的目的

股份公司申请股票上市，其目的在于以下几方面。① 分散风险。股票上市之后，资本社会化，可以在更大的范围内分散风险。② 提高股票的变现力。股票上市之后，如同一般商品一样，可以在公开市场上交易，自然提高了股票的变现力。③ 便于筹集新的资本。股票上市后股票价格的波动，形成对公司业绩的一种市场评价机制，那些业绩优良、成长性好的公司的股价一直保持在较高的水平上，使公司能以较低的成本筹集大量的资本，进入资本快速、连续扩张的轨道。④ 提高公司的知名度。股票上市后，公司的有关信息就会引起各种媒体和社会公众的关注，由此造成上市公司的社会影响，提高了公司的知名度，有助于公司树立产品品牌形象，扩大市场的销售量，提高公司的业务扩张能力。⑤ 便于确定公司的价值。股票上市之后，公司的股价市场化，便于确定公司的价值。

(2) 股票上市的条件

我国《公司法》规定，股份有限公司申请股票上市，必须符合如下条件。① 股票经国务院证券管理部门批准已向社会公开发行。不允许公司在设立时直接申请股票上市。② 公司股本总额不少于人民币5 000万元。③ 开业时间在3年以上，最近3年连续盈利。如果属于国有企业依法改组而设立的股份有限公司，或者在《公司法》实施后新组建成立，其主要发起人为国有大中型企业的股份有限公司可以连续计算。④ 持有股票面值人民币1 000元以上的股东不少于1 000人，向社会公开发行的股份达到公司股份总数的25%以上；公司股本总额超过人民币4亿元的，其向社会公开发行股份的比例为15%以上。⑤ 公司在最近3年内无重大违法行为，财务会计报告无虚假记载。⑥ 国家法律、法规、规章及交易所规定的其他条件。

具备上述条件的股份有限公司经过申请，由国务院或国务院授权的证券管理部门批准，其股票方可上市。股票上市公司必须公告其上市报告，并将其申请文件存放在指定的地点供公众查阅。股票上市公司还必须定期公布其财务状况和经营情况，每个会计年度内每半年公布一次财务会计报告。

(3) 股票上市的暂停与终止

股票上市公司存在下列情形之一的，由国务院证券管理部门决定暂停其股票上市：① 公司股本总额、股权分布等发生变化，不再具备上市条件（限期内未能消除的终止其股票上市）；② 公司不按规定公开其财务状况，或者对财务报告做虚假记载（后果严重的终止其股票上市）；③ 公司有重大违法行为（后果严重的终止其股票上市）；④ 公司最近3年连续亏损（限期内未能消除的，终止其股票上市）。

当上市公司出现下列情况之一时，其股票上市可被终止：a. 上述暂停情况②、③出现时，经查实后果严重；b. 上述暂停情况①、④出现时，经查实后果严重，不具备上市条件，在证券管理部门限定的时间内未能消除暂停上市的原因；c. 公司决定解散、被行政主管部门依法责令关闭或者宣告破产的。

5. 普通股融资的利与弊

从公司角度看股票融资的优点有如下几个方面。

① 普通股票并不确定付给股东固定的收入，因此公司没有固定支付股息的义务。如果公司有盈利并且没有内部资金需求，则公司能够付给固定股息。如果公司负有债务，则按法律条款，公司必须付利息给债权人，而不管公司的经营情况和资金情况。

② 普通股票没有固定的期限，它不必像债券那样到期还本，因此没有偿债的压力。

③ 发行普通股票增加公司的权益资本，降低财务风险。

④ 如果一个公司具有良好的收益能力，且有很好的成长性，则普通股票比债券更易发行。

⑤ 适度发行普通股票是维持公司一定借债能力的财务措施。当公司出现经营问题时，通常需要筹措新的资金来渡过难关，而投资者这时是不愿向有问题的公司投资的，这时公司只有通过债务来筹措资金。公司维持一定的借债能力储备很有必要。

当然，公司发行普通股票也存在一定的不利之处，主要有以下几个方面。

① 普通股票的融资成本高于债券的融资成本。债券的利息是在所得税前支付，普通股票持有者的收益是在所得税之后，且投资普通股票的风险高于债券，投资者要求的收益率也高，因此普通股票的资本成本高。

② 出售普通股票的同时，也把选举权出售给了新股东，这时可能会发生公司控制权的转移，公司的经理要谨慎考虑，避免丧失对公司的控制权。

③ 对公司的老股东来说，发售新股票会稀释公司的每股收益。

④ 发行普通股票的发行费用比债券高。

7.4.2 优先股融资

优先股是公司权益股本之一，也是长期资金来源之一。优先股在某些方面具有债券的特征，有固定面值、定期的固定股息支付、一定的回收期等。因此，优先股有混合特征。优先股一方面要求在支付普通股股总之前支付股息，另一方面在公司无力支付优先股股息时，可以暂不支付，而避免企业的破产。（参见第5章相关内容。）

1. 优先股的特征

（1）优先权相对于普通股的特点

① 优先获得公司收益分配的权利；② 企业资产清算时，有优先获得清偿的权利。

（2）优先股面值的意义

① 企业清偿时优先股股东获得清偿的价值；② 优先股的股息通常表示为面值的百分比。如某公司发行优先股的面值是10元，优先股股息是每年5%，则优先股股东每持有1股每年可得到股息0.5元。

（3）优先股股息的分类

① 累计优先股。公司由于各种原因没有按期支付优先股股息，在向普通股股东派发股息之前，必须将累计未付优先股股东的股息优先支付。如某公司每年应向优先股股东支付股息1元，已连续3年未向优先股股东支付股息，第4年准备向全体股东派息，在向普通股股东派息之前，必须优先支付应付未付的4年累计优先股股息4元，之后才能向普通股股东派息；② 对于没有累计要求的优先股，企业没有义务支付累计未付的优先股股息。如上例的优先股没有累计特征，则在第4年派息时，公司没有义务支付前3年累计未付的优先股股息

3元,而只派发当年股息1元。

(4) 优先股股东的表决权

表决权优先股股东能按时收到股息,没有对公司事务的表决权。但是,公司在特定的时间内无法向优先股股东支付股息,则优先股股东就有一定程度的表决权。这是优先股股东的一种保护性权利。

(5) 其他特点

优先股通常是有一定期限的,是可以收回的。企业可以在某一时期按特定价格收回市场上的优先股,收回权利通常在股票发行后一定年限才行使。收回优先股的权利可以使公司解除支付优先股股东股息的义务。也有些优先股可以没有回收期,是否有回收期一般在发行优先股时给予说明。也有一些优先股在一定期限内有转换成普通股的权利。

2. 优先股融资的利与弊

(1) 企业发行优先股的好处

① 优先股与债务不同,企业可暂时不支付股息。虽然不支付股息会影响企业的形象,但并不会影响企业的融资活动。② 优先股没有到期日,优先股的收回由企业决定,企业可以在有利的情况下收回优先股,因此可提高企业财务的灵活性。③ 优先股不会稀释普通股的每股收益和表决权。④ 发行优先股使企业权益资本增加,为将来发行新的债券创造条件,从而可以提高企业进一步融资的灵活性。⑤ 发行优先股不必将资产作为抵押品或担保品。⑥ 在企业从事兼并活动时,被兼并企业的股东可能需要的是稳定的收入,而不是资本的增值,这时,优先股成为谈判中的有利工具,兼并企业可用优先股换取被兼并企业的普通股。

(2) 优先股融资的不利因素

① 发行优先股的融资成本高。优先股的融资成本高于债券,债券的利息在所得税前扣除,可以抵消所得税。而优先股的股息是所得税后支付,无法抵消所得税。从而,优先股的税后成本高于债券。② 对于扩张型企业而言,由于优先股股息支付的固定性,企业不能多留利润以满足进一步扩大再生产的需要。对这些企业而言,发行普通股更可取。尤其是在债务资本易获得时,发行普通股和债券对企业更有吸引力。

7.4.3 吸收直接投资

吸收直接投资指企业按照"共同投资、共同经营、共担风险、共享利润"的原则直接吸收国家、法人、个人投入资金的一种融资方式。吸收直接投资无须公开发行证券。吸收投资中的出资者都是企业的所有者,他们对企业具有经营管理权。企业经营状况好,盈利多,各方可按出资额的比例分享利润,但如果企业经营状况差,连年亏损,甚至被迫破产清算,则各方要在其出资的限额内按出资比例承担损失。

1. 吸收直接投资的种类

(1) 国家投资

国家投资指有权代表国家投资的部门或机构以国有资产投入企业,形成国有资本。吸收国家投资一般具有以下特点:① 产权归属国家;② 资金的运用和处置受国家约束较大;③ 在国有企业中采用比较广泛。

（2）法人投资

法人单位以其依法可以支配的资产投入企业形成法人资本。吸收法人投资一般具有以下特点：① 发生在法人单位之间；② 以参与企业利润分配为目的；③ 出资方式灵活多样。

（3）个人投资

社会个人或企业内部职工以个人合法财产投入企业形成个人资本。吸收个人投资一般具有以下特点：① 参加投资的人员较多；② 每人投资的数额较少；③ 以参与企业利润分配为目的。

2. 吸收直接投资的方式

（1）现金

以现金出资是吸收投资中一种最重要的出资方式。有了现金，便可获取其他物质资产。因此，企业应尽量动员投资者采用现金方式出资。吸收投资中所需投入现金的数额，取决于投入的实物、工业产权之外尚需多少资金来满足建厂的开支和日常周转需要。外国公司法或投资法对现金投资占资本总额的多少，一般都有规定，我国目前尚无这方面的规定，所以，需要在投资过程中由双方协商加以确定。

（2）实物

以实物出资就是投资者以厂房、建筑物、设备等固定资产和原材料、商品等流动资产所进行的投资。一般来说，企业吸收的实物应符合如下条件：① 确为企业科研、生产、经营所需；② 技术性能比较好；③ 作价公平合理。

实物出资所涉及的实物作价方法应按国家的有关规定执行。

（3）工业产权

以工业产权出资是指投资者以专有技术、商标权、专利权等无形资产所进行的投资。一般来说，企业吸收的工业产权应符合以下条件：① 能帮助研究和开发出新的高科技产品；② 能帮助生产出适销对路的高科技产品；③ 能帮助改进产品质量，提高生产效率；④ 能帮助大幅度降低各种消耗；⑤ 作价比较合理。

企业在吸收工业产权投资时应特别谨慎，进行认真的可行性研究。因为以工业产权投资实际上是把有关技术资本化了，把技术的价值固定化了。而技术具有时效性，因其不断老化而导致价值不断减少甚至完全丧失，风险较大。

（4）土地使用权

投资者也可以用土地使用权来进行投资。土地使用权是按有关法规和合同的规定使用土地的权利。企业吸收土地使用权投资应符合以下条件：① 企业科研、生产、销售活动所需要的；② 交通、地理条件比较适宜；③ 作价公平合理。

3. 吸收直接投资的程序

企业吸收其他单位的投资，一般要遵循如下程序。

（1）确定融资数量

吸收投资一般是在企业开办时所使用的一种融资方式。企业在经营过程中，如果发现自有资金不足，也可采用吸收投资的方式筹集资金，但在吸收投资之前，都必须确定所需资金的数量，以利于正确筹集所需资金。

（2）寻找投资单位

企业在吸收投资之前，需要做一些必要的宣传，以便使出资单位了解企业的经营状况和财务情况,有目的地进行投资。这将有利于企业在比较多的投资者中寻找最合适的合作伙伴。

(3) 协商投资事项

寻找到投资单位后,双方便可进行具体的协商,以便合理确定投资的数量和出资方式。在协商过程中,企业应尽量说服投资者以现金方式出资。如果投资者的确拥有较先进的适用于企业的固定资产、无形资产等,也可用实物、工业产权和土地使用权进行投资。

(4) 签署投资协议

双方经初步协商后,如没有大的异议,便可进一步协商。这里关键问题是以实物投资、工业产权投资、土地使用权投资的作价问题。这是因为投资的报酬、风险的承担都是以由此确定的出资额为依据的。一般而言,双方应按公平合理的原则协商定价。如果争议比较大,可聘请有关资产评估的机构来评定。当出资数额、资产作价确定后,便可签署投资的协议或合同,以明确双方的权利和责任。

(5) 共享投资利润

出资各方有权对企业进行经营管理。但如果投资者的投资占企业资金总额的比例较低,则一般并不参与经营管理,他们最关心的还是其投资报酬问题。因此,企业在吸收投资之后,应按合同中的有关条款,从实现利润中对吸收的投资支付报酬。投资报酬是企业利润的一个分配去向,也是投资者利益的体现,企业要妥善处理,以便与投资者保持良好关系。

> **相关链接**

民企融资:自有资金主打　借力草根金融

在前述中央财经大学国家社科基金项目课题组对南京和上海民营经济与金融服务体系的调查结果显示,两地民企的创业融资结构完全符合企业生命周期理论。该理论认为,中国民企还处于初创时期,社会信用尚未完全确立,融资结构比较单一,以创业者的自有资金和自我积累等内源融资方式为主。由于缺乏必要的信用记录和抵押担保支持,外源融资主要依靠非正规金融途径获得。

创业融资:五成靠自己

正规融资途径主要是向商业银行、信用社等机构申请贷款,以及申请政府投资;非正规融资途径主要是向亲戚朋友借款、通过个人基金会、非正规借贷中介等组织借款。调查结果显示,民企创业资金和创业初期的融资途径主要是内源融资。南京172家民企的启动资金除了自有资产外,绝大部分都是亲戚和朋友的借款。其中,86家企业自有资金比例超过50%,有7家企业自有资金比例达到100%;上海的187家被调查企业中,有105家自有资金比例超过50%,有55家企业的创业资本中自有资金比例达到100%。

从两个城市民企创业融资结构看,南京市非正规融资的比重高于上海。从实际调研情况看,南京市存在一些借款担保中介,实际上是金融服务社,贷款手续简便,发放贷款的对象一般是老客户,或者经老客户介绍的新借款人。相比较而言,上海市直接从事借贷活动的抵押担保中介并不多见,非正规融资主要靠亲戚朋友关系借贷。

流动资金:南京找亲戚,上海找银行

企业日常运作的流动资金来源主要依靠外源融资。南京民企多为企业间互相借贷和向亲戚朋友借贷，而上海民企则比较青睐商业银行借贷。南京有141家企业有向私人借款的经历，仅有42家有向农村信用社及城市信用社借款的经验，向商业银行借款的有60家。上海有120家民企向私人借贷，向信用社借款的企业有30家，向正规商业银行借款的企业有90家。

融资差异原因：环境、监管和企业规模

导致两地民企融资结构差异的原因主要有三。首先，是融资环境的区别。与南京相比，上海民企融资环境比较好。近年来，由于外资银行进入使竞争加剧，上海的商业银行将客户群定位由大型国企转向了中小型民企，全面扩展了自己的服务领域，而南京的商业银行在转型定位方面要稍显逊色。

其次，金融监管力度与融资结构紧密相关。非正规金融的发展与金融监管有紧密的联系。上海是各金融机构地区分部、监管部门分部的所在地，监管力度比较强。而南京的金融监管力度和水平落后于上海。

最后，企业规模的影响。上海民企规模普遍要比南京民企大，自然也容易从正规的金融机构获得资金。南京民企的资产负债率比较低，信用记录少，信用基础薄弱，难以从商业银行取得贷款，只能从私人那里用更高的利率融资。

（作者：李建军、赵炜，中央财经大学金融学院）

4. 吸收直接投资的利与弊

（1）吸收直接投资的有利之处

① 有利于增强企业信誉。吸收投资所筹集的资金属于自有资金，能增强企业的信誉和借款能力，对扩大企业经营规模、壮大企业实力具有重要作用。

② 有利于尽快形成生产能力。吸收投资可以直接获取投资者的先进设备和先进技术，有利于尽快形成生产能力，尽快开拓市场。

③ 有利于降低财务风险。吸收投资可以根据企业的经营状况向投资者支付报酬，企业经营状况好，要向投资者多支付一些报酬，企业经营状况不好，就可不向投资者支付报酬或少支付报酬，比较灵活，所以财务风险较小。

（2）吸收投资的不利之处

① 资金成本较高。一般而言，采用吸收投资方式筹集资金所需负担的资金成本较高，特别是企业经营状况较好和盈利较强时，更是如此。因为向投资者支付的报酬是根据其出资的数额和企业实现利润的多寡来计算的。

② 容易分散企业控制权。采用吸收投资方式筹集资金，投资者一般都要求获得与投资数量相适应的经营管理权，这是接受外来投资的代价之一。如果外部投资者的投资较多，则投资者会有相当大的管理权，甚至会对企业实行完全控制，这是吸收投资的不利因素。

本章小结

本章首先阐述了融资渠道与融资方式的种类及关系，并对融资方式进行了国际比较，接下来，从我国实际情况出发，介绍了几种常见的证券发行方式，最后从资本性质的角度分别对债务性资本和权益性资本进行了分析和阐述。

在我国,企业的融资渠道有国家资本、银行信贷资本、非银行金融机构资本、其他企业资本、企业内部资本和国外资本等。融资方式有吸收直接投资、发行股票、发行债券、租赁、银行借款、留存收益和商业信用等。企业的全部资本可分为债务性资本和权益性资本,对于债务性资本,企业可以采用长期借款、发行债券和租赁融资等融资方式来筹集。对于权益性资本,可采取发行优先股、发行普通股等融资方式筹集。

普通股是指在公司的经营管理和盈利及财产的分配上享有普通权利的股份,代表满足所有债权偿付要求及优先股股东的收益权与求偿权要求后对企业盈利和剩余财产的索取权。企业利用普通股融资的优点是没有固定的到期日、不需偿还、没有固定的利息负担、能增强公司的举债能力、比债券融资更容易;但是普通股融资的资本成本较高、容易分散控制权并稀释每股收益,降低股票价格。优先股是一种兼具普通股股票和债券特点的混合性有价证券,优先股的某些权利优于普通股,但是在基本权利方面优先股则次于普通股。吸收直接投资指企业按照"共同投资、共同经营、共担风险、共享利润"的原则直接吸收国家、法人、个人投入资金的一种融资方式。

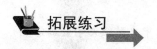
拓展练习

➯ **单项选择题**

1. 为了简化股票的发行手续,降低发行成本,股票发行应采取( )方式。
   A. 溢价发行   B. 平价发行
   C. 公开间接发行   D. 不公开直接发行

2. 如果一个企业为了能够正常运转,不论在生产经营的旺季或淡季,都需要保持一定的临时性借款时,则有理由推测该企业所采用的营运资本融资政策是( )。
   A. 稳健型融资政策   B. 配合型融资政策
   C. 激进型融资政策   D. 折中型融资政策

3. 某企业需借入资金600 000元。由于贷款银行要求将贷款数额的20%作为补偿性余额,故企业贷款数额为( )。
   A. 600 000元   B. 720 000元   C. 750 000元   D. 672 000元

4. 长期借款筹资与长期债券筹资相比,其特点是( )。
   A. 利息能节税   B. 筹资弹性大
   C. 筹资费用大   D. 债务利息高

5 从公司理财的角度看,与长期借款筹资相比较,普通股筹资的优点是( )。
   A. 筹资速度快   B. 筹资风险小
   C. 筹资成本小   D. 筹资弹性大

6. 以下营运资本筹集政策中,临时性负债占全部资金来源比重最大的是( )。
   A. 稳健型融资策略   B. 激进型融资策略
   C. 折中型融资策略   D. 配合型融资策略

7. 从发行公司的角度看,股票全额包销的特点有( )。

A. 可获部分溢价收入 　　　　　　　B. 降低发行费用
C. 可获一定佣金 　　　　　　　　　D. 不承担发行风险

8. 乙公司应收帐款条件为"2/10, n/30",则债务人放弃优惠折扣的成本为（　　）。
A. 20%　　　B. 10%　　　C. 36.7%　　　D. 15%

9. 相对于借款购置设备而言,融资租赁设备的主要缺点是（　　）。
A. 筹资速度慢 　　　　　　　　　　B. 筹资成本高
C. 借款弹性差 　　　　　　　　　　D. 财务风险大

10. 出租人既出租某项资产,又以该项资产为担保借入资金的租赁方式是（　　）。
A. 直接租赁 　　　　　　　　　　　B. 售后回租
C. 杠杆租赁 　　　　　　　　　　　D. 经营租赁

多项选择题

1. 与长期负债融资相比,短期负债融资具有如下特点（　　）。
A. 速度快　　B. 弹性大　　C. 成本低　　D. 融资风险大

2. 下列各项中,属于商业信用条件的是（　　）。
A. 延期付款,但不涉及现金折扣 　　B. 延期付款,但早付款可享受现金折扣
C. 商业票据 　　　　　　　　　　　D. 预收货款

3. 按照我国的会计准则,下列哪些属于判别租赁属于融资租赁的条件（　　）。
A. 在租赁期届满时,租赁资产的所有权转移给承租人
B. 承租人有购买租赁资产的选择权,所订立的购价预计将远低于行使选择权租赁资产的公允价值,因而在租赁开始日就可以合理确定承租人将会行使这种选择权
C. 租赁期占租赁资产可使用年限的大部分（通常解释为等于或大于75%）
D. 租赁开始日最低租赁付款额的现值几乎相当于（通常解释为等于或大于90%）租赁开始日租赁资产原账面价值

4. 发行可转换债券的缺点是（　　）。
A. 股价上扬风险 　　　　　　　　　B. 财务风险
C. 丧失低息优势 　　　　　　　　　D. 增加筹资中的利益冲突

5. 按卖方提供的信用条件,买方利用信用筹资需付出机会成本的情况有（　　）。
A. 卖方不提供现金折扣 　　　　　　B. 买方享有现金折扣
C. 放弃现金折扣,在信用期内付款 　D. 卖方提供现金折扣,而买方逾期支付

6. 以公开、间接方式发行股票的特点是（　　）。
A. 发行范围广,易募足资本 　　　　B. 股票变现性强,流通性好
C. 有利于提高公司知名度 　　　　　D. 发行成本低

7. 按复利计算负债利率时,实际年利率高于名义年利率的情况有（　　）。
A. 设置偿债基金 　　　　　　　　　B. 使用收款法支付利息
C. 使用贴现法支付利息 　　　　　　D. 使用加息法支付利息

8. 相比较普通股筹资,留存收益筹资区别于普通股筹资的特点是（　　）。
A. 资金成本较普通股低 　　　　　　B. 保持普通股股东的控制权
C. 增加公司的信誉 　　　　　　　　D. 筹资限制少

判断题

1. 虽然租赁性质的会计判断会影响财务报表的资产、负债和利润，但是财务分析人员把长期租赁都视为负债，不管它是否列入资产负债表。（　　）
2. 长期债券与短期债券相比，其投资风险和融资风险均很大。（　　）
3. 按照国际惯例，大多数长期借款合同中，为了防止借款企业偿债能力下降，都严格限制借款企业资本性支出规模，而不限制借款企业租赁固定资产的规模。（　　）
4. 如果在折扣期内将应付账款用于短期投资，所得的投资收益率低于放弃折扣的隐含利息成本，则应放弃折扣而去追求更高的收益。（　　）
5. 一般来说，如果企业能够驾驭资金的使用，采用收益和风险配合较为稳健的稳健型筹资政策是有利的。（　　）
6. 从出租人的角度来看，杠杆租赁与售后租回或直接租赁并无区别。（　　）
7. 会计上区分"经营租赁"和"融资租赁"，主要目的是分别规定费用的抵税方式，因此，准确地说应称为"租金可直接扣除租赁"和"租金不可直接扣除租赁"。（　　）
8. 发行可转换公司债券与发行一般债券相比筹资成本较低。（　　）
9. 作为抵押贷款担保的抵押品可以是股票、债券等有价证券。（　　）
10. 超过可转换期的可转换债券，不再具有转换权。（　　）

计算分析题

1. 公司与银行有一份 2 000 000 元的贷款协定，作为可信赖的客户，其贷款利率为银行资本成本（即可转让定期存单利率）加上 1%。另外，该贷款限额中未使用部分收取 5‰ 的承诺费。

要求：

（1）如果来年可转让定期存单利率预期为 9%，且公司预期平均使用总承诺限额的 60%，这项贷款的年预期成本为多少？

（2）如果同时考虑到利息率与支付的承诺费，实际的成本率为多少？

（3）如果平均仅使用总承诺限额的 20%，成本率将会发生什么变化？

2. 某公司拟采购一批材料，供应商规定的付款条件如下："2/10，1/20，n/30"，每年按 360 天计算。

（1）假设银行短期贷款利率为 15%，计算放弃现金折扣的成本，并确定对公司最有利的付款日期。

（2）假设目前有一短期投资报酬率为 40%，确定对该公司最有利的付款日期。

3. 某公司因生产经营需要，通过银行举债筹资 600 万元，银行要求贷款的 20% 作为补偿性余额，假设贷款年利率（名义利率）为 10%，借款期限为 1 年。

要求：

（1）计算公司贷款的实际利率（分别按简单利率贷款和贴现利率贷款计算）。

（2）计算公司应贷款的数额。

4. 某公司拟采购一批电子耗材，全部价款为 10 000 元，信用期限为 90 天，为及时回笼现金，供应商报价如下：

（1）立即付款，价格为 9 500 元。

（2）30 天内付款，价格为 9 650 元。

（3）31 至 60 天内付款，价格为 9 870 元。

（4）61 至 90 天内付款，价格为 10 000 元。

假设银行短期贷款利率为 10%，每年按 360 天计算。

要求：计算放弃现金折扣的资金成本率（机会成本），并确定对该公司最有利的付款日期和价格。

5. GM 股份有限公司拟于 2012 年 1 月 1 日发行 10 年期的公司债券，每张债券的面值为 1 000 元，发行总额共 20 亿元人民币，发行人与主承销商根据簿记建档等情况，按照国家有关规定，协商确定债券的票面年利率为 5%。本期债券采用单利按年计息，不计复利，对逾期未领的利息不另外计息。假设发行时的市场利率为 4%，则该公司债券的发行价格应为多少？

6. GN 股份有限公司于 2012 年 9 月 20 日按当时二级市场同类公司股票平均市盈率 22 来确定股票发行价格，该公司当年 1—8 月实际完成税后利润为 5 600 500 元，预计 9—12 月税后利润为 3 020 450 元，新股发行前总股本为 1 500 万股，本次预公开发行 500 万股。如果采用市盈率法，则新股的发行价格为多少？

7. GO 公司由于业务需要，采用融资租赁方式于 2012 年 1 月 1 日从某一租赁公司租入一台机器设备，设备价款为 300 万元，租赁期 6 年，期满后设备归企业所有，租赁费率为 10%。

（1）如果租赁协议规定租金于每年末等额支付，则每年末应支付的租金为多少？

（2）如果租赁协议规定租金于每年初等额支付，则每年初应支付的租金为多少？

8. GP 公司开发了一种新产品，投放市场后反映极好，产品供不应求，为了满足市场需求，董事会决定增加一台生产设备以扩大公司的生产能力，该设备可以通过两种方式取得：

（1）向银行申请借款购入一台新设备，假定银行的贷款利率为 6%，贷款期限为 3 年，每年末等额偿还。该设备的买价为 200 000 元，使用期限为 5 年，使用期满无残值，设备采用直线法计提折旧，另外，公司每年要支付 10 000 元对设备进行保养维修。

（2）可以向租赁公司租入一台设备，租赁费率为 4%，租赁期为 5 年，每年初支付租赁费 44 926 元，维修保养费由租赁公司负担。假定公司的所得税税率为 40%，请问公司应购入还是租赁该设备？

思考讨论

1. 阐述流动资产与流动负债组合策略，以及在选择组合策略时应注意的问题。

2. 如何理解放弃现金折扣的年利息成本？放弃现金折扣的年利息成本与信用期限、折扣期限之间有何关系？如何用该原理解决实际问题？

3. 在我国上市公司债务筹资结构中，为什么短期借款或短期筹资比例相对较高？这种现象的直接后果是什么？

4. 请说明股票的特征，并讨论投资于股票的股东都会担任公司管理者的角色吗，为什么？

5. 债券评级如何看待由于利率变动造成债券价值波动的风险？

6. 负债性融资与权益性融资对企业有何不同意义？

7. 假设你是一家新开办的有较高收益和风险的高科技企业的财务主管，目前有一些好的发展项目，但是公司没有足够的资金来实施。公司的股价正在下跌，因此不能通过发行新股筹集资金。银行也不打算再向公司提供贷款，投资银行也声明信用债券是不可行的，那么作为财务主管，你会通过什么融资渠道、使用什么融资方式筹集所需资金？

8. 经营租赁与融资租赁各对资产负债表有怎样的影响？

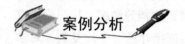
案例分析

迪斯尼公司的债券发行

迪斯尼公司是一家多样化经营的国际娱乐公司，其业务包括主题公园和旅游胜地、电影业以及消费品。主题公园和旅游胜地业务产生的收入占其总收入的40%左右，电影业约占40%，消费品占20%。迪斯尼公司最近收购了大都会/ABC公司以及属于它的ABC电视台和ABC电台。

1993年7月，迪斯尼公司决定增发长期负债。它的投资银行家建议说，发行100年期的债券是可能的。迪斯尼公司的资本状况很稳健，它的长期负债被穆迪投资者服务公司评为A级，被标准普尔公司评为AA级。迪斯尼公司在1993年6月30日的资本总额如表1所示。

表1 资本　　　　　　　　　　　　　　　　　单位：百万美元

项　目	账面价值（1993年6月30日）
短期负债	503.7
长期负债	1 455.5
股东权益	5 169.1
资本总额	6 624.6
资本总额（包括短期负债）	7 128.3

它在至1993年6月30日为止的12个月内的利息保障如表2所示。

表2 利息保障　　　　　　　　　　　　　　　金额单位：百万美元

项　目	账面价值（1993年6月30日）
息税前盈余	1 640.5
利息费用	122.4
利息保障比率	13.4

在过去几年中，利率在下降，而且接近过去20年来的最低水平。这使长期负债成为一种有吸引力的融资方式。当时，固定利率的长期债券的众多投资者开始相信，美国已控制住了通货膨胀，长期利率不可能再回到20世纪80年代初期的那种高水平。他们认为，由于长期国债收益率（30年期债券为6.40%）与预计的通货膨胀率（3%）之间的差距，按历史

标准看已相对很高,所以长期利率甚至可能进一步下跌,因此,100年的期限在几年前几乎是不可想象的,但根据迪斯尼公司在摩根·斯坦利公司的投资银行家顾问的看法,现在是可能的。

迪斯尼公司可按表3所示的年收益率发行不可提前赎回的长期债券(每半年支付一次利息)。

表3 债券收益率

期限(年)	3	5	7	10	20	30	100
提供的收益率(%)	5.15	5.85	6.25	6.60	7.25	7.35	7.35

若迪斯尼公司发行100年期债券,它希望能保留一些灵活性,以便能在到期以前就赎回。摩根·斯坦利公司建议迪斯尼公司发行本金数额为3亿美元的100年期债券,自发行日起30年后开始,债券可以提前偿还。利息成本为年利率7.55%。首次提前偿债价格将是面值的103.02%。从发行日起的50年后开始,提前偿债价格将逐步下降,直至面值。

根据案例讨论下列问题:
(1) 迪斯尼公司为什么选择债券融资而不是股票融资?
(2) 为什么该公司能发行100年期的债券?
(3) 公司发行债券时应注意哪些问题?
(4) 债券的收益率和期限是什么关系?
(5) 投资者在购买该公司债券时应注意什么问题?

资料来源:王化成. 财务管理教学案例. 北京:中国人民大学出版社,2001:119.

第8章

资本结构决策

> 公司的价值取决于其未来的现金流量折现,只有公司投资的回报超过资本成本时,才会创造价值。
>
> ——汤姆·科普兰

 学习目标

1. 了解个别资本成本的计算;
2. 理解并掌握加权平均成本与边际资本成本;
3. 掌握经营杠杆、财务杠杆、复合杠杆的计算及其经济意义;
4. 了解资本结构理论;
5. 理解最优资本结构的确定方法。

美国通用电器公司很长时间以来一直被认为是世界上管理最好的公司之一,并且其股东都获得了不错的回报。在公司运营过程中,通用公司一共从投资者那里募集到了650亿美元的资金,但是公司已经把这650亿美元变成了一家价值超过3 500亿美元的公司。通用电器公司的总的资本成本估计为11.9%,因此,为了使投资者满意,通用电器公司项目的平均回报率必须至少在11.9%以上。而一些通用的项目被称为"内部增长点",是指公司开发了一种新产品或开拓了一片新市场。比如说,通用电器公司飞机发动机部门取得了全世界客机发动机50%以上的订单。通用电器公司在西班牙新开的塑料工厂开始生产一种新型塑料制品,并且通过在日本建立一家新的保险公司进行业务扩张。当通用电器公司评估这些潜在的项目时,公司必须确保投资于项目的资本能带来的回报高于资本成本。

总之,企业生产经营、扩张都需要资本,并且所使用的资本不是免费的,而是需要承担相应成本的。不同资金来源的资金成本如何测算?债务资金来源与权益资金来源相比,存在一种方式比另一种方式更好吗?如果是这样,企业是否应该选择全部使用债务融资或者全部使用权益融资呢?假如最佳的解决方案是债务和权益的组合,那么什么是最佳的组合比例呢?此外,企业在生产经营过程中,由于经营环境的不断变化,企业会面临经营风险等不同的风险,能否评价这些风险?若能,应怎样评价呢?这些都是本章要讨论的问题。

8.1 资 本 成 本

企业进行项目投资前,需要估算该项目所产生的效益。由于货币时间价值的存在,需要一个合适的贴现率,将不同年度的现金流折现到同一个年度中来,以便比较投入与产出。这个贴现率的选择,一般有两种方式:一种是根据企业要求的最低资金报酬率来确定,而一般而言,该报酬率确定的基础就是资本成本,或者更精确地说,以资本成本作为其下限。另一种方式,则是直接根据资本成本来确定。另外,企业投资于任何项目,都必须要筹集相应的资金,而筹集和使用任何资金,都要付出代价,都有成本。企业必须要确信其投资项目的最终收益要高于其将付出的资本成本。因而,无论是贴现率的确定,还是收益与成本的比较;无论是考察项目的投资效益,还是投资效率,都必须确定投入该项目的资本的成本。

8.1.1 资本成本概述

1. 资本成本的概念

资本成本是指企业筹集和使用资金必须支付的各种费用。在市场经济条件下,企业不能无偿使用资金,必须向资金提供者支付一定数量的费用作为补偿。广义上讲,企业筹集和使用任何资金,不论短期的还是长期的,都要付出代价。狭义的资本成本仅指筹集和使用长期资金(包括自有资金和借入长期资金)的成本。由于长期资金也被称为资本,所以长期资金的成本也称为资本成本。

资本成本是一个重要的经济范畴,是在市场经济条件下由于资金所有权和资金使用权分离而形成的一种财务概念,它具有以下性质。

① 资本成本是按资分配的集中表现。

② 资本成本作为企业的一种成本,具有一般商品成本的基本属性,又有不同于一般商品成本的某些特性。在企业正常的生产经营活动中,一般商品的生产成本是其生产所耗费的直接材料、直接人工和制造费用之和,对于这种商品的成本,企业需从其收入中予以补偿。资本成本也是企业的一种耗费,也需由企业的收益补偿,但它是为获得和使用资本而付出的代价,通常并不直接表现为生产成本。此外,产品成本需要计算实际数,而资本成本则只要求计算预测数或估计数。

③ 资本成本同货币时间价值既有联系,又有区别,资本成本既包括货币时间价值,又包括投资风险价值。因此,在有风险的条件下,资本成本也是投资者要求的必要报酬率。

资本成本包括用资费用和融资费用两部分内容。

① 用资费用。用资费用是指企业在生产经营、投资过程中因使用资金而付出的费用,如向股东支付的股利、向债权人支付的利息等,这是资本成本的主要内容。

② 融资费用。融资费用是指企业在筹措资金过程中为获取资金而付出的费用,如向银行支付的借款手续费,因发行股票、债券而支付的发行费等。融资费用与用资费用不同,它通常是在筹措资金时一次支付的,在用资过程中不再发生。

资本成本可以用绝对数表示,也可用相对数表示,但在财务管理中,一般用相对数表示,即表示为用资费用与实际筹得资金(即融资数额扣除融资费用后的差额)的比率。其通用计算公式为:

$$资本成本率 = \frac{用资费用}{融资总额 - 融资费用}$$

或：

$$资本成本率 = \frac{用资费用}{融资总额 \times (1 - 融资费率)}$$

在市场经济环境中，多方面因素的综合作用决定着企业资本成本的高低，其中主要有：总体经济环境、证券市场条件、企业内部的经营和融资状况、项目融资规模等。

2. 资本成本的作用

资本成本是企业融资、投资决策的主要依据。只有当投资项目的投资报酬率高于资本成本时，资金的筹集和使用才有利于提高企业价值。资本成本在许多方面都可加以应用，主要用于融资决策和投资决策。

（1）资本成本在企业融资决策中的作用

资本成本是企业选择资金来源、拟订融资方案的依据。不同的资金来源，具有不同的成本。为了以较少的支出取得企业所需资金，就必须分析各种资本成本的高低，并加以合理配置。资本成本对企业融资决策的影响主要有以下几个方面。

① 资本成本是影响企业融资总额的重要因素。

随着融资数额的增加，资本成本不断变化。当企业融资数额很大，资金的边际成本超过企业承受能力时，企业便不能再增加融资数额。因此，资本成本是限制企业融资数额的一个重要因素。

② 资本成本是企业选择资金来源的基本依据。

企业的资金可以从许多方面来筹集，就长期借款来说，可以向商业银行借款，也可向保险公司或其他金融机构借款，还可向政府申请借款。企业究竟选用哪种来源，首先要考虑的因素就是资本成本的高低。

③ 资本成本是企业选用融资方式的参考标准。

企业可以利用的融资方式是多种多样的，在选用融资方式时，需要考虑的因素很多，但必须考虑资本成本这一经济标准。

④ 资本成本是确定最优资本结构的主要参数。

不同的资金结构，会给企业带来不同的风险和成本，从而引起股票价格的变动。在确定最优资本结构时，考虑的因素主要有资本成本和财务风险。

资本成本并不是企业融资决策中所要考虑的唯一因素。企业融资还要考虑财务风险、资金期限、偿还方式、限制条件等因素。但资本成本作为一项重要的因素，直接关系到企业的经济效益，是融资决策时需要考虑的一个首要问题。

（2）资本成本在投资决策中的作用

资本成本在企业分析投资项目的可行性、选择投资方案时也有重要作用。

企业在进行投资决策时，要从所设计的众多投资方案中，选择出最经济、最有效的投资方案，从而合理地分配投资资金。只有当投资项目的预期收益率高于资本成本时，投资项目才可行；反之，当投资项目的预期收益率低于资本成本时，投资项目不可行。因此，国际上通常将资本成本视为投资项目的"最低收益率"或是否采用投资项目的取舍率，资本成本也是比较、选择投资方案的主要标准。

(3) 资本成本是评价企业经营成果、管理水平的主要依据

盈利水平是企业经营的最终反映，资本成本与盈利成反比关系，企业要增加盈利，从资金供应的角度必须科学筹划，使资本成本相对较低，资本成本水平反映了融资管理水平。

8.1.2 个别资本成本的测算

由于融资方式较多，不同融资方式的融资成本高低不一。个别资本成本是指各种融资方式的成本。其中主要包括银行借款成本、债券成本、优先股成本、普通股成本和留存收益成本，前两者可统称为负债资本成本，后三者统称为权益资本成本。

1. 银行借款成本

银行借款成本是指借款利息和融资费用。

借款利息在税前支付，可以起到抵税的作用。因此，一次还本、分期付息借款的成本为：

$$K_L = \frac{I(1-T)}{L(1-f)}$$

式中：K_L——银行借款成本；
  I——银行借款年利息；
  L——银行借款融资总额；
  T——所得税税率；
  f——银行借款融资费率。

由于银行借款的手续费很低，上式中的 f 常常可以忽略不计，则上式可简化为：

$$K_L = i(1-T)$$

例 8-1 某企业取得 3 年期长期借款 100 万元，年利率为 12%，每年付息一次，到期一次还本，融资费用率为 1%，企业所得税率为 25%。其资本成本为：

$$K_L = \frac{12\%(1-25\%)}{1-1\%} \approx 9.09\%$$

如果不考虑借款手续费，则这笔借款的资本成本为：

$$K_L = 12\%(1-25\%) = 9\%$$

当借款合同中附加补偿性余额条款的情况下，企业可动用的借款融资额应扣除补偿性余额，这时借款的实际利率和资本成本率将会上升。

仍依例 8-1，不考虑借款手续费，这笔借款的资本成本为：

$$K_L = \frac{12\%(1-25\%)}{1-20\%} = 11.25\%$$

在借款年内结息次数超过一次时，借款的实际利率也会高于名义利率，从而资本成本率上升。此时，借款资本成本率的测算公式为：

$$K_L = \left[\left(1+\frac{i}{M}\right)^{MN} - 1\right](1-T)$$

式中：M——1 年内借款结息次数；
  N——借款期限。

仍依例 8-1，每季结息一次，这笔借款的资本成本为：

$$K_L = \left[\left(1 + \frac{12\%}{4}\right)^{12} - 1\right](1 - 25\%) \approx 31.93\%$$

2. 债券成本

债券成本的利息处理与长期借款利息的处理相同，应以税后的债务成本为计算依据。债券的融资费用一般较高，这类费用主要包括申请发行债券的手续费、债券注册费、印刷费、上市费及推销费用等。债券成本的计算公式为：

$$K_b = \frac{I(1-T)}{B_0(1-f)} = \frac{B \times i(1-T)}{B_0(1-f)}$$

式中：K_b——债券成本；
  I——债券每年支付的利息；
  T——所得税税率；
  B——债券面值；
  i——债券票面利息率；
  B_0——债券融资额，按发行价格确定；
  f——债券融资费率。

例 8-2 某企业发行一笔期限为 10 年的债券，债券面值为 800 万元，票面利率为 12%，每年付一次利息，发行费率为 5%，所得税税率为 33%，债券按面值等价发行。则该笔债券的成本为：

$$K_b = \frac{800 \times 12\% \times (1 - 33\%)}{800 \times (1 - 5\%)} \approx 8.46\%$$

若该债券发行价格为 1 000 万元，则该笔债券的成本为：

$$K_b = \frac{800 \times 12\% \times (1 - 33\%)}{1\,000 \times (1 - 5\%)} \approx 6.77\%$$

若该债券发行价格为 600 万元，则该笔债券的成本为：

$$K_b = \frac{800 \times 12\% \times (1 - 33\%)}{600 \times (1 - 5\%)} \approx 11.28\%$$

3. 优先股成本

企业发行优先股，既要支付融资费用，又要定期支付股息。它与债券不同的是股利在税后支付，且没有固定到期日。优先股成本的计算公式为：

$$K_p = \frac{D}{P_o(1-f)}$$

式中：K_p——优先股成本；
  D——优先股每年的股利；
  P_o——发行优先股总额；
  f——优先股融资费率。

例 8-3 某企业按面值发行 500 万元的优先股，融资费率为 5%，每年支付 10% 的股利，则优先股的成本为：

$$K_p = \frac{500 \times 10\%}{500 \times (1 - 5\%)} \approx 10.53\%$$

企业破产时，优先股股东的求偿权位于债券持有人之后，优先股股东的风险大于债券持有人的风险，这就使得优先股的股利率一般要大于债券的利息率。另外，优先股股利要从净利润中支付，不减少公司的所得税，所以，优先股成本通常要高于债券成本。

4. 普通股成本

普通股成本的计算，有多种不同方法，其主要方法为估价法。这种方法是利用估价普通股现值的公式，来计算普通股成本的一种方法。普通股现值的计算公式为：

$$V_o = \sum_{i=1}^{n} \frac{D_i}{(1+K_s)^i} + \frac{V_n}{(1+K_s)^n}$$

由于股票没有到期日，那么，当 $n \to \infty$ 时，$\frac{V_n}{(1+K_s)^n} \to 0$，所以，股票的现值为：

$$V_o = \sum_{i=1}^{n} \frac{D_i}{(1+K_s)^i}$$

以上两式中：V_o——普通股现值；
D_i——第 i 期支付的股利；
V_n——普通股终值；
K_s——普通股成本。

这样，可利用以上两式求出 K_s，即普通股成本。

以上两个公式计算都比较复杂，如果每年股利固定不变，则可视为永续年金，计算公式可简化为：

$$K_s = \frac{D}{V_o}$$

把融资费用也考虑进去，则

$$K_s = \frac{D}{V_o(1-f)}$$

式中：K_s——普通股成本；
D——每年固定股利；
V_o——普通股金额，按发行价计算；
f——普通股融资费率。

许多公司的股利都是不断增加的，假设年增长率为 g，则普通股成本的计算公式为：

$$K_s = \frac{D_1}{V_o(1-f)} + g$$

式中 D_1 为第 1 年的股利。

例 8-4 某公司普通股每股发行价为 100 元，融资费率为 7%，第一年末发放股利 10 元，以后每年增长 5%，则

$$K_s = \frac{10}{100 \times (1-7\%)} + 5\% \approx 15.75\%$$

5. 留存收益成本

一般企业都不会把全部收益以股利形式分给股东，所以，留存收益是企业资金的一种重要来源。企业留存收益，对于股东来说，既然放弃了享受现金红利的权利，意味着股东承受着机会成本，就期望用这笔利润能够带来高于红利的利益，等于股东对企业进

行追加投资，股东对这部分投资与以前缴给企业的股本一样，也要求有一定的报酬，所以，留存收益也要计算成本。留存收益成本的计算与普通股基本相同，但不用考虑融资费用。

留存收益成本的估算难于债务成本，因为很难对诸如企业未来发展前景及股东对未来风险所要求的风险溢价作出准确的测定。计算留存收益的方法很多，主要有以下三种。

(1) 股利增长模型

此种方法是依据股票投资的收益率不断提高的思路计算留存收益成本。此方法计算留存收益成本与普通股成本的计算是一致的。一般假定收益以固定的年增长率递增，则留存收益成本的计算公式为：

$$K_e = \frac{D_1}{V_o} + g$$

式中：K_e——留存收益成本；
D_1——第一年股利；
V_o——普通股金额，按市价计算；
g——股利年增长率。

例 8-5 某公司普通股目前市价为 60 元，估计年增长率为 10%，本年发放股利 3 元，则

$$K_e = \frac{3}{60} + 10\% = 15\%$$

(2) 资本资产定价模型

按照"资本资产定价模型"，留存收益成本的计算公式为：

$$K_e = R_f + \beta(R_m - R_f)$$

式中：R_f——无风险报酬率；
R_m——平均风险股票必要报酬率；
β——股票的 β 系数。

例 8-6 假设市场无风险报酬率为 10%，平均风险股票必要报酬率为 15%，某公司的普通股 β 值为 1.5，留存收益的成本为：

$$K_e = 10\% + 1.5 \times (15\% - 10\%) = 17.5$$

(3) 风险溢价

根据某项投资"风险越大，要求的报酬率越高"的原理，普通股股东对企业的投资风险大于债券投资者，因而会在债券投资者要求的收益率上再要求一定的风险溢价。留存收益的成本计算公式为：

$$K_e = K_b + RP_c$$

式中：K_b——债券成本；
RP_c——风险溢价。

风险溢价一般在 3%～5% 之间，当市场利率达到高点时，风险溢价通常较低，在 3% 左右；当市场利率达到低点时，风险溢价通常较高，在 5% 左右；而通常情况下，常常采用 4% 的平均风险溢价。

例 8-7 某公司债券成本为 10%，采用 4% 的平均风险溢价，则该企业的留存收益

成本为：

$$K_e = 10\% + 4\% = 14\%$$

普通股与留存收益都属于所有者权益，股利的支付不固定。企业破产后，股东的求偿权位于最后，与其他投资者相比，普通股股东所承担的风险最大，因此，普通股的报酬也应最高。所以，在各种资金来源中，普通股的成本最高。

8.1.3 加权平均资本成本

由于受多种因素的制约，企业不可能只使用某种单一的融资方式，企业可以从多种渠道、用多种方式来筹集资金，而各种方式的融资成本是不一样的。为了正确进行融资和投资决策，就必须计算企业的综合资本成本。综合资本成本是以各种资金所占的比重为权数，对各种资本成本进行加权平均计算出来的，故称为加权平均资本成本。

加权平均资本成本的计算公式为：

$$K_w = \sum_{j=1}^{n} W_j K_j$$

式中：K_w——加权平均的资本成本；

W_j——第 j 种资金占总资金的比重；

K_j——第 j 种资金的成本；

n——融资方式种类。

例 8-8 某企业共有资金 100 万元，其中债券 40 万元，优先股 10 万元，普通股 40 万元，留存收益 10 万元，各种资金的成本分别为：$K_b = 5\%$，$K_p = 10\%$，$K_s = 15\%$，$K_e = 14\%$。试计算该企业加权平均的资本成本。

（1）计算各种资金所占的比重

$$W_b = \frac{40}{100} \times 100\% = 40\% \qquad W_p = \frac{10}{100} \times 100\% = 10\%$$

$$W_s = \frac{40}{100} \times 100\% = 40\% \qquad W_e = \frac{10}{100} \times 100\% = 10\%$$

（2）计算加权平均资本成本

$$\begin{aligned}K_w &= W_b K_b + W_p K_p + W_s K_s + W_e K_e \\ &= 40\% \times 5\% + 10\% \times 10\% + 40\% \times 15\% + 10\% \times 14\% = 10.4\%\end{aligned}$$

以上计算过程也可通过表 8-1 来进行。

表 8-1 加权平均资本成本计算表

融资方式	资本成本/%	资金数额/万元	所占比重/%	加权平均资本成本/%
债券	5	40	40	2
优先股	10	10	10	1
普通股	15	40	40	6
留存收益	14	10	10	1.4
合计	—	100	100	10.4

相关链接

百事可乐公司的资本成本观

公司在实际投资、融资与经营决策过程中真的使用资本成本这一概念并认真计算资本成本吗？确实有些公司并不这样做，但也有很多公司接受并应用资本成本的概念。百事可乐公司就属于后者。百事可乐公司财务主管 Bob Dettmer 始终坚信公司主要部门的战略应按其对股东价值的贡献来评价。如果一项投资或经营计划预期的收益率不能超过公司的资本成本，即不能增加股东权益的价值，那么就不应采纳。因此，估算公司的资本成本成为战略计划评估过程的关键环节。百事可乐公司管理当局认为，用适宜的资本成本贴现投资计划的未来现金流，可以确定该投资计划的现值。如果该投资的风险与百事可乐公司的总体风险大致相当，那么公司的资本成本就是评估该项投资计划适宜的贴现率。然而，百事可乐公司所属的各经营部门具有不同的投资机会及不同的风险水平。用公司的资本成本来评估每个部门的项目很可能会导致抛弃低风险部门好的投资计划而接受高风险部门差的投资计划的情形。为避免出现这种情形，百事可乐公司对所属的快餐、饮料、餐馆三个经营部门分别计算部门的资本成本，以便更好地反映各部门的风险，同时也有助于公司更好地评估投资机会。

在测算企业加权平均资本成本时，资本结构或各种资本在全部资本中所占的比例起着决定作用。企业各种资本的比例则取决于各种资本价值的确定。各种资本价值的确定基础主要有三种选择：账面价值、市场价值和目标价值。

1. 按账面价值确定资本比例

企业财务会计所提供的资料主要是以账面价值为基础的。财务会计通过资产负债表可以提供以账面价值为基础的资本结构资料，这也是企业融资管理的一个依据。使用账面价值确定各种资本比例的优点是易于从资产负债表中取得这些资料，容易计算；其主要缺陷是资本的账面价值可能不符合市场价值，如果资本的市场价值已经脱离账面价值许多，采用账面价值作基础确定资本比例就会失去现实客观性，从而不利于加权平均资本成本的测算和融资管理的决策。

例 8-9 某公司按账面价值确定资本比例，进而测算加权平均资本成本如表 8-2 所示。

表 8-2 按资本账面价值测算的加权平均资本成本

资本种类	资本账面价值/万元	资本比例	个别资本成本	加权平均资本成本
长期借款	1 500	15%	6%	0.90%
长期债券	2 000	20%	7%	1.40%
优先股	1 000	10%	10%	1.00%
普通股	3 000	30%	14%	4.20%
留存收益	2 500	25%	13%	3.25%
合计	10 000	100%	—	10.75%

2. 按市场价值确定资本比例

按市场价值确定资本比例是指债券和股票等以现行资本市场价格为基础确定其资本比例,从而测算加权平均资本成本。

例 8-10 仍以例 8-9 所述公司为例,公司若按资本市场价值确定资本比例,进而测算加权平均资本成本如表 8-3 所示。

表 8-3 按资本市场价值测算的加权平均资本成本

资本种类	资本市场价值/万元	资本比例	个别资本成本	加权平均资本成本
长期借款	1 500	10%	6%	0.60%
长期债券	2 500	17%	7%	1.19%
优先股	1 500	10%	10%	1.00%
普通股	6 000	40%	14%	5.60%
留存收益	3 500	23%	13%	2.99%
合计	15 000	100%	—	11.38%

将表 8-3 与表 8-2 比较,该公司长期借款的市场价值与账面价值一致,而长期债券、优先股、普通股和留存收益的市场价值均高于账面价值,因此按资本市场价值确定的资本比例与按账面价值确定的资本比例不同,从而加权平均资本成本也受到影响。按市场价值确定资本比例反映了公司现实的资本结构和加权平均资本成本水平,有利于融资管理决策。当然,按市场价值确定资本比例也有不足之处,即证券的市场价格处于经常的变动之中而不易选定。为弥补这个不足,在实务中可以采用一定时期证券的平均价格。此外,按账面价值和市场价值确定资本比例,反映的是公司现在和过去的资本结构,未必适用于公司未来的融资管理决策。

3. 按目标价值确定资本比例

按目标价值确定资本比例是指证券和股票等以公司预计的未来目标市场价值确定资本比例,从而测算加权平均资本成本。就公司融资管理决策的角度而言,对加权平均资本成本的一个基本要求是,它应适用于公司未来的目标资本结构。

例 8-11 仍以例 8-9 所述公司为例,公司若按资本目标价值确定资本比例,进而测算加权平均资本成本如表 8-4 所示。

表 8-4 按资本目标价值测算的加权平均资本成本

资本种类	资本目标价值/万元	资本比例	个别资本成本	加权平均资本成本
长期借款	5 000	25%	6%	1.50%
长期债券	7 000	35%	7%	2.45%
优先股	1 000	5%	10%	0.50%
普通股	4 000	20%	14%	2.80%
留存收益	3 000	15%	13%	1.95%
合计	20 000	100%	—	9.20%

一般认为，采用目标价值确定资本比例，能够体现期望的目标资本结构要求。但资本的目标价值难以客观地确定，因此，通常应选择市场价值确定资本比例。在企业融资实务中，目标价值和市场价值虽然有许多优点，但仍有不少公司更愿意采用账面价值确定资本比例，因其易于使用。

由上可见，在个别资本成本一定的情况下，企业加权平均资本成本的高低是由资本结构所决定的。这是资本结构决策的一个原理。

8.1.4 边际资本成本

加权平均资本成本，是企业过去筹集的或目前使用的资金的成本。但是，企业各种资金的成本，是随时间的推移或融资条件的变化而不断变化的，加权平均资本成本也不是一成不变的。企业无法以某一固定的资本成本来筹措无限的资金，当其筹集的资金超过一定限度时，资本成本就会增加。边际资本成本是指资金每增加一个单位而增加的成本。这是财务管理中的重要概念，也是企业投资、融资过程中必须加以考虑的问题。一个企业进行投资，不能仅仅考虑目前所使用的资金的成本，还要考虑为投资项目新筹集的资金的成本，这就需要计算边际资本成本。边际资本成本实际上就是追加融资的加权平均资本成本。

那么，新增融资为什么会引起各类资本成本的增加呢？这是因为随着新资本增加，企业经营规模扩大、经营风险增加，若企业的债务在原有规模上不断增加，新债权人考虑到风险，必定会提高贷款或债券的利率，使债务成本增加。同样，股东也会考虑到风险，要求提高投资报酬率，以此来补偿增加的风险，股本成本也会上升。

由于企业筹集新资本都按一定的数额批量进行，企业在追加融资时，需要知道在什么数额上会引起资本成本的变化，因此，企业在追加融资的决策中，必须预先计算边际资本成本随追加融资总额及其资本结构的变化情况。这样，在确定追加融资总额及其资本结构时，就能充分利用边际资本成本突破点前的充裕量，尽量避免边际资本成本刚刚跃过突破点。

例8-12 某公司目前有资金500万元，其中长期债务150万元，优先股50万元，普通股300万元。现在公司为满足投资要求，准备筹集更多的资金，经分析，仍保持目前的资本结构。试计算确定该公司的边际资本成本。这一计算过程须按如下步骤进行。

（1）确定公司最优的资本结构

经过认真分析，认为目前的资本结构即为最优资本的结构，因此，在今后融资时，继续保持长期债务占30%、优先股占10%、普通股占60%的资本结构。

（2）确定各种融资方式的资本成本

该公司的财务人员认真分析了目前金融市场状况和企业融资能力，认为随着公司融资规模的不断增加，各种融资成本也会增加，详细情况如表8-5所示。

表8-5 某公司资本成本计算资料

融资方式	资本结构/%	新融资额的数量范围/万元	资本成本/%
长期债务	0.3	0～6	4
		6～12	6
		大于12	8

续表

融资方式	资本结构/%	新融资额的数量范围/万元	资本成本/%
优先股	0.1	0~20	10
		20~40	11
		大于40	12
普通股	0.6	0~30	14
		30~60	15
		大于60	16

（3）计算融资总额突破点

突破点是指特定融资方式成本变化的分界点。根据目标资本结构和各种融资方式资本成本变化的突破点，计算融资总额的突破点，其具体计算公式为：

$$BP_i = \frac{TF_i}{W_i}$$

式中：BP——融资总额突破点；

TF_i——第 i 种融资方式的成本突破点；

W_i——目标资本结构中第 i 种融资方式所占的比例。

该公司的融资总额突破点如表 8-6 所示。

表 8-6 某公司融资总额突破点计算表

融资方式	资本成本/%	资本结构/%	新融资额	融资突破点
长期债务	4	0.3	0~6	6÷0.3=20
	6		6~12	12÷0.3=40
	8		大于12	——
优先股	10	0.1	0~20	20÷0.1=200
	11		20~40	40÷0.1=400
	12		大于40	——
普通股	14	0.6	0~30	30÷0.6=50
	15		30~60	60÷0.6=100
	16		大于60	——

在表 8-6 中，对长期债务而言，在 6 万元以内，其成本为 4%，而在目标资本结构中，债务的比重为 30%，这表明在债务成本由 4% 上升到 6% 之前，企业可筹集 20 万元（6/0.3）的资金。当融资总额在 20 万~40 万元之间时，债务成本上升到 6%。

4. 计算边际资本成本

根据表 8-6 计算的突破点，可得出如下七组新的融资范围：

① 0~20；② 20~40；③ 40~50；④ 50~100；⑤ 100~200；⑥ 200~400；⑦ 400以上。对以上七个融资范围计算加权平均资本成本，便可得到各种融资范围的边际资本成本。表 8-7 为其计算表。

表 8-7 边际资本成本计算表

融资总额范围/万元	融资方式	资本结构	资本成本	边际成本
0～20	长期债务	30%	4%	1.2%
	优先股	10%	10%	1.0%
	普通股	60%	14%	8.4%
				10.6%
20～40	长期债务	30%	6%	1.8%
	优先股	10%	10%	1.0%
	普通股	60%	14%	8.4%
				11.2%
40～50	长期债务	30%	8%	2.4%
	优先股	10%	10%	1.0%
	普通股	60%	14%	8.4%
				11.8%
50～100	长期债务	30%	8%	2.4%
	优先股	10%	10%	1.0%
	普通股	60%	15%	9.0%
				12.4%
100～200	长期债务	30%	8%	2.4%
	优先股	10%	10%	1.0%
	普通股	60%	16%	9.6%
				13.0%
200—400	长期债务	30%	8%	2.4%
	优先股	10%	11%	1.1%
	普通股	60%	16%	9.6%
				13.1%
400 以上	长期债务	30%	8%	2.4%
	优先股	10%	12%	1.2%
	普通股	60%	16%	9.6%
				13.2%

8.2 杠杆原理

自然科学的杠杆原理，是指通过杠杆的使用，只用一个较小的力量便可以产生较大的效果。财务管理中的杠杆原理，则是指由于固定费用（包括生产经营方面的固定费用和财务方面的固定费用）的存在，当业务量发生较小的变化时，利润会产生较大的变化。

8.2.1 经营风险与经营杠杆

1. 经营风险

经营风险是企业因经营上的原因而导致利润变动的风险。导致企业经营风险大小的因素有很多，主要有以下几个方面。

① 产品需求。市场对企业产品的需求越稳定，经营风险就越小；反之经营风险就越大。
② 产品售价。产品售价变动不大，经营风险小；否则经营风险大。
③ 产品成本。产品成本是收入的抵减，成本不稳定，会导致利润不稳定，因此产品成本变动大，经营风险大；反之经营风险小。
④ 应变能力。当产品成本变动时，若企业具有较强的调整价格的能力，经营风险小；反之经营风险大。
⑤ 固定成本的比例。在企业全部成本中，固定成本所占比重越大，单位产品分摊的固定成本越多，经营风险越大；反之经营风险小。

2. 经营杠杆

在上述影响企业经营风险的诸因素中，固定成本比重的影响很重要。在其他条件不变的情况下，产销量的变动必然引起边际贡献的变动，而且两者的变动率是一致的。产销量的变动同时会引起息税前利润的变动，但是，由于固定成本的存在，产销量的变动率与息税前利润变动率不相等，后者大于前者。除非固定成本是零或业务量无穷大，否则息税前利润的变动率总是大于边际贡献的变动率，而边际贡献的变动率与产销量变动率相等，因此，息税前利润变动率大于产销量变动率。产销量的增加虽然一般不会改变固定成本总额，但会降低单位固定成本，从而提高单位利润，使息税前利润的增长率大于产销量的增长率。反之，产销量的减少会提高单位固定成本，降低单位利润，使息税前利润下降率也大于产销量下降率。如果不存在固定成本，所有成本都是变动的，那么边际贡献就是息税前利润，这时息税前利润变动率就同产销量变动率完全一致。在某一固定成本比重下，销售量变动对息税前利润产生的作用，称为经营杠杆。

经营杠杆，亦称营业杠杆或营运杠杆，是指企业在经营活动中对营业成本中固定成本的利用。企业营业成本按其与营业总额的依存关系可分为变动成本和固定成本两部分。其中，变动成本是指随着营业总额的变动而变动的成本；固定成本是指在一定的营业规模内，不随营业总额的变动而保持相对固定不变的成本。企业可以通过扩大营业总额而降低单位营业额的固定成本，从而增加企业的营业利润，如此就形成企业的经营杠杆。企业利用经营杠杆，有时可以获得一定的经营杠杆利益。有时也承受着相应的营业风险即遭受损失。可见，经营杠杆是一把"双刃剑"。由于经营杠杆对经营风险的影响最为综合，因此常常用来衡量经营风险的大小。

只要企业存在固定成本，就存在经营杠杆的作用。但对不同企业，经营杠杆作用的程度是不完全一致的，为此，需要对经营杠杆进行计量。最常用的指标是经营杠杆系数。所谓经营杠杆系数，是指息税前利润变动率相当于产销量变动率的倍数。其计算公式为：

$$经营杠杆系数 = \frac{息税前利润变动率}{产销量变动率}$$

或：

$$DOL = \frac{\Delta EBIT/EBIT}{\Delta S/S}$$

式中：EBIT——变动前的息税前利润；
ΔEBIT——息税前利润的变动额；
S——变动前的产销量；
ΔS——产销量的变动额。

上述公式是计算经营杠杆系数的常用公式，但利用该公式，必须根据变动前和变动后的有关资料才能进行计算，而不能仅仅根据基期资料计算。为此，必须根据上述公式推导出用基期资料计算经营杠杆系数的公式。

设：TCM——基期边际贡献；
　　R——产销量变动率（$R = \Delta S/S$）；
　　a——固定成本。

因为产销量变动率与边际贡献变动率一致，所以，变动后的边际贡献为：TCM + TCM × R。则：

$$\text{DOL} = \frac{\Delta \text{EBIT}/\text{EBIT}}{\Delta S/S} = \frac{\Delta \text{EBIT}/\text{EBIT}}{R} = \frac{\Delta \text{EBIT}}{R(\text{EBIT})}$$

$$= \frac{(\text{TCM} + \text{TCM} \times R - a) - (\text{TCM} - a)}{R(\text{EBIT})}$$

$$= \frac{\text{TCM} \times R}{R(\text{EBIT})} = \frac{\text{TCM}}{\text{EBIT}}$$

于是得到下列公式：

$$\text{经营杠杆系数} = \frac{\text{基期边际贡献}}{\text{基期息税前利润}}$$

另外，可根据基期的经营杠杆系数，结合预测期的销售变动率来预测利润。其计算公式为：

$$\text{EBIT}' = \text{EBIT}(1 + R \times \text{DOL})$$

同时，可预测保证目标利润的实现，必须实现的销售变动率。其计算公式为：

$$R = \frac{\Delta \text{EBIT}/\text{EBIT}}{\text{DOL}}$$

例 8 - 13 某公司生产 A 产品，固定成本为 60 万元，变动成本率为 40%，当企业的销售额分别为 400 万元、200 万元、100 万元时，经营杠杆系数分别为：

$$\text{DOL}_{(1)} = \frac{400 - 400 \times 40\%}{400 - 400 \times 40\% - 60} \approx 1.33$$

$$\text{DOL}_{(2)} = \frac{200 - 200 \times 40\%}{200 - 200 \times 40\% - 60} = 2$$

$$\text{DOL}_{(3)} = \frac{100 - 100 \times 40\%}{100 - 100 \times 40\% - 60} \to \infty$$

3. 经营杠杆与经营风险

引起企业经营风险的主要原因，是市场需求和成本等因素的不确定性，经营杠杆本身并不是利润不稳定的根源。但是，产销量增加时，息税前利润将以 DOL 倍数的幅度增加；而产销量减少时，息税前利润又将以 DOL 倍数的幅度减少。可见，经营杠杆扩大了市场和生产等不确定因素对利润变动的影响。而且经营杠杆系数越高，利润变动越激烈，企业的经营风险就越大。于是，企业经营风险的大小和经营杠杆有重要关系。一般来说，在其他因素不变的情况下，固定成本越高，经营杠杆系数越大，经营风险越大。从例 8 - 13 的计算结果可以观察到以下情况。

① 在固定成本不变的情况下,经营杠杆系数说明了销售额增长(减少)所引起利润增长(减少)的幅度。比如,$DOL_{(1)}$ 说明在销售额为 400 万元时,销售额增长(减少)会引起利润 1.3 倍的增长(减少);$DOL_{(2)}$ 说明在销售额为 200 万元时,销售额增长(减少)会引起利润 2 倍的增长(减少)。

② 在固定成本不变的情况下,销售额越大,经营杠杆系数越小,经营风险也越小;反之销售额越小,经营杠杆系数越大,经营风险也越大。当销售额为 400 万元时,$DOL_{(1)}$ 为 1.3;当销售额为 200 万元时,$DOL_{(2)}$ 为 2。显然后者利润的不稳定性大于前者,因此后者的经营风险大于前者。

③ 在销售额处于损益平衡点前的阶段,经营杠杆系数随销售额的增加而递增;在销售额处于损益平衡点后的阶段,经营杠杆系数随销售额的增加而递减;当销售额处于损益平衡点时,经营杠杆系数趋近于无穷大。如 $DOL_{(3)}$ 的情况下,此时企业经营只能保本,若销售额稍有增加便可出现盈利,若销售额稍有减少便可出现亏损。

企业一般可以通过增加销售额、降低产品单位变动成本、降低固定成本比重等措施使经营杠杆系数下降,降低经营风险。

8.2.2 财务风险与财务杠杆

1. 财务风险

财务风险就是企业运用负债融资及优先股融资后,普通股股东所承担的额外风险。具体地说,它是指企业利用财务杠杆给普通股收益造成大幅波动的风险和破产的风险。当财务杠杆起作用造成息税前利润增长时,每股收益就会增加很多,从而降低财务风险;反之,息税前利润减少,财务杠杆的作用使每股收益降幅更大,特别是负债利率高于资金利润率,就会给企业带来较大的财务风险。

2. 财务杠杆

不论企业营业利润多少,债务的利息和优先股的股利通常都是固定不变的。当息税前利润增大时,每 1 元盈余所负担的固定财务费用就会相对减少,这能给普通股股东带来更多的盈余;反之,当息税前利润减少时,每 1 元盈余所负担的固定财务费用就会相对增加,这就会大幅度减少普通股的盈余。这种债务对投资者收益的影响,称作财务杠杆。

财务杠杆,亦称融资杠杆,是指企业在融资活动中对资本成本固定的债权资本的利用。企业的全部长期资本是由股权资本和债权资本所构成的。股权资本成本是变动的,在企业所得税后利润中支付;而债权资本成本通常是固定的,并在企业所得税前扣除。不管企业的息税前利润是多少,首先都要扣除利息等债权资本成本,然后才归属于股权资本。因此,企业利用财务杠杆会对股权资本的收益产生一定的影响,有时可能给股权资本的所有者带来额外的收益即财务杠杆利益,有时可能造成一定的损失即遭受财务风险。

从上述分析可知,只要在企业的融资方式中有固定财务支出的债务和优先股,就存在财务杠杆的作用。但不同企业,财务杠杆的作用程度是不完全一致的,为此,需要对财务杠杆进行计量。对财务杠杆进行计量的最常用指标是财务杠杆系数。所谓财务杠杆系数是普通股每股利润的变动率相当于息税前利润变动率的倍数。其计算公式为:

$$财务杠杆系数 = \frac{普通股每股盈余变动率}{息税前利润变动率}$$

$$DFL = \frac{\Delta EPS/EPS}{\Delta EBIT/EBIT}$$

式中：DFL——财务杠杆系数；

ΔEPS——普通股每股盈余变动额或普通股盈余变动额；

EPS——基期每股盈余或基期普通股盈余；

$\Delta EBIT$——息税前利润变动额；

EBIT——基期息税前利润。

财务杠杆系数的计算公式，可进一步简化。

设：I——债务利息；

T——所得税税率。

$$EPS = (EBIT - I) \times (1 - T)/N$$
$$\Delta EPS = \Delta EBIT \times (1 - T)/N$$

则：

$$DFL = \frac{\Delta EPS/EPS}{\Delta EBIT/EBIT} = \frac{\Delta EBIT \times (1 - T)}{(EBIT - I) \times (1 - T)} \times \frac{EBIT}{\Delta EBIT}$$

$$= \frac{EBIT}{EBIT - I}$$

即：

$$财务杠杆系数 = \frac{息税前利润}{息税前利润 - 利息}$$

另外，可根据基期的财务杠杆系数，结合预测期的利润变动率来预测计划期的每股盈余。其计算公式为：

$$EPS' = EPS(1 + R \times DFL)$$

式中：R——利润变动率

同时，可预测保证目标每股盈余的实现，必须实现的利润变动率。其计算公式为：

$$R = \frac{\Delta EPS/EPS}{DFL}$$

例 8-14 假设有甲、乙、丙三个业务相同的公司，有关财务资料情况如表 8-8 所示。

表 8-8 甲、乙、丙公司财务资料　　　　　　　　　金额单位：元

项目	甲公司	乙公司	丙公司
普通股本	2 000 000	1 500 000	1 000 000
发行股数	20 000	15 000	10 000
债务（8%）	0	500 000	1 000 000
资本总额	2 000 000	2 000 000	2 000 000
息税前利润	200 000	200 000	200 000
债务利息	0	40 000	80 000
税前利润	200 000	160 000	120 000
所得税（33%）	66 000	52 800	39 600
净利润	134 000	107 200	80 400

续表

项目	甲公司	乙公司	丙公司
财务杠杆系数	1	1.25	1.67
每股盈余	6.7	7.15	8.04
息税前利润增加	200 000	200 000	200 000
债务利息	0	40 000	80 000
税前利润	400 000	360 000	320 000
所得税（33%）	132 000	118 800	105 600
净利润	268 000	241 200	214 400
增长后每股盈余	13.4	16.08	21.44

财务杠杆系数表明的是息税前利润增长所引起的每股盈余的增长幅度。比如，甲公司的息税前利润增长1倍时，其每股盈余也增长1倍；乙公司的息税前利润增长1倍时，其每股盈余增长1.25倍；丙公司的息税前利润增长1倍时，其每股盈余增长1.67倍。因此，在利润增加时，乙公司每股盈余的增长幅度大于甲公司的增长幅度，丙公司每股盈余的增长幅度大于甲、乙公司的增长幅度；当然，当利润减少时，丙公司每股盈余减少得也更快。因此，公司息税前利润较多，增长幅度较大时，适当地利用负债性资金，发挥财务杠杆的作用，可增加每股盈余，使股票价格上涨，增加企业价值。

3. 财务杠杆与财务风险

企业为取得财务杠杆利益，就要增加负债，一旦企业息税前利润下降，不足以补偿固定利息支出，企业的每股利润也就会下降得更快。

在资本总额、息税前利润相同的情况下，负债比率越高，财务杠杆系数越高，财务风险越大，但预期每股盈余（投资者收益）也越高。比如，乙公司与甲公司相比，负债比率高25%（500 000÷2 000 000－0），财务杠杆系数高，则财务风险大，但每股盈余也高。

甲公司全部靠自有资金经营，每股盈余6.7元，财务杠杆系数为1；乙公司利用了利息率为8%的负债500 000元，负债比率为25%，则乙公司的每股盈余上升到7.15元，财务杠杆系数上升到1.25；丙公司利用了利息率为8%的负债1 000 000元，负债比率为50%，则丙公司的每股盈余上升到8.04元，财务杠杆系数上升到1.67。说明应用财务杠杆取得了比较好的效益，当然，随之也加大了财务风险。企业利用财务杠杆，可能会产生好的效果，也可能会产生坏的效果。

负债比率是可以控制的。企业可以通过合理安排资本结构，适度负债，使财务杠杆利益抵消风险增大所带来的不利影响。

4. 影响企业财务杠杆系数和财务风险的其他因素

影响企业财务杠杆系数和财务风险的因素，除了债权资本固定利息以外，还有其他许多因素，主要有以下几个方面。

① 资本规模的变动。在其他因素不变的情况下，如果资本规模发生了变动，财务杠杆系数也将随之变动。

例 8-15 某公司原有全部长期资本为 7 500 万元，债务资本比例为 40%，债务成本为 8%。息税前利润为 800 万元时，财务杠杆系数为：

$$DFL = \frac{800}{800 - 7\,500 \times 40\% \times 8\%} = 1.43 \text{（倍）}$$

若资本规模扩大到 8 000 万元，其他因素保持不变，则财务杠杆系数变为：

$$DFL = \frac{800}{800 - 8\,000 \times 40\% \times 8\%} = 1.47 \text{（倍）}$$

② 资本结构的变动。一般而言，在其他因素不变的条件下，资本结构发生变动，或者说债权资本比例发生变动，财务杠杆系数也会随之变动。例如在上例中，假如债权资本比例变为 50%，其他因素保持不变，则财务杠杆系数变为：

$$DFL = \frac{800}{800 - 7\,500 \times 50\% \times 8\%} = 1.60 \text{（倍）}$$

③ 债务利率的变动。在债务利率发生变动的情况下，即使其他因素不变，融资杠杆系数也会发生变动。假如在上例中其他因素不变，只有债务利率发生了变动，由 8% 降至 7%，则财务杠杆系数变动为：

$$DFL = \frac{800}{800 - 7\,500 \times 50\% \times 7\%} = 1.36 \text{（倍）}$$

④ 息税前利润的变动。息税前利润的变动通常也会影响财务杠杆系数。假如上例的息税前利润由 800 万元增至 1 000 万元，在其他因素不变的情况下，财务杠杆系数则变为：

$$DFL = \frac{1\,000}{1\,000 - 7\,500 \times 40\% \times 8\%} = 1.32 \text{（倍）}$$

在上列因素发生变动的情况下，财务杠杆系数一般也会发生变动，从而产生不同程度的财务杠杆利益和财务风险。因此，财务杠杆系数是资本结构决策的一个重要因素。

8.2.3 复合杠杆

如前所述，由于存在固定的生产经营成本，产生经营杠杆作用，使息税前利润的变动率大于销售量的变动率；同样，由于存在固定财务费用（如固定利息），产生财务杠杆作用，使企业每股盈余的变动率大于息税前利润的变动率。如果两种杠杆共同起作用，那么销售额稍有变动就会使每股收益产生更大的变动。通常将这两种杠杆的连锁作用称为复合杠杆。

复合杠杆，亦称总杠杆，是指经营杠杆和财务杠杆的综合。经营杠杆是利用企业经营成本中固定成本的作用而影响息税前利润，财务杠杆是利用企业资本成本中债权资本固定利息的作用而影响税后利润或普通股每股税后利润。经营杠杆和财务杠杆两者最终都影响到企业税后利润或普通股每股税后利润。因此，复合杠杆综合了经营杠杆和财务杠杆的共同影响作用。一个企业同时利用经营杠杆和财务杠杆，这种影响作用会更大。

例 8-16 某企业有关财务资料如表 8-9 所示，试看复合杠杆的作用。

表8-9　某企业有关财务资料　　　　　　　　　　　　　　　　单位：元

项　目	2011年	2012年	增加额	增加/%
销售收入（单价10元）	1 000 000	1 200 000	200 000	20
变动成本（单位4元）	400 000	480 000	80 000	20
固定成本	400 000	400 000	0	0
息税前利润	200 000	320 000	120 000	60
利息	80 000	80 000	0	0
税前利润	120 000	240 000	120 000	100
所得税（税率50%）	60 000	120 000	60 000	100
净利润	60 000	120 000	60 000	100
普通股股数	100 000	100 000	0	0
每股盈余	0.6	1.2	0.6	100

从表8-9中看到，在复合杠杆的作用下，销售量增加20%，每股盈余便增长100%。当然，如果业务量下降20%，企业的每股盈余也会下降100%。只要企业同时存在固定的生产经营成本和固定的利息费用等财务支出，就会存在复合杠杆的作用。但不同企业，复合杠杆作用的程度是不完全一致的，复合杠杆作用程度的最常用指标是复合杠杆系数。所谓复合杠杆系数，是指每股盈余变动率相当于销售量变动率的倍数。其计算公式为：

$$复合杠杆系数 = \frac{每股盈余变动率}{销售变动率}$$

或

$$DCL = \frac{\Delta EPS/EPS}{\Delta S/S}$$

式中：DCL——复合杠杆系数；
　　　EPS——变动前的每股利润；
　　　ΔEPS——每股利润变动额；
　　　S——变动前销售量；
　　　ΔS——销售量的变动额。

把表8-9中的有关数据代入，得：

$$DCL = \frac{0.6/0.6}{200\ 000/1\ 000\ 000} = 5$$

为简化计算，可根据上述公式推导出计算复合杠杆系数的简单公式：

$$DCL = DOL \times DFL$$

即复合杠杆系数等于经营杠杆系数与财务杠杆系数之积。总杠杆作用的意义，首先在于能够估计出销售变动对每股盈余造成的影响。在复合杠杆的作用下，当企业经济效益好时，每股盈余会大幅度上升，当企业经济效益差时，每股盈余会大幅度下降。企业复合杠杆系数越大，每股盈余的波动幅度越大。由于复合杠杆作用使每股盈余大幅度波动而造成的风险，称为复合风险。在其他因素不变的情况下，复合杠杆系数越大，复合风险越大；复合杠杆系数越小，复合风险越小。其次，它使我们看到了经营杠杆与财务杠杆之间的相互关系，即为了达到总杠杆系数，经营杠杆与财务杠杆可以有很多组合。比如，经营杠杆系数较高的公司可以在较低的程度上使用财务杠杆；经营杠杆系数较低的公司可以在较高的程度上使用财务杠杆。这有待公司在考虑了有关的具体因素后作出选择。

通过对经营杠杆、财务杠杆和复合杠杆的分析及观察,使我们了解到:

① 股东权益受经营风险和财务风险的双重影响,而经营风险主要受企业产品的需求状况、生产要素的供给状况、企业固定成本与变动成本的比例关系及企业对市场的应变能力等因素的影响;财务风险则主要受企业资本结构(即负债比率)的影响;

② 在息税前利润率高于债务利息率时,负债经营可以提高股东的收益水平;在息税前利润率低于债务利息率时,负债经营将降低股东的收益水平。股东收益水平变化幅度的增加,就是财务杠杆引起的财务风险;

③ 负债经营虽然提高股东收益水平,但要付出代价,即增大股东的财务风险。

相关链接

为什么日本公司如此具有竞争力

是什么原因使索尼、本田汽车、富士通、日立和东芝等公司如此相似?不只是因为它们都是日本公司,还因为它们对经营杠杆和财务杠杆的高度运用,在利用新技术替代缓慢、昂贵的劳动力方面,日本公司在世界上处于领先地位。它们以自动化高度厂房、激光技术、机器人、数字程序和其他科学尝试而闻名。不仅如此,日本还设有国际贸易和公司部(MITI)、科学与技术局等政府机构,通过政府资助和研究,鼓励对新技术的进一步投资。

由于依靠的是技术优势,因此日本公司承担着高固定成本。很明显,如果公司经营状况下滑,技术成本的高投入不会使企业轻易倒闭。甚至从事技术设计和开发的劳动力有时也是一种固定成本。与西方其他国家不同,日本公司的工人一般不被解雇,而且很多日本人都认为他们的工作是老板给予的生活保障。

如上所述,日本经济不仅具有高水平的经营杠杆,而且日本公司的财务杠杆运用水平也高。由于企业和银行之间的传统关系,日本企业很容易获得信贷资金,因此典型的日本公司比同类美国公司的资产负债率高2～3倍。企业和银行都是同一个企业联盟或贸易公司的成员,拥有连席董事(在两个董事会都担任董事)。在这样的制度下,银行情愿借出更多的资金给企业,如果借款不能收回,则与企业共担损失。与此相对照,美国的债款机构如花旗银行或美国银行,在贷款协议中有内容广泛的规定与合约,并且做好在借款者出现危机的第一时间撤出其资金的准备。这并非暗示日本企业从不出现不履行借款义务的情况。实际上,21世纪早期,日本银行的账面上就记录了大量坏账。

关键问题是日本公司不仅运用高水平的经营杠杆,还运用高水平的财务杠杆,这使它们非常有竞争力。如果一个企业的复合杠杆系数为6或者8,如同大多数日本公司那样,那么销售量的下滑就将是灾难性的。杠杆不仅能在销售增长时放大利润,而且在销售下降时也能放大损失。一般的经营原则是,暴露在高杠杆风险之下的企业,喜欢采取激进的行为以保证企业对固定成本的支付,这一规律同样适用于日本龙头企业。当然这可能是一个优点,因为这样可以保持企业的市场方向和市场优势。

8.3 资本结构

从上述分析得知,利用财务杠杆既可以提高股东的收益水平,又使股东承受相应的财务风险。然而,财务杠杆引起的资本结构(又称融资结构)变动是如何产生收益或风险的?企业应保持怎样的资本结构才合理?

8.3.1 资本结构概述

1. 资本结构的概念

资本结构是指企业资金中资本与负债的比例关系,又称负债权益比。在西方财务理论中,资本结构仅指长期负债和资本的比例关系。资本结构说明债权人所提供资金占企业全部资金的比重,表明债权人投入的资金受到自有资金保障的安全和风险程度,以及企业利用债权人资金进行生产经营活动、增加盈利的能力。资本结构决定企业偿债和再融资能力,影响着企业的未来盈利能力。资本结构优化,企业偿债和抗风险能力就强,但财务杠杆的作用减弱;反之,资本结构不佳,企业偿债和抗风险能力就弱,但财务杠杆作用增强。因此,资本结构是企业融资决策的核心问题,企业应从自身财务状况出发,采取科学的测算方法,综合分析与资本结构相关的因素,从而确定和选择企业最佳融资结构,并使企业资本结构始终保持最适当的状态。

当然,仅将资本结构理解为负债权益比是不够的。资本结构作为一个重要的财务范畴,具有丰富的内涵,至少应包括如下内容:

① 权益与负债的比例关系;
② 长期资金来源与短期资金来源的关系;
③ 各种融资方式的比例关系;
④ 不同投资者间的比例关系;
⑤ 资金来源结构与投向结构的配比关系。

上述内容的安排综合考虑了融资成本、融资风险、融资效益等因素,有助于资本结构的科学安排。

2. 资本结构中负债的意义

在企业资本结构中,合理地安排负债资金,对企业有重要影响。

(1) 一定程度的负债有利于降低企业资本成本

企业利用负债资金要定期支付利息并按时还本,所以债权人的风险比较小。企业利用债务集资的利息率可略低于股息率。另外,债务利息从税前支付,可减少缴纳所得税的数额。以上因素,使得债务的资本成本明显低于权益资金的成本。在一定的限度内增加债务,就可降低企业加权平均的资本成本,而减少债务,则会使加权平均的资本成本上升。

(2) 负债融资具有财务杠杆作用

不论企业利润多少,债务的利息通常都是固定不变的。息税前利润增大时,每一元盈余所负担的固定利息,就会相应地减少,这能给每一股普通股带来更多的收益。这就是财务杠杆作用。因此,在公司息税前利润较多、增长幅度较大时,适当地利用债务资金,发挥财务杠杆的作用，可增加每股盈余，从而使企业股票价格上涨。

（3）负债资金会加大企业的财务风险

财务杠杆的作用增加了破产的机会或普通股利润大幅度变动的机会。企业为取得财务杠杆利益而增加债务，必然增加利息等固定费用的负担。另外，由于财务杠杆的作用，在息税前利润下降时，普通股每股盈余下降得会更快。这些风险都是利用负债资金带来的。

8.3.2 最优资本结构

利用负债资金具有双重作用，适当利用负债，可以降低企业资本成本，但当企业负债比率太高时，会带来较大的财务风险。为此，企业必须权衡财务风险和资本成本的关系，确定最优的资本结构。所谓最优资本结构是指在一定条件下使企业加权平均资本成本最低、企业价值最大的资本结构。从理论上讲，最优资本结构是存在的，但由于企业内部条件和外部环境经常发生变化，寻找最优资本结构十分困难。下面探讨的有关确定资本结构的方法，可以有效地帮助财务管理人员确定合理的资本结构。但这些方法并不能当作绝对的判别标准，在应用这些方法时，还应结合其他因素，以便使资本结构趋于最优。

1. 息税前利润—每股盈余分析法

负债的偿还能力是建立在未来盈利能力基础之上的。研究资本结构，不能脱离企业的盈利能力。企业的盈利能力，一般用息税前利润（EBIT）表示。

负债融资是通过它的杠杆作用来增加股东财富的。确定资本结构不能不考虑它对股东财富的影响。股东财富用每股盈余（EPS）来表示。

将以上两方面联系起来，分析资本结构与每股盈余之间的关系，进而来确定合理的资本结构的方法，叫息税前利润—每股盈余分析法，简写为 EBIT—EPS 分析法。这种方法因为要确定每股盈余的无差异点，所以又叫每股盈余无差异点法。

例 8-17 某公司目前有资金 365 万元，现因生产发展需要准备再筹集 100 万元资金，方案（1）是发行年利率为 8% 的公司债券，方案（2）是发行 5 万股普通股，每股面值为 10 元，发行价为 20 元。该公司目前的资本结构如表 8-10 所示。

表 8-10 某公司目前的资本结构　　　　　　　　　　　　　　单位：万元

筹资方式	资本结构
公司债（利率4%）	75
优先股（股利率5%）	40
普通股（面值10元，10万股）	100
留存收益	150
资本总额	365

公司增加融资后，公司的资本结构将发生变化。在两种融资方式下，公司的资本结构如表 8-11 所示。

表 8-11　公司增资后的资本结构　　　　　　　　　　　　　　　　　　单位：万元

资本结构	增发公司债方案（1）	增发普通股方案（2）
公司债（利率4%）	75	75
公司债（利率8%）	100	—
优先股（股利率5%）	40	40
普通股（面值10元，10万股）	100	100
增发普通股（面值10元，5万股）		50
资本公积	—	50
留存收益	150	150
资本总额	465	465

资本结构是否合理，要通过每股盈余的变化来分析，一般认为凡是能够提高每股盈余的资本结构即是合理的。在不同的资本结构下公司的每股盈余发生变化，要处理资本结构与每股盈余的关系，则必须运用每股盈余无差异点进行分析。为了确定各种融资方案的每股盈余无差异点，首先要计算出在某个假设的 EBIT 水平下，公司各种融资方案所能获得的 EPS。假设公司预计下年度的 EBIT 为 100 万元，根据这个资料，作出不同融资方案的 EPS 分析表，如表 8-12 所示。

表 8-12　不同融资方案的 EPS 分析表　　　　　　　　　　　　　　　　单位：万元

项　目	增发公司债方案（1）	增发普通股方案（2）
息税前利润（EBIT）	100	100
减：利息	11	3
税前利润	89	97
减：所得税（50%）	29.37	32.01
净利润	59.63	64.99
减：优先股股息	2	2
可供分配的利润	57.63	62.99
普通股股数	10	15
每股盈余（EPS）（元）	5.763	4.20

从表 8-12 中可以看到，在息税前利润为 100 万元的情况下，利用增发公司债券的形式筹集资金能使每股盈余上升较多，这可能更有利于股票价格上涨，更符合理财目标。

然而，如果当公司的 EBIT 水平下降，甚至大大低于 100 万元，则会使企业由于负债比例过高而增加财务风险。这样公司在融资方案选择和资本结构决策时，就要掌握当 EBIT 水平下降到什么情况时，公司不能再采用负债融资或采用较小数额的负债融资。那么，究竟息税前利润为多少时发行普通股有利、息税前利润为多少时发行公司债有利呢？这就要测算每股盈余无差异点处的息税前利润。

其计算公式为：

$$\frac{(\overline{\text{EBIT}} - I_1)(1-T) - D_1}{N_1} = \frac{(\overline{\text{EBIT}} - I_2)(1-T) - D_2}{N_2}$$

式中：$\overline{EBIT}$——每股盈余无差异点处的息税前利润；

I_1，I_2——两种融资方式下的年利息；

D_1，D_2——两种融资方式下的优先股股利；

N_1，N_2——两种融资方式下的普通股股数；

T——所得税税率。

将上例的资料代入公式得：

$$\frac{(\overline{EBIT}-11)\times(1-33\%)-2}{10}=\frac{(\overline{EBIT}-3)\times(1-33\%)}{15}$$

求得：$\overline{EBIT}=30$（万元）

在此点：$EPS_1=EPS_2=1.073$（元）

这就是说，当盈利能力 EBIT > 30 万元时，利用负债集资较为有利，当盈利能力 EBIT < 30 万元时，不应再增加负债，以发行普通股为宜。当 EBIT 为 30 万元时，采用两种方式无差别。该公司预计 EBIT 为 100 万元，故采用发行公司债券的方式较为有利。

利用表 8 - 12 的资料，还可绘制出 EBIT—EPS 分析图，如图 8 - 1 所示。这更能一目了然地说明问题。

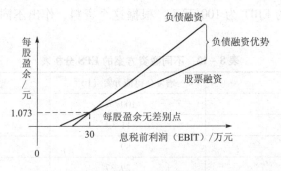

图 8 - 1　EBIT—EPS 分析图

这种分析方法只考虑了资本结构对每股盈余的影响，并假定每股盈余最大，股票价格也就最高，但把资本结构对风险的影响置于视野之外，是不全面的。因为随着负债的增加，投资者的风险加大，股票价格和企业价值也会有下降的趋势，所以，单纯地用 EBIT—EPS 分析法有时会作出错误的决策。但在资本市场不完善的时候，投资人主要根据每股盈余的多少来作出投资决策，每股盈余的增加也的确有利于股票价格的上升。

2. 比较资本成本法

企业在作出融资决策之前，先拟定若干个备选方案，分别计算各方案加权平均的资本成本，并根据加权平均资本成本的高低来确定资本结构的方法，叫比较资本成本法。

例 8 - 18　某公司原来的资本结构：利率为 10% 的债券 1 000 万元；每股面值 1 元、发行价为 10 元的普通股 100 万股。资本总额为 2 000 万元。目前股票价格为 10 元，今年期望股利为 1 元/股，预计以后每年增加股利 5%。假设该公司的所得税税率为 30%，发行各种证券均无融资费。

该企业现拟增资 500 万元，以扩大生产经营规模，现有如下三个方案可供选择。

甲方案：增加发行 500 万元的债券，因负债增加，投资人风险加大，债券利率增至 12%，预计普通股股利不变，但由于风险加大，普通股市价降至 8 元/股。

乙方案：发行债券250万元，年利率为10%，发行股票25万股，每股发行价10元，预计普通股股利不变。

丙方案：发行股票45.45万股，普通股市价增至11元/股。

现分别计算各方案的加权平均资本成本。

（1）甲方案各种资金的比重和资本成本

$$W_{b1} = \frac{1\ 000}{2\ 500} \times 100\% = 40\% \qquad W_{b2} = \frac{500}{2\ 500} \times 100\% = 20\%$$

$$W_s = \frac{1\ 000}{2\ 500} \times 100\% = 40\%$$

$$K_{b1} = 10\% \times (1 - 30\%) = 7\% \qquad K_{b2} = 12\% \times (1 - 30\%) \approx 8.41\%$$

$$K_s = \frac{1}{8} + 5\% = 17.5\%$$

甲方案的加权平均资本成本为：

$$K_w = 40\% \times 7\% + 20\% \times 8.4\% + 40\% \times 17.5\% = 11.48\%$$

（2）乙方案各种资金的比重和资本成本为：

$$W_b = \frac{1\ 000 + 250}{2\ 500} \times 100\% = 50\% \qquad W_s = \frac{1\ 000 + 250}{2\ 500} \times 100\% = 50\%$$

$$K_b = 10\% \times (1 - 30\%) = 7\% \qquad K_s = \frac{1}{10} + 5\% = 15\%$$

乙方案加权平均资本成本为：

$$K_w = 50\% \times 7\% + 50\% \times 15\% = 11\%$$

（3）丙方案各种资金的比重和资本成本为：

$$W_b = \frac{1\ 000}{2\ 500} \times 100\% = 40\% \qquad W_s = \frac{1\ 000 + 500}{2\ 500} \times 100\% = 60\%$$

$$K_b = 10\% \times (1 - 30\%) = 7\% \qquad K_s = \frac{1}{11} + 5\% \approx 14.1\%$$

丙方案加权平均资本成本为：

$$K_w = 40\% \times 7\% + 60\% \times 14.1\% = 11.26\%$$

从以上计算可以看出，乙方案的加权平均资本成本最低，所以应选用乙方案，即该公司应保持原来的资金结构，50%为负债资金，50%为自有资金。

这种方法通俗易懂，计算过程也不是十分复杂，是确定资本结构的一种常用方法。但因所拟订的方案数量有限，故有把最优方案漏掉的可能。

3. 因素分析法

在实际工作中，准确地确定最佳资本结构几乎是不可能的。所以，财务管理人员在进行定量分析的同时要进行定性分析。定性分析要认真考虑影响资本结构的各种因素，并根据这些因素来确定企业的合理的资本结构。因为采用这种方法时，关键是要科学地分析影响资本结构的各种因素，因此，通常把这种方法叫因素分析法。

下面分析影响资金结构的基本因素。

（1）企业销售的增长情况

预计未来销售的增长率，决定财务杠杆在多大程度上扩大每股盈余，如果销售增长速度很快，使用具有固定财务费用的债务融资，就会扩大普通股的每股盈余。

除了销售的增长率外，销售是否稳定对资本结构也有重要影响。如果企业的销售比较稳定，则可较多地负担固定的财务费用；如果销售和盈余有周期性，则负担固定的财务费用将冒较大的财务风险。

(2) 企业所有者和管理人员的态度

企业所有者和管理人员的态度对资本结构也有重要影响，因为企业资本结构的决策最终是由他们作出的。

一个企业的股票如果被众多投资者所持有，谁也没有绝对的控制权，这个企业可能会更多地采用发行股票的方式来筹集资金，因为企业所有者并不担心控制权的旁落。反之，有的企业被少数股东所控制，股东们很重视控制权问题，企业为了保证少数股东的绝对控制权，一般尽量避免普通股融资，而是采用优先股或负债方式筹集资金。

管理人员对待风险的态度，也是影响资金结构的重要因素。喜欢冒险的财务管理人员，可能会安排比较高的负债比例；反之，一些持稳健态度的财务人员则会只使用较少的债务。

(3) 贷款人和信用评级机构的影响

每位公司的财务经理对如何运用财务杠杆都有自己的分析，但贷款人和信用评级机构的态度实际上往往成为决定财务结构的关键因素。

一般而言，公司财务管理人员都会与贷款人和信用评级机构商讨其财务结构，并充分尊重他们的意见。大部分贷款人都不希望公司的负债比例太大，如果公司坚持使用过多债务，则贷款人可能拒绝贷款。同样，如果企业债务太多，信用评级机构可能会降低企业的信用等级，这样会影响企业的融资能力，提高企业的资本成本。

(4) 行业因素

不同行业，资本结构有很大差别。财务经理必须考虑本企业所处的行业，以便考虑最佳的资本结构。

(5) 企业规模

一般而言，企业规模越大，筹集资金的方式就越多，如通过证券市场发行股票、吸收国家和法人单位投资等，因此，负债比率较低。而一些中小型企业融资方式比较单一，主要靠银行借款来解决资金需求。因此，负债一般较高。

(6) 企业的财务状况

获利能力越强、财务状况越好、变现能力越强的公司，就越有能力负担财务上的风险。因而，随着企业变现能力、财务状况和盈利能力的增进，举债融资越来越有吸引力。当然，有些企业，因为财务状况不好，无法顺利发行股票，只好以高利率发行债券来筹集资金。

(7) 资产结构

资产结构会以多种方式影响企业的资本结构：① 拥有大量固定资产的企业主要通过长期负债和发行股票筹集资金；② 拥有较多流动资产的企业，更多依赖流动负债来筹集资金；③ 资产适用于抵押贷款的公司举债额较多，如房地产公司的抵押贷款就相当多；④ 以技术研究开发为主的公司则负债很少。

(8) 所得税税率的高低

企业利用负债可以获得减税利益，因此，所得税税率越高，负债的好处越多；反之，如果税率很低，则采用举债方式的减税利益就不十分明显。

(9) 利率水平的变动趋势

利率水平的变动趋势也会影响到企业的资本结构。如果公司财务管理人员认为利息率暂时较低，但不久的将来有可能上升的话，便会大量发行长期债券，从而在若干年内把利率固定在较低水平上。

以上因素都可能会影响到企业的资本结构，财务管理人员应在认真分析上述因素的基础上，根据经验来确定企业的资本结构。

确定资本结构的定量分析方法和定性分析方法各有优缺点，在实际工作中应结合起来加以运用，以便合理确定资本结构。

相关链接

杜邦公司的资本结构

杜邦公司于1802年成立，最初是一家制造弹药的公司。1900年，杜邦公司开始通过研究和收购迅速扩张。作为化学制品和纤维制品的技术领先者，杜邦公司逐渐成长为美国最大的化学制造公司。在1980年末，该公司在《幸福》杂志全美500家工业企业排名中，名列第15位。1981年，在收购科纳克公司（一家大石油公司）之后，杜邦公司的排名升至第7位。

在过去20年中，杜邦公司的经营发生了戏剧性的变化。管理层在消化科纳克公司的同时，面临一个重要的财务政策抉择——决定适合杜邦公司的资本结构。这一决策对杜邦公司的财务表现及其竞争地位都很有意义。以下是杜邦公司在1965—1982年间的资本结构变动情况。

过去，杜邦公司一直以其极端保守的财务政策而闻名。公司的低负债率部分是由于其在产品市场上的成功，它的高盈利率使其自身积累的资金就可满足财务需要。事实上，由于杜邦公司1965—1970年的现金余额大于总负债，它的财务杠杆是负的。杜邦公司对债务的保守使用，加上其高盈利率和产品在化学工业中的技术领先地位，使它成为极少数AAA级制造业公司之一。杜邦的低负债政策使其财务弹性达到最大，使经营免受财务限制。

20世纪60年代末，纤维和塑料行业的竞争增加了杜邦公司执行其财务政策的难度。1965—1970年，这些行业生产能力的增加大大超过需求的增加，从而导致了产品价格的大幅下降。其结果是杜邦公司的毛利和资本报酬率下降。尽管它的销售收入不断增加，但1970年的净利润较1965年下降了19%。

20世纪70年代中期，通货膨胀、竞争加剧和产品价格下降三个因素的共同作用加剧了杜邦公司融资政策的困难。到1974年，通货膨胀的节节上升已使该计划的成本超出预算50%还多。但由于这些资本支出对维持和提高杜邦的竞争地位很重要，因此它不愿缩减或延迟这些支出。1973年石油价格的飞速上涨增加了杜邦的原料成本；而石油短缺也增加了必需的存货投资。杜邦公司经受了1974年石油危机的全面冲击；它的收入增加了16%，成本激增了30%，从而导致利润下降了31%。1975年的经济衰退对杜邦的纤维业有着极大的影响，其具体表现为：从1974年第二季度到1975年第二季度，其纤维销量下降了50%；1975年的净利润下降了33%；从1973年到1975年，杜邦公司的净利润、总资本报酬和每股盈余的下降均超过50%。

通货膨胀对其所需资本支出的冲击，石油价格飙升对成本的影响及纤维业的衰退导致了沉重的融资压力。一方面内部生成的资金减少；另一方面，营运资本和资本支出所需投资却急剧增加。为应付这种资金不足，杜邦公司砍掉了1974年和1975年的股票，缩减了营运资本投资，但这些措施不足以满足其全部资金需要，杜邦转向债务融资。与1972年没有短期债务相比，到1975年末，公司的短期债务增至\$5.4亿。此外，1974年，杜邦还发行了\$3.5亿30年期的债券和\$1.5亿7年期的票据。前者是20世纪20年代以来，杜邦公司首次在美国公开发行长期债务。其结果是杜邦公司的负债率从1972年的7%上升到1975年的27%，利息保障倍数从38.4降至4.6。尽管杜邦担忧公司负债率的快速增加可能会导致降级，但在这段时间中，它还是保住了AAA级债券等级。

不过，杜邦公司很快降低了负债率。从1976年到1979年，融资压力减轻了。随着20世纪70年代初开始的资本支出项目接近尾声，资本支出从1975年的最高峰下降了。同时，相对平和的能源价格上涨和1974—1975年经济衰退后的全面复苏，使公司的利润在1975—1979年间增加了3倍多。1977、1978和1979年，杜邦公司持续降低其总债务。到1979年末，杜邦公司的债务已减至总资本的20%左右，利息保障倍数也从1975年的4.6回升至11.5。公司又一次很稳固地位于AAA级之列。但是，尚不能确定公司是否会恢复到过去的零负债政策上。1978年，杜邦公司的一位高级副总裁理查德·黑科特指出：尽管目前，我们预计债务会进一步减少，但我们仍有可观的借款能力及很大的财务弹性。

1981年夏天，杜邦公司突然偏离了其财务弹性最大化的政策。7月，杜邦开始竞标收购科纳克公司——一家大石油公司，它在美国工业企业排名中占第14位。经过一场简短而又疯狂的战斗，杜邦公司在1981年8月成功地购买了科纳克公司。\$80亿的价格使其成为美国有史以来最大的合并，并意味着高于科纳克收购前市场价格77%的溢价。收购之后，杜邦公司的规模翻了一倍，且大大提高了它在无差别商品生产中的竞争地位。但杜邦公司的股票价格和行业分析家对此项收购的反应均很消极。主要的问题包括杜邦公司所支付的高价格及科纳克如何有助于杜邦实现其战略目标。

为筹集收购资金，杜邦公司发行了\$39亿普通股和\$38.5亿浮动利率债务。此外，杜邦还承担了\$19亿科纳克公司的债务。收购使杜邦公司的负债率从1980年末的20%出头升至将近40%。杜邦公司的债券等级降至AA级，公司有史以来第一次掉下等级。

收购科纳克公司所引起的负债比率的增加标志着在10年内，杜邦公司又一次偏离了其传统的资本结构政策。这连同杜邦公司经营范围的根本变化，要求公司确定新的、合理的资本结构政策。

8.3.3 资本结构理论

资本结构理论由美国提出，在西方国家广泛传播和应用，构成了西方企业财务理论的主要内容。它经历了一个逐步形成、不断发展和完善的过程，近年来也引起我国财务界的重视，直接影响我国财务理论的发展和公司财务政策的制定。目前西方资本结构理论主要有以下几种。

1. 净收入理论

这是西方早期资本结构理论之一。该理论认为，公司加大财务杠杆程度，可以降低企业加权平均的资本成本，提高公司的市场价值。所以，企业利用债务资金总是有利的。按照该理论，公司应该可以最大限度地利用债务资金，不断地降低公司的资本成本以提高公司价值。当债务资本为100%时，企业的价值最大，这显然是不可能的，也是荒谬的。

2. 净营运收入理论

净营运收入理论认为，不论财务杠杆如何变动，综合资本成本都是固定的，同时企业价值也是固定不变的。因为增加成本较低的负债资本同时会增加公司的风险，这会使权益资本的成本提高，一升一降，加权平均总成本仍保持不变；并认为公司的资本成本不受财务杠杆、资本结构的影响。因此，公司不存在最佳资本结构问题。可见，净营运收入理论与净收入理论是完全相反的两种理论。

3. 传统理论

这是一种介于净收入理论和净营运收入理论之间的折中理论。这种理论认为，企业利用财务杠杆尽管会导致权益资本的上升，但在一定程度内却不会完全抵消利用资本成本率低的债务所获得的好处，因此会使加权平均资本成本下降，企业总价值上升。但是超过一定程度地利用财务杠杆，权益成本的上升就不再能为债务的低成本所抵消，加权平均资本成本便会上升。以后，债务成本也会上升，它和权益成本的上升共同作用，使加权平均资本成本上升加快。加权平均资本成本从下降变为上升的转折点，是加权平均资本成本的最低点，这时的负债比率就是企业的最佳资本结构。可见，传统理论认定企业有最佳资本结构。

4. 权衡理论（MM 理论）

MM 理论是美国著名金融经济学家、财务学家莫迪里艾尼（1985 年诺贝尔经济学奖获得者）与米勒（1990 年诺贝尔经济学奖获得者）共同提出的一整套资本结构理论。MM 理论可分为两个阶段：一是最初的 MM 理论；二是修正的 MM 理论。

（1）最初的 MM 理论

最初的 MM 理论认为，由于所得税法允许债务利息费用在税前扣除，负债越多，企业价值越大。但是在现实生活中，有的假设是不成立的，因此早期的 MM 理论推导出的结论并不完全符合现实情况，只能作为这一理论研究的起点。此后，MM 理论有所发展，提出了税负利益—破产成本的权衡理论。

（2）修正的 MM 理论

修正的 MM 理论的基本思想是：公司可通过财务杠杆利益的不断增加而不断地降低其资本成本，负债越多，杠杆作用越明显，公司价值就越高。在有公司税的情况下，负债会因为利息是免税支出而增加企业价值。修正的 MM 理论包括三个命题。① 赋税节余命题：负债企业的价值等于相同风险等级的无负债企业的价值加上赋税节余价值，而赋税节余价值等于公司税率乘以负债额。这就是说，负债企业会由于负债的存在而节约公司税支出，从而增加企业价值。② 风险报酬命题：负债企业的股本成本等于相同风险等级的无负债企业股本成本加上无负债企业股本成本与负债成本之差及有负债额和公司税率决定的风险报酬。③ 投资报酬率命题：在投资项目中，内含报酬率只有等于或大于某个临界率才能接受。但是，MM 理论忽略了现代社会中的两个因素：财务拮据成本和代理成本。而只要运用负债经营，就有发生财务拮据成本和代理成本的可能。实际上由于财务拮据成本和代理成本很难进行准确的估算，故最优资本结构并不能靠计算或纯理论分析得出，而要由企业管理人员和有关决策人员根据各方面的情况进行判断和选择。

5. 不对称信息理论

所谓不对称信息，是指管理者和投资者在信息获得方面是不平等的，管理者比投资者掌握更多、更准确的信息；而且，管理者会试图为现有的股东而不是新股东谋最大利益。由于这种信息的不对称，将直接影响企业的筹资顺序及最佳资本结构的确定。例如，股票筹资本应是容易被投资者所接受的方式，但在不对称的信息环境中，发行股票筹资往往被投资者认为是风险极大、代价很高的筹资方式。根据实证研究的结果，美国公司通常不会发行新股筹资，而是按照留存收益→发行债券→可转换证券→普通股票的筹资顺序。尽管这一顺序的规定没有严密的理论依据，但在不对称信息环境中，却被认为是合理的。

分析西方资本结构理论，可以发现其特点。

① 每种理论都有严格的、较多的假设条件。

② 最佳资本结构的判断标准是公司价值最大或者是使公司资本成本最低的结构。资本结构研究要综合考虑资本结构对企业价值和资本成本的双重影响。

③ 公司是否存在最佳资本结构有不同主张，但更多的人偏向于存在最佳资本结构的观点。

④ 对资本结构的研究要注意理性分析，要考虑非量化的各种有关因素。

本章小结

资本成本是企业融资、投资决策的主要依据，是企业为筹集和使用资金而付出的代价，它对于企业财务管理活动具有重要意义。个别资本成本、加权平均资本成本和边际资本成本的概念、用途各不相同，计算方法也有所区别。只有当投资项目的投资报酬率高于资本成本时，资金的筹集和使用才有利于提高企业价值。

资本结构是债务资本在资本总额中的比例问题。使用债务资本可以降低企业的资本成本，并给企业所有者带来杠杆利益，但同时也给企业带来一定的风险。

企业在经营决策时对经营成本中固定成本的利用，可以使企业获得经营杠杆利益。即在一定的产销规模内，随着销售的增长，息税前利润以更快的速度增长。经营杠杆利益的大小用经营杠杆系数来衡量。企业对债务资本的利用，可以获得财务杠杆利益，即在资本结构一定时，随着息税前利润的增长，每股收益以更快的速度增长。财务杠杆利益的大小用财务杠杆系数来衡量。总杠杆系数等于经营杠杆系数和财务杠杆系数的乘积，表示每股收益变动率相当于销售变动率的倍数。息税前利润—每股盈余分析法是负债和权益融资下每股净收益相等时的息税前利润点，当预计息税前利润低于该点时，用负债融资较为有利，反之用权益融资更好。比较资本成本法是根据加权平均资本成本的高低来确定资本结构的方法。企业进行资本结构决策还要考虑其成长性、销售情况、经营管理人员和财务人员的态度、资产结构、获利能力和偿债能力等因素。

资本结构理论研究的是资本结构与企业价值之间的关系。净收入理论认为企业价值随负债比例的上升而上升，净营运收入理论认为企业价值不受资本结构的影响，传统理论则认为企业价值随负债比例的上升而上升，到一定程度后会开始下降。不考虑公司税的 MM 理论中企业价值与资本结构无关；在考虑公司税的影响之后，MM 理论认为负债会提高企业价值。权衡理论不但考虑了债务利息的免税利益，还考虑了债务所带来的额外费用，最佳资本结构的确定要在利益和成本之间权衡。

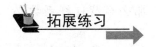

拓展练习

▷ 单项选择题

1. 通过企业资金结构的调整，可以（ ）。
   A. 降低经营风险　　　　　　　B. 影响财务风险
   C. 提高经营风险　　　　　　　D. 不影响财务风险

2. 某企业借入资本和权益资本的比例为 1∶1，则该企业（ ）。
   A. 只有经营风险
   B. 只有财务风险
   C. 既有经营风险又有财务风险
   D. 没有风险，因为经营风险和财务风险可以相抵消

3. 某公司的经营杠杆系数为 2，财务杠杆系数为 1.6，则该公司销售额每增长 1 倍，就会造成每股收益增加（ ）。
   A. 2.6　　　　B. 5　　　　C. 9　　　　D. 3.2

4. 某企业希望在筹资计划中确定期望的加权平均资本成本，为此需要计算个别资本占全部资本的比重。应采用的计算基础是（ ）。
   A. 目标市场价值　　　　　　　B. 目前的市场价值
   C. 目前的账面价值　　　　　　D. 预计的账面价值

5. 既具有抵税效应，又能带来杠杆利益的筹资方式是（ ）。
   A. 发行优先股　　　　　　　　B. 发行债券
   C. 发行普通股　　　　　　　　D. 使用内部留存

6. 财务杠杆效应是指（ ）。
   A. 提高债务比例导致的所得税降低
   B. 利用现金折扣获取的利益
   C. 利用债务筹资给企业带来的额外收益
   D. 降低债务比例所节约的利息费用

7. 根据风险收益对等观念，一般情况下，各筹资方式资本成本由小到大依次是（ ）。
   A. 普通股、银行借款、企业债券　　B. 银行借款、企业债券、普通股
   C. 银行借款、普通股、企业债券　　D. 企业债券、普通股、银行借款

8. 某企业经批准评价发行优先股股票，筹资费率和股息年利率分别为 5% 和 8%，则优

先股成本为（   ）。

   A. 8.42%   B. 3.26%   C. 5.58%   D. 11.72%

9. 关于资本结构理论表述正确的是（   ）。

   A. 等级筹资理论认为企业偏好内部筹资，如果需要外部筹资偏好股票筹资
   B. 净收益理论认为负债率的大小对企业价值没有影响
   C. MM 理论认为任何情况负债越多，企业价值越大
   D. 净营业收益理论认为企业不存在最佳资本结构

10. 只要企业存在固定成本，当企业息税前利润大于零时，那么经营杠杆系数必（   ）。

   A. 恒大于 1   B. 与销售量成正比
   C. 与固定成本成反比   D. 与风险成反比

➡ 多项选择题

1. 以下哪种资本结构理论认为存在最佳资本结构（   ）。

   A. 净收入理论   B. 净营运收入理论
   C. 传统理论   D. MM 理论

2. 加权平均资本成本的权数，可有以下几种选择（   ）。

   A. 票面价值   B. 账面价值   C. 市场价值
   D. 清算价值   E. 目标价值

3. 融资决策中的总杠杆具有如下性质（   ）。

   A. 总杠杆能够起到财务杠杆和经营杠杆的综合作用
   B. 总杠杆能够表达企业边际贡献与税前盈余的比率
   C. 总杠杆能够估计出销售额变动对每股收益的影响
   D. 总杠杆系数越大，企业经营风险越大
   E. 总杠杆系数越大，企业财务风险越大

4. 企业降低经营风险的一般途径有（   ）。

   A. 增加销售量   B. 增加自由资本
   C. 降低变动成本   D. 增加固定成本比例
   E. 提高产品售价

5. 公司债券筹资与普通股筹资相比较（   ）。

   A. 普通股筹资的风险相对较高
   B. 公司债券筹资的资本成本相对较低
   C. 普通股筹资不可以利用财务杠杆的作用
   D. 公司债券利息可以税前列支，普通股股利必须是税后支付

6. 保留盈余的资本成本，正确的说法是（   ）。

   A. 它不存在成本问题
   B. 其成本是一种机会成本
   C. 它的成本计算不考虑筹资费用
   D. 它相当于股东投资于某种股票所要求的必要收益率

E. 在企业实务中一般不予考虑

7. 在个别资本成本中须考虑抵税因素的是（　　）。
   A. 债券成本　　　　　　　　　B. 银行借款成本
   C. 普通股成本　　　　　　　　D. 留存收益成本

8. 企业债务成本过高时，可以采用以下方式调整其资金结构（　　）。
   A. 以公积金转增资本
   B. 利用税后留存归还债务，以降低债务比重
   C. 提前偿还长期债务，筹集相应的权益资金
   D. 将可转换债券转换为普通股

9. 最佳资本结构的判断标准是（　　）。
   A. 资本规模最大　　　　　　　B. 筹资风险最小
   C. 企业价值最大　　　　　　　D. 加权平均资本成本最低

10. 确定企业资本结构时（　　）。
    A. 如果企业的销售不稳定，则可较多地筹措负债资金
    B. 所得税率越高，举债利益越明显
    C. 为了保证原有股东的绝对控制权，一般应尽量避免普通股筹资
    D. 若预期市场利率会上升，企业应尽量利用短期负债

判断题

1. "财务费用"账户的发生额可以大体上反应企业资本成本的实际数额。（　　）
2. 若某种证券的流动性差或者市场价格流动大，对筹资者来说都要支付相当大的筹资代价。（　　）
3. 资本成本计算的正确与否，通常会影响企业的筹资决策，不会影响投资决策。（　　）
4. 每股收益无差别点分析不能用于确定最优资本结构。（　　）
5. 经营风险指企业未使用债务时经营的内在风险，它是企业投资决策的结果，表现在资产息税前利润率的变动上。（　　）
6. 在计算综合资本成本时，也可以按照债券、股票的市场价格确定其占全部资金的比重。（　　）
7. 经营杠杆并不是经营风险，而只是放大了经营风险。（　　）
8. 当经营杠杆系数趋近于无穷大时，企业的经营利润率为零。（　　）
9. 最佳资本结构是企业筹资能力最强、财务风险最小的资本结构。（　　）
10. 在经营杠杆系数一定的条件下，权益乘数与总杠杆系数成反比。（　　）

计算分析题

1. ABC公司正在着手编制明年的财务计划，公司财务主管请你协助计算其加权资金成本。有关信息如下：

   (1) 公司银行借款利率当前是9%，明年将下降为8.93%；
   (2) 公司债券面值为1元，票面利率为8%，期限为10年，分期付息，当前市价为0.85元；如果按公司债券当前市价发行新的债券，发行成本为市价的4%；

（3）公司普通股面值为1元，当前每股市价为5.5元，本年派发现金股利0.35元，预计股利增长率维持7%；

（4）公司当前（本年）的资本结构为：银行借款为150万元；长期债券为650万元；普通股股本为400万元；留存盈余为869.4万元；

（5）公司所得税率为40%，公司普通股的β值为1.1；

（6）当前国债的收益率为5.5%，市场上投资组合的平均收益率为13.5%。

要求：

（1）计算银行借款的税后资本成本。

（2）计算债券的税后成本。

（3）分别使用股票股利折现模型和资本资产订价模型估计股票资本成本，并计算两种结果的平均值作为股票成本。

（4）如果明年不改变资金结构，计算其加权平均的资金成本。

2. 某企业发行普通股800万元，发行价为8元/股，融资费率为6%，第一年预期股利为0.8元/股，以后各年增长2%；该公司股票的β系数等于1.2，无风险利率为8%，市场上所有股票的平均收益率为12%，风险溢价为4%。

要求：根据上述资料使用股利折现模型、资本资产定价模型以及无风险利率加风险溢价法分别计算普通股的资金成本。

3. 某公司计划筹集新的资金，并维持目前的资金结构（债券占60%，普通股占40%）不变。随融资额的增加，各融资方式的资金成本变化如下：

融资方式	新融资额	资金成本
债 券	60万元以下	8%
	60万~120万元	9%
	120万元以上	10%
普通股	60万元以下	14%
	60万元以上	16%

要求：计算各融资总额范围内资金的边际成本。

4. 某企业只生产和销售甲产品，其总成本习性模型为 $y=15\,000+4x$。假定该企业2012年度该产品销售量为10 000件，每件售价为8元，按市场预测2013年A产品的销售数量将增长15%。要求：

（1）计算2012年该企业的边际贡献总额。

（2）计算2012年该企业的息税前利润。

（3）计算2013年的经营杠杆系数。

（4）计算2013年的息税前利润增长率。

（5）假定企业2012年发生负债利息及融资租赁租金共计5 000元，优先股股息300元，企业所得税税率40%，计算2013年的复合杠杆系数。

5. 某企业2012年资产总额是1 000万元，资产负债率是40%，负债的平均利息率是5%，实现的销售收入是1 000万元，变动成本率30%，固定成本和财务费用总共是220万元。如果预计 2013 年销售收入会提高 50%，其他条件不变。

（1）计算 2013 年的经营杠杆、财务杠杆和复合杠杆。

（2）预计 2013 年每股利润增长率。

6. 某公司原有资本 1 000 万元，其中债务资本 400 万元（每年负担利息 30 万元），普通股资本 600 万元（发行普通股 12 万股，每股面值 50 元），企业所得税税率为 30%。由于扩大业务，需追加融资 300 万元，其融资方式有三个：

一是全部发行普通股：增发 6 万股，每股面值 50 元；

二是全部按面值发行债券：债券利率为 10%；

三是发行优先股 300 万元，股息率为 12%。

要求：

（1）分别计算普通股融资与债券融资以及普通股融资与优先股融资每股利润无差别点的息税前利润。

（2）假设扩大业务后的息税前利润为 300 万元，确定公司应当采用哪种融资方式（不考虑风险）。

7. 某公司原资金结构如下所示：

融资方式	金额（万元）
债券（年利率 8%）	3 000
普通股（每股面值 1 元，发行价 12 元，共 500 万股）	6 000
合计	9 000

目前普通股的每股市价为 10 元，预期第一年的股利为 1.5 元，以后每年以固定的增长率 5% 增长，不考虑证券融资费用，企业适用的所得税税率为 30%。

企业目前拟增资 2 000 万元，以投资于新项目，有以下两个方案可供选择：

方案一：按面值发行 2 000 万元债券，债券年利率 10%，同时由于企业风险的增加，普通股的市价降为 11 元/股（股利不变）；

方案二：按面值发行 1 340 万元债券，债券年利率 9%，同时按照 11 元/股的价格发行普通股股票筹集 660 万元资金（股利不变）。

8. 已知某公司当前资金结构如下：

融资方式	金额（万元）
长期债券（年利率 8%）	1 000
普通股（4 500 万股）	4 500
留存收益	2 000
合计	7 500

因生产发展，公司年初准备增加资金 2 500 万元，现有两个融资方案可供选择：甲方案为增加发行 1 000 万股普通股，每股市价 2.5 元；乙方案为按面值发行每年年末付息、票面利率为 10% 的公司债券 2 500 万元。假定股票与债券的发行费用均可忽略不计；适用的企业所得税税率为 25%。

要求：
（1）计算两种融资方案下每股利润无差别点的息税前利润。
（2）计算处于每股利润无差别点时乙方案的财务杠杆系数。
（3）如果公司预计息税前利润为 1 200 万元，指出该公司应采用的融资方案。
（4）如果公司预计息税前利润为 1 600 万元，指出该公司应采用的融资方案。
（5）若公司预计息税前利润在每股利润无差别点上增长 10%，计算采用乙方案时该公司每股利润的增长幅度。

思考讨论

1. 试述资本结构的含义及债务资本在资本结构中的作用。
2. 什么是经营杠杆和经营风险？经营杠杆系数是如何计算的？
3. 什么是财务杠杆和财务风险？财务杠杆系数是如何计算的？
4. 总杠杆说明了什么？

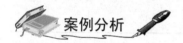
案例分析

大宇资本结构的神话

韩国第二大企业集团大宇集团 1999 年 11 月 1 日向新闻界正式宣布，该集团董事长金宇中以及 14 名下属公司的总经理决定辞职，以表示"对大宇的债务危机负责，并为推行结构调整创造条件"。韩国媒体认为，这意味着"大宇集团解体进程已经完成"，"大宇集团已经消失"。

大宇集团于 1967 年开始奠基立厂，其创办人金宇中当时是一名纺织品推销员。经过 30 年的发展，通过政府的政策支持、银行的信贷支持和在海内外的大力购并，大宇成为直逼韩国最大企业——现代集团的庞大商业帝国：1998 年底，总资产高达 640 亿美元，营业额占韩国 GDP 的 5%；业务涉及贸易、汽车、电子、通用设备、重型机械、化纤、造船等众多行业；国内所属企业曾多达 41 家，海外公司数量创下过 600 家的记录，鼎盛时期，海外雇员多达几十万，大宇成为国际知名品牌。大宇是"章鱼足式"扩张模式的积极推行者，认为企业规模越大，就越能立于不败之地，即所谓的"大马不死"。据报道，1993 年金宇中提出"世界化经营"战略时，大宇在海外的企业只有 15 家，而到 1998 年底已增至 600 多家，"等于每 3 天增加一个企业"。还有更让韩国人为大宇着迷的是：在韩国陷入金融危机的 1997 年，大宇不仅没有被危机困倒，反而在国内的集团排名中由第 4 位上升到第 2 位，金宇中本人也被美国《幸福》杂志评为亚洲风云人物。

1997 年底韩国发生金融危机后，其他企业集团都开始收缩，但大宇仍然我行我素，结果债务越背越重。尤其是 1998 年初，韩国政府提出"五大企业集团进行自律结构调整"方针后，其他集团把结构调整的重点放在改善财务结构方面，努力减轻债务负担。大宇却认为，只要提高开工率，增加销售额和出口就能躲过这场危机。因此，它继续大量发行债券，进行"借贷式经营"。1998 年大宇发行的公司债券达 7 万亿韩元（约 58.33 亿美元）。1998

年第 4 季度，大宇的债务危机已初露端倪，在各方援助下才避过债务灾难。此后，在严峻的债务压力下，大梦方醒的大宇虽作出了种种努力，但为时已晚。1999 年 7 月中旬，大宇向韩国政府发出求救信号；7 月 27 日，大宇因"延迟重组"，被韩国 4 家债权银行接管；8 月 11 日，大宇在压力下屈服，割价出售两家财务出现问题的公司；8 月 16 日，大宇与债权人达成协议，在 1999 年底前，将出售盈利最佳的大宇证券公司，以及大宇电器、大宇造船、大宇建筑公司等，大宇的汽车项目资产免遭处理。"8 月 16 日协议"的达成，表明大宇已处于破产清算前夕，遭遇"存"或"亡"的险境。由于在此后的几个月中，经营依然不善，资产负债率仍然居高，大宇最终不得不走向本文开头所述的那一幕。

大宇集团为什么会倒下？在其轰然坍塌的背后，存在的问题固然是多方面的，但不可否认有财务杠杆的消极作用在作怪。大宇集团在政府政策和银行信贷的支持下，走上了一条"举债经营"之路。试图通过大规模举债，达到大规模扩张的目的，最后实现"市场占有率至上"的目标。1997 年亚洲金融危机爆发后，大宇集团已经显现出经营上的困难，其销售额和利润均不能达到预期目的，而与此同时，债权金融机构又开始收回短期贷款，政府也无力再给它更多支持。1998 年初韩国政府提出"五大企业集团进行自律结构调整"方针后，其他集团把结构调整的重点放在改善财务结构方面，努力减轻债务负担。但大宇却认为，只要提高开工率，增加销售额和出口就能躲过这场危机。因此，它继续大量发行债券，进行"借贷式经营"。正由于经营上的不善，加上资金周转上的困难，韩国政府于 7 月 26 日下令债权银行接手对大宇集团进行结构调整，以加快这个负债累累的集团的解散速度。由此可见，大宇集团的举债经营所产生的财务杠杆效应是消极的，不仅难于提高企业的盈利能力，反而因巨大的偿付压力使企业陷于难以自拔的财务困境。从根本上说，大宇集团的解散，是其财务杠杆消极作用影响的结果。

根据案例讨论下列问题：
1. 试对财务杠杆进行界定，并对"财务杠杆效应是一把'双刃剑'"这句话进行评述。
2. 取得财务杠杆利益的前提条件是什么？
3. 何为最优资本结构？其衡量的标准是什么？
4. 我国资本市场上大批 ST、PT 上市公司以及大批靠国家政策和信贷支持发展起来而又债务累累的国有企业，从"大宇神话"中应吸取哪些教训？

第 9 章

收益分配决策

> 收益分配是公司理财的一个重要问题。
>
> ——斯蒂芬·罗斯

 学习目标

1. 熟悉企业利润分配的原则；
2. 掌握股份公司利润分配的基本程序；
3. 掌握股利相关理论、股利无关理论、税关理论等股利理论的观点；
4. 熟练掌握股利政策的内容及其应用；
5. 理解股票股利、股票分割、股票回购对公司和股东的影响。

引　言

1994 年 5 月，FPL 集团公司，其最主要的子公司是佛罗里达电力公司。该集团宣布其每季度分配的股利从 0.62 美元降至 0.42 美元。同时，FPL 声明在未来的三年，公司将回购 1 000 万元的普通股以抬高股价。

证券分析师们认为，FPL 的这个决定是电力供应行业的分水岭。FPL 看到了其所处环境正在改变——其核心的电力供应行业正从原来的受管制的垄断环境转变成为一个竞争加剧的环境。比起采用 90% 的股利支付政策所需的经营业绩和财务稳定性，新的环境需要更好的经营业绩和更稳定的财务状况。

市场究竟对于 FPL 这次股利政策变动有何反应呢？在消息宣布的当天，股份跌了 14%。在过去，数以百计的降低股利行为引起了盈余的锐减，这是因为，投资者认为公司股利降低意味着公司业绩不佳——这就是信号效应。然而，在随后的几个月里，当分析师们更好地理解了 FPL 的这个行为的时候，他们开始赞扬这个决策并向公司推荐该股票。结果，FPL 的股价超过了公用事业行业的平均水平，并很快超过了宣布股利政策变动之前的股价。

9.1 收益分配概述

企业作为独立的经济实体，应当以自己的收入抵补其支出，并且实现盈利，即企业净收益，通常以"净利润"表示。企业净利润的大小在很大程度上反映企业生产经营的经济效益，表明企业在某一会计期间的最终经营成果，企业必须按《公司法》等有关规定对净利润进行分配。

9.1.1 收益分配的基本原则

收益分配又称为利润分配，它是财务管理的重要内容，一个企业的利润分配不仅会影响企业的融资和投资决策，而且还涉及国家、企业、投资者、职工等多方面的利益关系，涉及企业长远利益与近期利益、整体利益与局部利益等关系的处理与协调。为合理组织企业财务活动和正确处理财务关系，企业在进行利润分配时应遵循以下原则。

1. 依法分配原则

企业的利润分配必须依法进行，这是正确处理各方面利益关系的关键。为规范企业的利润分配行为，国家制定和颁布了若干法规。这些法规规定了企业利润分配的基本要求、一般程序和重大比例，企业应认真执行，不得违反。

2. 兼顾各方面利益原则

利润分配是利用价值形式对社会产品的分配，直接关系到有关各方的切身利益。因此利润分配要支持全局观念，兼顾各方利益。除依法纳税以外，投资者作为资本投入者、企业所有者，依法享有利润分配权。企业的净利润归投资者所有，是企业的基本制度，也是企业所有者投资于企业的根本动力所在。但企业的利润离不开全体职工的辛勤工作，职工作为利润的直接创造者，除了获得工资及奖金等劳动报酬外，还应当以适当方式参与净利润的分配，提取公益金用于职工集体福利设施的购建开支。可见，企业进行利润分配时，应统筹兼顾、合理安排，维护投资者、企业与职工的合法权益。

3. 分配与积累并重原则

企业进行利润分配，应正确处理长远利益和近期利益的辩证关系，将两者有机结合起来，坚持分配与积累并重的原则。考虑未来发展需要，企业除按规定提取法定盈余公积金以外，可适当留存一部分利润作为积累。这部分留存收益虽暂时未予分配，但仍归企业所有者拥有。而且，这部分积累不仅为企业扩大化再生产筹措了资金，同时也增强了企业抵抗风险的能力，提高了企业经营的安全系数和稳定性，有利于增加所有者的回报。通过正确处理利润分配和积累的关系，留存部分利润以供未来分配的需要，还可以达到以丰补歉，平抑利润分配数额波动，稳定投资回报率的效果。实践证明，投资者更青睐能够提供稳定回报的企业，而利润分配时高时低的企业因暗含不稳定信息，对投资者的吸引力难免大打折扣。因而企业在进行利润分配时，应当正确处理分配与积累的关系。

4. 投资与收益对等原则

企业分配收益应当体现"谁投资谁受益"、受益大小与投资比例相适应，即投资与受益对等原则，这是正确处理投资者利益关系的关键。投资者因其投资行为而享有收益权，并且其投资收益应同其投资比例对等。这就要求企业在向投资者分配收益时，应本着各方投入资本的多少来进行，绝不允许发生任何一方多分多占的现象。这样才能从根本上保护投资者的利益，鼓励投资者投资的积极性。

9.1.2 收益分配的程序

按照《公司法》等法律、法规的规定，公司当年实现的利润总额，应按照国家有关规定作相应调整后，依法交纳所得税，收益分配按下列顺序进行。

1. 计算可供分配的利润

将本年净利润（或亏损）与年初未分配利润（或亏损）合并，计算出可供分配的利润，如果可供分配的利润为负数（即累计为亏损），则不能进行后续分配；如果可供分配的利润为正数（即累计为盈利），则进行以下分配。

2. 提取法定公积金

法定公积金按照净利润扣除弥补以前年度亏损后的 10% 提取，法定公积金达到注册资本的 50% 时，可不再提取。

3. 提取法定公益金

法定公益金按当年净利润的 5%～10% 提取，主要用于职工宿舍等集体福利设施支出。

4. 提取任意公积金

任意公积金按照公司章程或股东会议决议提取和使用，其目的是为了控制向投资者分配利润的水平及调整各年利润分配的被动，通过这种方法对投资者分利加以限制和调节。

5. 向投资者分配利润或股利

净利润扣除上述项目后，再加上以前年度的未分配利润，即为可供普通股分配利润，公司应按同股同权、同股同利的原则，向普通股股东支付股利。

9.2 收益分配的政策

企业收益分配的政策是收益分配决策的核心内容，不同行业、不同类型的企业、同一企业不同时期，其收益分配的政策都会受到各种相关因素的制约而不同。通常以股份制企业的收益分配为代表来分析企业的收益分配政策，即股利政策。

9.2.1 影响股利政策的因素

影响利润分配政策的因素很多，主要有以下几类。

1. 法律因素

为了保护债权人和股东的利益，国家有关法规如《公司法》对企业利润分配予以一定的硬性限制。这主要体现在防止资本侵蚀的规定、留存盈利的规定及无力偿付债务的规定等。

（1）资本保全约束

资本保全是企业财务管理应遵循的一项重要原则。它要求企业发放的股利或投资分红不得来源于原始投资（或股本），而只能来源于企业当期利润或留存收益。其目的是为了防止企业任意减少资本结构中所有者权益（股东权益）的比例，以保证公司有完整的产权基础，保护债权人的利益。任何导致资本减少的股利发放都是非法的，董事会应对此负责。

（2）资本积累约束

它要求企业在分配收益时，必须按一定的比例和基数提取各种公积金。另外，它要求在具体的分配政策上，贯彻"无利不分"原则，即当企业出现年度亏损时，一般不得分配利润。

(3) 偿债能力约束

偿债能力是指企业按时足额偿付各种到期债务的能力。对股份公司而言，当其支付现金股利后会影响公司偿还债务和正常经营时，公司发放现金股利的数额就要受到限制。也就是说，不允许公司在现金有限的情况下，为取悦股东而支付现金股利，以免侵害债权人的利益。

(4) 超额累积利润约束

对于股份公司而言，由于投资者接受股利要缴纳个人所得税，且应缴纳的所得税要高于进行股票交易所获得的资本利得，因此，许多公司通过积累利润使股份上涨方式来帮助股东避税。西方许多国家都注意到了这一点，并在法律上明确规定公司不得超额累积利润，一旦公司留存收益超过法律认可的水平，将被加征额外税款。我国法律目前对此尚未作出限制性规定。

2. 公司因素

公司出于长期发展与短期经营考虑，需要综合考虑以下因素，并最终制定出切实可行的分配政策。这些因素主要有以下几个方面。

(1) 公司举债能力

如果一个公司举债能力强，能够及时地从资金市场筹措到所需的资金，则有可能采取较为宽松的利润分配政策；而对于一个举债能力较弱的公司而言，宜保留较多的盈余，因而往往采取较紧的利润分配政策。

(2) 未来投资机会

利润分配政策要受到企业未来投资机会的影响。主要表现在：当企业预期未来有较好的投资机会，且预期投资收益率大于投资者期望收益率时，企业经营者会首先考虑将实现的收益用于再投资，减少用于分配的收益金额。这样有利于企业的长期发展，同时也能被广大的投资者所理解。相反，如果企业缺乏良好的投资机会，保留大量盈余会造成资金的闲置，这时可适当增大分红数额。正因为如此，处于成长中的企业多采取少分多留政策，而陷于经营收缩的企业多采取多分少留政策。

(3) 盈余稳定状况

企业盈余是否稳定，也将直接影响其收益分配。盈余相对稳定的企业对未来取得盈余的可能性预期良好，因此有可能比盈余不稳定的企业支付更高的股利；盈余不稳定的企业由于对未来盈余的把握小，不敢贸然采取多分政策，而较多采取低股利交付率政策。

(4) 资产流动状况

较多地支付现金红利，会减少企业现金持有量，使资产的流动性降低，而保持一定的资产流动性是企业经营的基础和必备条件，因此，如果企业的资产流动性差，即使收益可观，也不宜分配过多的现金股利。

(5) 融资成本

一般而言，将税后的收益用于再投资，有利于降低融资的外在成本，包括再融资费用和资本的实际支出成本。因此，很多企业在考虑投资分红时，首先将企业的净利润作为融资的第一选择渠道，特别是在负债资金较多、资本结构欠佳的时期。

(6) 其他因素

比如，企业有意地多发现金股利使股价上涨，使已发行的可转换债券尽快地实现转换，从而达到调整资本结构的目的；再如，通过支付较高股利，刺激公司股份上扬，从而达到兼并、反收购目的等。

3. 股东因素

股东出于对自身利益的考虑，可能对公司的利润分配提出限制、稳定或提高股利发放率等不同意见。包括以下几个方面。

（1）控制权考虑

公司的股利支付率高，必然导致保留盈余减少，这又意味着将来发行新股的可能性加大，而发行新股会稀释公司的控制权。因此，公司的老股东往往主张限制股利的支付，而愿意较多地保留盈余，以防止控制权旁落他人。

（2）避税考虑

一些高收入的股东出于避税考虑（股利收入的所得税高于交易的资本利得税），往往要求限制股利的支付，而较多地保留盈余，以便从股价上涨中获利。

（3）稳定收入考虑

一些股东往往靠定期的股利维持生活，他们要求公司支付稳定的股利，反对公司留存较多的利润。

（4）规避风险考虑

在某些股东看来，通过增加留存收益引起股价上涨而获得的资本利得是有风险的，而目前所得股利是确定的，即便是现在较少的股利，也强于未来较多但是存在较大风险的资本利得，因此他们往往要求较多地支付股利。

4. 其他因素

（1）债务合同限制

企业的债务合同，特别是长期债务合同，往往有限制企业现金支付程度的条款，以保护债权人的利益。通常包括：① 未来的股利只能以签订合同之后的收益来发放，也就是说不能以过去的留存收益来发放；② 营运资金低于某一特定金额时不得发放股利；③ 将利润的一部分以偿债基金的形式留下来；④ 利息保障倍数低于一定水平时不得支付股利。企业出于方便未来负债融资的考虑，一般都能自觉恪守与债权人事先签订的有关合同的限制性条款，以协调企业与债权人之间的关系。

（2）通货膨胀

通货膨胀会使得货币购买力水平下降，固定资产重置资金来源不足，此时企业往往不得不考虑留用一定的利润，以便弥补由于货币购买力水平下降而造成的固定资产重置资金缺口。因此，在通货膨胀时期，企业一般采取偏紧的利润分配政策。

9.2.2 股利政策理论

股利政策是关于公司是否发放股利、发放多少股利及何时发放股利等方面的方针和策略。股利政策主要是权衡公司与投资者之间、股东财富最大化与提供足够的资金以保证企业扩大再生产之间、公司股票在市场上的吸引力与公司财务负担之间的各种利弊，然后寻求股利与留存利润之间的比例关系。长期以来，人们一直在探讨股利政策对股价或企业价值有无影响的问题，这就形成了股利政策的基本理论，进而形成了在实务中的几种股利政策。

股利政策理论可以分成以下几个不同的学派：股利的相关理论、股利的无关理论、税差理论和追随者理论等。

1. 股利无关论

这种理论认为股利的支付与股票价格无关。企业作出投资决策,股利支付率只是枝节问题,它并不影响股东财富。股利无关论又分成两种观点。

(1) 完整市场理论

完整市场理论是 1961 年美国著名经济学家佛兰柯·穆迪格里尼(Fanco Modigliani)和默顿·米勒(Merton Miller)在他们的著名论文《股利支付、增长和股票价值》中首先提出的,因此该理论也称为 MM 理论。

完整市场理论建立在这样一些假设基础上:① 不存在个人和公司所得税;② 不存在股票发行和交易费用;③ 公司的投资决策和股利决策是彼此独立的;④ 投资者和管理者可以公平地获得关于未来投资机会的信息,即投资者与管理者之间不存在信息不对称。上述假设描述的是一个完整无缺的市场,因而被称为完整市场理论。

完整市场理论的关键在于存在一种套利机制,通过这一机制使支付股利与外部融资这两项经济业务所产生的效益与成本正好抵销。当公司作出投资决策后,它就必须决定是将其盈利留存下来,还是将盈利以股利形式发放给股东,并发行新股票筹措同等金额的资金,以满足投资项目的资金需要。如果公司采用后一方案,就存在股利发放与外部融资之间的套利过程。股利支付给股东的财富正好会使股票市价上升,但发行新股将使股票终值下降,而套利的结果是,股东的股利所得正好被股价终值的下降所抵销。由此推论出股东对于股利与盈利的留存是没有任何偏好的,并据此得出企业股利政策与企业价值无关这一著名论断。MM 理论认为,股东财富不受企业现在与将来的股利政策所影响,企业的价值完全取决于企业未来盈利能力,而非盈利分配方式。

(2) 股利剩余论

这种理论认为,公司的股利支付应由投资计划的报酬率决定。如果一个公司有较多有利可图的投资机会,则不应发放现金股利,而采用保留盈余的形式以满足投资所需要的资金;反之,则应将所有盈余分配给股东;如果公司的盈余满足了所有有利可图的投资机会后还有剩余,则把剩余的盈余以现金股利的形式分配给股东。由此可见,把股利支付当作完全由投资计划的多少来决定的剩余理论认为,投资者不会计较股利与资本收益的差别。如果公司投资机会的预期收益率高于投资者要求的收益率,投资者宁愿该公司保留收益;要是投资项目的预期收益率等于投资者要求的收益率,投资者将对公司利润留存或作为股利分配的问题漠不关心;而如果预期的收益率低于要求的收益率,那么投资者宁愿要股利了。

2. 股利相关论

该理论认为股利的支付与股票市价是有较大的相关性的,投资者一般期望公司多分配股利。主要代表人物戈登(Gordon)、杜莱德(Durand)和林特纳(Lintner)等人。支持股利相关理论的学术派别及其观点有如下几种。

(1) "在手之鸟"理论

也称不确定感消除论。持此观点的学者认为,股利收入比股票价格上涨产生的资本利得收益更为稳定可靠;股利收入是现实可得的,而股票的升降并不完全由公司决定,具有很大的不确定性,资本利得收益的风险远远高于股利收入的风险。由于投资者对风险有天生的反感,并且认为风险随时间延长而增大,因而在他们的心目中,通过保留盈余再投资而来的资本利得收益的不确定性高于股利支付的不确定性，投资者将偏好股利而非资本利得收益。如果把将来较高的资本收益和较高的股利比喻为"双鸟在林"，把现在就支付的较高股利此喻为"一鸟在手"，那么"双鸟在林，不如一鸟在手"。这就是"一鸟在手"理论的内涵。其核心是：股利政策将对股票价格或公司价值产生实际的影响。这种理论强调股利发放的重要性，公司需要定期向股东支付较高的股利，公司分配的股利越多，公司的市场价值也就越大。

（2）股利分配的信号传递理论

信号传递理论认为，在信息不对称的情况下，公司可以通过股利政策向市场传递有关公司未来盈利能力的信息。一般说来，预期未来盈利能力强的公司往往愿意通过相对较高的股利支付率，把自己同预期盈利能力差的公司区别开来，以吸引更多的投资者。对市场上的投资者来说，股利政策的差异或许是反映公司预期盈利能力差异的极有价值的信号。如果公司连续保持较为稳定的股利支付率，那么，投资者就可能对公司未来的盈利能力与现金流量抱有较为乐观的预期。不过，公司以支付现金股利的方式向市场传递信息，通常也要付出较为高昂的代价。这些代价包括：① 较高的所得税负担；② 一旦公司因分派现金股利造成现金流量短缺，就有可能被迫重返资本市场发行新股，而这一方面会随之产生必不可少的交易成本，另一方面又会扩大股本，摊薄每股收益，对公司的市场价值产生不利影响；③ 如果公司因分派现金股利造成投资不足，并丧失有利的投资机会，还会产生一定的机会成本。

尽管以派现方式向市场传递利好信号需要付出很高的成本，但仍然有很多公司选择派现作为公司股利支付的主要方式，其原因主要有以下四种。一是声誉激励理论。该理论认为，由于公司未来的现金流量具有很大的不确定性，因此，为了在将来能够以较为有利的条件在资本市场上融资，公司必须在事先建立起不剥夺股东利益的良好声誉，而建立"善待股东"这一良好声誉的有效方式之一就是派现。二是逆向选择理论。该理论认为，相对于现金股利而言，股票回购的主要缺陷在于，如果某些股东拥有关于公司实际价值的信息，那么，他们就可能在股票回购过程中，充分利用这一信息优势。当股票的实际价值超过公司的回购价格时，他们就会大量竞买价值被低估的股票；反之，当股票的实际价值低于公司的回购价格时，他们就会极力回避价值被高估的股票，于是便产生了逆向选择问题。而派发现金股利则不存在这类问题。三是交易成本理论。该理论认为，市场上有相当一部分投资者出于消费等原因，希望从投资中定期获得稳定的现金流量。对于这类投资者来说，选择稳定派现的股票也许是达到上述目的的最廉价的方式。这是因为：倘若投资者以出售所持股票的方式来套现，就可能因时机选择不当而蒙受损失。况且，选择在何时以何种价位出售股票还需要投入许多时间和精力，这些交易成本的存在使得投资者更加偏好现金股利。四是制度约束理论。该理论认为，公司之所以选择支付现金股利，是由于"谨慎人"所起的作用。所谓"谨慎人"，是指信托基金、保险基金、养老基金等机构投资者，出于降低风险的考虑，法律通常要求这些机构投资者只能持有支付现金股利的股票，获得股利收入。如果公司不派现，则这种股票就会被排除在机构投资者的投资对象之外。

虽然股利分配的信号传递理论已为人们广泛接受，但也有一些学者对此持不同看法。他们的主要观点是：第一，公司目前的股利分配并不能帮助投资者预测公司未来的盈利能力；第二，高派现的公司向市场传递的并不是公司具有较好前景的利好消息，相反则是公司当前没有正现值的投资项目，或公司缺乏较好投资机会的利空消息。不过，由于上述反对意见缺乏实证考察的支持,因此未能引起人们过多的关注。

(3) 股利分配的代理理论

代理理论认为,股利政策有助于减缓管理者与股东之间,以及股东与债权人之间的代理冲突,也就是说,股利政策相当于是股东与管理者之间代理关系的一种约束机制。股利政策对管理者的这种约束体现在两个方面:一方面,从投资角度看,当企业存在大量自由现金时,管理者通过股利发放不仅减少了因过度投资而浪费的资源,而且有助于减少管理者潜在的代理成本,从而增加企业价值(这样可解释股利增加宣告与股价变动正相关的现象);另一方面,从融资角度看,企业发放股利减少了内部融资,导致进入资本市场寻求外部融资,从而可以经常接受资本市场的有效监督,这样通过加强资本市场的监督而减少代理成本(这一分析有助于解释公司保持稳定股利政策的现象)。因此,高水平股利支付政策将有助于降低企业的代理成本,但同时也增加了企业的外部融资成本。因此最优的股利政策应使两种成本之和最小化。

用代理理论分析股利政策的一个重要结论:股利是利好消息,因为股利发放可以降低企业的自由现金流量,从而缓和经理和股东之间的冲突,解决代理问题。股利可以看作是一种担保机制,如果经理不能兑现支付股利的允诺,那么股东可以在资本市场上行使"用脚投票"的权利,转让股票。由此,股利发放可以促使经理多努力工作,少个人享受,审慎地作出投资决策,从而降低由于委托—代理关系而带来的代理成本。

近年来,还有学者从法律角度来研究股利分配的代理问题。这类研究的主要结论有三条:一是股利分配是法律对股东实施有效保护的结果,即法律使得小股东能够从公司"内部人"那里获得股利;二是在法律不健全的情况下,股利分配可以在一定程度上替代法律保护,即在缺乏法律约束的环境下,公司可以通过股利分配这一方式,来建立起善待投资者的良好声誉;三是受到较好法律保护的股东,愿意耐心等待当前良好投资机会的未来回报,而受到较差法律保护的股东则没有这种耐心,因此他们为了获得当前的股利,宁愿丢掉好的投资机会。

3. 税差效应理论

在考虑税收因素的时候,就会产生各种不同的影响。资本利得的个人税率要比股利收入的税率低一些,这就使得企业保留盈余对投资者有利。此外,资本利得税要递延到股票真正售出的时候才发生(即当任何利得实现的时候),实际上是在企业保留盈余而不支付股利的时候,给了股东一个有价值的时机选择权。而且,如果以后升值的有价证券作为礼物赠送给慈善事业,或者如果有价证券的所有者去世了,则资本利得税可以完全避免缴纳。因而这种理论认为:股利的税率高于资本收益的税率,此外,继续持有股票可以延缓资本收益的获得而推迟资本收益纳税的时间。即使资本收益和股利收入的税率相同,这种递延特性依然存在。考虑到纳税的影响,投资者对具有较高收益的股票要求的税前权益要高于低股利收益的股票。为此公司应当采取低股利政策,以实现其资本成本最小化和价值最大化。

4. 追随者理论

这是一种较新的理论,它是上述各种理论折中的产物。这种理论认为:投资者进行股票投资的目的与偏好是不同的,有的投资者希望股利支付比率高一些,而有的投资者则希望股利支付比率低一些。对于那些无所谓是否偏爱本期收益的投资者来说,如果公司确定的投资方案的预期收益率高于他所要求的股利收益率,公司可将他所应得的股利留作公司盈余进行再投资，而不考虑当期是否将支付股利给他们。因此，这一理论强调，公司应当根据本公司股东的具体目的和偏好及公司的投资进行股利决策，而不应强求一致，寻求所谓"统一"的规律。

> **相关链接**
>
> ### FPL 股利政策及其价值
>
> FPL 为美国佛罗里达州最大、全美第四大信誉良好的电力公司。长期以来，FPL 公司经营利润一直稳定增长，经营现金流稳定，负债比率较低，资信等级长期维持在 A 级以上，公司现金红利支付率一直在 75% 以上，每股现金红利稳中有升，这种情况延续了 47 年。即使在亏损的 1990 年，每股仍然派发现金红利 \$2.34。1993 年，现金红利支付率达到 107.39%（当年电力行业上市公司平均现金红利支付率为 80%），是一个典型的价值型公司。
>
> 1994 年，面对电力市场日益加剧的竞争环境，FPL 公司决定继续采用扩张战略，并制订了未来 5 年 39 亿的投资计划。但公司感到需要减少非投资方面的现金流出，增强财务能力和流动性，保持 A 级以上的资信等级，降低财务风险，增加留存收益和内部融资能力。而公司近期的发展并不能立即大幅度提升每股收益，继续维持高的现金红利支付率的经营压力很大。为以积极主动的态度来应对日益变化的竞争环境，保证公司长远发展目标，1994 年 5 月初，FPL 公司考虑在其季报中宣布削减 30% 的现金红利，此举可以使公司减少 1.5 亿美元的现金支出，尽管相对于公司未来五年 39 亿美元的资本支出计划来说，这笔钱似乎杯水车薪，但有助于增强公司减轻今后的经营压力，增加股利政策方面的灵活性，使现金红利在今后几年中有较大的上升空间。
>
> 但大幅度削减现金红利会不可避免地导致公司股票价格大幅下跌，动摇投资者的信心，进而影响公司与既有的稳定投资者的关系。历史经验也证实了这种负面影响。大多数投资银行分析家也预期 FPL 公司将削减 30% 的现金红利。因此，相继调低了对公司股票评级。投资分析家的这些言论确实导致 FPL 公司尚未宣布红利政策，股票价格已下跌了 6%。FPL 公司 1994 年 5 月中旬公布了最终的分红方案，把该季度现金红利削减了 32.3%。公司同时宣布了在以后三年内回购 1 000 万股普通股计划，并且承诺以后每年的现金红利增长率不会低于 5%。
>
> 尽管在宣布削减红利的同时，FPL 公司在给股东信中说明了调低现金红利的原因，并且作出回购和现金红利增长的承诺，但股票市场仍然视削减现金红利为利空信号。当天公司股价下跌了 14%。反映了股票市场对 FPL 公司前景很不乐观的预期。但几个月后，股价随大势上涨回升并超过了宣布削减现金红利以前的价格。
>
> 1994 年以来，FPL 公司扩张战略奏效，EPS 和 DPS 继续保持了增长势头，基本上兑现了当初给股东的诺言。公司股价大幅度增长，最高时比 1994 年翻了近 5 倍。

9.2.3 股利政策的种类

股利政策受多种因素的影响，并且不同的股利政策也会对公司的股票价格产生不同的影响。同时支付给股东的盈余与留在企业的保留盈余，存在此消彼长的关系。股利分配既决定给股东分配多少红利，也决定有多少净利留在企业。减少股利分配，增加保留盈余，减少外部融资需求，股利政策也是内部融资决策。因此，对于股份公司来说，制定一个正确的、合理的股利政策是非常重要的。股利政策的核心问题是确定分配与留存利润的比例，即股利支付比率问题。长期以来，通过对股利政策实务的总结，归纳出常用的股利政策主要有以下几种类型。

1. 剩余股利政策

企业的投资机会和资金成本是影响股利政策的两个重要因素。在企业有良好的投资机会时，为了降低资金成本，企业通常会采用剩余股利政策。所谓剩余股利政策，就是在企业确定的最佳资本结构下，税后净利润首先要满足投资和需求，然后若有剩余才用于分配股利。这是一种投资优先的股利政策。采用剩余股利政策的先决条件是企业必须有良好的投资机会，该投资机会的预计报酬率要高于股东要求的必要报酬率，这样才能为股东所接受。

采用剩余股利政策的具体应用程度为：

① 设定最佳的目标资本结构；

② 按目标资本结构计算投资方案所需权益资本金额；

③ 将公司的税后利润转换为股东权益，并使之达到目标资本结构所要求的金额，这一过程可理解为将税后利润用于再投资的过程；

④ 投资方案所需权益资本数额完全满足后如有剩余，将剩余部分用来发放股利。

这种政策的主要优点是：在再投资机会较多的情况下，可节省融资成本。因为与外部融资相比，将公司的税后利润直接用于再投资，可省去有关费用开支，包括利息开支。

一般来说，目标资本结构应为资本成本最低、资产价值最大时的资本结构。因此，剩余股利政策可最大限度地降低资本成本，并由此实现公司资产价值的最大化。但是，在这种政策下，股利支付的多少主要取决于公司的盈利情况和再投资情况。这就在很大程度上造成股利支付的不确定性。如果这样，剩余股利政策会给投资者传递这样的信息：公司经营不稳定，财务状况不稳定，股票价格有下滑趋势。剩余股利政策一般适用于公司初创阶段。

例9-1 假定某公司某一会计年度净利润为8 000万元，第二会计年度投资计划所需资金为6 000万元，公司的目标资本结构为自有资金占60%，借入资金占40%。那么，按照目标资本结构的要求，计算该公司当年可发放的股利数额。

① 公司投资方案所需资金中来源于当年净利润的为：6 000×60% = 3 600（万元）

② 按照剩余股利政策的要求，该公司当年可向投资者发放股利的金额为：

$$8\,000 - 3\,600 = 3\,200（万元）$$

2. 固定股利政策

固定股利政策是公司将每年派发的股利额固定在某一特定水平上，然后在一段时间内不论公司的盈利状况和财务状况如何，派发的股利额均保持不变。只有当企业对未来利润增长确有把握，并且这种增长被认为是不会发生逆转时，才增加每股股利额。不过，在通货膨胀的情况下，大多数公司的盈余随之提高，且大多数的投资者也希望公司能提供足以抵销通货膨胀不利影响的股利，因此，在长期通货膨胀的年代里也应提供股利发放额。实行这种股利政策者都支持股利相关论，他们认为企业的股利政策会对公司股票价格产生影响，股利的发放是向投资者传递企业经营状况的某种信息。实施这种股利政策的理由是：

① 稳定的股利向市场传递着公司正常发展的信息，有利于树立公司的良好形象，增强投资者对公司的信心，稳定股票的价格；

② 稳定的股利额有利于投资者安排股利收入和支出，特别是那些对股利有着很高依赖性的股东更是如此；

③ 稳定的股利政策考虑到股票市场会受多种因素的影响，其中包括股东的心理状态和其他要求。

这种政策的主要优点是可以给投资者传递公司稳定发展的信号，从而有利于公司股票价格的上涨。

这种政策对公司而言的主要缺陷表现为：

① 公司股利支付与公司盈利相脱离，造成投资的风险与投资的收益不对称；

② 由于公司盈利较低时仍要支付较高的股利，容易引起公司资金短缺，导致财务状况恶化，甚至侵蚀公司留存收益和公司资本。

固定股利政策一般适用于经营比较稳定或正处于成长期、信誉一般的公司，但该政策很难被长期采用。

例 9-2　假设某公司的目标资本结构为自有资金占 60%，借入资金占 40%，该公司于第一会计年度实现的净利润为 1 000 万元，分配现金股利 550 万元，提取盈余公积 450 万元（所提盈余公积均已指定用途），第二会计年度实现的净利润为 900 万元（不考虑计提法定盈余公积的因素），在不考虑目标资本结构的前提下，如果公司执行固定股利政策，则第二年度应向股东分配的现金股利是多少？

解： 第二年度应向股东分配的现金股利 = 上年分配的现金股利 = 550（万元）

3. 固定股利支付率政策

也称为变动的股利政策。固定股利支付率政策是公司确定固定的股利支付率，并长期按此比率从净利润中支付股利的政策。固定股利支付率政策的理论依据是股利相关理论。

企业每年都从净利润中按固定股利支付率发放股利。在一个较长的时期内，不管盈利情况是好是坏，公司都按每股收益的固定比率支付股利。因此，在这种政策下，每股股利的多少会随每股利润的变化而变化。持这种股利政策者认为，这样做会使企业的股利支付与企业的盈利状况密切相关，盈利状况好则每股股利额就增加，盈利状况不好，则每股股利额就下降，股利随经营业绩"水涨船高"，才算真正公平地对待每一位股东。

这种股利政策不会给公司造成较大的财务负担，但是，其股利可能变动较大，忽高忽低；这样可能传递给投资者该公司经营不稳定的信息，容易使股票价格产生较大波动，不利于树立良好的企业形象。

固定股利支付率政策的优点是：

① 使股利与企业盈余紧密结合，以体现多盈多分、少盈少分、不盈不分的原则；

② 由于公司的盈利能力在年度间是经常变动的，因此每年的股利也应随着公司收益的变动而变动，保持股利与利润间的一定比例关系，体现投资风险与收益的对等；

固定股利支付率政策的不足之处是：

① 股利波动容易使外界产生公司经营不稳定的印象，公司财务压力较大，不利于股票价格的稳定与上涨；

② 确定合理的固定股利支付率难度很大。

固定股利支付率政策只能适用于稳定发展的公司和公司财务状况较稳定的阶段。

例 9 – 3 A 公司目前发行在外的股数为 1 000 万股,该公司的产品销路稳定,拟投资 1 200 万元,扩大生产能力 50%。该公司想要维持目前 50% 的负债比率,并想继续执行 10% 的固定股利支付率政策。该公司在 2005 年的税后利润为 500 万元,要求:该公司 2006 年为扩充上述生产能力必须从外部筹措多少权益资金?

留存收益 = 500 × (1 – 10%) = 450(万元)

项目所需权益融资 = 1 200 × (1 – 50%) = 600(万元)

外部权益融资 = 600 – 450 = 150(万元)

4. 低正常股利加额外股利政策

这是一种介于稳定股利政策与变动股利政策之间的折中的股利政策。这种股利政策每期都支付稳定的较低的正常股利额,只有在公司经营盈利较多时,再根据实际情况发放额外股利。低正常股利加额外股利政策的依据是股利相关理论。

这种股利政策的优点是:

① 低正常股利加额外股利政策具有较大的灵活性;由于平常股利发放水平较低,故在企业净利润很少或需要将相当多的净利润留存下来用于再投资时,企业仍旧可以维持既定的股利发放水平,避免股价下跌的风险;而企业一旦拥有充裕的现金,就可以通过发放额外股利的方式,将其转移到股东的手中,也有利于股价的提高;

② 它既可以在一定程度上维持股利的稳定性,又有利于企业的资本结构达到目标资本结构,使灵活性与稳定性较好地相结合,因而为许多企业所采用。

低正常股利加额外股利政策的缺点是:

① 股利派发仍然缺乏稳定性,额外股利随盈利的变化而变化,时有时无,给人漂浮不定的印象;

② 如果公司较长时期一直发放额外股利,股东就会误认为这是正常股利,一旦取消,极易造成公司"财务状况"逆转的负面影响,股价下跌在所难免。

上面所介绍的几种股利政策中,固定股利政策和低正常股利加额外股利政策是被企业普遍采用,并为广大的投资者所认可的两种基本政策。企业在进行利润分配时,应充分考虑各种政策的优缺点和企业的实际情况,选择适宜的净利润分配政策。

9.2.4 股票股利与股票分割

前面所介绍的股利政策,实际上仅为现金股利政策,但有时公司的股利发放也可能采用股票股利形式。因此,探讨股票股利及其有关的股票分割问题,是确定公司股利政策时必须考虑的另一方面。

1. 股票股利

股票股利是用股票支付股东股利的一种方式,即公司以普通股或优先股作为股票标的发放给普通股东的股利。从会计角度看,股票股利只是资金在股东权益账户之间的转移,而不是资金的运用。即它只不过是将资金从未分配利润账户转移到其他股东权益账户(如股本、资本公积)。它并不改变每位股东的股权比例,不直接增加股东的财富,不会导致公司资产的流出,不引起公司负债的增加,也不增加企业资产。但它会对公司的股东权益结构、每股收益和每股价格等产生影响。

例 9-4　某股份公司现有股本 10 000 万元（1 000 万股，每股面值 10 元），资本公积 20 000 万元，盈余公积 10 000 万元，未分配利润 60 000 万元，股票市价为每股 20 元。现按 10 股送 5 股发放股票股利，执行该股票股利政策后，该公司股东权益的变动情况如表 9-1 所示。

表 9-1　某公司发放股票股利前后的股东权益情况　　　　　　　　单位：万元

股票股利前		股票股利后	
股本（每股面值 10 元，1 000 万股）	10 000	股本（每股面值 10 元，1 500 万股）	15 000
资本公积	20 000	资本公积	35 000
盈余公积	10 000	盈余公积	10 000
未分配利润	60 000	未分配利润	40 000
股东权益合计	100 000	股东权益合计	100 000

从表 9-1 中可看出股东权益合计没变，但股东权益结构发生变化。发放股票股利后，由于普通股股数增加了，每股收益和每股价格会相应减少。但由于股东所持股份的比例没有发生变化，每位股东所持股票的市场总值仍然不变。这说明，发放股票股利会对公司股东权益的构成产生影响，从而对公司的财务风险、每股收益和每股价格等产生影响。同时由于发放股票股利会减少每股股票的账面价值，因此每股股票的市场价格也会在发放股票股利后下跌，下跌幅度的大小将取决于市场的反应程度，可能与账面价值下跌的幅度不同。如果发放股票股利后股票市场价格的下跌幅度低于账面价值的下跌幅度，则股东将因此获益；如果发放股票股利后股票市场价格的下跌幅度大于账面价值的下跌幅度，股东将受到损害。

尽管发放股票股利并不直接增加股东财富，但对股东和公司来说，还是具有一定意义的。

（1）股票股利对股东权益的主要意义

虽然股票股利对现金流量没有产生效应，只是改变了发行股票的数目，但是一些公司把股票股利作为现金股利的补充并在经营好时加以实施。因为股票股利的宣布会向金融市场传递有关未来发展前景的信息，从而提高投资者对公司的信心，在一定程度上稳定了股票价格，甚至抵消了每股收益下降造成的消极影响，使股东权益反而略有增加。事实上，利用股票股利作为反映将来更多的现金流量的信号会提高公司的价值。这样，若公司在发放股票股利的同时支付现金股利，股东会因此获得更多的好处。而且根据国际上的经验，在少量发放股票股利的情况下，公司的股票价格也不会成比例地下降；相反，如果公司的经营前景良好，股票价格还会因此上升。因为，在经营前景良好的情况下，适当多地持有股票可在将来分得更多的股利，股东也可从相对上升的股票价格中得到更多的资本利得。另外由于分得的股利是股票股利，股东在认为必要时可将股利股票出售出去，以换回所需现金。股利股票的这种流动性对股东是具有价值的。同时由于税差原因，与现金股利收入相比，出售股利股票获得的资本利得纳税较少，这也是公司股东愿意接受股票股利的原因之一。

（2）发放股票股利对公司的主要意义

① 发放股票股利既不需要向股东支付现金，又可在心理上给股东以从公司取得了投资回报的感觉。因此，在再投资机会较多的情况下，公司就可为再投资提供成本较低的资金，从而有利于公司财务状况的改善，有利于公司的发展；若公司资金紧张，无力支付现金股

利，采取发放股票股利的做法也不失为一种权宜之计。但如果公司长期不支付现金股利，仅靠发放股票股利是不能令公司股东信服的，公司股票的投资价值可能会受到不好的影响。

② 由于发放股票股利可以降低公司股票的市场价格，一些公司在其股票价格较高、不利于交易时，常通过发放股票股利来适当降低股价水平，促进公司股票的交易。这时，如果以股票方式融资，可降低发行价，从而有利于吸引更多投资者投资。

③ 从国际国内经验看，发放股票股利往往意味着公司再投资机会较多，发展前景较好，从而使投资者看好公司的股票，并由此稳定和提高公司的股票价格。然而，如果发放股票股利是由于公司资金周转不灵的缘故，情况则完全两样，这时会由此造成公司股票价格的下跌。

2. 股票分割

股票分割又称拆股，是指公司管理当局将公司股票分割或拆细的行为。例如，一股换三股的股票分割，是指用三股新股换取一股旧股的行为。从会计角度看，股票分割对公司的资本结构、资产的账面价值、股东权益的各账户（股本、资本公积、留存收益等）都不产生影响，只是使公司发行在外的股票总数增加，每股股票代表的账面价值降低。因此，股票分割与发放股票股利的作用非常相似，都是在不增加股东权益的基础上增加股票的数量。所不同的是，股票分割导致的股票数量的增加量可以远大于发放股票股利的增加量。

例9-5 某股份公司现有股本10 000万元（1 000万股，每股面值10元），资本公积20 000万元，盈余公积10 000万元，未分配利润60 000万元，股票市价为每股80元。现按1∶2进行股票分割后，该公司股东权益的变动情况如表9-2所示。

表9-2 某公司股票分割前后的股东权益情况　　　　　　　　　　单位：万元

股票分割前		股票分割后	
股本（每股面值10元，1 000万股）	10 000	股本（每股面值5元，2 000万股）	10 000
资本公积	20 000	资本公积	20 000
盈余公积	10 000	盈余公积	10 000
未分配利润	60 000	未分配利润	60 000
股东权益合计	100 000	股东权益合计	100 000

从表9-2中可看出股东权益合计没变，且股东权益结构也没发生变化。

虽然股票分割既不能增加公司的资产价值，也不会改变公司的股东权益结构，但股票分割有如下几方面的作用。

① 采用股票分割可使公司股票每股市价降低，促进股票流通和交易。这是因为，如果股价过高，只有富有的个人投资者和机构投资者才买得起，这会减少股票的潜在市场，若能使股价下跌，购买股票的人增多，股价就会重新上涨，而且，股权分散并不影响股东的控制权。

② 股票分割可向投资者传递公司发展前景良好的信息。因为股票分割意味着公司想以较低的发行价吸引投资者购买公司的新股票，亦即意味着公司的投资机会较多，发展前景良好。因此，公司的股票价格有上升趋势。

③ 为新股发行做好准备。股票价格太高，使许多潜在投资者力不从心而不敢轻易对公司股票进行投资。在新股发行之前，利用股票分割降低股票价格，有利于提高股票的可转让

性和促进市场交易活动，由此增加投资者对股票的兴趣，促进新发行股票的畅销。

④ 股票分割有助于公司兼并、合并政策的实施。当一个公司兼并或合并另一个公司时，首先将自己的股票加以分割，增加对被兼并方股东的吸引力。

例如，现假定有甲、乙两个公司，甲公司股票每股市价为 80 元，乙公司股票每股市价为 8 元，甲公司准备通过股票交换的方式对乙公司实施并购，如果甲公司以 1 股股票换取乙公司 10 股股票，可能会使乙公司的股东在心理上难以承受；相反，如果甲公司先进行股票分割，将原来 1 股分割为 5 股，然后，再以 1:2 的比例换取乙公司股票，则乙公司的股东在心理上可能会容易接受些。通过股票分割的办法改变被并购企业股东的心理差异，更有利于企业并购方案的实施。

⑤ 股票分割也可能会增加股东的现金股利，使股东感到满意。股票分割后，公司一般不会维持与以前相同的现金股利，但只要每股现金股利的下降幅度小于股票分割幅度，股东实际收到的股利就有可能增加。

3. 股票股利与股票分割的影响

① 对投资者的影响。从理论上说，股票股利或股票分割对投资者来说是一件没有任何价值的事情。他们虽得到了额外的普通股股票，但是在企业中的股权比例不变，股票的市场价格成比例地下降，因此每个股东所拥有股权的总价值不变，只是表明持有相等股权的股票数更多。股票股利或股票分割纯粹是一种"粉饰"意义上的变化。从实际上看，股票股利与股票分割使投资者更容易出售部分股票而获取收入。当然，没有股票股利与股票分割，股东也可以通过卖掉部分原有股权而取得收入。但在那种情况下股票的出售代表本金的出售。在一些投资者眼中，出售由股票股利或股票分割而得到的额外股票并不是本金的出售。所以，对他们来说，股票股利或股票分割是一笔意外之财，他们可以卖掉额外股票而仍然保有原来的股权。股票股利或股票分割可以对这些股东产生一种有利的心理影响。

② 对现金股利的影响。股票股利与股票分割通常会伴随着现金股利的增加。在股票股利情况下，假定投资者拥有一家公司的 1 000 股普通股，执行固定股利政策，即每年按每股 1 元发放现金股利。公司宣布发放 10% 的股票股利，并同时宣布每股现金股利保持不变，该投资者这时拥有 1 100 股股票，获得现金股利收入总计 1 100 元，而不是以前的 1 000 元。在这种情况下，股票股利增加了现金股利总额。股票分割对现金股利的影响参见股票分割的主要作用中的论述。

③ 对交易范围的影响。股票分割与股票股利可使企业的股票处于一个价位更低、更受欢迎的交易范围，从而可以吸引更多的购买者，使机构投资者减少而增加个人持股者。

④ 对信息内容的影响。股票股利与股票分割的宣布可以向投资者传递信息。管理当局比投资者知道更多的关于企业的有利信息。除了正常信息披露外，管理当局可以通过股票股利或股票分割来更有信心地阐明自己对企业未来光明前景的信念。通常股票股利与股票分割出现在现金股利与盈余增加之前，而市场把股票股利与股票分割看作是现金股利增加与盈利能力增强的先导信号。因此，并不是股票股利或股票分割本身引起股票价格的积极反应，而是这些信号所传递的有利信息引起的。而且，要使股票价格保持较高水平的话，企业必须最终能够提供改善了的股利支付与盈利能力。

9.2.5 股利分配的程序

股利分配方案的确定，主要是考虑确定以下四个方面的内容：第一，选择股利政策类型；第二，确定股利支付水平的高低；第三，确定股利支付形式，即确定合适的股利分配形式；第四，确定股利发放的日期等。

就股份公司而言，股利分配方案的确定与变更，决策权都高度集中于企业最高管理当局——董事会。要完成整个股利政策的制定与决策过程，通常需要经由三个权力层面或阶段：一是企业业务部门；二是董事会；三是股东大会。财务部门提供的各种财务数据是董事会制定股利政策与方案的主要依据；董事会的职责是拟定企业整体的股利政策（草案）与具体的分配方案（预案），并提出支持理由。股东大会是企业最高的权力决策机构，在利润分配方面，主要是检查企业财务报告、审核批准董事会制定的股利政策与分配方案等的预案。

股份有限公司股利分配方案的制订一般经过如下几个程序。

1. 选择股利政策类型

企业选择股利政策类型通常需要考虑以下几个因素：
① 企业所处的成长与发展阶段；
② 企业支付能力的稳定情况；
③ 企业获利能力的稳定情况；
④ 目前的投资机会；
⑤ 投资者的态度；
⑥ 企业的信誉状况。

2. 确定股利支付水平

股利支付水平通常用股利支付率来衡量。股利支付率是当年发放股利与当年净利润之比，或每股股利除以每股收益。一般来说，公司发放股利越多，股利的分配率越高，因而对股东和潜在投资者的吸引力越大，也就越有利于建立良好的公司信誉。但过高的股利分配率政策也会产生不利效果：一是会使公司的留存收益减少，二是如果公司要维持高股利分配政策而对外大量举债，会增加资本成本，最终必定会影响公司的未来收益和股东权益。

是否对股东派发股利及比率高低，取决于企业对下列因素的权衡：
① 企业所处的成长周期及目前的投资机会；
② 企业的再融资能力及融资成本；
③ 企业的控制权结构；
④ 顾客效应；
⑤ 股利信号传递功能；
⑥ 贷款协议及法律限制；
⑦ 通货膨胀等因素。

3. 确定股利支付形式

股利的种类主要有：现金股利、股票股利、财产股利和负债股利等。下面逐一介绍。

(1) 现金股利

现金股利是股份公司以现金的形式发放给股东的股利，是最常见的股利发放方式。发放现金股利的多少主要取决于公司的股利政策和经营业绩。上市公司发放现金股利主要出于三个方面的考虑：投资者偏好、减少代理成本和传递公司的未来信息。

公司采用现金股利形式时，必须具备两个基本条件：第一，公司要有足够的未指明用途的留存收益（未分配利润）；第二，公司要有足够的现金。一般说来，现金流入超出现金流出的余额越多，现金的可调剂头寸与机动弹性也就越大，也就越有能力支付较高的现金股利。相反，当企业的现金头寸吃紧时，企业为了保证应付意外情况的机动性，通常不愿意也不应当承受太大的财务风险而动用现金支付巨额的股利。

因此，虽然现金股利的多少可直接影响股票的市场价格，但公司必须依据实际情况对其进行全面权衡，并制定出合理的现金股利政策。

(2) 股票股利形式

股票股利形式是指企业以股票形式发放的股利，即按股东股票的比例发放股票作为股利的一种形式。

当公司注册资本尚未足额投入时，公司可以股东认购的股票作为股利支付；也可以发行新股支付股利。在实际操作过程中，有的公司增资发行新股时，预先扣除当年应分配股利，减价配售给老股东；也有的发行新股时进行无偿增资配股，即股东无须缴纳任何现金和实物，即可取得公司发行的股票。发放股票股利又称为送股或送红股。

发放股票股利的优点主要有：① 企业发放股票股利可免付现金，保留下来的现金，可用于追加投资，扩大企业经营；同时减少融资费用；② 股票变现能力强、易流通，股东乐于接受；③ 可传递公司未来经营绩效的信号，增强投资者对公司未来的信心；④ 便于今后配股融通更多资金和刺激股价。

股票股利不会引起公司资产的流出或负债的增加，而只涉及股东权益内部结构的调整，即在减少未分配利润项目金额的同时，增加公司股本额，同时还可能引起资本公积的增减变化，而股东权益总额并不改变。发放股票股利会因普通股股数的增加而引起每股利润的下降，每股市价有可能因此而下跌，但发放股票股利后股东所持股份比例并未改变，因此每位股东所持股票的市场价值总额仍能保持不变。

(3) 财产股利

财产股利是以现金以外的财产发放股利的股利。在国外，财产股利一般以公司持有的其他公司的证券为发放物。发放时，公司按成本记账并已缴纳有关税款。财产股利以证券为发放物时，应将有关证券的账面价值调整为市场价值，并按市场价值计算每股股利。有的公司也以自己的产品作为股利发放物，但它一般不受股东欢迎。因为，股东投资入股的根本目的是获取现金股利，而非获取实物股利。

(4) 负债股利

这种股利比较少见。其主要特点是：通过建立债务关系来承诺给股东的股利发放。负债股利是公司面临现金不足但又要顾全信誉而采用的一种股利分配方式。它一般以应付票据形式对股东负债。负债股利是在财务状况不佳的情况下采用的，它会给公司的股票价格产生负面影响。所以，采用这种股利时一定要谨慎。

我国有关法律规定，股份有限公司只能发放现金股利和股票股利，不能发放财产股利和负债股利。

4. 确定股利发放日期

股份公司分配股利必须遵循法定的程序，先由董事会提出分配预案，然后提交股东大会审议，股东大会决议通过分配预案之后，向股东宣布发放股利的方案，并确定股权登记日、除息（或除权）日和股利支付日等。制定股利政策时必须明确这些日期界限。

① 股利宣告日。即公司董事会将股利支付情况予以公告的日期。公告中将宣布每股股利、股权登记、除息日和股利支付日等事项。我国的股份公司通常一年派发一次股利，也有在年中派发中期股利的。

② 股权登记日。即有权领取股利的股东资格登记截止日期。只有在股权登记日前在公司股东名册上有名的股东，才有权分享股利，证券交易所的中央清算登记系统为股权登记提供了很大的方便，一般在营业结束的当天即可打印出股东名册。

③ 除息日。即指领取股利的权利与股票相互分离的日期。在除息日前，股利权从属于股票，持有股票者即享有领取股利的权利；从除息日开始，股利权与股票相分离，新购入股票的人不能分享股利。通常在除息日之前进行交易的股票，其价格高于在除息日之后进行交易的股票价格，其原因就主要在于前种股票的价格包含应得的股利收入在内。

④ 股利支付日。即向股东发放股利的日期。

相关链接

煌佳南丰蜜橘股份公司 2005 年股利分红方案公告

依照国家《公司法》和公司《章程》的规定，根据公司第三届股东大会第三次会议通过的批准财务预决算和利润分配方案的决议（第三号决议），2005 年普通股股利分配方案决议如下。

2005 年公司实现净利润 1 412.7 万元，其中送股 210 万元（每股 7% 进行送股，按多数股东的要求，由于公司快要上市，送股是股东最大的实惠），占 14.86%，提取法定盈余公积和公益金 282.54 万元，占 20%，其余为任意盈余公积，作为公司的发展资金和上市准备金。

分红从 2006 年 2 月 8 日（农历正月十一日）开始。凡在 2006 年 1 月 21 日之前持有公司股权的股东，均参与 2005 年度的送股分配（送股采用微机股东档案管理软件统一办理）。

注：分红后，股东可在公司网站股权查询系统查询送股分配后新增 7% 的股权信息，股权证可增加送股信息（来人或邮寄股权证到公司）或不必增加送股信息（股东档案已办理了增加送股信息）都可以。

本章小结

公司当年实现的净收益（净利润），应按照国家有关规定进行分配，具体顺序为：(1) 计算可供分配的利润；(2) 提取法定公积金；(3) 提取法定公益金；(4) 提取任意公积金；(5) 向投资者分配利润或股利。

股利的种类主要有现金股利、股票股利和财产股利等几种。现金股利是股份公司以现金的形式发放给股东的股利。股票股利形式是指企业以股票形式发放的股利，即按股东股票的比例发放股票作为股利的一种形式。财产股利是以现金以外的财产发放股利的股利。

剩余股利政策，就是在企业确定的最佳资本结构下，税后净利润首先要满足投资和需求，然后若有剩余才用于分配股利。

固定股利政策是公司将每年派发的股利额固定在某一特定水平上，然后在一段时间内不论公司的盈利状况和财务状况如何，派发的股利额均保持不变。

固定股利支付率政策是公司确定固定的股利支付率，并长期按此比率从净利润中支付股利的政策。

低正常股利加额外股利政策，每期都支付稳定的较低的正常股利额，只有在公司经营盈利较多时，再根据实际情况发放额外股利。

拓展练习

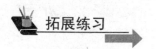
单项选择题

1. 某企业要交纳 25% 的所得税，法定公积金提取 10%，在没有纳税调整和弥补亏损的情况下，企业可真正自主分配的部分占利润总额的（　　）。
  A. 47%　　　　B. 67.5%　　　　C. 53%　　　　D. 80%
2. 造成股利波动较大，给投资者以公司不稳定的感觉，对于稳定股票价格不利的股利分配政策是（　　）。
  A. 剩余股利政策　　　　　　　　B. 固定或持续增长的股利政策
  C. 固定股利支付率政策　　　　　D. 低正常股利加额外股利政策
3. 容易造成股利支付额与本期净利相脱节的股利分配政策是（　　）。
  A. 剩余股利政策　　　　　　　　B. 固定股利政策
  C. 固定股利支付率政策　　　　　D. 低正常股利加额外股利政策
4. 企业采用剩余股利分配政策的根本理由是（　　）。
  A. 最大限度地用收益满足筹资的需要　　B. 向市场传递企业不断发展的信息
  C. 使企业保持理想的资本结构　　　　　D. 使企业在资金使用上有较大的灵活性
5. 不构成主营业务利润组成项目的是（　　）。
  A. 营业费用　　　　　　　　　　B. 主营业务收入
  C. 主营业务成本　　　　　　　　D. 主营业务税金及附加
6. 企业制订分配计划时需要考虑多方面的因素，下列不属于公司因素的是（　　）。

A. 公司举债能力　　　　　　　　B. 资本积累约束
C. 盈余稳定状况　　　　　　　　D. 融资成本

7. 制定利润分配政策时，应考虑的股东经济利益限制是（　　）。
A. 未来投资机会　　　　　　　　B. 筹资成本
C. 资产的流动性　　　　　　　　D. 控制权的稀释

8. 在盈余一定的条件下，现金股利支付比率越高，资产的流动性（　　）。
A. 越高　　　　　　　　　　　　B. 越低
C. 不变　　　　　　　　　　　　D. 可能出现上述任何一种情况

9. 财产股利是以现金以外的资产支付的股利，主要以公司拥有的其他企业的（　　）作为股利支付给股东。
A. 应收账款　　　　　　　　　　B. 应收票据
C. 存货　　　　　　　　　　　　D. 有价证券

10. 下列哪个项目不能用于分派股利（　　）。
A. 盈余公积金　　　　　　　　　B. 资本公积
C. 税后利润　　　　　　　　　　D. 上年未分配利润

多项选择题

1. 收益分配的基本原则是（　　）。
A. 依法分配原则　　　　　　　　B. 兼顾各方面利益原则
C. 分配与积累并重原则　　　　　D. 投资与收益对等原则

2. 股东出于对自身利益的考虑，并基于（　　），可能对公司的利润分配提出限制、稳定或提高股利发放率等不同意见。
A. 控制权考虑　　　　　　　　　B. 避税考虑
C. 稳定收考虑　　　　　　　　　D. 规避风险考虑

3. 一般而言，不适合采用固定分红策略的公司是（　　）。
A. 负债率较高的公司　　　　　　B. 盈利稳定或处于成长期的公司
C. 盈利波动较大的公司　　　　　D. 盈利较高但投资机会较多的公司

4. 股利决策涉及的内容很多，包括（　　）。
A. 股利支付程序中各日期的确定　B. 股利支付比率的确定
C. 股利支付方式的确定　　　　　D. 支付现金股利所需现金的筹集

5. 下列各项中，会导致企业采取低股利政策的事项有（　　）。
A. 物价持续上升　　　　　　　　B. 金融市场利率走势下降
C. 企业资产的流动性较弱　　　　D. 企业盈余不稳定

6. 下列哪些方式可能会改变企业资本结构（　　）。
A. 现金股利　　　　　　　　　　B. 股票股利
C. 财产股利　　　　　　　　　　D. 股票分割

判断题

1. 资本保全是企业财务管理应遵循的一项重要原则。它要求企业发放的股利或投资分红不得来源于原始投资，而只能来源于企业当期利润或留存收益。（　　）

2. 企业在分配收益时，可以随意提取各种公积金。（   ）
3. 股票回购可以巩固既定控股权或转移公司控股权，但有可能会降低公司股价。（   ）
4. 股利支付率是当年发放股利与当年净利润之比，或每股股利除以每股收益。（   ）
5. 负债股利是公司面临现金不足但又要顾全信誉而采用的一种股利分配方式，一般以备查账形式对股东负债。（   ）
6. 在连续通货膨胀的条件下，公司应采取偏紧的股利政策。（   ）
7. 股东为防止控制权稀释，往往希望公司提高股利支付率。（   ）
8. 企业预计有一投资机会，为降低筹资成本，企业会选择低股利支付政策。（   ）

计算分析题

1. Rope and Yam 公司发行在外的股票为 2 000 万股，公司资本结构中有 2/3 的权益。公司预计明年的收益为 1 000 万元，但是投资于项目所需的资金是 1 200 万元。假设该公司是按现存资本结构中债务/权益的比率来筹集资金，同时公司坚持剩余股利政策，那么明年的每股股利是多少？

2. 某公司 2011 年度的税后利润为 1 000 万元，该年分配股利 500 万元，2013 年拟投资 1 000 万元引进一条生产线以扩大生产能力，该公司目标资本结构为自有资金占 80%，借入资金占 20%。该公司 2012 年度的税后利润为 1 200 万元。

要求：

（1）如果该公司执行的是固定股利政策，并保持资金结构不变，则 2013 年度该公司为引进生产线需要从外部筹集多少自有资金？

（2）如果该公司执行的是固定股利支付率政策，并保持资金结构不变，则 2013 年度该公司为引进生产线需要从外部筹集多少自有资金？

如果该公司执行的是剩余股利政策，则 2012 年度公司可以发放多少现金股利？

3. 正保公司年终进行利润分配前的股东权益情况如下所示：

单位：万元

股本（每股面值 3 元，已发行 100 万股）	300
资本公积	300
未分配利润	600
股东权益合计	1 200

回答下列互不关联的两个问题：

（1）如果公司宣布发放 10% 的股票股利，若当时该股票市价为 5 元，股票股利的金额按照当时的市价计算，并按发放股票股利后的股数发放现金股利每股 0.1 元，则计算发放股利后的股东权益各项目的数额。

（2）如果按照 1 股换 3 股的比例进行股票分割，计算进行股票分割后股东权益各项目的数额。

4. Monkey 公司正在计划 2:1 的股票分割，假定你拥有 Monkey 公司 5 000 股的普通股，以每股 12 元的价格出售。

要求回答如下问题：

（1）你手中的股本现在的总价值是多少？在股票分割后的价值是多少？

（2）Monkey 公司的 CEO 说因为公司的股份在价格范围之外，所以股价下降的比例要小于股票分割。如果股票的价值下降的比例是 45%，股本分割会使你获得多少收益？

5. Featerstone 公司准备了 800 万元作为下一期的股利，但是公司也在考虑用金额相同的现金股利进行股票回购。目前 Featerstone 公司有 1 000 万股在外流通，以每股 40 元出售。当每股收益是 2 元时，股票市盈率为 20 倍。

要求回答如下问题：

（1）如果支付股利，那么每股股利是多少？

（2）如果回购股票，在外流通的股票还剩多少，新的每股收益是多少？

如果股票市盈率保持 20 倍，新股的价格是多少？剩余的股东每股会赚得多少？

思考讨论

1. 影响股利政策的因素有那些？为什么？
2. 不同的股利形式对公司有何影响？
3. 假定股利对权益投资者的福利很重要，他们为什么还能接受股利的随意性？

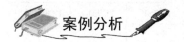
案例分析

佛山照明公司的高派现分析

深圳交易所上市公司佛山照明（000541）由佛山市电器照明公司、南海市务庄彩釉砖厂和佛山市潘阳印刷实业公司共同发起，于 1992 年 10 月 20 日以定向募集方式设立。1993 年 10 月，公司以 10.23 元/股的发行价格向社会公开发行 A 股 1 930 万股，发行后总股本为 7 717 万股。公司的主要经营范围为：研究、开发、生产电光源产品、电光源设备、电光源配套器件及有关工程咨询服务。其灯泡总产量居全国第二，是国内最大的电光源生产企业。主要电光源产品外销比例占 40%，内销市场辐射全国，外销市场集中在北美、欧洲、东南亚等地。

从佛山的基本财务数据（见表1）可见，公司的主营业务突出且每年有稳定的增长，主营业务盈利能力强。其净资产收益率符合配股条件，但公司的每股收益和净资产收益率均呈下降趋势。

自 1993 年在深交所上市以来，佛山照明历经配股、发行 B 股、增发 A 股等，融资规模不断扩大，总资产和股本不断扩张（见表2）。公司的股权相对集中，截至 2002 年 6 月 30 日，公司第一大股东为佛山市国有资产办公室，持有国家法人股 8 592.21 万股，占总股本的 23.97%，而第二大股东广东佑昌灯光器材贸易有限公司仅持有法人 A 股 700 万股，占总股本的 1.95%，第二至第十大股东合计持股仅 5.63%。因此，公司中小股东的股权相当分散。

表1 佛山照明公司主要财务指标

	1994	1994	1996	1997	1998	1999	2000
每股收益	1.26	0.92	0.64	0.49	0.54	0.57	0.45
净资产收益率（%）	22	16.6	16.5	12.3	13.1	13.4	8.6
主营业务收入（亿元）	4.5	4.2	4	4.5	5	6	6.9
毛利率（%）	47	40	40	36	36	34	31
总资产（亿元）	9	13	14	14	14	15	22

表2 佛山照明公司股本变动情况

	1994	1994	1996	1997	1998	1999	2000
尚未流通股							
1. 发起人股份	4 490	4 490	6 734	6 734	6 734	6 734	8 839.7
国家股	4 340	4 340	6 509	6 509	6 509	6 509	8 592.2
境内法人股	150	150	225	225	225	225	247.5
2. 募集法人股	2 456	2 456	3 683	3 683	3 683	3 683	4 051.6
3. 内部职工股	1 157	14.3	0	0	0	0	0
4. 法人转配股	0	889.2	1 334	1 334	1 334	1 334	0
尚未流通股合计	8 102	7 849	11 751	11 751	11 751	11 751	12 891
已流通股份							
1. A股	3 474	5 542	8 335	8 335	8 335	8 335	14 704
其中：高管持股	14.3	16.7	25	23.3	25	25	19.3
2. B股	0	5 000	7 500	7 500	7 500	7 000	8 250
已流通股合计	3 474	10 542	15 835	15 835	15 835	15 835	22 954
股份总数	11 576	18 391	27 586	27 586	27 586	27 586	35 845

佛山照明自1993年上市以来，每年派发高额现金股利（见表3），截至2001年末，公司累计发放现金股利超过10亿元。公司的这种表现曾一度被媒体誉为"现金奶牛"。另一方面，佛山照明一边发放现金股利，总额约为10亿元，一边又在IPO以后进行再融资，总额约为11亿元（见表4）。

表3 佛山照明公司历年派发现金股利情况表

	1993	1994	1995	1996	1997	1998	1999	2000	2001
派发情况	10派3	10派8.1	10派6.8	10派4.77	10派4	10派4.02	10派3.5	10派3.8	10派6
派现总额（万元）	2 315	10 845	12 506	13 159	11 034	11 090	9 655	13 621	21 507
当年净利润（万元）	9 472	14 575	16 944	17 563	13 406	14 781	15 837	16 115	17 335
现金股利支付率（%）	24	74	74	75	82	75	61	85	124

假设你是一家证券公司的分析师，公司正在对佛山照明的财务情况进行研究，你的两位助手分别向你提交了两份研究报告，内容如下。

表4　佛山照明公司历年发行股票情况表

年份	股票种类	发行日期	发行价格（元/股）	发行数量（万股）	上市日期	上市交易量（万股）	融资额（万元）
1993	发行A股	1993.10	10.23	1 930	1993.11.	1 930	19 744
1994	A股配股	1995.01	8	1 815	1995.02.	1 815	14 520
1995	发行B股	1995.07	6.02（HK＄5.61）	500	1995.08.	500	30 100
2000	A股增发	2000.12	12.65	5 500	2000.12.	5 500	69 575

助手A：

（1）股利分配的信号传递理论认为，在信息不对称的情况下，公司可以通过股利政策向市场传递有关公司未来盈利能力的信息。一般说来，高质量的公司往往愿意通过相对较高的股利支付率把自己同低质量的公司区别开来，以吸引更多的投资者。对市场上的投资者来说，股利政策的差异或许是反映公司质量差异的极有价值的信号。如果公司连续保持较为稳定的股利支付率，那么，投资者就可能对公司未来的盈利能力与现金流量抱有较为乐观的预期，从而可以提高公司价值。至于公司股价在二级市场上却表现平平，流通股的股东似乎并不认可公司的高股利政策是一种反常现象，反映了我国广大流通股股东投资理念的不成熟。

（2）西方主流观点融资优序理论认为，公司在融资中，优先使用内部融资（未分配利润及折旧），内部融资不足以弥补投资缺口时，才利用外部融资。在利用外部融资时，优先使用债权融资，最后才是股权融资。其原因主要在于内部融资成本最低，而债权融资可以有税盾的优势，并且在信息不对称的市场条件下，发行新股会向市场传递不好的信息，从而导致股价下降，因此发行股票要忍受低估股价所导致的成本。而佛山照明一面发放现金股利，总额约为10亿元，一面又在IPO以后进行再融资，总额约为11亿元。这一点显然与"融资优序理论"不符，这一点表明我国上市公司在财务运作方面缺乏经验，财务决策缺少理论支持，从而影响了公司价值。

助手B：

（1）我国上市公司的股权结构存在明显的流通股和非流通股并存的特点。这主要是因为在股份制改革初期，政府将"维护社会主义公有制地位，保障国家资产不受侵害"作为改制的指导原则。因此，公司在改制后仍以国家或代表国家的公司作为最大股东。这一方面出于保持国家股股东控股地位的考虑；另一方面也由于受到上市额度的限制。国有股或代表国家持股的国有企业，其持有的法人股不能流通，这一特殊性直接导致了不同性质的股东拥有不同构成的投资收益。流通股股东可直接享有资本利得和股利收入；非流通股（国家股和法人股）因不能流通而无法直接享有资本利得，但国家股与法人股往往代表着更多的控制权（除了可以获得与控制权有关的收益外，还可利用控制权优势，寻求对自身较为有利的股利政策安排）。值得注意的是，这两类不同性质的股权投资成本相差悬殊：流通股股东在公司股票公开发行时按溢价后的价格申购；而国家股和法人股是按原企业上市改组时的净资产，依照一定的比例折合而成。这对投资者实质上的投资收益产生了重大影响，导致不同性质的股东对其投资回报方式有明显不同的偏好，且两类性质的股东之间也存在利益冲突的情况。由于国有股权一般是由政府部门来代表或控制，往往有着经济利益以外的多重政策目标，此时，两类性质的股东之间的利益冲突并不十分明显。在市场缺乏对广大中小股东足够保护的情况下，中小股东的利益将被无偿侵占。

公司第一大股东为佛山市国有资产办公室，持有国家法人股 8 592.21 万股，占总股本的 23.97%，而第二至第十大股东合计持股仅 5.63%。因此，公司中小股东的股权相当分散，实际上处于国有股"一股独大"的状态。而又由于两类不同性质的股权投资成本相差悬殊：流通股股东在公司股票公开发行时按溢价后的价格申购；而国家股和法人股是按原企业上市改组时的净资产，依照一定的比例折合而成，这往往会导致流通股股价数倍甚至十数倍于国有股和法人股股价。在"同股同权"下，流通股的股东与非流通股的股东每一股所获得的先进股利势必是相等的，而这将不可避免地使得流通股股东的投资收益率仅仅是国有股股东投资收益率的几分之一甚至更低。这也就部分地解释了为什么二级市场投资者并不认同"现金奶牛"挤出牛奶的决定。

（2）另一方面，据初步统计，公司第一大股东佛山市委国资办从1993年至2001年累计从佛山照明近10亿的派现金额中分去了1/3，累计达3亿。而公司同时又在IPO以后进行数次再融资，总额约为11亿元，尽管这种选择使得公司每股收益和净资产收益率连年下降，但公司仍乐此不疲。我们不难在事后看出公司的控股股东存在着套取现金的嫌疑。而且稍加分析，我们也不难发现公司的控股股东也确实存在着这样的动机。因为第一大股东国资办所持的股份是非流通的，缺少明确的市场价格，通过派发高额现金股利合法"套现"，同时又避免摊薄了股份，控制权不至于丧失，从而保证了未来更大的分红收益。而又由于国资办与地方政府的关系密切，地方政府是有意从上市公司得到更多的资源，补充地方财政的，于是就出现了一边是连年发放高额股利，而另一边又是数次再融资。这种行为毫无疑问伤害了中小投资者的利益，这也就更加印证了为什么二级市场并不认同公司的股利政策。

根据案例有关资料，回答如下两个问题：
1. 你认为你的两位助手的研究报告符合实际情况吗？
   分析提示：从佛山照明的股权结构、我国中小股东的偏好等方面分析。
2. 你的看法是什么？

附录 A

现值、终值表

表 A-1 复利终值系数表

$$(F/P, i, n) = (1+i)^n$$

n \ i	1	2	3	4	5	6	7	8	9	10	11	12	13	14	i \ n
1%	1.010 00	1.020 10	1.030 30	1.040 60	1.051 01	1.061 52	1.072 14	1.082 86	1.093 69	1.104 62	1.115 67	1.126 83	1.138 09	1.149 47	1%
2%	1.020 00	1.040 40	1.061 21	1.082 43	1.104 08	1.126 16	1.148 69	1.171 66	1.195 09	1.218 99	1.243 37	1.268 24	1.293 61	1.319 48	2%
3%	1.030 00	1.060 90	1.092 73	1.125 51	1.159 27	1.194 05	1.229 7	1.266 77	1.304 77	1.343 92	1.384 23	1.425 76	1.468 53	1.512 59	3%
4%	1.040 00	1.081 60	1.124 86	1.169 86	1.216 65	1.265 32	1.315 93	1.368 57	1.423 31	1.480 24	1.539 45	1.601 03	1.665 07	1.731 68	4%
5%	1.050 00	1.102 50	1.157 63	1.215 51	1.276 28	1.340 10	1.407 10	1.477 46	1.551 33	1.628 89	1.710 34	1.795 86	1.885 65	1.979 93	5%
6%	1.060 00	1.123 60	1.191 02	1.262 48	1.338 23	1.418 52	1.503 63	1.593 85	1.689 48	1.790 85	1.898 30	2.012 20	2.132 93	2.260 90	6%
7%	1.070 00	1.144 90	1.225 04	1.310 80	1.402 55	1.500 73	1.605 78	1.718 19	1.838 46	1.967 15	2.104 85	2.252 19	2.409 85	2.578 53	7%
8%	1.080 00	1.166 40	1.259 71	1.360 49	1.469 33	1.586 87	1.713 82	1.850 93	1.999 00	2.158 92	2.331 64	2.518 17	2.719 62	2.937 19	8%
9%	1.090 00	1.188 10	1.295 03	1.411 58	1.538 62	1.677 10	1.828 04	1.992 56	2.171 89	2.367 36	2.580 43	2.812 66	3.065 80	3.341 73	9%
10%	1.100 00	1.210 00	1.331 00	1.464 10	1.610 51	1.771 56	1.948 72	2.143 59	2.357 95	2.593 74	2.853 12	3.138 43	3.452 27	3.797 50	10%
12%	1.120 00	1.254 40	1.404 93	1.573 52	1.762 34	1.973 82	2.210 68	2.475 96	2.773 08	3.105 85	3.478 55	3.895 98	4.363 49	4.887 11	12%
14%	1.140 00	1.299 60	1.481 54	1.688 96	1.925 41	2.194 97	2.502 27	2.852 59	3.251 95	3.707 22	4.226 23	4.817 90	5.492 41	6.261 35	14%
16%	1.160 00	1.345 60	1.560 90	1.810 64	2.100 34	2.436 40	2.826 22	3.278 41	3.802 96	4.411 44	5.117 26	5.936 03	6.885 79	7.987 52	16%
18%	1.180 00	1.392 40	1.643 03	1.938 78	2.287 76	2.699 55	3.185 47	3.758 86	4.435 45	5.233 84	6.175 93	7.287 59	8.599 36	10.147 2	18%
20%	1.200 00	1.440 00	1.728 00	2.073 60	2.488 32	2.985 98	3.583 18	4.299 82	5.159 78	6.191 74	7.430 08	8.916 10	10.699 3	12.839 2	20%
24%	1.240 00	1.537 60	1.906 62	2.364 21	2.931 63	3.635 22	4.507 67	5.589 51	6.930 99	8.594 43	10.657 1	13.214 8	16.386 3	20.319 1	24%
28%	1.280 00	1.638 40	2.097 15	2.684 35	3.435 97	4.398 05	5.629 50	7.205 76	9.223 37	11.805 9	15.111 6	19.342 8	24.758 8	31.691 3	28%
32%	1.320 00	1.742 40	2.299 97	3.035 96	4.007 46	5.289 85	6.982 61	9.217 04	12.166 5	16.059 8	21.198 9	27.982 5	36.937 0	48.756 8	32%
36%	1.360 00	1.849 60	2.515 46	3.421 02	4.652 59	6.327 52	8.605 43	11.703 4	15.916 6	21.646 6	29.439 3	40.037 5	54.451 0	74.053 4	36%
40%	1.400 00	1.960 00	2.744 00	3.841 60	5.378 24	7.529 54	10.541 4	14.757 9	20.661 0	28.925 5	40.495 7	56.693 9	79.371 5	111.120	40%
50%	1.500 00	2.250 00	3.375 00	5.062 50	7.593 75	11.390 6	17.085 9	25.628 9	38.443 4	57.665 0	86.497 6	129.746	194.620	291.929	50%

续表

n \ i	15	16	17	18	19	20	21	22	23	24	25	26	27	28	i \ n
1%	1.160 97	1.172 58	1.184 30	1.196 15	1.208 11	1.220 19	1.232 39	1.244 72	1.257 16	1.269 73	1.282 43	1.295 26	1.308 21	1.321 29	1%
2%	1.345 87	1.372 79	1.400 24	1.428 25	1.456 81	1.485 95	1.515 67	1.545 98	1.576 90	1.608 44	1.640 61	1.673 42	1.706 89	1.741 02	2%
3%	1.557 97	1.604 71	1.652 85	1.702 43	1.753 51	1.806 11	1.860 29	1.916 10	1.973 59	2.032 79	2.093 78	2.156 59	2.221 29	2.287 93	3%
4%	1.800 94	1.872 98	1.947 90	2.025 82	2.106 85	2.191 12	2.278 77	2.369 92	2.464 72	2.563 30	2.665 84	2.772 47	2.883 37	2.998 70	4%
5%	2.078 93	2.182 87	2.292 02	2.406 62	2.526 95	2.653 30	2.785 96	2.925 26	3.071 52	3.225 10	3.386 35	3.555 67	3.733 46	3.920 13	5%
6%	2.396 56	2.540 35	2.692 77	2.854 34	3.025 60	3.207 14	3.399 56	3.603 54	3.819 75	4.048 93	4.291 87	4.549 38	4.822 35	5.111 69	6%
7%	2.759 03	2.952 16	3.158 82	3.379 93	3.616 53	3.869 68	4.140 56	4.430 40	4.740 53	5.072 37	5.427 43	5.807 35	6.213 87	6.648 84	7%
8%	3.172 17	3.425 94	3.700 02	3.996 02	4.315 70	4.660 96	5.033 83	5.436 54	5.871 46	6.341 18	6.848 48	7.396 35	7.988 06	8.627 11	8%
9%	3.642 48	3.970 31	4.327 63	4.717 12	5.141 66	5.604 41	6.108 81	6.658 60	7.257 87	7.911 08	8.623 08	9.399 16	10.245 1	11.167 1	9%
10%	4.177 25	4.594 97	5.054 47	5.559 92	6.115 91	6.727 50	7.402 5	8.140 27	8.954 30	9.849 73	10.834 7	11.918 2	13.110 0	14.421 0	10%
12%	5.473 57	6.130 39	6.866 04	7.689 97	8.612 76	9.646 29	10.803 8	12.100 3	13.552 3	15.178 6	17.000 1	19.040 1	21.324 9	23.883 9	12%
14%	7.137 94	8.137 25	9.276 46	10.575 2	12.055 7	13.743 5	15.667 6	17.861 0	20.361 6	23.212 2	26.461 9	30.166 6	34.389 9	39.204 5	14%
16%	9.265 52	10.748 0	12.467 7	14.462 5	16.776 5	19.460 8	22.574 5	26.186 4	30.376 2	35.236 4	40.874 2	47.414 1	55.000 4	63.800 4	16%
18%	11.973 7	14.129 0	16.672 2	19.673 3	23.214 4	27.393 0	32.323 8	38.142 1	45.007 6	53.109 0	62.668 6	73.949 0	87.259 8	102.967	18%
20%	15.407 0	18.488 4	22.186 1	26.623 3	31.948 0	38.337 6	46.005 1	55.206 1	66.247 4	79.496 8	95.396 2	114.475	137.371	164.845	20%
24%	25.195 6	31.242 6	38.740 8	48.038 6	59.567 9	73.864 1	91.591 5	113.574	140.831	174.631	216.542	268.512	332.955	412.864	24%
28%	40.564 8	51.923 0	66.461 4	85.070 6	108.890	139.380	178.406	228.360	292.300	374.144	478.905	612.998	784.638	1 004.34	28%
32%	64.359 0	84.953 8	112.139	148.024	195.391	257.916	340.449	449.393	593.199	783.023	1 033.59	1 364.34	1 800.93	2 377.22	32%
36%	100.713	136.969	186.278	253.338	344.540	468.574	637.261	866.674	1 178.68	1 603.00	2 180.08	2 964.91	4 032.28	5 483.90	36%
40%	155.568	217.795	304.913	426.879	597.630	836.683	1 171.36	1 639.90	2 295.86	3 214.20	4 499.88	6 299.83	8 819.76	12 347.7	40%
50%	437.894	656.841	985.261	1 477.89	2 216.84	3 325.26	4 987.89	7 481.83	11 222.7	16 834.1	25 251.2	37 876.8	56 815.1	85 222.7	50%

表 A-2 复利现值系数表

$(P/F, i, n) = (1+i)^{-n}$

n \ i	1	2	3	4	5	6	7	8	9	10	11	12	13	14	i \ n
1%	0.990 10	0.980 30	0.970 59	0.960 98	0.951 47	0.942 05	0.932 72	0.923 48	0.914 34	0.905 29	0.896 32	0.887 45	0.878 66	0.869 96	1%
2%	0.980 39	0.961 17	0.942 32	0.923 85	0.905 73	0.887 97	0.870 56	0.853 49	0.836 76	0.820 35	0.804 26	0.788 49	0.773 03	0.757 88	2%
3%	0.970 87	0.942 60	0.915 14	0.888 49	0.862 61	0.837 48	0.813 09	0.789 41	0.766 42	0.744 09	0.722 42	0.701 38	0.680 95	0.661 12	3%
4%	0.961 54	0.924 56	0.889 00	0.854 80	0.821 93	0.790 31	0.759 92	0.730 69	0.702 59	0.675 56	0.649 58	0.624 60	0.600 57	0.577 48	4%
5%	0.952 38	0.907 03	0.863 84	0.822 70	0.783 53	0.746 22	0.710 68	0.676 84	0.644 61	0.613 91	0.584 68	0.556 84	0.530 32	0.505 07	5%
6%	0.943 40	0.890 00	0.839 62	0.792 09	0.747 26	0.704 96	0.665 06	0.627 41	0.591 90	0.558 39	0.526 79	0.496 97	0.468 84	0.442 30	6%
7%	0.934 58	0.873 44	0.816 30	0.762 90	0.712 99	0.666 34	0.622 75	0.582 01	0.543 93	0.508 35	0.475 09	0.444 01	0.414 96	0.387 82	7%
8%	0.925 93	0.857 34	0.793 83	0.735 03	0.680 58	0.630 17	0.583 49	0.540 27	0.500 25	0.463 19	0.428 88	0.397 11	0.367 70	0.340 46	8%
9%	0.917 43	0.841 68	0.772 18	0.708 43	0.649 93	0.596 27	0.547 03	0.501 87	0.460 43	0.422 41	0.387 53	0.355 53	0.326 18	0.299 25	9%
10%	0.909 09	0.826 45	0.751 31	0.683 01	0.620 92	0.564 47	0.513 16	0.466 51	0.424 10	0.385 54	0.350 49	0.318 63	0.289 66	0.263 33	10%
12%	0.892 86	0.797 19	0.711 78	0.635 52	0.567 43	0.506 63	0.452 35	0.403 88	0.360 61	0.332 197	0.287 48	0.256 68	0.229 17	0.204 62	12%
14%	0.877 19	0.769 47	0.674 97	0.592 08	0.519 37	0.455 59	0.399 64	0.350 56	0.307 51	0.269 74	0.236 62	0.207 56	0.182 07	0.159 71	14%
16%	0.862 07	0.743 16	0.640 66	0.552 29	0.476 11	0.410 44	0.353 83	0.305 03	0.262 95	0.226 68	0.195 42	0.168 46	0.145 23	0.125 20	16%
18%	0.847 46	0.718 18	0.608 63	0.515 79	0.437 11	0.370 43	0.313 93	0.266 04	0.225 46	0.191 06	0.161 92	0.137 22	0.116 29	0.098 55	18%
20%	0.833 33	0.694 44	0.578 70	0.482 25	0.401 88	0.334 90	0.279 08	0.232 57	0.193 81	0.161 51	0.134 59	0.112 16	0.093 46	0.077 89	20%
22%	0.819 67	0.671 86	0.550 71	0.451 40	0.370 00	0.303 28	0.248 59	0.203 76	0.167 02	0.136 90	0.112 21	0.091 98	0.075 39	0.061 80	22%
24%	0.806 45	0.650 36	0.524 49	0.422 97	0.341 11	0.275 09	0.221 84	0.178 91	0.144 28	0.116 35	0.093 83	0.075 67	0.061 03	0.049 21	24%
26%	0.793 65	0.629 88	0.499 91	0.396 75	0.314 88	0.249 91	0.198 34	0.157 41	0.124 93	0.099 15	0.078 69	0.062 45	0.049 57	0.039 34	26%
28%	0.781 25	0.610 35	0.476 84	0.372 53	0.291 04	0.227 37	0.177 64	0.138 78	0.108 42	0.084 70	0.066 17	0.051 70	0.040 39	0.031 55	28%
30%	0.769 23	0.591 72	0.455 17	0.350 13	0.269 33	0.207 18	0.159 37	0.125 9	0.094 30	0.072 54	0.055 80	0.042 92	0.033 02	0.025 40	30%
35%	0.740 74	0.548 70	0.406 44	0.301 07	0.223 01	0.165 20	0.122 37	0.090 64	0.067 14	0.049 74	0.036 84	0.027 29	0.020 21	0.014 97	35%

续表

i \ n	15	16	17	18	19	20	21	22	23	24	25	26	27	28
1%	0.861 35	0.852 82	0.844 38	0.836 02	0.827 74	0.819 54	0.811 43	0.803 40	0.795 44	0.787 57	0.779 77	0.772 05	0.764 40	0.756 84
2%	0.743 01	0.728 45	0.714 16	0.700 16	0.686 43	0.672 97	0.659 78	0.646 84	0.634 16	0.621 72	0.609 50	0.597 58	0.585 86	0.574 37
3%	0.641 86	0.623 17	0.605 02	0.587 39	0.570 29	0.553 68	0.537 55	0.521 89	0.506 69	0.491 93	0.477 61	0.463 69	0.450 19	0.437 08
4%	0.555 26	0.533 91	0.513 37	0.493 63	0.474 64	0.456 39	0.438 83	0.421 96	0.405 73	0.390 12	0.375 12	0.360 69	0.346 82	0.333 48
5%	0.481 02	0.458 11	0.436 30	0.415 52	0.395 73	0.376 89	0.358 94	0.341 85	0.325 57	0.310 07	0.295 30	0.281 24	0.267 85	0.255 09
6%	0.417 27	0.393 65	0.371 36	0.350 34	0.330 51	0.311 80	0.294 16	0.277 51	0.261 80	0.246 98	0.233 00	0.219 81	0.207 37	0.195 63
7%	0.362 45	0.338 73	0.316 57	0.295 86	0.276 51	0.258 42	0.241 51	0.225 71	0.210 95	0.197 15	0.184 25	0.172 20	0.160 93	0.150 40
8%	0.315 24	0.291 89	0.270 27	0.250 25	0.231 71	0.214 55	0.198 66	0.183 94	0.170 32	0.157 70	0.146 02	0.135 20	0.125 19	0.115 91
9%	0.274 54	0.251 87	0.231 07	0.211 99	0.194 49	0.178 43	0.163 70	0.150 18	0.137 78	0.126 40	0.115 97	0.106 39	0.097 61	0.089 55
10%	0.239 39	0.217 63	0.197 84	0.179 86	0.163 51	0.148 64	0.135 13	0.122 85	0.111 68	0.101 53	0.092 30	0.083 91	0.076 28	0.069 34
12%	0.182 70	0.163 12	0.145 64	0.130 04	0.116 11	0.103 67	0.092 56	0.082 64	0.073 79	0.065 88	0.058 82	0.052 52	0.046 89	0.041 87
14%	0.140 10	0.122 89	0.107 80	0.094 56	0.082 95	0.072 76	0.063 83	0.055 99	0.049 11	0.043 08	0.037 79	0.033 15	0.029 08	0.025 51
16%	0.107 93	0.093 04	0.080 21	0.069 14	0.059 61	0.051 39	0.044 30	0.038 19	0.032 92	0.028 38	0.024 47	0.021 09	0.018 18	0.015 67
18%	0.083 52	0.070 78	0.059 98	0.050 83	0.043 08	0.036 51	0.030 94	0.022 62	0.022 22	0.018 83	0.015 96	0.013 52	0.011 46	0.009 71
20%	0.064 91	0.054 09	0.045 07	0.037 56	0.031 30	0.026 08	0.021 74	0.018 11	0.015 09	0.012 58	0.010 48	0.008 74	0.007 28	0.006 07
22%	0.050 65	0.041 52	0.034 03	0.027 89	0.022 86	0.018 74	0.015 36	0.012 59	0.010 32	0.008 46	0.006 93	0.005 68	0.004 66	0.003 82
24%	0.039 69	0.032 01	0.025 81	0.020 82	0.016 79	0.013 54	0.010 92	0.008 80	0.007 10	0.005 73	0.004 62	0.003 72	0.003 00	0.002 42
26%	0.031 22	0.024 78	0.019 67	0.015 61	0.012 39	0.009 83	0.007 80	0.006 19	0.004 91	0.003 90	0.003 10	0.002 46	0.001 95	0.001 55
28%	0.024 65	0.019 26	0.015 05	0.011 75	0.009 18	0.007 17	0.005 61	0.004 38	0.003 42	0.002 67	0.002 09	0.001 63	0.001 27	0.001 00
30%	0.019 54	0.015 03	0.011 56	0.008 89	0.006 84	0.005 26	0.004 05	0.003 11	0.002 39	0.001 84	0.001 42	0.001 09	0.000 84	0.000 65
35%	0.011 09	0.008 22	0.006 09	0.004 51	0.003 34	0.002 47	0.001 83	0.001 36	0.001 01	0.000 74	0.000 55	0.000 41	0.000 30	0.000 22

表 A – 3　年金终值系数表　　　　　　　　　　　　　　　　　　　　　　　　　　　　　　　　$(F/A, i, n) = [(1+i)^n - 1]/i$

n\i	1	2	3	4	5	6	7	8	9	10	11	12	13	14	i\n
1%	1.000 00	2.010 00	3.030 10	4.060 40	5.101 01	6.152 02	7.213 54	8.285 67	9.368 53	10.462 2	11.566 8	12.682 5	13.809 3	14.947 4	1%
2%	1.000 00	2.020 00	3.060 40	4.121 61	5.204 04	6.308 12	7.434 28	8.582 97	9.754 63	10.949 7	12.168 7	13.412 1	14.680 3	15.973 9	2%
3%	1.000 00	2.030 00	3.090 90	4.183 63	5.309 14	6.468 41	7.662 46	8.592 34	10.159 1	11.463 9	12.807 8	14.192 0	15.617 8	17.086 3	3%
4%	1.000 00	2.040 00	3.121 60	4.246 46	5.416 32	6.632 98	7.898 29	9.214 23	10.582 8	12.006 1	13.486 4	15.025 8	16.626 8	18.291 9	4%
5%	1.000 00	2.050 00	3.152 50	4.310 12	5.525 63	6.801 91	8.142 01	9.549 11	11.026 6	12.577 9	14.206 8	15.917 1	17.713 0	19.598 6	5%
6%	1.000 00	2.060 00	3.183 60	4.374 62	5.637 09	6.975 32	8.393 84	9.897 47	11.491 3	13.180 8	14.971 6	16.869 9	18.882 1	21.015 1	6%
7%	1.000 00	2.070 00	3.214 90	4.439 94	5.750 74	7.153 29	8.654 02	10.259 8	11.978 0	13.816 5	15.783 6	17.888 5	20.140 6	22.550 5	7%
8%	1.000 00	2.080 00	3.246 40	4.506 11	5.866 60	7.335 93	8.922 80	10.636 6	12.487 6	14.486 6	16.645 5	18.977 1	21.495 3	24.214 9	8%
9%	1.000 00	2.090 00	3.278 10	4.573 13	5.984 71	7.523 33	9.200 43	11.028 5	13.021 0	15.192 9	17.560 3	20.140 7	22.953 4	26.019 2	9%
10%	1.000 00	2.100 00	3.310 00	4.641 00	6.105 10	7.715 61	9.487 17	11.435 9	13.579 5	15.937 4	18.531 2	21.384 3	24.522 7	27.975 0	10%
12%	1.000 00	2.120 00	3.374 40	4.779 33	6.352 85	8.115 19	10.089 0	12.299 7	14.775 7	17.548 7	20.654 6	24.133 1	28.029 1	32.392 6	12%
14%	1.000 00	2.140 00	3.439 60	4.921 14	6.610 10	8.535 52	10.730 5	13.232 8	16.085 3	19.337 3	23.044 5	27.270 7	32.088 7	37.581 1	14%
16%	1.000 00	2.160 00	3.505 60	5.066 50	6.877 14	8.977 48	11.413 9	14.240 1	17.518 5	21.321 5	25.732 9	30.850 2	36.786 2	43.672 0	16%
18%	1.000 00	2.180 00	3.572 40	5.215 43	7.154 21	9.441 97	12.141 5	15.327 0	19.085 9	23.521 3	28.755 1	34.931 1	42.218 7	50.818 0	18%
20%	1.000 00	2.200 00	3.640 00	5.368 00	7.441 60	9.929 92	12.915 9	16.499 1	20.798 9	25.958 7	32.150 4	39.580 5	48.496 6	59.195 9	20%
22%	1.000 00	2.220 00	3.708 40	5.524 25	7.739 58	10.442 3	13.739 6	17.762 3	22.670 0	28.657 4	35.962 0	44.873 7	55.745 9	69.010 0	22%
24%	1.000 00	2.240 00	3.777 60	5.684 22	8.048 44	10.980 1	14.615 3	19.122 9	24.712 5	31.643 4	40.237 9	50.895 0	64.109 7	80.496 1	24%
26%	1.000 00	2.260 00	3.847 60	5.847 98	8.368 45	11.544 2	15.545 8	20.587 6	26.940 4	34.944 9	45.030 6	57.738 6	73.750 6	93.925 8	26%
28%	1.000 00	2.280 00	3.948 40	6.015 55	8.699 91	12.135 9	16.533 4	22.163 4	29.369 2	38.592 6	50.398 5	65.510 0	84.852 9	109.612	28%
30%	1.000 00	2.300 00	3.990 00	6.187 00	9.043 10	12.756 0	17.582 8	23.857 7	32.015 0	42.619 5	56.405 3	74.327 0	97.625 0	127.913	30%
35%	1.000 00	2.350 00	4.172 50	6.632 88	9.954 38	14.438 4	20.491 9	28.664 0	39.696 0	54.590 2	74.696 7	101.841	138.485	187.954	35%

续表

i \ n	15	16	17	18	19	20	21	22	23	24	25	26	27	28
1%	16.096 9	17.257 9	18.430 4	19.614 7	20.810 9	22.019 0	23.239 2	24.471 6	25.716 3	26.973 5	28.243 2	29.525 6	30.820 9	32.129 1
2%	17.293 4	18.639 3	20.012 1	21.412 3	22.840 6	24.297 4	25.783 3	27.299 0	28.845 0	30.421 9	32.030 3	33.670 9	35.344 3	37.051 2
3%	18.598 9	20.156 9	21.761 6	23.414 4	25.116 9	26.870 4	28.676 5	30.536 8	32.452 9	34.426 5	36.459 3	38.553 0	40.709 6	42.930 9
4%	20.023 6	21.824 5	23.697 5	25.645 4	27.671 2	29.778 1	31.969 2	34.248 0	36.617 9	39.082 6	41.645 9	44.311 7	47.084 2	49.967 6
5%	21.578 6	23.657 5	25.840 4	28.132 4	30.539 0	33.066 0	35.719 3	38.505 2	41.430 5	44.502 0	47.727 1	51.113 5	54.669 1	58.402 6
6%	23.276 0	25.672 5	28.212 9	30.905 7	33.760 0	36.785 6	39.992 7	43.392 3	46.995 8	50.815 6	54.864 5	59.156 4	63.705 8	68.528 1
7%	25.129 0	27.888 0	30.840 2	33.999 0	37.379 0	40.995 5	44.865 2	49.005 7	53.436 1	58.176 7	63.249 0	68.676 5	74.483 8	80.697 7
8%	27.152 1	30.324 3	33.750 2	37.450 2	41.446 3	45.762 0	50.422 9	55.456 8	60.893 3	66.764 8	73.105 9	79.954 4	87.350 8	95.338 8
9%	29.360 9	33.003 4	36.973 7	41.301 3	46.018 5	51.160 1	56.764 5	62.873 3	69.531 9	76.789 8	84.700 9	93.324 0	102.723	112.968
10%	31.772 5	35.949 7	40.544 7	45.599 2	51.159 1	57.275 0	64.002 5	71.402 7	79.543 0	88.497 3	98.347 1	109.182	121.100	134.21
12%	37.279 7	42.753 3	48.883 7	55.749 7	63.439 7	72.052 4	81.698 7	92.502 6	104.603	118.155	133.334	150.334	169.374	190.699
14%	43.842 4	50.980 4	59.117 6	68.394 1	78.969 2	91.024 9	104.768	120.436	138.297	158.659	181.871	208.333	238.499	272.889
16%	51.659 5	60.925 0	71.673 0	84.140 7	98.603 2	115.380	134.841	157.415	183.601	213.978	249.214	290.088	337.502	392.503
18%	60.695 3	72.939 0	87.068 0	103.740	123.414	146.628	174.021	206.345	244.487	289.494	342.603	405.272	479.221	566.481
20%	72.035 1	87.442 1	105.931	128.117	154.74	186.688	225.026	271.031	326.237	392.484	471.981	567.377	681.853	819.223
22%	85.192 2	104.935	129.020	158.405	194.254	237.989	291.347	356.443	435.861	532.750	650.955	795.165	971.102	1 185.74
24%	100.815	126.011	157.253	195.994	244.033	303.601	377.465	469.056	582.63	723.461	898.092	1 114.63	1 383.15	1 716.10
26%	119.347	151.377	191.735	242.585	306.658	387.389	489.110	617.278	778.771	982.251	1 238.64	1 561.68	1 968.72	2 481.59
28%	141.303	181.868	233.791	300.252	385.323	494.213	633.593	811.999	1 040.36	1 332.66	1 706.80	2 185.71	2 798.71	3 583.34
30%	167.286	218.472	285.014	371.518	483.973	630.165	820.215	1 067.28	1 388.46	1 806.00	2 348.80	3 054.44	3 971.78	5 164.31
35%	254.738	344.897	466.611	630.925	852.748	1 152.21	1 556.48	2 102.25	2 839.04	3 833.71	5 176.50	6 989.28	9 436.53	12 740.3

附录A 现值、终值表

表 A−4 年金现值系数表　　　　　　　　　　　　　　$(P/A, i, n) = [1-(1+i)^{-n}]/i$

n\i	1	2	3	4	5	6	7	8	9	10	11	12	13	14	i\n
1%	0.990 10	1.970 40	2.940 99	3.901 97	4.853 43	5.795 48	6.728 19	7.651 68	8.566 02	9.471 30	10.367 6	11.255 1	12.133 7	13.003 7	1%
2%	0.980 39	1.941 56	2.883 88	3.807 73	4.713 46	5.601 43	6.471 99	7.325 48	8.162 24	8.982 59	9.786 85	10.575 3	11.348 4	12.106 2	2%
3%	0.970 87	1.913 47	2.828 61	3.717 10	4.579 71	5.417 19	6.230 28	7.019 69	7.786 11	8.530 20	9.252 62	9.954 00	10.635 0	11.296 1	3%
4%	0.961 54	1.886 10	2.775 09	3.629 90	4.451 82	5.242 14	6.002 06	6.732 75	7.435 33	8.110 90	8.760 48	9.385 07	9.985 65	10.563 1	4%
5%	0.952 38	1.859 41	2.723 25	3.545 95	4.329 48	5.075 69	5.786 37	6.463 21	7.107 82	7.721 73	8.306 41	8.863 25	9.393 57	9.898 64	5%
6%	0.943 40	1.833 39	2.673 01	3.465 11	4.212 36	4.917 32	5.582 38	6.209 79	6.801 69	7.360 09	7.886 87	8.383 84	8.852 68	9.294 98	6%
7%	0.934 58	1.808 02	2.624 32	3.387 21	4.100 20	4.766 54	5.389 29	5.971 30	6.515 23	7.023 58	7.498 67	7.942 69	8.357 65	8.745 47	7%
8%	0.925 93	1.783 26	2.577 10	3.312 13	3.992 71	4.622 88	5.206 37	5.746 64	6.246 89	6.710 08	7.138 96	7.536 08	7.903 78	8.244 24	8%
9%	0.917 43	1.759 11	2.531 30	3.239 72	3.889 65	4.485 92	5.032 95	5.534 82	5.995 25	6.417 66	6.805 19	7.160 73	7.486 90	7.786 15	9%
10%	0.909 09	1.735 54	2.486 85	3.169 87	3.790 79	4.355 26	4.868 42	5.334 93	5.759 02	6.144 57	6.495 06	6.813 69	7.103 36	7.366 69	10%
12%	0.892 86	1.690 05	2.401 83	3.037 35	3.604 78	4.111 41	4.563 76	4.967 64	5.328 25	5.650 22	5.937 70	6.194 37	6.423 55	6.628 17	12%
14%	0.877 19	1.646 66	2.321 63	2.913 71	3.433 08	3.888 67	4.288 30	4.638 86	4.946 37	5.216 12	5.452 73	5.660 29	5.842 36	6.002 07	14%
16%	0.862 07	1.605 23	2.245 89	2.798 18	3.274 29	3.684 74	4.038 57	4.343 59	4.606 54	4.833 23	5.028 64	5.197 11	5.342 33	5.467 53	16%
18%	0.847 46	1.565 64	2.174 27	2.690 06	3.127 17	3.497 60	3.811 53	4.077 57	4.303 02	4.494 09	4.656 01	4.793 22	4.909 51	5.008 06	18%
20%	0.833 33	1.527 78	2.106 48	2.588 73	2.990 61	3.325 51	3.604 59	3.837 16	4.030 97	4.192 47	4.327 06	4.439 22	4.532 68	4.610 57	20%
22%	0.819 67	1.491 54	2.042 24	2.493 64	2.863 64	3.166 92	3.415 51	3.619 27	3.786 28	3.923 18	4.035 40	4.127 37	4.202 77	4.264 56	22%
24%	0.806 45	1.456 82	1.981 30	2.404 28	2.745 38	3.020 47	3.242 32	3.421 22	3.565 50	3.681 86	3.775 69	3.851 36	3.912 39	3.961 60	24%
26%	0.793 65	1.423 53	1.923 44	2.320 19	2.635 07	2.884 98	3.083 31	3.240 73	3.365 66	3.464 81	3.543 50	3.605 95	3.655 52	3.694 85	26%
28%	0.781 25	1.391 60	1.868 44	2.240 97	2.532 01	2.759 38	2.937 02	3.075 79	3.184 21	3.268 92	3.335 09	3.386 79	3.427 18	3.458 73	28%
30%	0.769 23	1.360 95	1.816 11	2.166 24	2.435 57	2.642 75	2.802 11	2.924 70	3.019 00	3.091 54	3.147 34	3.190 26	3.223 28	3.248 67	30%
35%	0.740 74	1.289 44	1.695 88	1.996 95	2.219 96	2.385 16	2.507 52	2.598 17	2.665 31	2.715 04	2.751 88	2.779 47	2.799 39	2.814 36	35%

续表

n \ i	15	16	17	18	19	20	21	22	23	24	25	26	27	28	i \ n
1%	13.865 1	14.717 9	15.562 3	16.398 3	17.226 0	18.045 6	18.857 0	19.660 4	20.455 8	21.243 4	22.023 2	22.795 2	23.559 6	24.316 4	1%
2%	12.849 3	13.577 8	14.291 9	14.992 0	15.678 5	16.351 4	17.011 2	17.658 0	18.292 2	18.913 9	19.523 5	20.121 0	20.706 9	21.281 3	2%
3%	11.937 9	12.561 1	13.166 1	13.753 5	14.323 8	14.877 5	15.415 0	15.936 9	16.443 6	16.935 5	17.413 1	17.876 8	18.327 0	18.764 1	3%
4%	11.118 4	11.652 3	12.165 7	12.659 3	13.133 9	13.590 3	14.029 3	14.451 1	14.856 8	15.242 0	15.622 1	15.982 8	16.329 6	16.663 1	4%
5%	10.379 7	10.837 8	11.274 1	11.689 6	12.085 3	12.462 2	12.821 2	13.163 0	13.488 6	13.798 6	14.093 9	14.375 2	14.643 0	14.898 1	5%
6%	9.712 25	10.105 9	10.477 3	10.827 6	11.158 1	11.469 9	11.764 1	12.041 6	12.303 4	12.550 4	12.783 4	13.003 2	13.210 5	13.406 2	6%
7%	9.107 91	9.446 65	9.763 22	10.059 1	10.335 6	10.594 0	10.835 5	11.061 2	11.272 2	11.469 3	11.653 6	11.825 8	11.986 7	12.137 1	7%
8%	8.559 48	8.851 37	9.121 64	9.371 89	9.603 60	9.818 15	10.016 8	10.200 7	10.371 1	10.528 8	10.674 8	10.810 0	10.935 2	11.051 1	8%
9%	8.060 69	8.312 56	8.543 63	8.755 63	8.950 11	9.128 55	9.292 24	9.442 43	9.580 21	9.706 61	9.822 58	9.928 97	10.026 6	10.116 1	9%
10%	7.606 08	7.823 71	8.021 55	8.201 41	8.364 92	8.513 56	8.648 69	8.771 54	8.883 22	8.984 74	9.077 04	9.160 95	9.237 22	9.306 57	10%
12%	6.810 86	6.973 99	7.119 63	7.249 67	7.365 78	7.469 44	7.562 00	7.644 65	7.718 43	7.784 32	7.843 14	7.895 66	7.942 55	7.984 42	12%
14%	6.142 17	6.265 06	6.372 86	6.467 42	6.550 37	6.623 13	6.686 96	6.742 94	6.792 06	6.835 14	6.872 93	6.906 08	6.935 15	6.960 66	14%
16%	5.575 46	5.668 50	5.748 70	5.817 85	5.877 46	5.928 84	5.973 14	6.011 33	6.044 25	6.072 63	6.097 09	6.118 18	6.136 36	6.152 04	16%
18%	5.091 58	5.162 35	5.222 33	5.273 16	5.316 24	5.352 75	5.383 68	5.409 90	5.432 12	5.450 95	5.466 91	5.480 43	5.491 89	5.501 60	18%
20%	4.675 47	4.729 56	4.774 63	4.812 19	4.843 50	4.869 58	4.891 32	4.909 43	4.924 53	4.937 10	4.947 59	4.956 32	4.963 60	4.969 67	20%
22%	4.315 52	4.356 73	4.390 77	4.418 66	4.441 52	4.460 27	4.475 63	4.488 22	4.498 54	4.507 00	4.513 93	4.519 62	4.524 28	4.528 10	22%
24%	4.001 29	4.033 30	4.059 11	4.079 93	4.096 72	4.110 26	4.121 17	4.129 98	4.137 08	4.142 81	4.147 43	4.151 15	4.154 15	4.156 57	24%
26%	3.726 07	3.750 85	3.770 52	3.786 13	3.798 51	3.808 34	3.816 15	3.822 34	3.827 25	3.831 15	3.834 25	3.836 70	3.838 65	3.840 20	26%
28%	3.483 39	3.502 65	3.517 69	3.529 45	3.538 63	3.545 80	3.551 41	3.555 79	3.559 21	3.561 18	3.563 97	3.565 60	3.566 88	3.567 87	28%
30%	3.268 21	3.283 24	3.294 80	3.303 69	3.310 53	3.315 79	3.319 84	3.322 96	3.325 35	3.327 19	3.328 61	3.329 70	3.330 54	3.331 18	30%
35%	2.825 45	2.833 67	2.839 75	2.844 26	2.847 60	2.850 08	2.851 91	2.853 26	2.854 27	2.855 02	2.855 57	2.855 98	2.856 28	2.856 50	35%

参 考 文 献

［1］杨义群．投资理财．北京：清华大学出版社，2010．
［2］财政部注册会计师考试委员会办公室．财务成本管理．北京：经济科学出版社，2012．
［3］张新民．财务报表分析．北京：中国人民大学出版社，2011．
［4］高平阳．非财会人员怎样看会计报表．北京：企业管理出版社，2005．
［5］史习民．全面预算管理．上海：立信会计出版社，2004．
［6］王斌，胡波．企业集团资本预算管理．北京：中国财政经济出版社，2002．
［7］中华人民共和国财政部．关于企业实行财务预算管理的指导意见，2002．
［8］徐光华．财务管理．北京：高等教育出版社，2009．
［9］刘淑莲．高级财务管理理论与实务．大连：东北财经大学出版社，2012．
［10］秦志敏，年彦秀．财务管理习题与案例．大连：东北财经大学出版社，2002．
［11］贝斯利．财务管理精要．北京：机械工业出版社，2003．
［12］达摩达兰．面向投资和公司理财的证券分析．大连：东北财经大学出版社，2010．

参考文献

[1] 张文贤. 核算理论. 北京: 清华大学出版社, 2010.
[2] 国家统计局国民经济核算司编. 地区核算资料. 北京: 经济科学出版社, 2012.
[3] 蔡鹤年. 国家核算分析. 北京: 中国财政经济出版社, 2011.
[4] 高敏雪. 经济与环境核算手册概要. 北京: 中国事业电力出版社, 2005.
[5] 李子奈. 会计管理基础. 上海: 复旦会计出版社, 2004.
[6] 卫兴华. 国民. 经济系统基本核算方法. 北京: 中国统计经济出版社, 2002.
[7] 中华人民共和国国民经济. 美术分类. 中国检验检疫科学研究院, 2002.
[8] 李成瑞. 陈大中. 北京: 海洋事业出版社, 2002.
[9] 刘国光. 我国国民经济的发展. 大连: 东北财经大学出版社, 2012.
[10] 宋立夜, 王会林. 现代国民经济统计. 大连: 东北财经大学出版社, 2002.
[11] 张新祥. 国民经济. 北京: 社会主义出版社, 2003.
[12] 李春云. 国际会计实务和国际准则研究. 大连: 东北财经大学出版社, 2010.